2024 湖州统计年鉴

HUZHOU STATISTICAL YEARBOOK

湖州市统计局
国家统计局湖州调查队 编

中国统计出版社
China Statistics Press

图书在版编目（CIP）数据

湖州统计年鉴. 2024 = Huzhou Statistical Yearbook 2024 / 湖州市统计局, 国家统计局湖州调查队编. -- 北京 : 中国统计出版社, 2024.11-- ISBN 978-7-5230-0530-9

Ⅰ. C832. 553-54

中国国家版本馆CIP数据核字第20248GW272号

湖州统计年鉴2024

作　　者/ 湖州市统计局　国家统计局湖州调查队
责任编辑/ 钟　钰
装帧设计/ 湖州吴兴立达数码快印有限公司
出版发行/ 中国统计出版社有限公司
地　　址/ 北京市丰台区西三环南路甲6号　邮政编码/ 100073
电　　话/ 邮购（010）63376909　书店（010）68783171
网　　址/ http://www.zgtjcbs.com
印　　刷/ 湖州吴兴立达数码快印有限公司
经　　销/ 新华书店
开　　本/ 890mm × 1240mm　1/16
字　　数/ 656.6千字
印　　张/ 29.25　彩页0.25
版　　别/ 2024年11月第1版
版　　次/ 2024年11月第1次印刷
定　　价/ 300.00元

如有印装差错，由本社发行部调换。

编 辑 说 明

一、《湖州统计年鉴2024》是一本信息密集、资料翔实的资料性年刊。它通过大量的统计数据全面系统地记载了湖州经济和社会发展情况以及改革开放以来取得的新进展、新成就。

二、全书内容共分综合，人口、劳动力、职工人数、基本单位，农林牧渔业，工业、能源、用水，交通运输、邮政、电信，固定资产投资、建筑业，国内贸易、外资、外贸、旅游，财政、金融、保险、证券，职工工资、居民生活、物价，科技、教育、文艺、体育、卫生、广电，城建、环保、水利、气象、林业、民政福利、社保、公积金、治安、档案、技术监督，全省分市县、长三角城市主要经济指标等共12个篇章。为便于读者使用，每篇章后附有主要统计指标解释。

三、本年鉴收录的数据以2023年为主，增列了历年来我市部分重要指标的统计数据，部分指标增列了主要年份数据，以满足不同的需要。主要行业统计范围：①规模以上工业，年主营业务收入2000万元及以上的工业法人单位；②限额以上批发和零售业，年主营业务收入2000万元及以上的批发业、年主营业务收入500万元及以上的零售业法人单位；③限额以上住宿和餐饮业，年主营业务收入200万元及以上住宿和餐饮业法人单位；④固定资产投资，计划总投资500万元及以上项目和全部房地产开发投资；⑤房地产开发经营业包括全部房地产开发经营业法人单位。

四、本年鉴对以往发布的数据资料重新予以核实，对部分数据作了调整，凡与本年鉴有出入的，均以本年鉴为准。

五、本年鉴中“#”表示其中项，“空格”表示无该项指标数据或数据不详，“…”表示数据不足该表最小单位数。

六、本年鉴涉及吴兴区的统计指标分两种口径，请注意区别：一是包括全区整个区域范围的大口径，即包括南太湖新区，年鉴中一般以“吴兴区”表示；二是不包括南太湖新区的小口径，年鉴中一般以“吴兴”表示。

在《湖州统计年鉴》编辑过程中我们得到了各级领导和有关部门的大力支持与协助，在此表示衷心的感谢！同时，我们殷切期望社会各界继续给予支持并欢迎提出宝贵意见。

目　录

一、综合

二、人口、劳动力、职工人数、基本单位

三、农林牧渔业

四、工业、能源、用水

五、交通运输、邮政、电信

六、固定资产投资、建筑业

七、国内贸易、外资、外贸、旅游

八、财政、金融、保险、证券

九、职工工资、居民生活、物价

十、科技、教育、文艺、体育、卫生、广电

十一、城建、环保、水利、气象、林业、民政福利、社保、公积金、治安、档案、技术监督

十二、长三角城市主要经济指标

一、综合

1-1 地理位置

四 周	位 置
东经	119° 14’ -120° 29’
北纬	30° 22’ -31° 11’
东西长度	126 公里
南北宽度	90 公里
四邻	东接江苏省苏州（吴江）市、本省嘉兴（桐乡）市；
	南连本省杭州（余杭）市；
	西邻安徽省宣城（广德、宁国）市；
	北靠江苏省宜兴市和太湖；与苏州、无锡隔湖相望。

1-2 行政区划

地 区	乡（个）	镇（个）	街道（个）	居委会（个）	村委会（个）	土地面积（平方公里）	户籍人口（万人）	人口密度（人/平方公里）
全 市	6	38	28	270	866	5820	268.65	462
吴兴区	1	5	13	80	146	863	65.21	756
南浔区		8	2	40	211	702	48.10	685
德清县		8	5	36	135	938	44.24	472
长兴县	2	9	4	67	206	1431	63.55	444
安吉县	3	8	4	47	168	1886	47.55	252
△市 区	1	13	15	120	357	1565	113.31	724

1-3 主要年份

指　标	单位	1980 年	1990 年	2000 年	2010 年	2015 年
年末常住人口	万人				289.40	308.30
#非农业人口	万人	32.27	43.66	65.56	82.90	
年末从业人员数	万人	124.83	150.55	157.50	179.92	184.48
生产总值	亿元	12.23	54.99	325.23	1385.48	2223.06
第一产业增加值	亿元	4.91	18.85	44.64	104.22	122.60
第二产业增加值	亿元	4.92	24.14	175.45	797.74	1180.73
#工业增加值	亿元	4.32	21.38	153.80	716.62	1050.03
第三产业增加值	亿元	2.39	12.00	105.13	483.51	919.72
人均 GDP（按户籍人口计算）	元	548	2247	12733	53375	84287
人均 GDP（按常住人口计算）	元				48241	72530
农林牧渔业总产值	亿元	7.29	29.05	86.94	176.32	213.44
全社会用电量	亿千瓦时	6.53	15.77	41.72	140.15	198.91
#工业用电量	亿千瓦时	4.27	13.11	30.59	108.23	151.16
客运量	万人	1537	3078	6675	9964	6047
客运周转量	亿人公里	3.86	9.71	26.75	33.29	20.91
货运量	万吨	1088	3142	6541	18108	13565
货物周转量	亿吨公里	12.76	26.92	61.12	213.46	146.73
财政总收入	亿元	1.75	5.03	21.06	172.35	327.82
#地方财政收入	亿元			9.89	97.27	191.31
地方财政支出	亿元	0.61	2.54	13.25	127.12	273.74
金融机构年末人民币存款余额	亿元	3.40	24.23	268.87	1789.70	3034.64
#住户存款	亿元	1.07	18.42	160.28	818.37	1548.15
金融机构年末人民币贷款余额	亿元	3.36	24.65	192.52	1419.97	2509.83

国民经济主要指标

2016年	2017年	2018年	2019年	2020年	2021年	2022年	2023年
314.10	320.00	325.90	332.70	337.20	340.70	341.30	343.90
187.11	188.93	191.50	193.90	198.35	199.49	198.21	199.84
2391.14	2607.86	2881.21	3122.27	3203.90	3645.92	3849.95	4015.09
124.22	125.75	128.37	134.11	141.05	153.16	161.14	158.88
1250.24	1360.86	1491.53	1599.62	1599.15	1856.02	1966.15	1978.68
1111.95	1195.92	1321.42	1421.22	1433.24	1667.52	1771.85	1763.89
1016.68	1121.25	1261.32	1388.55	1463.70	1636.73	1722.66	1877.53
90478	98227	108072	116801	119632	135901	143301	149406
76836	82254	89215	94816	95653	107565	112902	117195
214.48	213.86	216.42	226.61	238.94	252.84	266.60	277.45
222.20	244.33	274.80	295.02	302.23	345.02	360.21	384.92
165.73	182.16	203.47	215.51	217.68	248.25	247.24	264.78
5006	5261	5340	5645	3542	643	335.10	471.30
17.87	17.17	18.48	19.32	10.60	7.20	5.47	8.70
14526	16756	18783	21002	19743	22372	21838	23215
152.78	176.35	186.58	199.55	199.62	225.60	229.36	249.70
360.89	408.89	490.71	540.55	582.09	683.80	674.50	696.60
211.18	237.43	287.10	316.07	336.56	413.50	387.30	410.50
288.62	325.02	397.54	466.87	484.42	524.50	601.90	607.00
3476.80	3963.05	4514.08	5163.75	5856.70	6722.99	7752.18	9064.60
1744.76	1904.64	2121.37	2444.97	2784.70	3102.05	3678.70	4453.10
2740.36	3266.82	3871.53	4818.46	5923.47	7186.05	8784.82	10533.80

1-3 主要年份

指　标	单位	1980 年	1990 年	2000 年	2010 年	2015 年
全社会固定资产投资	亿元	0.87	11.75	109.34	719.98	1402.64
社会消费品零售总额	亿元	5.35	21.32	149.18	516.09	963.92
合同外资	亿美元		0.03	1.23	20.37	16.63
实到外资	亿美元		0.02	0.82	9.19	9.42
进出口总额	亿美元			6.93	69.28	102.07
#出口额	亿美元			4.63	58.61	88.55
市区商品零售物价指数	%		102.4	99.7	104.1	99.6
市区居民消费价格指数	%		102.9	101.4	104.0	101.0
城镇居民人均可支配收入	元		1988	8684	25668	42238
农村居民人均可支配收入	元	343	1270	4335	13288	24410
普通高校在校学生数	人	1067	956	3991	24768	26947
普通中专在校学生数	人	750	3040	7759	11886	11726
普通中学在校学生数	万人	9.54	7.15	12.92	14.63	11.64
小学在校学生数	万人	27.18	19.44	21.6	16.01	15.58
卫生机构数	个	432	492	392	1321	1377
#医院、卫生院	个	167	158	143	125	124
床位数	张	6789	7395	7487	10129	13568
#医院、卫生院	张	6080	7005	7377	9639	13254
卫生技术人员	人	6074	7201	8634	15973	20556
#医师医士	人	2249	3092	4106	5871	7370
职工工资总额	亿元	1.61	6.24	20.05	128.78	258.60

注：城镇居民人均可支配收入，2004 年起为全市口径，以前年份为市区口径；规上工业，2010 年及以前为 500 万元及业和非农划分口径；根据人民银行总行调整，2015 年起城乡居民储蓄变更为住户存款。

国民经济主要指标（续表）

2016 年	2017 年	2018 年	2019 年	2020 年	2021 年	2022 年	2023 年
1592.18	1730.98						
1068.86	1188.15	1297.24	1409.94	1424.43	1556.18	1594.74	1707.92
21.32	23.60	34.01	48.32	39.25	54.71	71.90	58.00
10.01	10.53	12.71	18.99	12.06	12.14	15.77	5.80
102.22	113.95	134.19	136.34	163.34	230.70	244.64	230.36
90.16	100.56	116.83	121.60	147.98	209.85	225.19	212.09
100.5	101.4	102.3	102.9	101.4	103.2		
101.6	101.8	102.2	103.0	102.3	102.1	102.3	100.5
45794	49934	54393	59028	61743	67983	71044	74400
26508	28999	31767	34803	37244	41303	44112	47455
26668	26383	26941	28834	33770	37405	40887	43267
11894	11880	11496	10639	10973	11383	12157	11660
11.09	11.25	11.43	11.62	11.69	11.95	12.33	12.76
15.79	16.03	16.66	17.28	18.07	18.88	19.34	20.58
1391	1393	1460	1506	1496	1596	1634	1678
146	149	151	157	157	149	169	151
14113	15669	16873	18276	18420	20087	20159	21592
12836	14370	15532	16925	17080	19258	20155	20378
21407	22762	24660	25830	27120	29008	30572	32868
7619	8080	8847	9422	9851	10988	10029	12712
285.34	305.71	330.65	380.97	428.21	511.39	503.42	631.35

以上，2011 年起为 2000 万元及以上；固定资产投资，2011 年起为 500 万元以上；因户籍制度改革，2015 年起取消农

1-4 主要年份

指 标	单位	2005年	2010年	2013年	2014年	2015年	2016年
生产总值	万元	17613	37958	52898	57094	60906	65511
#工业增加值	万元	8590	19633	25775	27712	28768	30464
农林牧渔业总产值	万元	2906	4831	5835	5792	5848	5876
社会消费品零售总额	万元	6514	14140	20992	23868	26409	29284
财政总收入	万元	2034	4722	7443	8102	8981	9887
#一般公共预算收入	万元	1089	2665	4237	4598	5241	5786
一般公共预算支出	万元	1208	3483	5414	6153	7500	7907
进出口总额	万美元	622	1898	2612	2737	2810	2801
#出口	万美元	547	1606	2216	2413	2439	2470
合同外资	万美元	463	558	461	431	456	584
实到外资	万美元	178	252	290	270	258	274
全社会固定资产投资	万元	9944	19725	29316	34053	38429	43621
#工业性投入	万元	6089	11493	14477	15606	16785	18576
房地产开发	万元	1892	3921	7333	9390	8860	7513
商品房竣工面积	平方米	6221	8577	6653	12438	6959	12140
商品房销售面积	平方米	6808	11282	8452	8355	10932	15261
客运周转量	万人公里	806	912	777	607	573	490
货物周转量	万吨公里	4178	5848	5540	3927	4020	4186
保险业务收入	万元	428	1135	1618	1732	1803	2153
通信业务收入	万元	486	715	866	846	857	893
结婚登记	对	45	57	69	61	58	56
离婚登记	对	9	14	18	17	17	20

注：2011年起固定资产投资为500万元以上投资。

2017年	2018年	2019年	2020年	2021年	2022年	2023年
71448	78937	85546	87710	99859	105478	110002
32765	36203	38961	38908	38961	45686	48326
5859	5929	6209	6546	6915	6927	7601
32552	35541	38628	39026	42636	42635	46792
11203	13444	14810	15948	18734	18479	19085
6505	7866	8659	9221	11329	10611	11247
8905	10892	12791	13272	14370	16491	16630
3122	3676	3735	4475	8698	6702	6311
2755	3201	3331	4054	7850	6170	5811
647	932	1324	1075	1499	1970	1589
289	348	520	330	333	432	159
47424						
19633						
8251						
26537						
20381	22164	22569	24552	24103	15586	10329
470	506	529	290	197	150	238
4831	5112	5467	5469	6181	6284	6360
2479	2757	3134	3499	3134	3868	4367
987	999	1050	1118	1050	1427	1515
55	51	46	43	40	42	42
22	21	21	20	12	14	20

1-5 历年湖州的人均水平

（按户籍人口计算）　　　　单位：元

年　份	生产总值（GDP）	在岗职工平均工资	城镇居民可支配收入	农村居民可支配收入	住户	
					本外币	#人民币
1978						
1979						
1980						
1981						
1982						
1983	701	796		422		108
1984	837	924		549		134
1985	1072	1167		629		187
1986	1264	1366		701		268
1987	1485	1498		824		343
1988	1877	1839		1104		395
1989	2049	2048		1210		549
1990	2247	2275		1270		751
1991	2460	2440		1250		942
1992	3235	2923		1406		1173
1993	5101	4028		1741		1442
1994	7222	5442		2393		2023
1995	8569	6267		3052		2742
1996	9836	6777		3440		3523
1997	10602	7287		3648		4315
1998	11393	7536		3865		5299
1999	11769	8416		4011		5896
2000	12733	9806		4335		6266
2001	14170	12307		4695		7096
2002	15463	16019		5052		8350
2003	17887	19250		5536	10435	10147
2004	21475	21477		6380	11482	11222
2005	24977	23488	15375	7288	13053	12848
2006	29414	25674	17503	8333	15200	15004
2007	34537	28053	19663	9536	16187	16058
2008	39981	31455	21604	10751	20974	20853
2009	46190	33843	23280	11745	26559	26429
2010	53375	36485	25668	13288	31606	31478
2011	60627	41107	29367	15381	36562	36415
2012	66922	45933	32987	17188	41426	41260
2013	73712	51075	36220	19044	47384	47193
2014	79196	55972	38959	22404	52120	51934
2015	84287	60454	42238	24410	58987	31405
2016	90478	64384	45794	26508	66304	65879
2017	98227	71388	49934	28999	72299	71915
2018	108072	80513	54393	31767	79955	79571
2019	116801	89631	59028	34803	91834	91464
2020	119632	70712	61743	37244	104259	103884
2021	135901	90653	67983	41303	116241	115628
2022	143289	82946	71044	44112	137383	136927
2023	149406	85109	74400	47455	166185	165705

注：在岗职工平均工资口径：2007 年及以前年份为单位职工，2008 年开始为城镇以上单位，2020 年为规上单位口径；“医院床位数”“卫技人员数”“医生数”三项指标为每万人；农村居民纯收入 2014 年起变更为农村居民可支配收入；根据人民银行总行调整，2015 年起城乡居民储蓄变更为住户存款。

1-5 历年湖州的人均水平（续表1）

（按户籍人口计算） 单位：个

年 份	医院床位数	卫技人员数	#医生数	财政总收入（元）	#地方财政收入	#税收收入	财政支出（元）
1978			9	73			22
1979			9	74			24
1980			10	79			27
1981			10	84			23
1982			11	97			25
1983	26	29	11	106			32
1984	27	29	11	113			46
1985	27	28	10	146			52
1986	28	28	10	158			70
1987	28	28	10	173			70
1988	28	28	13	183			86
1989	29	28	13	202			96
1990	29	29	13	206			104
1991	29	30	13	212			115
1992	29	30	13	225			123
1993	30	31	13	302	115		166
1994	30	32	14	337	137		194
1995	30	32	15	380	157	158	223
1996	30	34	16	418	170		254
1997	32	34	16	476	184		280
1998	31	33	15	559	228		331
1999	29	33	16	620	278		408
2000	29	34	16	825	387	420	519
2001	29	34	16	1151	638		751
2002	30	34	15	1501	725	750	948
2003	31	37	17	1993	983	969	1186
2004	32	38	17	2428	1254	1087	1421
2005	34	42	18	2884	1544	1427	1713
2006	35	47	19	3561	1932	1711	2170
2007	35	49	20	4424	2392	2183	2669
2008	34	54	20	5182	2774	2609	3348
2009	36	59	22	5667	3091	2898	4192
2010	37	61	23	6640	3747	3593	4897
2011	40	62	23	8410	4688	4491	5824
2012	42	68	24	9451	5304	5063	6413
2013	45	69	25	10371	5905	5538	7544
2014	44	72	26	11238	6378	5941	8534
2015	50	78	28	12429	7254	6419	10379
2016	53	81	29	13656	7991	6911	10921
2017	53	86	31	15401	8943	7625	12242
2018	58	92	33	18406	10769	9035	14912
2019	63	97	35	20221	11824	10127	17465
2020	69	101	37	21715	12555	11674	18072
2021	70	108	40	25533	15440	14174	19584
2022	75	114	37	25106	14416	12784	22404
2023	80	122	47	25921	15275	12894	22587

1–5 历年湖州的人均水平（续表 2）

（按户籍人口计算）　　单位：元

年 份	全社会用电量（千瓦时）	#工业用	#生活用	固定资产投资额	社会消费品零售总额	进出口总额（美元）	#出口	实到外资（美元）
1978				27	148			
1979				31	189			
1980				39	240			
1981				44	265			
1982				54	273			1
1983				102	299			
1984				154	350			0
1985	465			231	481			0
1986	579	455	29	320	571			2
1987	649	513	37	423	661			2
1988	680	531	47	504	827			1
1989	667	523	45	464	886			1
1990	702	536	57	480	871			1
1991	782	600	63	533	964	12	11	1
1992	874	683	68	995	1138	19	18	7
1993	1015	799	73	1831	1684	64	51	14
1994	1164	898	88	2324	2555	88	61	20
1995	1248	964	103	2876	3416	122	81	26
1996	1311	996	134	3152	3964	124	89	22
1997	1275	960	132	3302	4414	121	98	24
1998	1283	927	145	3698	4859	112	94	20
1999	1373	1003	158	3777	5303	142	107	24
2000	1633	1198	192	4281	5840	271	181	32
2001	1783	1325	209	5667	6214	292	225	82
2002	2092	1601	228	7386	6655	346	276	140
2003	2533	1934	285	9610	7097	474	394	209
2004	2873	2338	255	12750	8097	661	563	238
2005	3312	2666	306	14101	9265	882	775	253
2006	3719	2980	360	15801	10689	1168	1035	294
2007	4155	3312	400	17776	12496	1654	1426	327
2008	4357	3411	456	20484	14985	2165	1899	311
2009	4754	3701	508	24579	17099	1867	1575	313
2010	5399	4169	593	27737	19882	2669	2258	354
2011	6048	4705	637	30888	23411	3325	2824	361
2012	6349	4843	736	37162	26946	3345	2832	393
2013	6984	5256	845	40851	29252	3639	3088	404
2014	7282	5616	750	47235	33108	3796	3346	374
2015	7542	5731	815	53188	36552	3870	3358	357
2016	8408	6271	991	60117	40358	3860	3404	378
2017	9203	6861	1059	65358	44862	4302	3797	397
2018	10308	7632	1177		48658	5025	4375	477
2019	11026	8062	1253		52744	5101	4549	710
2020	11275	8121	1331		53139	6094	5521	450
2021	12882	9271	1430		58107	8629	7850	453
2022	11570	9203	1837		59357	60655	55837	587
2023	14323	9853	1830		63554	60237	55461	216

1-6　湖州占全省比重

指　标	单位	湖州市	占浙江省%
年末户籍人口	万人	268.85	5.3
生产总值	亿元	4015.09	4.9
#第一产业增加值	亿元	158.88	6.8
第二产业增加值	亿元	1978.68	5.8
第三产业增加值	亿元	1877.53	4.1
一般公共预算收入	亿元	410.50	4.8
一般公共预算支出	亿元	607.00	
社会消费品零售总额	亿元	1707.92	5.2
外贸出口	亿元	212.09	4.2
实到外资	亿美元	5.80	2.9
工业用电量	亿千瓦时	264.78	6.5
金融机构年末本外币存款余额	亿元	9225.37	4.2
#住户存款	亿元	4466.01	4.6
金融机构年末本外币贷款余额	亿元	10545.77	4.9

1-7 历年分县区生产总值

单位：万元

年 份	全 市	吴兴区	吴兴	南太湖新 区	南浔区	德清县	长兴县	安吉县	△市区
1978	88828					14188	17680	13223	43737
1979	111903					17943	23254	15841	54865
1980	122262					19146	24812	17209	61095
1981	137237					21680	28618	20529	66410
1982	153716					24454	33675	21580	74007
1983	160436					25513	34452	22001	78470
1984	192316					30908	39339	26244	95825
1985	248121					42961	51788	32372	120989
1986	295964					53087	61324	35607	145946
1987	351864					63380	70804	41809	175868
1988	449892					85319	106250	53238	205085
1989	497157					90581	118218	56072	232286
1990	549910					99023	121214	60616	269057
1991	605189					106094	132685	72079	294331
1992	800391					134372	175989	99536	382610
1993	1268238					209235	276481	156002	598465
1994	1806522					316327	404725	231026	821548
1995	2157554					354300	485170	298133	985756
1996	2494399					399261	530480	348700	1167320
1997	2698764					434772	574957	384676	1246047
1998	2901967					471274	610327	420179	1344473
1999	3000455					504800	634644	435973	1393828
2000	3252262					558414	671610	480489	1515243
2001	3629457					635865	750529	520567	1693981
2002	3970650					724836	837040	578377	1845086
2003	4595432					831860	970728	662696	2139931
2004	5518809	1570653	1178787	391866	995678	1018826	1154711	769304	2566332
2005	6428892	1820154	1351597	468557	1169465	1193177	1340146	889588	2989619
2006	7581084	2146102	1571580	574523	1356908	1390193	1605402	1028686	3503011
2007	8905035	2514375	1822293	692082	1594811	1652489	1903990	1219393	4109186
2008	10321040	2890365	2122847	767517	1872057	1914427	2211697	1463494	4762422
2009	11955476	3562652	2662437	900215	2073184	2154089	2464633	1676729	5635835
2010	13854758	4058120	3006381	1051740	2372557	2507360	2928573	1970204	6430677
2011	15794028	4605649	3388335	1217314	2670927	2870896	3400376	2263506	7276576
2012	17481084	5154138	3805613	1348525	2866166	3185282	3783886	2537999	8020304
2013	19307769	5680081	4172048	1508033	3084438	3503968	4200660	2819267	8764519
2014	20839466	6131904	4535606	1596299	3314162	3727332	4588106	2933442	9446066
2015	22230569	6644158	4967769	1676389	3491822	3924638	4844385	3241748	10135980
2016	23911367	7173072	5394005	1779068	3638668	4169233	5265441	3487537	10811741
2017	26078618	8005388	6006524	1998864	3876938	4517416	5781493	3903684	11882325
2018	28812134	8895384	6689499	2205885	4264716	4943400	6376176	4332491	13160100
2019	31222746	9640140	7269786	2370354	4587944	5360992	6929609	4707257	14228084
2020	32039027	10016411	7527583	2488828	4680086	5441511	7024106	4908645	14696497
2021	36459189	11331438	8501376	2830062	5282858	6179189	8019122	5663490	16614296
2022	38496123	11896646	8926265	2970381	5640275	6574116	8484496	5883191	17536920
2023	40150854	12402126	9249273	3152853	5850267	6806595	8939830	6151174	18252392

注：从 2019 年开始取消开发区，新设南太湖新区。

1-8 历年分县区生产总值增长速度

（按可比价格计算）　　单位：%

年 份	全 市	吴兴区	吴兴	南太湖新 区	南浔区	德清县	长兴县	安吉县	△市区
1979	17.4					17.0	23.2	13.7	16.4
1980	8.4					5.2	0.1	6.2	11.0
1981	7.5					13.5	5.7	10.1	5.8
1982	10.7					10.2	19.5	0.4	9.4
1983	3.3					3.8	–0.5	5.5	5.1
1984	18.1					18.1	15.8	19.5	18.9
1985	20.1					30.2	16.1	15.9	20.1
1986	13.1					18.1	13.1	9.7	13.2
1987	8.9					9.7	9.2	8.2	9.0
1988	5.6					3.6	20.1	10.9	1.1
1989	2.5					–1.0	4.3	–4.0	4.4
1990	5.4					6.0	3.4	1.0	7.1
1991	8.5					8.6	9.7	14.0	9.2
1992	22.7					25.3	23.2	29.2	30.2
1993	27.6					23.9	36.4	31.9	25.4
1994	19.8					26.3	20.0	26.3	18.4
1995	10.0					5.1	9.9	17.0	10.1
1996	13.5					10.7	5.3	15.1	16.9
1997	8.4					9.3	7.0	10.3	7.0
1998	9.4					10.5	10.5	10.3	9.5
1999	7.4					10.4	8.3	7.5	7.8
2000	9.6					11.2	10.8	10.2	9.6
2001	10.7					12.4	11.6	8.1	10.5
2002	11.6					12.2	12.8	11.8	10.1
2003	13.8					15.2	15.5	13.7	14.5
2004	14.9					17.3	15.9	12.3	15.2
2005	13.6	13.0	12.3	15.2	14.8	13.6	12.9	13.0	13.7
2006	13.8	14.0	12.6	17.9	11.6	12.2	15.6	12.0	13.1
2007	14.0	13.9	12.8	17.0	13.7	15.3	15.2	15.0	13.9
2008	10.4	9.5	10.7	6.4	11.4	10.3	10.5	14.5	10.3
2009	10.5	21.6	23.6	16.1	11.0	11.9	11.3	12.8	9.8
2010	12.2	7.4	6.7	9.4	8.1	10.1	12.0	11.5	11.7
2011	10.7	7.1	6.5	8.7	6.6	8.4	11.6	10.8	10.9
2012	9.8	11.9	12.5	10.2	7.7	11.2	11.2	10.2	8.4
2013	9.0	10.2	10.0	10.7	8.8	11.3	10.6	11.0	8.7
2014	8.4	8.3	8.8	7.1	8.0	6.9	8.8	8.0	8.2
2015	8.3	9.8	11.0	6.5	6.7	6.3	7.9	8.9	8.8
2016	7.6	8.6	9.7	5.2	3.6	6.4	8.2	9.1	7.1
2017	8.5	10.2	10.5	9.3	7.5	7.4	8.2	9.9	8.9
2018	8.2	8.4	8.3	8.6	7.6	8.0	8.5	8.3	8.2
2019	7.9	7.7	7.8	7.5	7.3	8.3	8.2	7.8	7.6
2020	3.3	3.5	3.3	3.9	3.3	2.7	2.6	4.3	3.6
2021	9.5	9.7	9.7	9.5	8.5	8.7	9.5	10.8	9.3
2022	3.3	3.4	3.5	3.2	3.5	3.8	4.2	0.9	3.4
2023	5.8	5.7	5.3	7.2	6.0	5.3	6.5	5.1	5.8

1-9　历年分县区生产总值发展指数

（以1978年为100）

年　份	全　市	吴兴区	吴兴	南太湖新　区	南浔区	德清县	长兴县	安吉县	△市区
1978	100.0					100.0	100.0	100.0	100.0
1979	117.4					117.0	123.2	113.7	116.4
1980	127.2					123.1	123.3	120.7	129.2
1981	136.8					139.7	130.3	132.9	136.7
1982	151.4					153.9	155.7	133.5	149.6
1983	156.4					159.8	154.9	140.8	157.1
1984	184.6					188.7	179.4	168.3	186.9
1985	221.7					245.7	208.3	195.0	224.4
1986	250.7					290.2	235.5	214.0	254.0
1987	273.0					318.3	257.1	231.5	276.9
1988	288.3					329.8	308.9	256.7	280.0
1989	295.5					326.5	322.1	246.5	292.5
1990	311.3					346.1	333.1	248.9	313.3
1991	337.8					375.8	365.3	283.8	342.0
1992	414.3					470.7	450.1	366.6	445.4
1993	528.5					583.1	613.9	483.5	558.3
1994	633.4					736.5	736.7	610.8	661.1
1995	696.5					774.0	809.7	714.6	728.2
1996	790.2					857.2	852.5	822.4	851.4
1997	856.5					936.7	912.5	906.9	910.6
1998	936.8					1035.0	1007.8	1000.0	996.9
1999	1006.4					1142.5	1091.5	1074.8	1074.3
2000	1103.2					1271.0	1209.0	1184.2	1177.9
2001	1220.9					1428.0	1349.0	1280.1	1301.7
2002	1362.3					1602.4	1521.7	1431.7	1433.4
2003	1550.9					1846.2	1757.7	1627.8	1642.0
2004	1782.4	100.0	100.0	100.0	100.0	2166.4	2037.9	1827.4	1891.6
2005	2025.4	113.0	112.3	115.2	114.8	2461.4	2300.5	2065.4	2150.5
2006	2304.5	128.8	126.5	135.8	128.1	2760.6	2659.4	2312.8	2432.4
2007	2626.7	146.7	142.7	158.9	145.7	3182.0	3062.8	2659.6	2769.9
2008	2900.1	160.7	157.9	169.1	162.3	3510.1	3383.7	3045.2	3054.8
2009	3204.4	195.4	195.2	196.3	180.2	3928.1	3764.8	3433.6	3353.6
2010	3594.0	209.9	208.3	214.8	194.8	4326.2	4214.9	3828.4	3745.4
2011	3980.4	224.7	221.8	233.5	207.7	4688.3	4702.1	4241.9	4153.9
2012	4371.8	251.4	249.5	257.2	223.8	5211.8	5230.0	4676.5	4502.8
2013	4766.3	277.0	274.5	284.6	243.5	5802.1	5783.4	5188.8	4894.0
2014	5164.6	300.1	298.5	304.8	262.9	6200.5	6291.3	5603.9	5295.9
2015	5592.9	329.6	331.4	324.5	280.5	6590.8	6786.1	6102.7	5759.9
2016	6017.0	357.8	363.6	341.2	290.5	7010.1	7342.1	6658.0	6168.7
2017	6530.4	394.2	401.6	372.8	312.3	7527.6	7941.7	7319.2	6717.6
2018	7064.4	427.3	435.1	404.9	336.2	8128.9	8615.3	7929.5	7265.4
2019	7619.2	460.0	469.2	435.2	360.7	8806.1	9324.0	8551.3	7820.6
2020	7867.3	476.1	484.4	452.2	372.5	9043.8	9562.9	8921.2	8102.2
2021	8614.5	522.2	531.6	495.3	404.2	9834.9	10475.7	9887.1	8856.9
2022	8898.8	540.1	550.1	511.2	418.3	10207.8	10910.7	9973.2	9161.4
2023	9415.0	571.0	579.3	548.0	443.4	10748.9	11619.9	10481.8	9695.5

1-10 历年分县区人均生产总值

单位：元

年 份	全 市		吴兴区			南浔区	德清县	长兴县	安吉县	△市区
	按户籍	按常住		吴兴	南太湖新 区					
1978	402						394	333	336	473
1979	504						496	435	400	590
1980	548						528	461	434	654
1981	610						591	527	514	707
1982	677						659	614	536	781
1983	701						682	624	541	822
1984	837						823	710	639	1000
1985	1072						1140	919	786	1257
1986	1264						1397	1064	855	1506
1987	1485						1648	1214	993	1795
1988	1877						2202	1800	1263	2067
1989	2049						2298	1984	1305	2308
1990	2247						2491	2029	1398	2642
1991	2460						2656	2216	1621	2871
1992	3235						3340	2920	2281	3714
1993	5101						5173	4566	3539	5779
1994	7222						7752	6704	5218	7883
1995	8569						8588	7993	6706	9403
1996	9836						9678	8603	7791	11061
1997	10602						10366	9316	8580	11730
1998	11393						11191	9923	9385	12647
1999	11769						11954	10309	9750	13097
2000	12733						13191	10882	10741	14208
2001	14170	13520					15003	12137	11630	15808
2002	15463	14714					17105	13512	12899	17147
2003	17887	16920					19637	15648	14788	19869
2004	21475	20164	26968	24318	40121	19674	24109	18616	17181	23803
2005	24977	23323	31106	28121	44834	23100	28116	21630	19752	27691
2006	29414	27290	36508	33275	49719	26914	32777	25997	22632	32401
2007	34537	31792	42580	38976	56288	31726	38888	30899	26822	37937
2008	39981	36593	48753	45498	60779	37381	44881	35847	32249	43908
2009	46190	42104	59920	57357	69047	41522	50371	39802	36764	51924
2010	53375	48241	67992	64985	78354	47592	58414	47099	43075	59142
2011	60627	54154	76727	73183	88683	53584	66633	54443	49347	66693
2012	66922	59158	85392	82104	96270	57559	73708	60443	55224	73286
2013	73712	64574	93534	90417	103398	62920	80682	66989	61201	79860
2014	79196	68823	100187	98709	104639	67522	85391	72902	63381	85650
2015	84287	72530	107823	108158	106841	71212	89808	76897	69868	91600
2016	90478	76836	115681	117944	109323	74439	95187	83458	74982	97501
2017	98227	82254	128146	131893	118065	79225	102622	91272	83530	106657
2018	108072	89215	141545	147687	125694	86924	111867	100343	92258	117598
2019	116801	94816	152702	161398	131047	93471	121085	108811	99853	126793
2020	119632	95653	157720	167583	133886	95573	122788	110181	103841	130663
2021	135901	107565	176907	189369	147707	108320	139440	125770	119537	147259
2022	143289	112892	185012	199753	151368	115220	148538	133900	122653	155071
2023	149406	117195	190741	206106	156514	121210	153708	140494	129397	161117

注：分县区人均 GDP 按户籍人口计算。

1-11 历年分县区人均生产总值增长速度

（按可比价格计算）　　　　单位：%

年　份	全　市		吴兴区			南浔区	德清县	长兴县	安吉县	△市区
	按户籍	按常住		吴兴	南太湖新　区					
1979	16.9						16.8	22.5		16.0
1980	6.4						4.7	-0.7		19.7
1981	6.5						12.5	4.8		-3.1
1982	9.9						99.0	18.3		8.4
1983	2.3						2.2	-1.3		4.3
1984	17.4						-35.1	15.5		18.5
1985	19.0						29.7	14.1	15.1	19.6
1986	11.7						17.1	9.6	8.5	12.4
1987	7.7						8.4	8.8	7.0	7.7
1988	4.4						2.3	18.8	-4.9	0.3
1989	1.2						-2.2	3.2	-0.1	2.5
1990	4.5						5.1	3.1	13.2	5.9
1991	8.1						8.0	9.4	28.5	8.4
1992	22.3						24.4	22.4	35.5	29.6
1993	27.7						23.2	35.7	30.6	24.7
1994	19.2						25.2	20.4	25.8	17.7
1995	9.3						4.0	9.3	16.5	9.5
1996	13.0						10.7	3.6	14.3	16.1
1997	8.1						7.5	6.9	10.1	6.3
1998	9.4						10.0	10.8	10.4	9.4
1999	7.4						10.1	8.2	7.6	7.6
2000	9.4						11.0	10.5	10.1	9.4
2001	10.4						12.2	11.4	8.0	10.0
2002	11.3	11.0					12.2	12.6	11.6	9.7
2003	13.8	13.1					15.3	15.3	13.8	14.4
2004	14.9	14.0					17.3	15.9	12.3	15.0
2005	13.5	12.8	12.4	13.2	15.9	14.8	13.4	13.5	12.4	13.5
2006	13.6	12.9	13.5	14.6	6.1	12.0	12.2	15.9	11.0	12.9
2007	13.9	13.0	13.4	14.0	27.9	14.0	15.2	15.5	15.0	13.7
2008	10.3	9.6	9.1	10.9	20.4	11.5	9.9	10.5	14.7	10.1
2009	10.2	9.8	21.3	24.3	6.0	11.5	11.5	11.0	12.2	9.7
2010	11.8	10.9	7.0	7.1	15.9	8.2	9.7	11.5	11.2	11.5
2011	10.4	9.1	6.4	6.4	12.1	6.6	8.0	11.1	10.5	10.5
2012	9.5	8.4	11.3	12.4	4.5	7.9	10.8	10.8	10.0	8.1
2013	8.7	7.7	9.5	10.5	13.5	10.5	10.8	10.4	10.2	8.4
2014	7.9	7.0	7.5	9.2	5.3	7.9	6.3	8.5	7.5	7.7
2015	8.0	7.0	9.1	11.1	18.9	6.8	6.1	7.6	8.6	8.4
2016	7.4	6.0	7.9	10.5	8.9	4.1	6.1	8.4	8.8	6.9
2017	8.0	6.5	9.4	10.9	7.3	7.4	6.8	7.9	9.4	8.4
2018	7.7	6.2	7.8	8.9	18.2	7.4	7.5	8.1	7.8	7.7
2019	7.6	5.8	7.3	8.4	4.3	7.2	8.1	8.0	7.4	7.2
2020	3.1	1.5	2.8	3.5	1.1	3.5	2.5	2.5	4.0	3.2
2021	9.3	8.2	8.8	9.8	6.3	9.0	8.8	9.5	10.6	9.0
2022	3.2	2.7	2.5	3.4	0.5	4.0	3.8	4.2	0.7	3.2
2023	5.7	5.3	5.0	5.4	4.7	6.6	5.4	6.7	5.0	5.7

注：分县区人均 GDP 按户籍人口计算。

1-12 历年分县区人均生产总值发展指数

（以 1978 年为 100）

年 份	全 市		吴兴区			南浔区	德清县	长兴县	安吉县	△市区
	按户籍	按常住		吴兴	南太湖新 区					
1978	100.0						100.0	100.0		100.0
1979	116.9						116.8	122.5		116.0
1980	124.4						122.3	121.7		138.9
1981	132.5						137.7	127.5		134.6
1982	145.6						274.0	150.8		146.0
1983	148.9						279.9	148.9		152.3
1984	174.8						181.7	172.0	100.0	180.4
1985	208.1						235.7	196.3	115.1	215.9
1986	232.4						276.0	215.1	124.9	242.7
1987	250.3						299.1	234.1	133.6	261.4
1988	261.3						306.0	278.0	127.1	262.2
1989	264.5						299.3	287.0	127.0	268.9
1990	276.4						314.5	296.0	143.7	284.7
1991	298.7						339.7	323.9	184.7	308.7
1992	365.4						422.7	396.6	250.2	400.1
1993	466.7						520.8	538.3	326.7	499.0
1994	556.3						652.0	648.0	410.9	587.2
1995	607.9						678.1	708.3	478.8	642.9
1996	687.0						750.7	734.2	547.3	746.7
1997	742.9						807.0	785.0	602.5	793.4
1998	812.9						887.7	870.1	665.3	868.0
1999	872.9						977.3	941.5	716.0	934.3
2000	955.4						1084.8	1040.1	788.5	1022.3
2001	1054.3	100.0					1217.4	1158.7	851.9	1124.4
2002	1173.6	111.0					1366.3	1304.7	951.1	1233.0
2003	1335.3	125.6					1574.7	1504.3	1082.0	1411.1
2004	1534.1	143.1	100.0	100.0	100.0	100.0	1847.3	1743.5	1215.6	1623.4
2005	1740.5	161.5	112.4	113.2	115.9	114.8	2095.7	1979.0	1365.9	1843.1
2006	1977.7	182.3	127.6	129.8	122.9	128.6	2351.8	2292.8	1515.6	2081.7
2007	2253.3	206.1	144.7	147.9	157.2	146.6	2709.0	2647.7	1742.5	2366.2
2008	2484.9	226.0	157.9	164.0	189.4	163.4	2977.0	2926.4	1998.7	2606.0
2009	2738.4	248.1	191.4	203.8	200.7	182.2	3319.0	3248.1	2242.5	2858.9
2010	3062.6	275.1	204.8	218.3	232.6	197.1	3641.8	3622.3	2493.2	3187.3
2011	3379.6	300.0	218.0	232.2	260.7	210.2	3932.1	4023.7	2754.6	3522.9
2012	3702.0	325.2	242.6	260.9	272.4	226.7	4357.6	4460.2	3030.9	3807.1
2013	4024.9	350.4	265.7	288.4	309.2	250.5	4828.9	4922.3	3341.3	4126.2
2014	4341.4	374.9	285.5	314.9	325.6	270.2	5134.7	5340.4	3591.7	4443.2
2015	4690.5	401.1	311.5	349.7	387.3	288.5	5449.7	5747.1	3901.6	4816.4
2016	5036.0	425.0	336.1	386.3	421.7	300.3	5784.5	6229.5	4246.2	5147.5
2017	5440.7	452.7	367.5	428.6	452.4	322.5	6180.4	6719.9	4645.7	5579.4
2018	5861.2	480.8	396.0	466.8	535.0	346.3	6646.7	7263.8	5007.0	6007.4
2019	6304.6	508.6	424.7	506.2	557.9	371.4	7186.7	7843.9	5378.9	6440.0
2020	6497.8	516.3	436.6	524.1	564.0	384.4	7369.7	8036.6	5596.3	6648.3
2021	7102.4	558.6	475.4	575.5	599.2	418.9	8017.5	8804.4	6189.0	7252.6
2022	7326.3	573.6	487.5	595.2	602.0	435.5	8321.9	9174.1	6229.4	7481.2
2023	7745.8	603.7	512.1	627.4	630.5	464.2	8768.9	9785.8	6539.4	7473.7

注：分县区人均 GDP 按户籍人口计算。

1-13 历年分产业生产总值

单位：万元

年 份	生产总值	第一产业增加值	第二产业增加值	#工业增加值	第三产业增加值
1978	88828	40076	32259	27801	16493
1979	111903	55007	37433	32805	19463
1980	122262	49135	49180	43195	23947
1981	137237	58044	51556	45710	27637
1982	153716	67344	55009	48441	31363
1983	160436	65791	60439	54763	34206
1984	192316	75985	76342	69690	39989
1985	248121	82599	110383	101464	55139
1986	295964	96933	134140	123337	64891
1987	351864	115981	160177	147281	75706
1988	449892	161459	196176	181646	92257
1989	497157	160492	225434	198757	111231
1990	549910	188527	241389	213767	119994
1991	605189	184818	283529	250607	136842
1992	800391	205288	404506	352747	190597
1993	1268238	257612	711150	620800	299476
1994	1806522	352022	991492	855293	463007
1995	2157554	403851	1142823	953731	610881
1996	2494399	431833	1347738	1140396	714828
1997	2698764	446769	1473726	1278099	778268
1998	2901967	445099	1587187	1378225	869682
1999	3000455	436996	1631672	1431452	931787
2000	3252262	446423	1754491	1538034	1051347
2001	3629457	467684	1967246	1725275	1194527
2002	3970650	472169	2155215	1882010	1343267
2003	4595432	504063	2454353	2154044	1637017
2004	5518809	584700	3030424	2655095	1903685
2005	6428892	630966	3532468	3135326	2265458
2006	7581084	659011	4334271	3849058	2587802
2007	8905035	711113	5088924	4609467	3104998
2008	10321040	848268	5913379	5333855	3559392
2009	11955476	902588	6988117	6295976	4064772
2010	13854758	1042216	7977421	7166227	4835121
2011	15794028	1162184	8741182	7791869	5890661
2012	17481084	1226473	9622409	8635683	6632202
2013	19307769	1198028	10449921	9407757	7659820
2014	20839466	1203392	11306912	10114750	8329162
2015	22230569	1226044	11807289	10500339	9197235
2016	23911367	1242173	12502441	11119488	10166753
2017	26078618	1257474	13608639	11959209	11212505
2018	28812134	1283706	14915271	13214217	12613158
2019	31222745	1341080	15996153	14212156	13885512
2020	32039027	1410507	15991506	14332392	14637014
2021	36459189	1531646	18560195	16675244	16367348
2022	38496123	1509526	19500034	17549780	17486563
2023	40150854	1588791	19786811	17638923	18775251

注：从 2013 年开始三次产业划分标准为 GB/T 4754—2011。

1-14　历年分产业生产总值增长速度

（按可比价格计算）　　　　单位：%

年份	生产总值	第一产业增加值	第二产业增加值	#工业增加值	第三产业增加值
1979	17.4	17.9	16.6	18.7	17.5
1980	8.4	-11.4	29.0	28.8	16.6
1981	7.5	6.2	5.2	6.3	15.0
1982	10.7	14.9	6.3	5.7	11.0
1983	3.3	-5.6	9.5	12.4	9.5
1984	18.1	12.4	26.3	27.3	12.8
1985	20.1	-0.2	35.8	35.9	22.6
1986	13.1	5.3	15.9	15.4	17.5
1987	8.9	5.0	13.8	13.2	2.9
1988	5.6	6.0	5.3	5.1	5.9
1989	2.5	1.2	3.8	4.3	0.9
1990	5.4	6.7	5.6	3.6	3.1
1991	8.5	1.6	12.6	11.2	11.1
1992	22.7	4.0	30.2	29.8	34.1
1993	27.6	1.4	39.6	42.5	32.8
1994	19.8	4.2	20.8	19.2	31.1
1995	10.0	3.1	10.3	8.0	13.9
1996	13.5	2.5	18.4	19.9	11.0
1997	8.4	4.4	10.6	12.7	6.2
1998	9.4	1.0	10.8	10.8	11.2
1999	7.4	0.2	8.1	9.0	9.6
2000	9.6	2.2	10.0	10.3	12.4
2001	10.7	4.7	12.2	12.2	10.6
2002	11.6	2.7	12.6	12.6	13.5
2003	13.8	5.6	15.7	14.0	13.7
2004	14.9	7.3	18.2	18.7	11.9
2005	13.6	4.3	14.7	15.9	14.8
2006	13.8	5.5	16.2	15.5	12.4
2007	14.0	0.5	15.1	16.8	15.8
2008	10.4	7.1	10.7	11.3	10.6
2009	10.5	0.0	15.1	14.4	5.5
2010	12.2	4.6	12.8	13.4	12.6
2011	10.7	3.4	10.4	11.0	12.9
2012	9.8	2.4	10.5	11.0	10.2
2013	9.0	0.5	8.6	8.8	11.1
2014	8.4	0.2	9.2	8.7	8.4
2015	8.3	1.6	6.4	6.2	12.3
2016	7.6	2.2	6.6	7.3	9.5
2017	8.5	2.2	7.6	7.7	10.5
2018	8.2	2.9	8.4	9.9	8.6
2019	7.9	2.8	7.7	8.5	8.5
2020	3.3	2.5	2.0	3.1	4.9
2021	9.5	2.9	10.6	11.4	9.0
2022	3.3	4.6	2.7	2.7	3.8
2023	5.8	5.0	4.5	3.8	7.1

1-15　历年分产业生产总值发展指数

（以 1978 年为 100）

年　份	生　产 总　值	第一产业 增 加 值	第二产业 增 加 值	#工业增加值	第三产业 增 加 值
1978	100.0	100.0	100.0	100.0	100.0
1979	117.4	117.9	116.6	118.7	117.5
1980	127.2	104.5	150.4	152.9	137.0
1981	136.8	110.9	158.2	162.5	157.6
1982	151.4	127.5	168.2	171.8	174.9
1983	156.4	120.3	184.2	193.1	191.5
1984	184.6	135.2	232.6	245.8	216.0
1985	221.7	135.0	315.9	334.0	264.8
1986	250.7	142.1	366.1	385.5	311.2
1987	273.0	149.2	416.7	436.4	320.2
1988	288.3	158.2	438.7	458.6	339.1
1989	295.5	160.1	455.4	478.3	342.1
1990	311.3	170.8	480.9	495.6	352.8
1991	337.8	173.5	541.5	551.1	391.9
1992	414.3	180.5	705.0	715.3	525.4
1993	528.5	183.0	984.4	1019.0	698.0
1994	633.3	190.7	1189.6	1214.4	914.8
1995	696.4	196.6	1312.5	1311.7	1041.8
1996	790.2	201.4	1554.1	1572.7	1156.4
1997	856.4	210.3	1719.0	1772.5	1228.5
1998	936.8	212.4	1903.9	1964.4	1365.8
1999	1006.3	212.8	2058.7	2140.8	1497.2
2000	1103.1	217.4	2264.1	2361.6	1682.1
2001	1220.8	227.6	2540.8	2649.2	1860.8
2002	1362.2	233.7	2860.6	2982.3	2111.1
2003	1550.7	246.8	3309.3	3399.7	2401.1
2004	1782.3	264.8	3912.1	4036.4	2686.7
2005	2025.2	276.1	4485.3	4677.9	3084.7
2006	2304.2	291.3	5210.3	5404.2	3466.3
2007	2626.4	292.6	5995.9	6313.8	4012.4
2008	2899.8	313.2	6640.2	7024.8	4438.8
2009	3204.1	313.2	7639.6	8038.1	4682.6
2010	3593.7	327.5	8617.0	9115.8	5273.8
2011	3980.0	338.6	9516.3	10122.5	5951.8
2012	4371.4	346.6	10520.0	11240.0	6556.3
2013	4765.8	348.3	11429.9	12233.5	7284.6
2014	5164.1	349.0	12476.5	13300.4	7895.0
2015	5592.4	354.6	13274.0	14119.1	8863.8
2016	6016.4	362.3	14155.8	15148.6	9706.3
2017	6529.7	370.5	15226.1	16309.2	10728.2
2018	7063.7	381.1	16498.8	17931.0	11647.4
2019	7618.5	392.0	17777.1	19450.5	12640.7
2020	7866.5	401.9	18136.8	20053.4	13260.1
2021	8613.8	413.5	20059.3	22339.5	14453.5
2022	8898.1	432.5	20601.6	22949.6	15007.2
2023	9410.2	454.3	21534.4	23820.4	16079.9

1-16 历年分产业生产总值构成

单位：%

年份	生产总值	第一产业增加值	第二产业增加值	#工业增加值	第三产业增加值
1978	100.0	45.1	36.3	31.3	18.6
1979	100.0	49.2	33.4	29.3	17.4
1980	100.0	40.2	40.2	35.3	19.6
1981	100.0	42.3	37.6	33.3	20.1
1982	100.0	43.8	35.8	31.5	20.4
1983	100.0	41.0	37.7	34.1	21.3
1984	100.0	39.5	39.7	36.2	20.8
1985	100.0	33.3	44.5	40.9	22.2
1986	100.0	32.8	45.3	41.7	21.9
1987	100.0	33.0	45.5	41.9	21.5
1988	100.0	35.9	43.6	40.4	20.5
1989	100.0	32.3	45.3	40.0	22.4
1990	100.0	34.3	43.9	38.9	21.8
1991	100.0	30.5	46.8	41.4	22.7
1992	100.0	25.6	50.5	44.1	23.8
1993	100.0	20.3	56.1	48.9	23.6
1994	100.0	19.5	54.9	47.3	25.6
1995	100.0	18.7	53.0	44.2	28.3
1996	100.0	17.3	54.0	45.7	28.7
1997	100.0	16.6	54.6	47.4	28.8
1998	100.0	15.3	54.7	47.5	30.0
1999	100.0	14.6	54.3	47.7	31.1
2000	100.0	13.7	53.9	47.3	32.4
2001	100.0	12.9	54.2	47.5	32.9
2002	100.0	11.9	54.3	47.4	33.8
2003	100.0	11.0	53.4	46.9	35.6
2004	100.0	10.6	54.9	48.1	34.5
2005	100.0	9.8	54.9	48.8	35.3
2006	100.0	8.7	57.2	50.8	34.1
2007	100.0	8.0	57.1	51.8	34.9
2008	100.0	8.2	57.3	51.7	34.5
2009	100.0	7.5	58.5	52.7	34.0
2010	100.0	7.5	57.6	51.7	34.9
2011	100.0	7.4	55.3	49.3	37.3
2012	100.0	7.0	55.0	49.4	38.0
2013	100.0	6.2	54.1	48.7	39.7
2014	100.0	5.8	54.2	48.5	40.0
2015	100.0	5.5	53.1	47.2	41.4
2016	100.0	5.2	52.3	46.5	42.5
2017	100.0	4.8	52.2	45.9	43.0
2018	100.0	4.5	51.7	45.9	43.8
2019	100.0	4.3	51.2	45.5	44.5
2020	100.0	4.4	49.9	44.7	45.7
2021	100.0	4.2	50.9	45.7	44.9
2022	100.0	3.9	50.7	45.6	45.4
2023	100.0	4.0	49.3	43.9	46.8

1–17 历年市区分产业生产总值

单位：万元

年 份	生 产 总 值	第一产业 增 加 值	第二产业 增 加 值	#工业增加值	第三产业 增 加 值
1978	43737	18345	16495	15213	8897
1979	54865	25507	19075	17793	10283
1980	61095	22795	25594	23327	12706
1981	70910	25334	26220	23898	14856
1982	78505	29830	27643	24857	16534
1983	84717	30346	30292	27564	17832
1984	102414	36562	38583	35304	20680
1985	128854	35321	56792	52173	28876
1986	155929	43084	69861	62844	33001
1987	187012	53513	83841	75480	38514
1988	220314	66099	93720	82170	45266
1989	247452	62921	112979	100170	56386
1990	284189	87532	119050	106264	62475
1991	294331	79614	143921	129119	70796
1992	390494	88001	198979	177959	95630
1993	626520	111191	338615	298301	148658
1994	854444	143124	446941	388091	231482
1995	1019951	166199	520708	450050	298848
1996	1215958	175397	644543	570306	347380
1997	1304359	181247	697663	625979	367138
1998	1400187	180203	755495	670356	408775
1999	1425038	180875	781464	688536	431489
2000	1541749	184518	839411	735750	491313
2001	1722496	195155	932957	818676	565869
2002	1830397	194351	1012625	884871	638110
2003	2130148	208122	1146616	1005262	785194
2004	2566332	238008	1371520	1197333	956804
2005	2989619	251045	1623748	1433518	1114826
2006	3503011	255665	2017653	1780256	1229693
2007	4109186	262171	2390037	2160021	1456977
2008	4762422	326077	2779060	2502612	1657285
2009	5635835	336752	3389792	3065891	1909291
2010	6430677	391905	3732504	3342853	2306269
2011	7276576	433476	4006303	3539872	2836797
2012	8020304	455230	4375166	3892682	3189908
2013	8764519	438866	4652795	4145826	3672858
2014	9446066	422628	5045798	4477016	3977641
2015	10135980	433534	5345781	4714593	4356666
2016	10811741	455205	5537843	4857210	4818693
2017	11882325	452015	6036860	5139031	5393450
2018	13160100	457019	6701010	5796372	6002071
2019	14228084	479714	7237779	6294187	6510591
2020	14696497	492653	7138743	6277198	7065101
2021	16614296	557350	8295454	7277759	7761492
2022	17536921	565651	8672404	7625297	8298866
2023	18252393	586429	8855030	7723435	8810934

1-18 历年市区分产业生产总值增长速度

（按可比价格计算）　　单位：%

年 份	生 产 总 值	第一产业增 加 值	第二产业增 加 值	#工业增加值	第三产业增 加 值
1979	16.4	15.9	15.9	17.2	18.5
1980	11.0	-10.6	36.9	34.3	17.1
1981	5.8	4.0	2.6	3.0	15.6
1982	9.4	14.2	5.7	4.4	8.1
1983	5.1	-3.5	11.1	12.7	9.2
1984	18.9	14.6	26.2	27.4	12.6
1985	20.1	-5.3	37.8	38.3	23.7
1986	13.2	1.4	16.3	14.4	20.1
1987	9.0	7.9	14.7	15.1	-2.2
1988	1.1	6.4	-1.1	-2.7	1.1
1989	4.4	2.9	5.0	5.5	4.9
1990	7.1	12.7	5.1	7.6	5.8
1991	9.2	-6.8	19.3	20.3	10.3
1992	30.2	13.1	37.0	37.3	34.7
1993	25.4	3.2	32.4	32.8	30.6
1994	18.4	-0.1	17.5	16.0	33.9
1995	10.1	3.3	11.5	11.5	11.2
1996	16.9	1.3	24.3	26.7	10.6
1997	7.0	3.0	9.5	10.6	3.4
1998	9.5	0.8	11.0	10.1	10.0
1999	7.8	2.4	8.3	7.8	8.7
2000	9.6	2.0	9.9	9.7	12.0
2001	10.5	5.7	11.0	11.3	11.5
2002	10.1	2.2	10.4	10.4	12.5
2003	14.5	5.0	15.4	14.3	16.1
2004	15.2	8.2	17.4	18.1	13.5
2005	13.7	1.8	14.0	14.5	16.2
2006	13.1	3.0	16.4	15.4	10.5
2007	13.9	-5.8	14.8	16.9	16.5
2008	10.3	5.9	10.1	10.5	11.2
2009	9.8	2.6	6.1	6.0	16.5
2010	11.7	3.7	9.9	9.8	15.3
2011	10.9	1.8	8.2	7.7	16.0
2012	8.4	2.3	7.8	8.1	10.1
2013	8.7	0.3	9.2	10.5	9.1
2014	8.2	-3.2	8.7	9.0	8.9
2015	8.8	1.6	7.0	6.7	11.6
2016	7.1	2.3	5.3	5.4	9.4
2017	8.9	1.8	8.8	8.7	9.6
2018	8.2	2.8	8.5	9.9	8.3
2019	7.6	3.6	8.6	9.6	6.9
2020	3.6	2.5	0.7	2.1	7.0
2021	9.3	2.8	10.4	10.8	8.6
2022	3.4	5.4	2.5	2.5	4.2
2023	5.8	5.1	5.1	4.6	6.6

1-19　历年市区分产业生产总值发展指数

（以 1978 年为 100）

年　份	生　产 总　值	第一产业 增 加 值	第二产业 增 加 值	#工业增加值	第三产业 增 加 值
1978	100.0	100.0	100.0	100.0	100.0
1979	116.4	115.9	115.9	117.2	118.5
1980	129.2	103.6	158.7	157.4	138.7
1981	136.7	107.7	162.9	162.1	160.4
1982	149.6	123.1	172.2	169.2	173.4
1983	157.1	118.7	191.3	190.7	189.4
1984	186.9	136.0	241.3	242.9	213.2
1985	224.4	128.9	332.5	336.1	263.7
1986	254.0	130.7	386.8	384.6	316.7
1987	276.9	140.9	443.7	442.7	309.7
1988	280.0	150.0	438.8	430.7	313.0
1989	292.5	154.3	460.7	454.6	328.3
1990	313.3	173.9	484.2	489.2	347.4
1991	342.0	162.0	577.5	588.5	383.1
1992	445.4	183.1	791.1	808.2	516.1
1993	558.3	188.9	1047.7	1073.2	674.2
1994	661.1	188.8	1230.8	1244.7	902.4
1995	728.2	195.0	1372.6	1387.3	1003.9
1996	851.4	197.6	1706.5	1758.0	1110.7
1997	910.6	203.5	1868.1	1945.2	1148.3
1998	996.9	205.2	2073.8	2140.9	1262.7
1999	1074.3	210.1	2246.6	2307.4	1372.7
2000	1177.9	214.4	2469.5	2531.4	1537.5
2001	1301.7	226.5	2740.8	2816.8	1715.0
2002	1433.4	231.4	3025.8	3109.1	1928.9
2003	1642.0	243.1	3493.0	3555.2	2240.1
2004	1891.6	263.0	4100.8	4198.6	2542.5
2005	2150.5	267.7	4674.5	4807.0	2954.1
2006	2432.4	275.8	5441.4	5547.6	3264.5
2007	2769.9	259.8	6245.4	6483.8	3802.4
2008	3054.8	275.1	6875.4	7163.8	4227.7
2009	3353.6	282.1	7294.7	7595.2	4925.8
2010	3745.4	292.5	8018.9	8342.7	5678.3
2011	4153.9	297.7	8676.2	8986.5	6586.2
2012	4502.8	304.4	9348.8	9714.3	7253.0
2013	4894.0	305.2	10208.1	10733.4	7914.6
2014	5295.9	295.5	11099.4	11698.9	8619.4
2015	5759.9	300.4	11880.5	12478.2	9617.2
2016	6168.7	307.4	12505.1	13156.0	10522.5
2017	6717.6	312.9	13604.1	14304.5	11537.9
2018	7265.4	321.7	14761.6	15725.3	12490.7
2019	7820.6	333.5	16028.8	17230.9	13352.0
2020	8102.2	341.9	16141.0	17592.8	14286.7
2021	8855.7	351.5	17819.7	19492.8	15515.3
2022	9160.1	370.4	18269.4	19986.7	16161.6
2023	9694.2	389.1	19209.1	20908.2	17223.8

1-20 历年德清县分产业生产总值

单位：万元

年 份	生 产 总 值	第一产业增加值	第二产业增加值	#工业增加值	第三产业增加值
1978	14188	7830	4398		1960
1979	17943	10748	4845		2350
1980	19146	9060	6952		3134
1981	21680	10270	8022		3388
1982	24454	11571	8559		4324
1983	25513	12118	9185		4210
1984	30908	13880	12054		4974
1985	42961	16340	18903		7718
1986	53087	18068	25330		9689
1987	63380	21178	30888		11314
1988	85319	33667	36802		14850
1989	90581	33519	38588		18474
1990	99023	34114	42673		22236
1991	106094	32673	50239		23182
1992	134372	35150	71778	62486	27444
1993	209235	42131	128367	110114	38737
1994	316327	60009	193627	165174	62691
1995	354300	66226	206233	165877	81841
1996	399261	71122	233286	191745	94853
1997	434772	75314	254848	210866	104610
1998	471274	75822	279121	235492	116331
1999	504800	76500	298283	256464	130017
2000	558414	79609	330270	285877	148535
2001	635865	83049	375977	327881	176839
2002	724836	86665	429825	376177	208346
2003	831860	91523	496895	435924	243442
2004	1018826	104331	615220	542511	299275
2005	1193177	109305	716832	645515	367040
2006	1390193	115438	858129	774891	416626
2007	1652489	126062	1016358	933231	510070
2008	1914427	149214	1162304	1060404	602909
2009	2154089	159950	1311625	1202582	682514
2010	2507360	178290	1520741	1401768	808329
2011	2870896	203108	1715489	1587192	952298
2012	3185282	213002	1910120	1778023	1062160
2013	3503968	201118	2066288	1936831	1236562
2014	3727332	200972	2224965	2069272	1301395
2015	3924638	203573	2304932	2124255	1416132
2016	4169233	212971	2432815	2232022	1523448
2017	4517416	217773	2640591	2418013	1659052
2018	4943400	224060	2898724	2647403	1820616
2019	5360992	233729	3099072	2826965	2028191
2020	5441511	250984	3056972	2790258	2133556
2021	6179189	267682	3544430	3238892	2367076
2022	6574117	267877	3820407	3494715	2485833
2023	6806595	273627	3865075	3523559	2667893

1-21 历年德清县分产业生产总值增长速度

（按可比价格计算） 单位：%

年 份	生 产 总 值	第一产业增 加 值	第二产业增 加 值	#工业增加值	第三产业增 加 值
1979	17.0				
1980	5.2				
1981	13.5				
1982	10.2				
1983	3.8				
1984	18.1				
1985	30.2				
1986	18.1				
1987	9.7				
1988	3.6				
1989	-1.0				
1990	6.0	7.9	2.0		14.5
1991	8.6	0.8	18.4		1.5
1992	25.3	13.7	34.0		22.8
1993	23.9	1.8	34.1	34.4	22.8
1994	26.3	6.8	29.2	27.7	38.6
1995	5.1	4.5	2.3	-1.8	14.1
1996	10.7	3.1	13.8	16.2	8.3
1997	9.3	7.2	10.6	11.3	7.1
1998	10.5	2.1	12.4	14.0	11.1
1999	10.4	5.1	10.6	12.5	13.3
2000	11.2	3.2	12.4	12.8	13.0
2001	12.4	4.2	13.8	14.8	13.6
2002	12.2	4.5	13.3	13.7	13.5
2003	15.2	5.0	15.8	16.2	18.5
2004	17.3	9.1	18.8	19.3	17.5
2005	13.6	1.2	14.0	16.3	17.2
2006	12.2	6.7	13.2	13.0	11.7
2007	15.3	0.3	16.0	17.5	18.0
2008	10.3	4.8	9.1	9.3	14.0
2009	11.9	0.0	17.1	18.0	4.8
2010	10.1	4.3	10.0	10.9	11.7
2011	8.4	4.5	8.4	9.3	9.3
2012	11.2	1.9	13.4	14.0	9.0
2013	11.3	-0.1	12.5	13.3	11.2
2014	6.9	-0.6	8.7	8.1	4.5
2015	6.3	0.3	4.8	4.1	10.2
2016	6.4	4.2	6.5	7.1	6.5
2017	7.4	3.1	7.9	8.4	7.2
2018	8.0	3.9	8.4	8.3	7.8
2019	8.3	2.7	7.9	8.5	9.7
2020	2.7	1.7	1.6	2.1	4.5
2021	8.7	2.7	10.0	10.6	7.6
2022	3.8	4.1	3.9	3.7	3.7
2023	5.3	4.4	4.1	4.0	7.0

1–22 历年德清县分产业生产总值发展指数

（以 1978 年为 100）

年 份	生 产 总 值	第一产业增 加 值	第二产业增 加 值	#工业增加值	第三产业增 加 值
1978	100.0				
1979	117.0				
1980	123.1				
1981	139.7				
1982	153.9				
1983	159.8				
1984	188.7				
1985	245.7				
1986	290.2				
1987	318.3				
1988	329.8				
1989	326.5	100.0	100.0		100.0
1990	346.1	107.9	102.0		114.5
1991	375.8	108.8	120.7		116.2
1992	470.7	123.7	161.8	100.0	142.6
1993	583.1	125.9	217.0	134.4	175.2
1994	736.5	134.5	280.3	171.6	242.8
1995	774.0	140.6	286.8	168.4	277.0
1996	857.2	144.9	326.4	195.7	299.9
1997	936.7	155.2	361.0	217.9	321.2
1998	1035.0	158.5	405.7	248.3	356.9
1999	1142.5	166.6	448.8	279.3	404.4
2000	1271.0	172.0	504.4	315.1	457.2
2001	1428.0	179.2	573.8	361.8	519.2
2002	1602.4	187.3	650.3	411.3	589.3
2003	1846.2	196.7	753.1	478.0	698.5
2004	2166.4	214.6	894.6	570.1	820.7
2005	2461.4	217.3	1020.3	662.8	961.9
2006	2760.6	231.8	1155.4	748.7	1074.0
2007	3182.0	232.5	1340.5	879.7	1267.7
2008	3510.1	243.5	1462.8	961.1	1444.8
2009	3928.1	243.6	1713.3	1134.2	1514.5
2010	4326.2	254.0	1884.3	1257.4	1691.5
2011	4688.3	265.3	2041.8	1374.9	1848.0
2012	5211.8	270.4	2315.4	1567.8	2013.4
2013	5802.1	270.2	2603.7	1776.7	2239.3
2014	6200.5	268.6	2830.9	1920.5	2339.5
2015	6590.8	269.5	2966.7	1999.5	2578.5
2016	7010.1	281.0	3158.5	2142.3	2746.1
2017	7527.6	289.5	3407.0	2322.2	2944.0
2018	8128.9	300.9	3693.7	2514.8	3174.6
2019	8806.1	309.0	3986.1	2727.3	3484.1
2020	9043.8	314.3	4048.5	2783.7	3640.8
2021	9830.6	322.8	4453.4	3078.8	3917.5
2022	10203.4	336.0	4625.6	3193.5	4060.6
2023	10739.4	350.8	4816.8	3320.6	4343.6

1-23 历年长兴县分产业生产总值

单位：万元

年份	生产总值	第一产业增加值	第二产业增加值	#工业增加值	第三产业增加值
1978	17680	7994	6372		3314
1979	23254	11409	7760		4085
1980	24812	10192	9530		5090
1981	24118	13328	9304		5986
1982	29177	16227	11050		6398
1983	28205	14140	12666		7646
1984	32750	14930	15878		8531
1985	43934	18235	22585		10968
1986	51341	21571	26716		13037
1987	59663	23486	31769		15549
1988	91021	38355	47028		20867
1989	103052	40391	56197		21630
1990	106082	38179	60856		22179
1991	132685	40216	66682		25787
1992	175989	43316	96115	81210	36558
1993	276481	54792	159165	143317	62524
1994	404725	84147	227482	203810	93096
1995	485170	97625	257482	216753	130063
1996	530480	105992	272140	227854	152348
1997	574957	110044	289530	258445	175383
1998	610327	108672	316461	286207	185194
1999	634644	106241	332602	299291	195801
2000	671610	110737	355332	318424	205541
2001	750529	115595	394918	353943	240016
2002	837040	119672	444469	395791	272899
2003	970728	127903	525528	469689	317297
2004	1154711	141788	631039	562814	381884
2005	1340146	153242	730885	656294	456019
2006	1605402	158962	906099	804899	540341
2007	1903990	174896	1076946	967384	652147
2008	2211697	196731	1277446	1142890	737519
2009	2464633	221080	1397903	1232266	845650
2010	2928573	255665	1679031	1479830	993877
2011	3400376	288423	1900204	1661971	1211749
2012	3783886	304807	2093796	1845123	1385283
2013	4200660	304900	2280484	1992867	1615277
2014	4588106	316510	2527647	2213417	1743949
2015	4844385	319082	2614813	2284126	1910489
2016	5265441	330635	2814337	2471000	2120470
2017	5781493	339415	3033099	2692012	2408979
2018	6376176	334617	3315336	2953566	2726223
2019	6929609	352353	3523563	3149067	3053693
2020	7024106	397680	3476141	3145635	3150285
2021	8019122	414506	4007194	3668621	3597422
2022	8484494	388307	4242692	3894000	3853495
2023	8939830	407274	4367520	3980802	4165036

1-24 历年长兴县分产业生产总值增长速度

（按可比价格计算）　　单位：%

年 份	生产总值	第一产业增加值	第二产业增加值	#工业增加值	第三产业增加值
1979	23.2	27.3	18.5		20.7
1980	0.1	-12.5	9.5		18.2
1981	5.7	3.4	2.5		16.3
1982	19.5	28.0	18.2		5.2
1983	-0.5	-12.7	4.5		19.0
1984	15.8	10.5	26.1		9.0
1985	16.1	1.9	30.2		15.5
1986	13.1	12.3	12.0		12.3
1987	9.2	1.5	15.6		12.1
1988	20.1	9.6	27.8		18.8
1989	4.3	3.0	12.7		-12.4
1990	3.4	-2.5	8.7		-2.6
1991	9.7	2.8	12.2		13.7
1992	23.2	9.9	22.8		44.7
1993	36.4	5.1	45.1	57.7	52.0
1994	20.0	12.3	19.5	18.2	28.5
1995	9.9	3.2	8.5	4.0	18.7
1996	5.3	4.2	5.9	5.6	4.8
1997	7.0	3.8	9.0	14.3	4.6
1998	10.5	0.6	12.0	13.1	13.3
1999	8.3	0.6	9.9	9.5	9.1
2000	10.8	4.9	10.8	10.6	14.0
2001	11.6	4.1	11.0	11.3	16.6
2002	12.8	3.7	14.2	13.8	15.0
2003	15.5	6.3	17.2	18.0	16.8
2004	15.9	8.2	16.1	16.1	18.7
2005	12.9	4.4	13.4	13.8	15.3
2006	15.6	4.8	17.4	15.4	16.4
2007	15.2	3.4	16.6	17.3	16.4
2008	10.5	4.2	12.9	13.6	8.4
2009	11.3	4.8	9.9	8.6	15.1
2010	12.0	4.2	11.3	11.4	14.8
2011	11.6	4.5	9.2	10.6	17.0
2012	11.2	2.7	11.3	12.0	13.1
2013	10.6	1.1	11.4	11.6	11.3
2014	8.8	3.8	9.5	10.2	8.7
2015	7.9	-0.1	6.9	7.2	10.7
2016	8.2	2.1	8.6	9.3	8.7
2017	8.2	2.5	6.0	8.5	11.7
2018	8.5	2.7	8.2	8.7	9.6
2019	8.2	2.9	8.4	9.9	8.6
2020	2.6	3.7	1.5	2.8	3.8
2021	9.5	3.0	9.6	11.3	10.4
2022	4.2	5.4	5.3	5.6	2.7
2023	6.5	5.2	5.8	5.3	7.5

1-25 历年长兴县分产业生产总值发展指数

（以 1978 年为 100）

年 份	生产总值	第一产业增加值	第二产业增加值	#工业增加值	第三产业增加值
1978	100.0	100.0	100.0		100.0
1979	123.2	127.3	118.5		120.7
1980	123.3	111.4	129.8		142.7
1981	130.3	115.2	133.1		166.0
1982	155.7	147.5	157.3		174.7
1983	154.9	128.7	164.4		207.9
1984	179.4	142.2	207.3		226.7
1985	208.3	144.9	270.0		261.8
1986	235.5	162.7	302.3		293.9
1987	257.1	165.1	349.6		329.5
1988	308.9	180.9	446.7		391.5
1989	322.1	186.3	503.4		342.8
1990	333.1	181.6	547.2		333.9
1991	365.3	186.7	614.1		379.7
1992	450.1	205.1	754.3	100.0	549.3
1993	613.9	215.6	1094.8	157.7	834.8
1994	736.7	242.0	1308.0	186.5	1072.4
1995	809.7	249.8	1419.8	193.8	1272.6
1996	852.5	260.3	1502.9	204.8	1333.1
1997	912.5	270.2	1637.9	234.2	1394.1
1998	1007.8	271.8	1834.7	264.9	1579.4
1999	1091.5	273.3	2016.3	290.1	1722.6
2000	1209.0	286.7	2233.6	320.8	1963.2
2001	1349.0	298.3	2479.6	356.9	2289.3
2002	1521.7	309.5	2830.5	406.0	2631.7
2003	1757.7	329.1	3316.2	478.9	3073.4
2004	2037.9	356.0	3850.4	556.1	3649.2
2005	2300.5	371.7	4364.8	632.9	4206.4
2006	2659.4	389.5	5123.0	730.4	4896.6
2007	3062.8	402.9	5973.0	856.4	5699.9
2008	3383.7	419.8	6742.3	972.7	6177.3
2009	3764.8	439.9	7409.7	1056.2	7112.7
2010	4214.9	458.3	8245.9	1177.0	8165.3
2011	4702.1	479.2	9005.0	1302.0	9552.6
2012	5230.0	492.0	10018.6	1458.1	10804.1
2013	5783.4	497.2	11161.7	1627.4	12024.0
2014	6291.3	515.9	12217.4	1793.1	13071.8
2015	6786.1	515.5	13054.7	1922.2	14468.8
2016	7342.1	526.4	14175.9	2100.1	15725.2
2017	7941.7	539.7	15032.5	2279.3	17561.4
2018	8615.3	554.4	16272.2	2477.1	19246.2
2019	9319.9	570.3	17632.4	2723.4	20895.3
2020	9558.7	591.5	17893.6	2799.2	21680.2
2021	10466.8	609.3	19611.4	3115.6	23935.0
2022	10901.4	642.2	20650.2	3290.6	24591.1
2023	11612.0	675.4	21853.8	3465.2	26424.5

1–26 历年安吉县分产业生产总值

单位：万元

年 份	生 产 总 值	第一产业增加值	第二产业增加值	#工业增加值	第三产业增加值
1978	13223	5907	4846		2470
1979	15841	7343	5753		2745
1980	17209	7088	7104		3017
1981	20529	9112	7787		3630
1982	21580	9716	7502		4362
1983	22001	9187	8004		4810
1984	26244	10612	9829		5803
1985	32372	12702	12105		7565
1986	35607	14210	12233		9164
1987	41809	17801	13685		10323
1988	53238	23338	17837		12063
1989	56072	23661	17670		14741
1990	60616	28702	18810		13104
1991	72079	32315	22687		17077
1992	99536	39241	39993	33440	20302
1993	156002	50063	72627	57568	33312
1994	231026	65588	106389	83949	59049
1995	298133	74310	137807	107013	86016
1996	348700	79983	167001	129675	101716
1997	384676	81118	189616	151644	113942
1998	420179	82470	204274	165428	133435
1999	435973	81551	206627	170436	147795
2000	480489	83953	223004	183460	173532
2001	520567	86713	247345	203525	186509
2002	578377	88246	273038	223106	217093
2003	662696	92227	311887	258969	258582
2004	769304	100575	364920	304900	303809
2005	889588	116263	441217	380464	332108
2006	1028686	126020	532455	468498	370212
2007	1219393	145597	638679	578493	435117
2008	1463494	176246	769572	702950	517676
2009	1676729	184806	893337	809792	598585
2010	1970204	216883	1037554	942297	715767
2011	2263506	237177	1147389	1042334	878940
2012	2537999	253434	1276607	1167037	1007958
2013	2819267	253145	1396360	1278218	1169761
2014	2933442	257261	1490345	1343093	1185836
2015	3241748	262647	1594729	1439850	1384372
2016	3487537	271309	1701991	1546381	1514237
2017	3903684	262683	1854910	1662022	1786091
2018	4332491	268010	2000182	1816877	2064299
2019	4707257	275284	2113814	1916004	2318159
2020	4908645	269187	2291591	2091324	2347867
2021	5663490	291327	2717200	2495075	2654964
2022	5883192	287705	2747186	2519143	2848301
2023	6151174	322441	2702511	2415299	3126222

1-27 历年安吉县分产业生产总值增长速度

（按可比价格计算） 单位：%

年份	生产总值	第一产业增加值	第二产业增加值	#工业增加值	第三产业增加值
1979	13.7				
1980	6.2				
1981	10.1				
1982	0.4				
1983	5.5				
1984	19.5				
1985	15.9	3.6	19.2		30.6
1986	9.7	9.8	2.3		21.0
1987	8.2	2.9	9.6		12.6
1988	10.9	1.7	14.2		16.9
1989	-4.0	2.9	-12.5		1.6
1990	1.0	-0.6	11.1		-12.1
1991	14.0	6.2	16.5		27.0
1992	29.2	9.3	60.2		22.3
1993	31.9	3.7	54.9	55.0	35.8
1994	26.3	8.3	27.0	25.5	47.5
1995	17.0	0.8	25.2	24.6	17.2
1996	15.1	2.6	21.4	21.8	12.7
1997	10.3	6.0	12.6	14.6	8.6
1998	10.3	3.2	9.4	10.2	17.2
1999	7.5	0.3	6.5	8.0	13.9
2000	10.2	3.0	7.9	7.7	18.4
2001	8.1	3.2	10.6	11.0	7.2
2002	11.8	2.1	11.0	11.3	17.5
2003	13.7	3.8	13.4	14.1	18.1
2004	12.3	5.2	13.2	13.9	13.7
2005	13.0	11.7	18.3	21.7	6.2
2006	12.0	9.5	14.3	15.9	9.8
2007	15.0	9.5	17.5	20.5	13.4
2008	14.5	13.1	14.8	16.8	14.5
2009	12.8	-1.8	20.5	19.9	6.5
2010	11.5	4.7	12.0	12.7	12.8
2011	10.8	2.6	11.1	12.1	12.8
2012	10.2	3.0	9.6	10.1	13.2
2013	11.0	-0.6	12.1	12.4	11.0
2014	8.0	1.4	7.7	7.6	9.1
2015	8.9	2.7	8.6	7.7	12.3
2016	9.1	2.1	6.5	8.3	12.1
2017	9.9	2.0	9.6	8.8	13.4
2018	8.3	0.6	6.2	8.0	11.4
2019	7.8	1.7	6.8	7.3	9.7
2020	4.3	1.4	5.3	5.9	3.8
2021	10.8	2.9	13.5	14.7	9.1
2022	0.9	2.7	-2.8	-3.1	4.2
2023	5.1	5.4	1.0	-1.4	8.9

1-28 历年安吉县分产业生产总值发展指数

（以1978年为100）

年份	生产总值	第一产业增加值	第二产业增加值	#工业增加值	第三产业增加值
1978	100.0				
1979	113.7				
1980	120.7				
1981	132.9				
1982	133.5				
1983	140.8				
1984	168.3	100.0	100.0		100.0
1985	195.0	103.6	119.2		130.6
1986	214.0	113.8	121.9		158.0
1987	231.5	117.1	133.6		177.9
1988	256.7	119.0	152.6		208.0
1989	246.5	122.5	133.5		211.3
1990	248.9	121.8	148.4		185.8
1991	283.8	129.3	172.9		235.9
1992	366.6	141.3	276.9	100.0	288.5
1993	483.5	146.6	428.9	155.0	392.0
1994	610.8	158.8	544.7	194.6	578.3
1995	714.6	160.0	681.8	242.4	677.5
1996	822.4	164.2	827.9	295.3	763.4
1997	906.9	174.1	931.9	338.4	828.8
1998	1000.0	179.7	1019.4	372.9	971.2
1999	1074.8	180.3	1086.1	402.9	1105.9
2000	1184.2	185.7	1172.2	433.9	1309.2
2001	1280.1	191.6	1296.7	481.9	1404.0
2002	1431.7	195.6	1439.4	536.3	1649.6
2003	1627.8	203.0	1632.4	611.8	1947.6
2004	1827.4	213.5	1847.3	696.8	2214.4
2005	2065.4	238.4	2184.6	848.3	2352.8
2006	2312.8	261.0	2497.1	983.0	2582.6
2007	2659.6	285.8	2934.5	1184.2	2929.5
2008	3045.2	323.2	3369.1	1383.5	3354.9
2009	3433.6	317.3	4059.0	1658.4	3573.5
2010	3828.4	332.1	4544.7	1869.3	4032.0
2011	4241.9	340.7	5050.9	2096.4	4548.1
2012	4676.5	350.8	5536.2	2308.4	5146.6
2013	5188.8	348.6	6207.0	2595.7	5714.6
2014	5603.9	353.7	6683.8	2793.1	6235.5
2015	6102.7	363.1	7256.3	3008.5	7003.5
2016	6658.0	370.7	7731.0	3259.4	7849.7
2017	7319.2	378.3	8474.7	3546.7	8898.1
2018	7929.5	380.7	9000.4	3831.1	9913.6
2019	8551.3	387.1	9616.8	4110.0	10876.4
2020	8921.2	392.5	10126.0	4352.8	11284.5
2021	9884.7	403.9	11493.0	4992.7	12311.4
2022	9970.8	414.7	11176.3	4836.5	12833.0
2023	10484.0	437.1	11291.2	4770.6	13974.3

1-29 分县区

指 标	全 市	吴兴区		
			吴兴	南太湖新区
地区生产总值	**40150854**	**12402126**	**9249273**	**3152853**
第一产业	1588791	277781	251767	26014
第二产业	19786811	5546547	4205207	1341342
第三产业	18775251	6577798	4792299	1785497
农、林、牧、渔业	1695274	297642	269768	27874
工业	17638923	4660929	3685366	975564
建筑业	2158738	894514	520268	374246
交通运输仓储邮政业	1046308	322244	98695	223549
批发零售业	5391076	2032881	1721673	311208
批发业	2727896	1166836	1027328	139508
零售业	2663180	866045	694345	171700
住宿餐饮业	1199845	377788	291788	86000
住宿业	135385	31037	22948	8089
餐饮业	1064460	346751	268840	77911
金融业	3461570	1107154	781835	325319
房地产业	1539505	574062	451883	122178
其他服务业	6019616	2134912	1427997	706915
营利性服务业	2349168	744329	494384	249945
非营利性服务业	3159849	1212650	817861	394789

分行业生产总值

单位：万元

南浔区	德清县	长兴县	安吉县	△市区
5850267	**6806595**	**8939830**	**6151174**	**18252393**
308648	273627	407274	322441	586429
3308481	3865075	4367520	2702511	8855030
2233138	2667893	4165036	3126222	8810934
347566	299311	422650	329042	645208
3062505	3523559	3980802	2415299	7723435
246478	342248	388143	287355	1140992
54910	106027	410344	133633	377154
481354	625648	1359242	883916	2514236
238625	282793	793891	252000	1405462
242729	342855	565351	631916	1108774
118122	203549	358219	143886	495909
5270	46169	15508	42350	36306
112852	157380	342711	101536	459603
579087	580428	606044	591739	1686241
202223	236769	271891	266619	776285
758022	889056	1142495	1099685	2892933
369830	305285	421224	516119	1114159
346782	504122	583491	508815	1559433

1-30 分县区分行业

指 标	全 市	吴兴区	吴兴	南太湖新区
地区生产总值	**5.8**	**5.7**	**5.3**	**7.2**
第一产业	5.0	4.7	4.7	4.7
第二产业	4.5	5.4	4.6	8.0
第三产业	7.1	6.0	5.8	6.6
农、林、牧、渔业	5.0	4.9	4.9	4.9
工业	3.8	4.6	4.0	7.0
建筑业	11.2	10.0	9.3	10.9
交通运输仓储邮政业	6.7	11.3	7.2	13.1
批发零售业	7.2	7.9	8.4	5.2
批发业	6.8	10.4	10.8	7.9
零售业	7.6	4.6	5.0	2.7
住宿餐饮业	11.9	11.3	11.0	12.6
住宿业	5.1	2.4	1.4	5.2
餐饮业	12.9	12.3	12.0	13.8
金融业	13.5	12.7	12.6	12.7
房地产业	-9.7	-17.4	-19.3	-8.6
其他服务业	7.9	7.6	9.0	4.8
营利性服务业	14.5	15.3	19.6	5.3
非营利性服务业	1.8	2.4	2.0	3.3

生产总值增长速度

单位：%

南浔区	德清县	长兴县	安吉县	△市区
6.0	**5.3**	**6.5**	**5.1**	**5.8**
5.4	4.4	5.2	5.4	5.1
4.7	4.1	5.8	1.0	5.1
8.2	7.0	7.5	8.9	6.6
5.1	4.5	5.2	5.5	5.0
4.6	4.0	5.3	–1.4	4.6
6.2	5.8	11.7	27.1	9.2
6.2	1.0	7.7	6.6	10.5
4.8	8.1	4.9	10.5	7.3
5.2	2.9	5.5	8.2	9.6
4.4	12.6	4.1	11.3	4.5
13.4	10.0	14.8	8.7	11.8
7.9	4.6	–0.5	11.3	2.8
13.6	11.6	16.7	7.9	12.6
12.6	12.6	12.7	17.7	12.7
1.7	–6.4	–0.4	–9.6	–13.2
8.4	6.8	7.5	9.1	7.8
15.2	17.6	9.1	15.9	15.3
1.4	0.7	1.9	1.9	2.2

主要统计指标解释

生产总值 原名称为国内生产总值(英文缩写GDP),它反映一国(或地区)范围内所有常住单位生产活动的最终成果,它有三种表现形式。

从价值形态看,它是所有常住单位在一定时期内所生产的全部货物和服务的价值超过投入的全部非固定资产货物和服务价值的差额,即所有常住单位的增加值之和,包括农林牧渔业、工业、建筑业、水利管理业、交通运输仓储邮政业、信息传输与计算机服务业、批零贸易业、住宿餐饮业、金融保险业、房地产业、社会服务业、教育文化艺术影视业、卫生体育社会福利业、科学技术研究和综合技术服务业、机关团体等行业部门的生产单位的新创造价值之和。

从收入形态看,它是所有常住单位在一定时期内所创造并分配给常住单位和非常住单位的初次分配收入之和,包括各类报酬收入(工资、奖金、补贴、津贴、福利等)、各类利前税收入(各类流转税及附加、各类规费及附加等)、固定资产折旧和营业盈余收入。

从产品形态看,它是最终使用的货物和服务加上净出口的货物和服务,包括总消费(城乡居民消费、社会消费)、总投资(固定资产形成、存货增加)、出口和进口的差额。

由于国内生产总值只统计核算经济活动的新创造价值部分,它比总产值指标更能确切地反映经济发展的成果;由于国内生产总值是国民经济各部门经济活动成果之和,它比工农业总产值更能全面反映整个国民经济的发展状况。因此,目前国际上一般以国内生产总值及人均水平来反映经济发展情况。国务院在1992年决定把衡量国民经济发展规模、速度、结构、效益的核心指标改为国内生产总值指标,并将国内生产总值作为日常考核评价经济运行情况的基础指标。

根据国家统计局2004年《关于改进和规范地区GDP核算的通知》要求,从2004年1月1日起,今后地区GDP的中文名称改为“地区生产总值”,各地区的GDP用行政区的名称作定语,再加“生产总值”字样,不再使用“地区国内生产总值”名称。

三次产业 是根据社会生产活动历史发展的顺序对国民经济部分的一种划分。我国将农业划为第一产业,工业和建筑业划为第二产业,其他各业均为第三产业,包括农林牧渔服务业、地质勘探和水利管理业、交通运输、邮电通信仓储业、批发和零售贸易餐饮业、金融保险业、房地产业、社会服务业、卫生体育和社会服务业、教育文化和广播电影电视业、科学研究和综合技术服务业、国家政党机关和社会团体等行业。

当年价格 指报告期的实际价格,如工厂的出厂价格,农产品的收购价格,商业的零售价格等。按当年价格计算,是指一些以货币表现的物量指标,如工农业总产值,国内生产总值等,按照当年的实际价格来计算总量。使用当年价格计算的数字,是为了使国民经济各项指标互相衔接,便于考察当年社会经济效益,便于对生产和流通,生产和分配,生产和消费进行经济核算和综合平衡。

可比价格 指在不同时期的价值指标对比时,扣除了价格变动的因素,以确切表示物量的变化。按可比价格计算有两种方法:一种是直接按产品产量乘以不变价格计算;一种是用物价指数换算。

不变价格 用某一时期的同类产品的平均价格作为固定价格,来计算各个时期的产品价值。新中国成立后,随着工农业产品价格水平的变化,国家统计局先后五次制定了全国统一的工业产品不变价格和农业产品不变价格,1949年到1957年使用1952年不变价格,1957年到1971年使用1957年不变价格,1971年到1981年使用1970年不变价格,1981年到1990年使用1980年不变价格,1991年到2000年使用1990年不变价格,2001年到2005年使用2000年不变价格,2006年到2010年使用2005年不变价格,2011年到2015年使用2010年不变价格,2016年起使用2015年不变价格。

二、人口、劳动力、职工人数、基本单位

2-1 历年年末户籍户数、人口数

单位：万人

年 份	总户数（万户）	总人口	男 性 人 口	女 性 人 口	农 业 人 口	非农业 人 口
1978	53.21	221.46	117.69	103.77	192.12	29.34
1979	53.84	222.51	117.89	104.62	191.56	30.95
1980	54.53	223.90	118.29	105.61	191.63	32.27
1981	55.18	225.76	119.05	106.71	192.44	33.32
1982	56.56	228.18	120.13	108.05	193.23	34.95
1983	58.00	229.40	120.74	108.66	193.93	35.47
1984	58.83	230.00	121.11	108.89	193.91	36.09
1985	62.68	232.99	122.47	110.52	189.26	43.73
1986	64.41	235.47	123.61	111.86	192.16	43.31
1987	66.32	238.27	124.85	113.42	194.76	43.51
1988	68.44	241.15	126.09	115.06	197.22	43.93
1989	69.07	244.07	127.32	116.75	200.11	43.96
1990	70.05	245.28	127.43	117.85	201.62	43.66
1991	71.30	246.76	127.95	118.81	202.81	43.95
1992	73.18	248.02	128.48	119.54	203.00	45.02
1993	73.94	249.37	128.90	120.47	202.71	46.66
1994	74.49	250.95	129.71	121.24	202.07	48.88
1995	75.69	252.63	130.29	122.34	202.60	50.03
1996	76.71	254.56	131.20	123.36	202.74	51.82
1997	77.32	254.58	130.64	123.94	200.38	54.20
1998	79.24	254.81	130.57	124.24	195.83	58.98
1999	79.33	255.07	130.44	124.63	194.51	60.56
2000	79.87	255.79	130.56	125.23	190.23	65.56
2001	80.25	256.49	130.68	125.81	185.53	70.96
2002	80.34	257.05	130.81	126.24	184.84	72.21
2003	80.49	256.78	130.27	126.51	182.31	74.47
2004	82.06	257.21	130.27	126.94	180.84	76.37
2005	82.69	257.58	130.36	127.22	179.77	77.81
2006	83.28	257.89	130.19	127.70	179.48	78.41
2007	83.97	257.80	129.52	128.27	178.19	79.61
2008	84.59	258.50	129.67	128.83	177.75	80.75
2009	85.00	259.17	129.78	129.39	177.33	81.84
2010	84.13	259.98	129.88	130.10	177.08	82.90
2011	85.80	261.05	130.17	130.88	175.88	85.17
2012	85.54	261.38	130.09	131.29	171.92	89.47
2013	85.59	262.49	130.42	132.07	169.59	92.90
2014	85.98	263.78	130.89	132.89	168.94	94.84
2015	86.28	263.71	130.68	133.03		
2016	86.53	264.84	131.08	133.76		
2017	86.74	266.14	131.54	134.60		
2018	87.11	267.06	131.85	135.22		
2019	87.49	267.57	131.95	135.62		
2020	88.01	268.06	132.02	136.04		
2021	88.74	268.50	132.04	136.46		
2022	89.31	268.83	132.02	136.81		
2023	89.78	268.65	131.69	136.96		

注：因户籍制度改革，2015 年起取消农业和非农划分口径。

2-2 历年市区年末户籍户数、人口数

单位：万人

年 份	总户数（万户）	总人口	男 性 人 口	女 性 人 口	农 业 人 口	非农业 人 口
1978	23.45	92.64	49.02	43.62	77.96	14.68
1979	23.37	93.06	49.20	43.86	77.32	15.74
1980	23.35	93.67	49.44	44.23	77.21	16.46
1981	23.89	94.27	49.65	44.62	77.24	17.03
1982	24.38	95.26	50.12	45.14	77.58	17.68
1983	25.18	95.67	50.29	45.38	77.70	17.97
1984	25.57	96.01	50.56	45.45	77.51	18.50
1985	26.96	96.44	50.74	45.70	75.59	20.85
1986	27.63	97.38	51.16	46.22	76.17	21.21
1987	28.27	98.55	51.59	46.96	77.10	21.45
1988	28.85	99.89	52.15	47.74	78.09	21.80
1989	28.83	101.38	52.74	48.64	79.63	21.75
1990	29.35	102.28	53.00	49.28	80.47	21.81
1991	29.49	102.80	53.13	49.67	80.90	21.90
1992	29.84	103.25	53.18	50.07	80.92	22.33
1993	30.02	103.89	53.46	50.43	80.95	22.94
1994	30.21	104.54	53.71	50.83	80.69	23.85
1995	30.33	105.14	53.83	51.31	80.74	24.40
1996	30.74	105.93	54.13	51.80	80.37	25.56
1997	30.89	106.24	53.98	52.26	79.42	26.82
1998	31.27	106.37	53.91	52.49	76.67	29.70
1999	31.41	106.48	53.90	52.78	75.77	30.71
2000	31.42	106.80	53.88	52.92	75.33	31.47
2001	31.63	107.52	54.09	53.43	73.13	34.39
2002	31.83	107.68	54.11	53.57	72.53	35.15
2003	32.36	107.72	53.99	53.73	63.68	36.95
2004	33.14	107.91	53.99	53.92	68.89	39.02
2005	33.52	108.01	54.00	54.01	67.85	40.16
2006	33.66	108.22	54.05	54.17	67.30	40.92
2007	33.93	108.41	54.09	54.32	66.41	42.00
2008	34.21	108.52	54.10	54.42	65.63	42.88
2009	34.49	108.56	54.03	54.53	65.05	43.51
2010	33.38	108.90	54.07	54.83	64.59	44.31
2011	34.71	109.31	54.17	55.13	63.83	45.48
2012	34.64	109.57	54.16	55.41	62.74	46.83
2013	34.68	109.93	54.28	55.64	62.06	47.87
2014	34.75	110.65	54.55	56.10	61.33	49.32
2015	34.90	110.66	54.47	56.19		
2016	35.00	111.12	54.63	56.49		
2017	35.14	111.70	54.83	56.86		
2018	35.34	112.12	54.98	57.13		
2019	35.57	112.31	55.01	57.31		
2020	35.96	112.64	55.09	57.55		
2021	36.47	113.01	55.16	57.85		
2022	36.87	113.26	55.19	58.07		
2023	37.21	113.31	55.09	58.22		

注：因户籍制度改革，2015 年起取消农业和非农划分口径。

2-3 历年全市户籍人口变动情况

单位：人

年份	出生		死亡		自然增长率（‰）	迁入人口	迁出人口	人口密度（人/平方公里）
	出生人口数	人口出生率（‰）	死亡人口数	人口死亡率（‰）				
1978	26400	11.95	14259	6.46	5.49	34576	34740	381
1979	26756	12.05	13956	6.29	5.76	48321	50044	383
1980	24169	10.83	14045	6.29	4.54	38209	34978	385
1981	34226	15.22	14849	6.60	8.62	38376	38379	388
1982	38155	16.81	14858	6.55	10.26	35697	34746	392
1983	25759	11.26	16205	7.08	4.18	26483	24508	394
1984	20057	8.73	16326	7.11	1.62	25890	26322	395
1985	24092	10.41	15711	6.79	3.62	77650	57442	401
1986	36646	15.60	15705	6.70	8.90	41504	38358	405
1987	40131	16.90	16157	6.80	10.10	39558	33922	410
1988	36584	15.26	16902	7.05	8.21	39421	31697	415
1989	39089	16.11	15796	6.51	9.60	39822	32841	420
1990	38025	15.54	17265	7.06	8.48	25245	25104	422
1991	29458	11.97	16020	6.51	5.46	26644	25508	424
1992	30922	12.50	16966	6.87	5.63	25869	25750	426
1993	28900	11.62	16196	6.51	5.11	22801	21396	429
1994	28902	11.55	16889	6.75	4.80	28716	24753	431
1995	29313	11.64	17506	6.95	4.69	28198	23397	434
1996	29324	11.56	16890	6.66	4.90	74763	67761	438
1997	24654	9.68	16816	6.60	3.08	53004	54927	438
1998	24104	9.46	18183	7.14	2.32	39537	40282	438
1999	20654	8.10	17160	6.73	1.37	99567	100679	438
2000	26710	10.46	19051	7.46	3.00	32712	33991	440
2001	20181	7.88	15101	5.90	1.98	38090	35995	441
2002	18869	7.35	15311	5.96	1.39	33321	31209	442
2003	18557	7.22	19486	7.58	−0.36	36724	38788	441
2004	20876	8.12	17030	6.62	1.49	60211	59125	442
2005	19067	7.40	16856	6.54	0.86	34552	33180	443
2006	19182	7.44	17750	6.88	0.56	31109	29815	443
2007	19432	7.54	17665	6.85	0.69	24921	27746	443
2008	19112	7.40	18634	7.22	0.19	24334	18078	444
2009	19282	7.45	18866	7.29	0.16	21911	15586	445
2010	20428	7.87	20205	7.78	0.09	22363	14517	447
2011	20746	7.96	17694	6.79	1.17	20001	12213	449
2012	24135	9.24	24518	9.39	−0.15	17494	13548	449
2013	23524	8.98	17749	6.78	2.20	24799	18832	451
2014	27916	10.61	18843	7.16	3.45	20357	15428	453
2015	20237	7.67	19166	7.27	0.41	12151	8824	453
2016	24675	9.34	16974	6.42	2.91	12105	8020	455
2017	29073	10.95	21879	8.24	2.71	16501	10642	457
2018	24981	9.37	19966	7.49	1.88	16605	11599	459
2019	23066	8.63	18528	6.93	1.70	13526	12493	460
2020	19650	7.33	18849	7.03	0.30	14717	10669	461
2021	16866	6.29	19319	7.20	−0.91	18794	11919	461
2022	15025	5.59	19745	7.34	−1.76	16496	8425	462
2023	14252	5.30	23334	8.69	−3.38	16826	9552	462

2–4 历年市区户籍人口变动情况

单位：人

年　份	出　生		死　亡		自　然 增长率 （‰）	迁　入 人　口	迁　出 人　口	人　口 密　度 （人/平方公里）
	出　生 人口数	人口出生 率（‰）	死　亡 人口数	人口死亡 率（‰）				
1978	10005	10.80	7014	7.60	3.20	14576	14594	591
1979	10202	11.00	6609	7.10	3.90	27695	27064	594
1980	9596	10.30	6543	7.00	3.30	17719	15087	598
1981	14018	14.90	7139	7.60	7.30	15521	15030	602
1982	15540	16.40	6824	7.20	9.20	14720	13304	608
1983	10130	10.60	7559	7.90	2.70	9885	8823	611
1984	7344	7.70	7583	7.90	–0.20	12322	11755	613
1985	8657	8.99	7508	7.80	1.19	28618	25485	616
1986	13537	14.00	4346	7.60	6.40	20602	18044	622
1987	16462	16.80	7579	7.70	9.10	14538	10804	629
1988	15846	15.97	7734	7.79	8.18	15643	11260	638
1989	18305	18.19	7418	7.37	10.82	20030	14852	647
1990	16767	16.47	8126	7.98	8.49	6813	4761	653
1991	11349	11.07	7354	7.17	3.90	9321	8354	656
1992	11925	11.58	7839	7.61	3.97	5280	4137	659
1993	11552	11.15	7451	7.19	3.96	6414	4025	663
1994	12301	11.80	8054	7.73	4.07	8477	5384	667
1995	11852	11.31	8158	7.78	3.53	7408	4871	671
1996	11667	11.06	7901	7.49	3.57	9808	5466	676
1997	9087	8.56	7474	7.05	1.51	7700	5158	678
1998	8308	7.81	8147	7.66	0.15	7942	6775	679
1999	7608	7.15	7982	7.50	–0.35	8396	7320	680
2000	10214	9.58	9086	8.52	0.11	8737	7967	682
2001	8746	8.16	7238	6.75	1.41	13854	7993	686
2002	7714	7.17	7743	7.20	–0.03	11273	9505	687
2003	7295	6.77	8798	8.17	–1.40	9975	8968	688
2004	8287	7.68	7685	7.12	0.56	11283	9329	689
2005	7184	6.65	7981	7.39	–0.74	10168	8544	689
2006	7485	6.92	8106	7.49	–0.57	10199	7835	691
2007	7378	6.81	7896	7.29	–0.48	9943	7653	692
2008	7514	6.93	8500	7.84	–0.91	9843	7962	693
2009	7727	7.12	8545	7.88	–0.75	8187	6824	693
2010	8550	7.85	8381	7.70	0.16	10189	5572	695
2011	8865	8.11	8144	7.45	0.66	8220	4749	698
2012	10563	9.65	10327	9.44	0.22	6736	3920	700
2013	10038	9.15	8222	7.49	1.65	6353	4240	702
2014	12769	11.58	8415	7.63	3.95	6942	3582	707
2015	8437	7.62	8710	7.87	–0.25	6160	3871	707
2016	10178	9.18	7750	6.99	2.19	5660	3498	710
2017	12140	10.90	9778	8.78	2.12	8104	4595	714
2018	10189	9.10	8775	7.84	1.26	7707	4899	716
2019	9260	8.25	8530	7.60	0.65	6746	5407	718
2020	8060	7.16	8574	7.61	–0.46	8126	4360	720
2021	6908	6.12	8663	7.68	–1.56	10473	5009	722
2022	6172	5.45	8824	7.68	–2.23	8842	3593	724
2023	5743	5.07	10485	9.25	–4.19	9242	4064	724

2-5 分县区年末户籍人数与人口变动情况

指 标	单位	全 市	±%或千（百）分点	△市区	吴兴区	南浔区	德清县	长兴县	安吉县
总户数	户	897779	0.53	372110	228430	143680	136592	229842	159235
总人口数	人	2686472	-0.07	1133084	652059	481025	442446	635488	475454
#乡村人口	人	1402876	-0.56	558388	259703	292356	264969	288901	184836
城镇人口	人	1283596	0.48	574696	392356	182340	177477	346587	290618
#男	人	1316896	-0.25	550882	316441	234441	216237	316113	233664
女	人	1369576	0.11	582202	335618	246584	226209	319375	241790
#18岁以下	人	382711	-0.68	162090	108345	53745	61088	88383	71150
18-34岁	人	469383	-3.99	195535	113576	81959	75185	116615	81048
35-59岁	人	1031997	-1.72	416326	243790	172536	166983	255306	193382
60岁以上	人	802381	5.02	359133	186348	172785	138190	175184	129874
出生人口	人	14252	-5.14	5743	3502	2241	2319	3427	2763
人口出生率	‰	5.31	-0.28	5.07	5.37	4.66	5.24	5.39	5.81
死亡人口	人	23334	18.18	10485	5391	5094	3771	5210	3868
人口死亡率	‰	8.69	1.35	9.25	8.27	10.59	8.52	8.20	8.14
自然增长人口	人	-9082	92.42	-4742	-1889	-2853	-1452	-1783	-1105
人口自然增长率	‰	-3.38	-1.62	-4.19	-2.90	-5.93	-3.28	-2.81	-2.32
迁入人口	人	16826	2.00	9242	6785	2457	2566	2337	2681
省内迁入	人	4139	2.43	2062	1714	348	676	707	694
省外迁入	人	12687	1.86	7180	5071	2109	1890	1630	1987
迁出人口	人	9552	13.38	4064	2734	1330	1869	2205	1414
迁往省内	人	6609	11.34	2469	1647	822	1494	1640	1006
迁往省外	人	2943	18.24	1595	1087	508	375	565	408

注：因户籍制度改革，2015年起取消农业和非农划分口径，改用城镇和乡村人口。

2-6 分县区计划生育情况

单位：人

指　标	全　市	吴兴区	南浔区	德清县	长兴县	安吉县	南太湖新　区	△市区
女性初婚人数	8119	1382	1383	1310	2092	1462	490	3255
育龄妇女人数	570030	96463	93089	92873	143750	104381	39474	229026
已婚育龄妇女人数	417623	68777	68661	66969	106871	77116	29229	166667
国家孕前优生健康检测率（%）	122.1	108.0	98.6	115.9	126.5	159.3		103.9

注：计划生育率根据现行《浙江省人口监测统计报表制度》相关要求，现已不作统计。

2–7 历年劳动力资源与从业人员数

单位：万人

年 份	劳动力资源总数	从业人员总数	在岗职工人数			城镇登记失业人员	城镇登记失业率（%）
				国有经济单位	城镇集体经济单位		
1978	141.73	117.95	20.05	13.76	6.29		
1979	143.30	125.60	21.61	14.62	6.99		
1980	143.74	124.83	22.40	15.02	7.38		
1981	145.84	127.56	23.51	15.74	7.77		
1982	148.32	129.94	23.81	16.09	7.72		
1983	150.72	136.77	24.30	16.45	7.85		
1984	151.11	136.04	24.80	15.26	9.52		
1985	153.77	138.88	26.00	15.80	10.17		
1986	156.35	141.64	27.14	16.73	10.38		
1987	158.69	145.75	27.50	17.19	10.25		
1988	161.33	146.55	27.95	17.30	10.55		
1989	163.53	148.00	27.65	17.10	10.38		
1990	166.23	150.55	27.77	17.49	10.06		
1991	164.85	150.51	28.63	17.88	10.32		
1992	163.26	148.95	28.73	18.05	10.06		
1993	166.61	148.72	28.52	18.59	8.96		
1994	179.06	149.75	28.32	18.22	8.86		
1995	179.95	148.38	27.68	17.90	8.56		
1996	181.35	147.70	26.85	17.66	7.57		
1997	181.63	146.21	26.22	17.36	7.31		
1998	185.04	143.74	24.29	15.92	5.54		
1999	188.48	142.70	21.57	13.87	4.31		
2000	210.94	157.50	19.86	12.34	3.38		
2001	213.74	159.59	17.59	9.25	2.35	1.22	4.00
2002	216.58	161.72	15.63	8.54	1.79	1.15	4.20
2003	219.47	163.87	14.49	8.08	1.28	1.05	4.00
2004	222.40	166.06	19.10	8.10	1.75	1.05	3.80
2005	225.37	168.28	23.46	7.69	1.10	1.19	3.80
2006	228.39	170.54	25.72	7.78	1.10	1.23	3.80
2007	231.46	172.83	28.16	7.89	1.13	1.56	3.20
2008	234.58	175.15	30.78	8.24	1.19	1.66	3.30
2009	237.74	177.52	31.94	7.98	1.02	1.65	3.20
2010	240.96	179.92	35.95	8.16	1.29	1.36	3.20
2011	241.41	180.14	38.07	8.19	1.23	1.28	3.05
2012	241.88	180.32	41.17	8.52	1.28	1.31	3.10
2013	242.80	180.90	42.23	8.42	0.96	1.34	3.07
2014	244.06	182.97	42.73	8.50	0.71	1.73	2.98
2015	245.71	184.48	42.76	8.87	0.28	1.68	2.67
2016	247.82	187.11	43.50	9.05	0.27	1.59	2.52
2017	249.51	188.93	42.75	9.08	0.27	1.49	2.22
2018	252.23	191.50	40.96	8.79	0.24	1.71	2.32
2019	254.95	193.90	42.33	9.65	0.16	1.50	1.86
2020	284.36	198.35				1.51	1.50
2021	287.26	199.49				2.58	1.81
2022		198.21				2.60	
2023		199.84				2.60	

注：1.2000 年及以后年份的劳动力资源总数、从业人员数按人口普查常住人口测算；2.2020 年制度调整，在岗职工仅统计四上单位；3.登记失业率自 2022 年开始取消统计。

2-8 历年全社会从业人员数

单位：万人

年份	年末从业人数	按城乡分		按三次产业分			三次产业从业人员构成（%）		
		城镇从业人数	农村从业人数	第一产业	第二产业	第三产业	第一产业	第二产业	第三产业
1978	117.95	20.13	97.82	89.05	19.22	9.68	75.5	16.3	8.2
1979	125.60	21.71	103.89	92.71	22.19	10.70	73.8	17.7	8.5
1980	124.83	22.51	102.32	90.25	23.72	10.86	72.3	19.0	8.7
1981	127.56	23.69	103.87	89.51	25.14	12.91	70.2	19.7	10.1
1982	129.94	24.03	105.91	91.22	25.57	13.15	70.2	19.7	10.1
1983	136.77	24.74	112.03	93.63	29.00	14.14	68.5	21.2	10.3
1984	136.04	25.42	110.62	89.79	31.09	15.16	66.0	22.9	11.1
1985	138.88	26.74	112.14	78.74	43.61	16.53	56.7	31.4	11.9
1986	141.64	27.90	113.74	77.28	45.29	19.07	54.6	32.0	13.4
1987	145.75	28.38	117.37	77.79	47.27	20.69	53.4	32.4	14.2
1988	146.55	29.00	117.55	76.82	47.98	21.75	52.4	32.7	14.9
1989	148.00	28.70	119.30	79.71	45.37	22.92	53.9	30.6	15.5
1990	150.55	28.91	121.64	86.70	43.38	20.47	57.6	28.8	13.6
1991	150.51	29.82	120.69	84.45	44.67	21.39	56.1	29.7	14.2
1992	148.95	30.00	118.95	79.94	45.03	23.98	53.7	30.2	16.1
1993	148.72	31.00	117.72	72.78	50.17	25.77	48.9	33.7	17.4
1994	149.75	31.86	117.89	68.57	51.88	29.30	45.8	34.6	19.6
1995	148.38	31.88	116.50	66.48	51.92	29.98	44.8	35.0	20.2
1996	147.70	31.94	115.76	66.13	50.02	31.55	44.8	33.8	21.4
1997	146.21	30.77	115.44	66.87	47.58	31.76	45.7	32.6	21.7
1998	143.74	29.90	113.84	67.31	44.78	31.65	46.8	31.2	22.0
1999	142.70	31.72	110.98	65.91	43.83	32.96	46.2	30.7	23.1
2000	157.50	48.71	108.79	62.95	59.38	35.17	40.0	37.7	22.3
2001	159.59	53.39	106.20	60.96	61.82	36.82	38.2	38.7	23.1
2002	161.72	58.04	103.67	57.25	65.82	38.65	35.4	40.7	23.9
2003	163.87	62.66	101.21	54.40	68.99	40.48	33.2	42.1	24.7
2004	166.06	67.26	98.80	51.81	71.74	42.51	31.2	43.2	25.6
2005	168.28	71.83	96.45	49.14	74.72	44.46	29.2	44.4	26.4
2006	170.54	76.39	94.15	46.04	77.59	46.90	27.0	45.5	27.5
2007	172.83	80.92	91.91	43.21	80.71	48.91	25.0	46.7	28.3
2008	175.15	85.43	89.72	40.46	83.37	51.32	23.1	47.6	29.3
2009	177.52	89.93	87.59	36.82	85.74	54.96	20.7	48.3	31.0
2010	179.92	94.46	85.46	34.75	88.90	56.27	19.3	49.4	31.3
2011	180.14	97.26	82.88	30.35	90.91	58.88	16.8	50.5	32.7
2012	180.32	97.35	82.97	25.83	92.01	62.48	14.3	51.0	34.7
2013	180.90	97.66	83.24	24.95	92.43	63.52	13.8	51.1	35.1
2014	182.97	100.33	82.64	23.34	94.25	65.38	12.8	51.5	35.7
2015	184.48	104.49	79.99	22.87	94.73	66.88	12.4	51.3	36.3
2016	187.11	109.49	77.62	21.98	95.72	69.41	11.7	51.2	37.1
2017	188.93			21.04	95.94	71.95	11.1	50.8	38.1
2018	191.50			21.09	94.28	76.13	11.0	49.2	39.8
2019	193.90			20.56	94.60	78.74	10.6	48.8	40.6
2020	198.35			10.12	99.32	88.91	5.1	50.1	44.8
2021	199.49			10.18	100.68	88.63	5.1	50.5	44.4
2022	198.21			10.08	100.19	87.94	5.1	50.5	44.4
2023	199.84			9.60	101.76	88.48	4.8	50.9	44.3

注：1.2000 年及以后年份的从业人员数按人口普查常住人口测算；2.2018–2019 年三次产业从业人员数根据四经普调整。

2-9 规上单位年末从业人员

单位：人

行业分类	单位从业人员	#女性	#在岗职工	#劳务派遣人员	#其他从业人员
总　计	776210	253634	698707	47299	30204
按企业、事业、机关分组					
企业					
事业					
机关					
按国民经济行业分组					
农、林、牧、渔业					
采矿业	1546	182	1507	24	15
制造业	460400	170483	427369	27587	5444
电力、热力、燃气及水生产和供应业	6402	1322	6224	145	33
建筑业	143512	16103	119720	8473	15319
批发和零售业	35112	16998	32330	2366	416
交通运输、仓储和邮政业	8342	2889	7481	747	114
住宿和餐饮业	24763	15242	22497	1544	722
信息传输、软件和信息技术服务业	5422	2068	4958	200	264
金融业					
房地产业	9813	4497	8402	911	500
租赁和商务服务业	60430	14452	50158	3881	6391
科学研究、技术服务业	5181	1301	4854	152	175
水利、环境和公共设施管理业	3178	1120	2398	225	555
居民服务、修理和其他服务业	4131	2474	3362	691	78
教育	305	65	266	27	12
卫生和社会工作	4008	2828	3775	102	131
文化、体育和娱乐业	3665	1610	3406	224	35
公共管理、社会保障和社会组织					

2-10 规上单位从业人员平均人数

单位：人

行业分类	单位从业人员	在岗职工	劳务派遣人员	其他从业人员
总　计	758822	684499	44624	729123
按企业、事业、机关分组				
企业				
事业				
机关				
按国民经济行业分组				
农、林、牧、渔业				
采矿业	1548	1510	24	14
制造业	457135	426600	24671	5864
电力、热力、燃气及水生产和供应业	6386	6212	141	33
建筑业	137041	113601	8324	15116
批发和零售业	33866	31080	2346	440
交通运输、仓储和邮政业	8439	7612	725	102
住宿和餐饮业	25049	22118	2155	776
信息传输、软件和信息技术服务业	5558	5161	224	173
金融业				
房地产业	10321	8825	911	585
租赁和商务服务业	53387	44064	3658	5665
科学研究、技术服务业	5146	4824	160	162
水利、环境和公共设施管理业	3078	2347	223	508
居民服务、修理和其他服务业	3879	3112	693	74
教育	320	282	26	12
卫生和社会工作	3938	3704	100	134
文化、体育和娱乐业	3731	3447	243	41
公共管理、社会保障和社会组织				

2-11 分县区规上单位在岗职工人数

单位：人

行业分类	全市
总　计	**698707**
按企业、事业、机关分组	
企业	
事业	
机关	
按国民经济行业分组	
农、林、牧、渔业	
采矿业	1507
制造业	427369
电力、热力、燃气及水生产和供应业	6224
建筑业	119720
批发和零售业	32330
交通运输、仓储和邮政业	7481
住宿和餐饮业	22497
信息传输、软件和信息技术服务业	4958
金融业	
房地产业	8402
租赁和商务服务业	50158
科学研究、技术服务业	4854
水利、环境和公共设施管理业	2398
居民服务、修理和其他服务业	3362
教育	266
卫生和社会工作	3775
文化、体育和娱乐业	3406
公共管理、社会保障和社会组织	

2-12 分县区法人单位数

单位：个

行业分类	全　市							
	2010 年	2016 年	2017 年	2018 年	2019 年	2020 年	2021 年	2022 年
总　　　计	**22168**	**60229**	**73939**	**80615**	**79056**	**104042**	**120087**	**122670**
按机构类型分组								
企业	17689	53009	66650	73265	71302	96447	112716	114416
事业	1526	1880	1871	1871	1802	1788	1736	1667
机关	406	454	464	464	463	412	402	426
社会团体	582	860	835	835	946	952	924	1445
民办非企业单位	271	488	467	467	789	731	726	1315
基金会	1	5	5	5	11	10	10	18
居委会	238	256	256	256	306	294	260	225
村委会	1001	1017	1011	1011	996	966	905	758
农民专业合作社		1447	1523	1584	1273	1269	1256	1288
农村集体经济组织						846	833	789
其他组织机构	454	813	857	857	1168	327	319	323
按三次产业分组								
第一产业	601	2651	2854	3051	2118	2428	2653	2854
第二产业	11006	22925	27372	29069	24803	30103	34369	35049
第三产业	10561	34653	43713	48495	52135	71511	83065	84767
按行业门类分组								
农、林、牧、渔业	601	2651	2854	3051	2118	2428	2653	2854
采矿业	275	159	151	155	109	108	105	104
制造业	10082	21007	24784	26128	21148	24833	27384	26912
电力、燃气及水的生产和供应业	141	284	394	431	295	335	373	411
建筑业	508	1475	2043	2355	3251	4827	6507	7622
批发和零售业	3051	14688	19080	20578	17885	24897	29916	30978
交通运输、仓储和邮政业	343	1250	1541	1693	2003	2541	2905	3028
住宿和餐饮业	210	1233	1483	1575	1648	2188	2573	2779
信息传输、软件和信息技术服务业	369	1097	1541	1828	2786	5054	6342	5920
金融业	106	258	271	365	264	366	419	426
房地产业	603	1562	1928	2252	2771	3402	3804	3705
租赁和商务服务业	1083	5317	7247	8563	9907	14519	16520	16300
科学研究和技术服务业	408	1692	2310	2641	3520	5623	6989	7312
水利、环境和公共设施管理业	217	559	626	677	756	993	1130	1238
居民服务、修理和其他服务业	146	788	937	1042	1237	1631	1979	2211
教育	660	1010	1089	1132	1742	2119	2302	2187
卫生和社会工作	322	499	553	582	678	749	827	1206
文化、体育和娱乐业	165	1134	1565	2023	3208	3768	3848	3610
公共管理、社会保障和社会组织	2878	3566	3542	3544	3730	3661	3511	3867

注：1.从 2020 年起按机构类型分组中农村集体经济组织从其他组织机构中单列出来；2.2020 年县区合计数与全市数稍有差异，原因是湖州市所管辖的单位中有几家区划代码不在三县三区。

2-12　分县区法人单位数（续表 1）

单位：个

行业分类	市区							
	2010 年	2016 年	2017 年	2018 年	2019 年	2020 年	2021 年	2022 年
总　计	**8604**	**28349**	**36761**	**39825**	**33613**	**45029**	**55150**	**54577**
按机构类型分组								
企业	6644	25199	33618	36670	30376	41996	52211	51330
事业	675	937	932	933	953	824	805	733
机关	184	221	223	223	229	201	196	210
社会团体	238	401	392	392	401	410	402	562
民办非企业单位	91	222	208	208	303	256	258	562
基金会		4	4	4	5	4	4	6
居委会	113	136	136	136	156	151	125	122
村委会	444	448	447	447	454	448	412	392
农民专业合作社		469	476	487	306	279	286	250
农村集体经济组织						309	301	258
其他组织机构	215	312	325	325	430	151	150	152
按三次产业分组								
第一产业	168	787	817	872	635	731	833	825
第二产业	3736	11475	14664	15486	11098	13944	16656	16113
第三产业	4700	16087	21280	23467	21880	30354	37661	37639
按行业门类分组								
农、林、牧、渔业	168	787	817	872	635	731	833	825
采矿业	30	22	22	24	13	13	16	18
制造业	3495	10727	13615	14282	9570	11538	13202	12063
电力、燃气及水的生产和供应业	48	99	136	155	91	114	134	150
建筑业	163	627	891	1025	1424	2279	3304	3882
批发和零售业	1551	7620	10536	11253	8729	12459	15140	14799
交通运输、仓储和邮政业	128	464	575	630	703	932	1144	1189
住宿和餐饮业	80	560	672	711	708	886	1087	1127
信息传输、软件和信息技术服务业	175	566	799	902	882	1727	2477	2532
金融业	62	137	149	236	150	198	220	217
房地产业	254	617	754	893	956	1305	1632	1557
租赁和商务服务业	373	1877	2755	3172	3042	4636	6412	6491
科学研究和技术服务业	186	724	988	1159	1515	2361	3019	3086
水利、环境和公共设施管理业	59	163	186	204	215	304	370	409
居民服务、修理和其他服务业	66	346	442	489	563	769	944	974
教育	248	419	458	481	808	1021	1176	1075
卫生和社会工作	118	190	223	241	289	333	382	647
文化、体育和娱乐业	65	608	958	1310	1459	1693	2014	1786
公共管理、社会保障和社会组织	1335	1796	1785	1786	1861	1730	1644	1750

2-12　分县区法人单位数（续表 2）

单位：个

行业分类	吴兴区							
	2010 年	2016 年	2017 年	2018 年	2019 年	2020 年	2021 年	2022 年
总　　计	**3428**	**15060**	**20969**	**22364**	**15084**	**19504**	**23673**	**22500**
按机构类型分组								
企业	2685	13686	19588	20979	13785	18281	22490	21273
事业	237	385	383	383	372	313	304	283
机关	63	80	79	79	72	65	62	68
社会团体	81	184	180	180	164	176	171	218
民办非企业单位	47	136	128	128	145	134	135	171
基金会		1	1	1	3	2	2	3
居委会	64	77	77	77	82	81	64	57
村委会	165	167	165	165	158	158	152	144
农民专业合作社		190	196	200	108	96	97	84
农村集体经济组织						131	130	131
其他组织机构	86	154	172	172	195	67	66	68
按三次产业分组								
第一产业	52	341	363	383	241	271	309	308
第二产业	1273	6214	8725	8927	4886	6127	7249	6580
第三产业	2103	8505	11881	13054	9957	13106	16115	15612
按行业门类分组								
农、林、牧、渔业	52	341	363	383	241	271	309	308
采矿业	24	16	17	18	8	7	9	11
制造业	1139	5833	8201	8336	4360	5284	6082	5263
电力、燃气及水的生产和供应业	12	40	55	61	28	38	45	53
建筑业	98	325	452	512	490	798	1113	1253
批发和零售业	821	4398	6631	6924	4235	5953	7280	6882
交通运输、仓储和邮政业	57	254	331	360	285	330	391	380
住宿和餐饮业	34	233	285	308	296	365	483	496
信息传输、软件和信息技术服务业	58	326	477	538	376	661	953	1003
金融业	31	70	76	78	69	74	79	84
房地产业	125	292	369	437	426	564	709	658
租赁和商务服务业	184	1005	1397	1603	1197	1650	2140	2163
科学研究和技术服务业	77	368	479	596	682	941	1214	1151
水利、环境和公共设施管理业	20	85	100	103	81	110	124	144
居民服务、修理和其他服务业	33	160	201	217	211	308	399	432
教育	105	206	230	244	388	476	546	495
卫生和社会工作	50	88	107	113	133	156	181	197
文化、体育和娱乐业	25	262	448	783	837	828	963	844
公共管理、社会保障和社会组织	483	758	750	750	741	690	653	683

2-12 分县区法人单位数（续表 3）

单位：个

行业分类	南浔区							
	2010 年	2016 年	2017 年	2018 年	2019 年	2020 年	2021 年	2022 年
总　　计	**3639**	**8297**	**9282**	**10279**	**10829**	**14409**	**17569**	**17631**
按机构类型分组								
企业	2836	7143	8138	9127	9684	13268	16431	16276
事业	283	329	329	330	299	284	284	222
机关	49	63	63	63	57	55	53	59
社会团体	81	111	112	112	102	102	101	191
民办非企业单位	30	49	45	45	88	83	83	335
基金会		1	1	1	1	1	1	2
居委会	33	36	36	36	35	35	28	33
村委会	221	221	222	222	220	220	220	211
农民专业合作社		244	243	250	169	154	161	141
农村集体经济组织						144	144	98
其他组织机构	106	100	93	93	174	63	63	63
按三次产业分组								
第一产业	104	386	393	423	332	383	444	440
第二产业	2034	4443	4973	5485	5085	6269	7564	7487
第三产业	1501	3468	3916	4371	5412	7757	9561	9704
按行业门类分组								
农、林、牧、渔业	104	386	393	423	332	383	444	440
采矿业				1	1	1	1	1
制造业	1971	4283	4763	5215	4550	5449	6213	5900
电力、燃气及水的生产和供应业	31	53	70	83	45	56	68	71
建筑业	32	107	140	186	489	763	1282	1515
批发和零售业	413	1599	1874	2064	2418	3452	4261	4220
交通运输、仓储和邮政业	31	112	119	130	286	413	509	525
住宿和餐饮业	30	115	122	130	147	204	252	277
信息传输、软件和信息技术服务业	56	45	60	73	144	321	446	398
金融业	5	17	15	16	19	45	57	56
房地产业	70	164	176	202	232	339	417	412
租赁和商务服务业	86	279	337	478	582	840	1076	1044
科学研究和技术服务业	49	71	108	135	285	581	801	818
水利、环境和公共设施管理业	25	36	41	45	75	114	147	144
居民服务、修理和其他服务业	11	72	81	95	127	172	210	213
教育	99	124	133	138	234	324	384	352
卫生和社会工作	53	67	65	69	81	94	117	350
文化、体育和娱乐业	23	126	142	152	187	274	311	269
公共管理、社会保障和社会组织	550	641	643	644	595	584	573	626

2-12 分县区法人单位数（续表 4）

单位：个

行业分类	南太湖新区							
	2010 年	2016 年	2017 年	2018 年	2019 年	2020 年	2021 年	2022 年
总　　计	**1537**	**3969**	**5260**	**5901**	**7700**	**11116**	**13908**	**14446**
按机构类型分组								
企业	1123	3626	4924	5555	6907	10447	13290	13781
事业	155	116	114	118	282	227	217	228
机关	72	28	30	34	100	81	81	83
社会团体	76	40	34	36	135	132	130	153
民办非企业单位	14	27	26	27	70	39	40	56
基金会		1	1	1	1	1	1	1
居委会	16	17	17	17	39	35	33	32
村委会	58	41	40	40	76	70	40	37
农民专业合作社		26	27	26	29	29	28	25
农村集体经济组织						34	27	29
其他组织机构	23	47	47	47	61	21	21	21
按三次产业分组								
第一产业	12	36	37	40	62	77	80	77
第二产业	429	743	885	985	1127	1548	1843	2046
第三产业	1096	3190	4338	4876	6511	9491	11985	12323
按行业门类分组								
农、林、牧、渔业	12	36	37	40	62	77	80	77
采矿业	6	6	5	5	4	5	6	6
制造业	385	564	600	672	660	805	907	900
电力、燃气及水的生产和供应业	5	6	11	11	18	20	21	26
建筑业	33	167	269	297	445	718	909	1114
批发和零售业	317	1470	1854	2091	2076	3054	3599	3697
交通运输、仓储和邮政业	40	89	115	129	132	189	244	284
住宿和餐饮业	16	145	185	190	265	317	352	354
信息传输、软件和信息技术服务业	61	147	216	243	362	745	1078	1131
金融业	26	48	54	136	62	79	84	77
房地产业	59	126	160	197	298	402	506	487
租赁和商务服务业	103	491	899	955	1263	2146	3196	3284
科学研究和技术服务业	60	232	346	371	548	839	1004	1117
水利、环境和公共设施管理业	14	26	27	41	59	80	99	121
居民服务、修理和其他服务业	22	92	134	151	225	289	335	329
教育	44	48	54	59	186	221	246	228
卫生和社会工作	15	24	37	43	75	83	84	100
文化、体育和娱乐业	17	62	72	78	435	591	740	673
公共管理、社会保障和社会组织	302	190	185	192	525	456	418	441

2-12　分县区法人单位数（续表 5）

单位：个

行业分类	德清县							
	2010 年	2016 年	2017 年	2018 年	2019 年	2020 年	2021 年	2022 年
总　　计	**4826**	**10319**	**11924**	**13062**	**11925**	**14997**	**17438**	**18437**
按机构类型分组								
企业	4080	9203	10754	11876	10575	13685	16152	17116
事业	296	368	362	362	317	279	269	276
机关	73	71	74	74	74	67	67	71
社会团体	97	115	111	111	138	137	130	190
民办非企业单位	32	76	77	77	138	135	130	262
基金会	1	1	1	1	4	4	4	4
居委会	28	30	30	30	32	32	32	
村委会	166	151	150	150	139	135	134	1
农民专业合作社		232	258	273	297	313	313	309
农村集体经济组织						141	138	138
其他组织机构	53	72	107	108	211	69	69	70
按三次产业分组								
第一产业	126	650	703	734	496	522	530	528
第二产业	2718	4009	4267	4569	4400	4958	5433	5756
第三产业	1982	5660	6954	7759	7029	9517	11475	12153
按行业门类分组								
农、林、牧、渔业	126	650	703	734	496	522	530	528
采矿业	74	23	20	20	12	12	11	10
制造业	2523	3649	3820	4057	3900	4269	4599	4809
电力、燃气及水的生产和供应业	22	46	71	82	54	60	67	63
建筑业	99	291	356	410	434	617	756	874
批发和零售业	571	1948	2422	2713	2391	3172	3937	4084
交通运输、仓储和邮政业	74	164	191	212	255	345	400	417
住宿和餐饮业	49	190	231	252	247	305	327	356
信息传输、软件和信息技术服务业	78	230	325	407	401	563	712	831
金融业	17	36	38	39	41	50	56	57
房地产业	96	222	273	320	404	428	469	441
租赁和商务服务业	238	1287	1713	1943	1182	1799	2106	2200
科学研究和技术服务业	89	387	508	564	618	1197	1661	1859
水利、环境和公共设施管理业	55	98	103	113	143	168	177	194
居民服务、修理和其他服务业	21	75	89	104	129	154	193	281
教育	117	178	195	204	267	307	332	328
卫生和社会工作	90	128	136	140	149	152	164	189
文化、体育和娱乐业	25	172	187	205	250	364	438	482
公共管理、社会保障和社会组织	462	545	543	543	552	513	503	434

2-12 分县区法人单位数（续表 6）

单位：个

行业分类	长兴县							
	2010 年	2016 年	2017 年	2018 年	2019 年	2020 年	2021 年	2022 年
总　　计	**5337**	**12123**	**14188**	**16029**	**19828**	**26119**	**27725**	**28262**
按机构类型分组								
企业	4316	10532	12588	14407	18142	24411	26055	26170
事业	271	287	284	283	290	347	340	331
机关	73	81	89	89	73	70	70	77
社会团体	150	170	159	159	166	166	164	462
民办非企业单位	122	127	121	121	187	163	162	275
基金会					1	1	1	7
居委会	61	51	51	51	65	64	64	71
村委会	222	241	237	237	206	202	201	205
农民专业合作社	82	449	482	504	401	407	387	384
农村集体经济组织						219	219	218
其他组织机构	122	185	177	178	297	69	62	62
按三次产业分组								
第一产业	179	713	763	816	542	611	674	773
第二产业	2771	3929	4466	4867	5070	6015	6672	7161
第三产业	2387	7481	8959	10346	14216	19493	20379	20328
按行业门类分组								
农、林、牧、渔业	179	713	763	816	542	611	674	773
采矿业	91	29	30	30	20	17	16	17
制造业	2450	3524	3886	4190	4059	4593	4800	4946
电力、燃气及水的生产和供应业	38	70	100	106	77	86	91	100
建筑业	192	306	450	541	914	1319	1765	2098
批发和零售业	630	3162	3700	4026	3926	5487	6496	7233
交通运输、仓储和邮政业	96	489	595	655	770	881	925	957
住宿和餐饮业	42	184	227	242	309	519	586	649
信息传输、软件和信息技术服务业	80	176	229	312	1161	2118	2399	1675
金融业	14	71	71	72	42	63	76	76
房地产业	158	401	500	593	778	940	999	1021
租赁和商务服务业	304	1099	1521	2103	3842	5134	4499	3968
科学研究和技术服务业	73	352	477	559	862	1306	1454	1431
水利、环境和公共设施管理业	51	156	170	187	198	256	287	315
居民服务、修理和其他服务业	44	226	251	285	354	449	542	614
教育	181	239	248	255	380	461	476	464
卫生和社会工作	62	82	88	95	139	144	150	188
文化、体育和娱乐业	39	180	223	302	815	1036	796	719
公共管理、社会保障和社会组织	613	664	659	660	640	699	694	1018

2-12 分县区法人单位数（续表 7）

单位：个

行业分类	安吉县							
	2010 年	2016 年	2017 年	2018 年	2019 年	2020 年	2021 年	2022 年
总　　计	**3401**	**9438**	**11064**	**11699**	**13689**	**17892**	**19774**	**21394**
按机构类型分组								
企业	2649	8075	9688	10312	12208	16351	18298	19800
事业	284	288	293	293	242	338	322	327
机关	76	81	78	78	87	74	69	68
社会团体	97	174	173	173	241	238	228	231
民办非企业单位	26	63	61	61	161	177	176	216
基金会					1	1	1	1
居委会	36	39	39	39	53	47	39	32
村委会	169	177	177	177	197	181	158	160
农民专业合作社		297	307	320	269	270	270	345
农村集体经济组织						177	175	175
其他组织机构	64	244	248	246	230	38	38	39
按三次产业分组								
第一产业	128	501	571	629	445	564	616	728
第二产业	1781	3512	3974	4147	4235	5184	5608	6019
第三产业	1492	5425	6519	6923	9009	12144	13550	14647
按行业门类分组								
农、林、牧、渔业	128	501	571	629	445	564	616	728
采矿业	80	85	79	81	64	66	62	59
制造业	1614	3107	3462	3599	3619	4432	4783	5094
电力、燃气及水的生产和供应业	33	69	87	88	73	75	81	98
建筑业	54	251	346	379	479	611	682	768
批发和零售业	299	1958	2422	2586	2839	3778	4343	4862
交通运输、仓储和邮政业	45	133	180	196	275	383	436	465
住宿和餐饮业	39	299	353	370	384	478	573	647
信息传输、软件和信息技术服务业	36	125	188	207	342	645	754	882
金融业	13	14	13	18	31	55	67	76
房地产业	95	322	401	446	632	729	704	686
租赁和商务服务业	168	1054	1258	1345	1841	2950	3503	3641
科学研究和技术服务业	60	229	336	359	525	759	855	936
水利、环境和公共设施管理业	52	142	167	173	200	265	296	320
居民服务、修理和其他服务业	15	141	155	164	191	259	300	342
教育	114	174	188	192	287	330	318	320
卫生和社会工作	52	99	106	106	101	120	131	182
文化、体育和娱乐业	36	174	197	206	684	675	600	623
公共管理、社会保障和社会组织	468	561	555	555	677	718	670	665

主要统计指标解释

人口数　指一定时点全市行政管辖范围内的有生命的个人的总和。年度统计的年末人口数是指 12 月 31 日 24 时常住户口和未落户口的人口数。

性别比　指在总人口或各组年龄组人口中男性人数和女性人数之比。计算公式：

$$性别比=\frac{男性人口数}{女性人口数}\times 100$$

出生率　指一年内平均每千人所出生的人数比例，一般以千分率表示。计算公式：

$$出生率=\frac{全年出生人数}{年平均人数}\times 1000‰$$

出生人数指活产婴儿，即胎儿脱离母体时（不管怀孕月数），有过呼吸或其他生命现象。年平均人数是年初、年末人口数的平均数。

死亡率　指一年内平均每千人所死亡的人数比例，一般以千分率表示。计算公式：

$$死亡率=\frac{全年死亡人数}{年平均人数}\times 1000‰$$

人口自然增长率　指一年内人口自然增长数（出生人数减死亡人数）与平均人数之比例，一般以千分率表示。计算公式：

人口自然增长率=（年内出生人数 － 年内死亡人数）/年平均人数 × 1000‰

或

人口自然增长率=人口出生率 － 人口死亡率

人口密度　指在一定时点一定地区的人口数与该地区的面积之比，即一定时点的单位土地面积上的人口数，通常以每平方公里的居民人数来表示。计算公式：

$$人口密度=\frac{该地区的人口数}{该地区的土地面积数}$$

已婚育龄妇女独生子女领证率　指 15 － 49 岁已婚育龄妇女已领独生子女证的人数同 15 － 49 岁已婚育龄妇女人数之比，一般以千分比表示。计算公式：

已婚育龄妇女独生子女领证率=15 － 49 岁已婚育龄妇女已领独生子女证的人数/15 － 49 岁已婚育龄妇女人数 × 100%

城镇失业人员　指在一定年龄内，有劳动能力，无业而有要求就业并进行待业登记的人员，包括城镇年满 16 周岁至 25 周岁的初、高中毕业生中未能升学、参军的待业青年和年龄在 25 周岁至男 50 岁、女 45 岁以内的其他待业人员。

城镇失业率　是从另一个侧面反映城镇劳动者就业程度的指标。它的计算公式：

城镇失业率 ＝ 城镇失业人员/（城镇从业人员 ＋ 城镇失业人员）× 100%

劳动力资源　指劳动年龄内（16 周岁及以上），有劳动能力，在正常情况下，可能或实际参加社会劳动的人口。

经济活动人口　指劳动力资源中已经或要求参加社会经济活动的人口，各地区的经济活动人口不包括现役军人。

从业人员期末人数　指期末最后一日 24 时在本单位中工作，并取得工资或其他形式劳动报酬的人员数。该指标为时点指标，不包括最后一日当天及以前已经与单位解除劳动合同关系的人员。是在岗职工、劳务派遣人员及其他从业人员之和。从业人员不包括：（1）离开本单位仍保留劳动关系，并定期领取生活费的人员；（2）利用课余时间打工的学生及在本单位实习的各类在校学生；（3）本单位因劳务外包而使用的人员。

在岗职工　指在本单位工作且与本单位签订劳动合同，并由本单位支付工资的人员，以及有工作岗位，但由于学习、病伤产假等原因暂未工作，仍由本单位支付工资的人员。在岗职工还包括：（1）应订立劳动合同而未订立劳动合同人员（如使用的农村户籍人员）；（2）处于试用期人员；（3）编制外招用的人 员；（4）派往外单位工作，但工资仍由本单位发放的人员（如挂职锻炼、外派工作等情况）。在岗职工不包括：（1）本单位使用的且由本单位直接支付工资的劳务派遣人员，应统计在本单位“劳务派遣人员”指标中；（2）本单位因劳务外包而使用的人员，由承包劳务的单位统计为在岗职工。

劳务派遣人员　根据《中华人民共和国劳动合同法》

规定，指与劳务派遣单位签订劳动合同；并被劳务派遣单位派遣到实际用工单位工作；且劳务派遣单位与实际用工单位签订《劳务派遣协议》的人员。注意：无论用工单位是否直接支付劳动报酬，劳务派遣人员均由实际用工单位填报，而劳务派遣单位（派出单位）不填报这些人员。

其他从业人员 指本单位中不能归到在岗职工、劳务派遣人员中的人员。此类人员实际参加本单位生产或工作并从本单位取得相应劳动报酬的人员。具体包括：非全日制人员、聘用的正式离退休人员、兼职人员和第二职业者等，以及在本单位中工作的外籍和港澳台方人员。

人才资源 具体包括在各级国家行政机关和参照公务员制度管理的党政机关、人大、政协机关、法院检察院机关、民主党派和有关群众团体机关依照公务员制度管理的事业单位中工作的公务员；在企业、事业单位和其他非公有制经济组织中从事专业技术工作或专业技术管理工作的人员；在企业、事业单位和其他非公有制经济组织经营管理岗位上工作的人员；在各级机关、事业、企业单位和其他非公有制经济组织中技术工人岗位上工作的技术工人。

经营管理人员（管理人员） 在企业、事业单位和其他非公有制经济组织经营管理岗位上工作的人员。统计对象为企业、事业单位中的单位负责人、部门负责人以及在管理岗位上从事行政业务、行政事务工作的人员（不包括专业技术管理工作人员，专业技术管理工作人员作为专业技术人员统计）。

专业技术人员 专业技术人员指专门从事各种科学研究和专业技术工作的人员。从事本类职业的人员，要求接受过系统的专业教育，具备相应的专业理论知识，并且按规定的标准条件评聘专业技术职务。专业技术人员还包括未聘任专业技术职务，但在专业技术岗位上工作的人员。

三、农林牧渔业

3-1 分县区农业生产条件

指 标	单位	全 市	吴兴区	南浔区	德清县	长兴县	安吉县	△市区
一、农村人口与从业人员		173839	26750	43281	30677	39055	34076	70031
农村从业人员	万人	99128	15666	24671	17992	21006	19793	40337
#从事农业	万人	74711	11084	18610	12685	18049	14283	29694
#从事农业	万人	2220.33	307.9	475.26	299	759.28	378.89	783.16
二、农药使用量	吨							
三、农用化肥施用量	-							
按实物量计算合计	吨	123780.52	19248.43	31102.31	10993.53	39075.14	23361.11	50350.74
氮 肥	吨	40516.93	6232.65	10409.49	3185.3	12234.07	8455.42	16642.14
磷 肥	吨	7672.03	390.9	2158.32	1255.83	1522.76	2344.22	2549.22
钾 肥	吨	7362.1	2088.58	2297.36	416.92	941.09	1618.15	4385.94
复合肥	吨	68229.46	10536.3	16237.14	6135.48	24377.22	10943.32	26773.44
按折纯法计算合计	吨	36335.17	4178.92	6111.62	4294.74	12900	8849.89	10290.54
氮 肥	吨	12862.3	1869.8	2300.5	1337.83	3972	3382.17	4170.3
磷 肥	吨	864.59	53.16	218.42	150.7	161	281.31	271.58
钾 肥	吨	3553.9	1044.29	1114.22	229.31	357	809.08	2158.51
复合肥	吨	19054.38	1211.67	2478.48	2576.9	8410	4377.33	3690.15
四、农用塑料薄膜使用量	吨	4742.36	1025.93	1296.98	415.45	1487.65	516.35	2322.91
其中：地膜使用量	吨	1243.43	305.83	358.48	61.2	372.72	145.2	664.31
地膜覆盖面积	亩	54937.9	17447.25	14797	6140	13128.35	3425.3	32244.25
五、农用柴油使用量	吨	17202.38	1021.48	1115.75	2400.11	11729.22	935.82	2137.23

3-2 历年农林牧渔业产值

单位：万元

年 份	农林牧渔业总产值	农 业	林 业	牧 业	渔 业	农林牧渔服务业
1978	59671	41551	3505	12759	1856	
1979	81468	54951	3968	20171	2378	
1980	72947	46493	3853	20157	2444	
1981	83148	55230	4601	20293	3024	
1982	99071	66903	4994	23262	3912	
1983	98091	65147	5142	23207	4595	
1984	116783	76195	6095	27301	7192	
1985	126768	74359	7780	33904	10725	
1986	143284	83946	9036	34660	15642	
1987	177480	98673	12715	46024	20068	
1988	238956	116556	18254	80219	23927	
1989	250670	130145	16329	80829	23367	
1990	290508	150980	21609	86104	31813	
1991	291612	148622	25370	84617	33003	
1992	322593	167635	28044	89690	37224	
1993	419164	229031	41327	97008	51798	
1994	600930	328793	56997	139798	75337	
1995	696477	419251	61144	138417	77665	
1996	745258	445543	72069	133489	94157	
1997	779765	469165	71090	136664	102846	
1998	791775	477564	70748	133789	109674	
1999	793512	462244	81603	127826	121839	
2000	869351	472147	92982	147870	156352	
2001	787560	363043	100105	155741	168671	
2002	804384	371453	107016	144983	180932	
2003	864522	393154	117053	157965	196350	
2004	1020902	461598	127766	215792	215746	
2005	1060754	423333	143564	244826	241377	7654
2006	1137308	454993	150605	265576	257683	8451
2007	1290769	545721	159828	322009	211639	51572
2008	1444510	633944	171037	333720	246169	59640
2009	1530907	676188	188782	338789	264187	62961
2010	1763232	817961	196710	381581	297236	69744
2011	1985207	894007	214079	462146	341034	73941
2012	2084828	936259	231157	458268	379741	79403
2013	2129835	950085	231739	459351	403819	84841
2014	2114043	960387	214668	408522	436838	93628
2015	2134428	971134	217702	341373	505099	99120
2016	2144769	948404	221306	285385	583169	106505
2017	2138636	978978	224235	208547	615664	111212
2018	2164215	989939	218599	183097	655626	116954
2019	2266278	1026845	224019	213805	679911	121698
2020	2389393	1055439	223129	228072	749934	132819
2021	2528370	1094241	219156	214897	858612	141464
2022	2666020	1123008	227976	220177	938922	155937
2023	2774458	1175069	242220	233201	955486	168480

注：2016 年、2017 年产值数据根据农业普查作相应调整。

3-3 历年农林牧渔业产值增长速度

（按可比价格计算） 单位：%

年 份	农林牧渔业总产值	农 业	林 业	牧 业	渔 业	农林牧渔服务业
1979	15.2	11.6	-4.5	33.4	6.9	
1980	-10.6	-15.3	-2.8	-0.1	2.7	
1981	4.6	8.9	9.6	-7.6	13.6	
1982	17.1	19.0	6.8	12.7	27.3	
1983	-5.2	-6.8	-1.5	-4.5	12.4	
1984	14.0	15.1	7.3	9.9	26.7	
1985	2.6	-3.1	10.4	10.6	32.9	
1986	3.4	2.6	-0.6	0.3	25.6	
1987	8.8	3.9	15.9	4.6	53.7	
1988	6.0	0.7	6.6	2.3	19.9	
1989	3.6	12.3	-9.9	1.2	-6.5	
1990	2.3	-1.1	23.2	0.2	14.4	
1991	1.0	-7.3	10.6	-1.1	7.2	
1992	10.0	22.1	0.8	8.6	12.2	
1993	8.8	10.0	21.0	-2.8	20.7	
1994	7.8	10.9	8.2	-1.8	13.5	
1995	7.5	13.2	-1.8	-0.2	4.6	
1996	5.6	9.9	3.7	-4.1	4.0	
1997	7.8	9.1	2.2	8.4	5.0	
1998	3.1	2.4	2.6	5.0	3.4	
1999	3.7	3.0	6.4	-2.5	12.8	
2000	7.1	-1.1	18.7	4.1	29.8	
2001	6.7	0.1	-0.9	7.5	16.9	
2002	5.3	4.9	4.0	2.4	8.1	
2003	5.7	0.1	7.1	4.6	11.9	
2004	8.0	7.4	1.6	16.2	6.2	
2005	5.6	-2.2	5.8	15.6	10.2	
2006	5.6	3.9	5.7	7.4	6.0	10.4
2007	4.5	4.0	1.4	-1.1	12.7	8.1
2008	3.4	6.3	6.7	-6.2	6.0	11.2
2009	3.6	1.0	2.8	6.4	6.7	5.6
2010	3.8	2.8	5.4	2.7	5.3	10.8
2011	3.5	3.2	1.8	4.0	5.0	1.2
2012	2.3	1.3	2.2	-0.2	7.9	5.3
2013	0.6	0.3	2.5	0.3	0.4	4.4
2014	-1.0	0.1	-10.6	-6.5	6.2	8.0
2015	0.6	2.2	1.5	-18.8	14.0	4.8
2016	2.6	1.4	-2.4	2.0	6.6	7.5
2017	0.6	2.5	1.5	-22.3	10.8	6.0
2018	0.7	2.7	1.0	-19.4	4.6	1.4
2019	2.5	2.4	1.7	-6.6	4.9	5.4
2020	2.8	3.4	-2.5	-6.2	5.9	5.4
2021	4.1	2.1	-1.4	14.4	5.4	5.8
2022	5.1	1.7	2.2	7.6	8.9	8.8
2023	5.1	2.9	6.9	13.7	5.5	5.4

3-4 历年农林牧渔业产值发展指数

（以 1978 年为 100）

年 份	农林牧渔业总产值	农 业	林 业	牧 业	渔 业	农林牧渔服务业
1978	100.0	100.0	100.0	100.0	100.0	
1979	115.2	111.6	92.5	133.4	106.9	
1980	103.2	94.5	92.8	133.3	109.8	
1981	107.9	103.0	101.6	123.2	124.7	
1982	126.4	122.6	108.5	138.9	158.7	
1983	119.8	114.3	106.9	132.6	178.3	
1984	136.6	131.6	114.7	145.6	226.0	
1985	140.2	127.6	126.7	161.1	300.4	
1986	145.0	131.0	126.0	161.6	377.4	
1987	157.7	136.1	146.1	169.0	580.2	
1988	167.2	137.1	155.7	172.8	696.0	
1989	173.2	153.9	140.3	174.8	651.1	
1990	177.1	152.3	172.8	175.2	745.0	
1991	178.9	141.2	191.1	173.3	798.7	
1992	196.8	172.5	192.6	188.2	896.3	
1993	214.2	189.8	233.1	183.0	1081.8	
1994	231.0	210.5	252.2	179.7	1227.5	
1995	248.4	238.3	247.7	179.4	1283.8	
1996	262.3	262.1	256.9	172.0	1335.2	
1997	282.7	285.9	262.6	186.4	1401.9	
1998	291.5	292.8	269.4	195.7	1449.6	
1999	302.3	301.6	286.6	190.8	1635.1	
2000	323.8	298.3	340.2	198.6	2122.4	
2001	345.5	298.6	337.1	213.5	2481.1	
2002	363.8	313.2	350.6	218.6	2682.1	
2003	384.5	313.5	375.3	228.7	3001.3	
2004	415.3	336.7	381.3	265.7	3187.4	
2005	438.6	329.3	403.4	307.1	3512.5	100.0
2006	463.2	342.1	426.4	329.8	3723.3	110.4
2007	484.0	355.8	432.4	326.2	4196.2	119.3
2008	500.5	378.2	461.4	306.0	4448.0	132.7
2009	518.5	382.0	474.3	325.6	4746.0	140.1
2010	538.2	392.7	499.9	334.4	4997.5	155.2
2011	556.8	405.4	508.8	347.9	5248.1	157.0
2012	569.6	410.6	519.8	347.1	5660.3	165.3
2013	573.0	412.0	532.6	348.2	5685.2	172.5
2014	567.2	412.4	476.0	325.6	6037.7	186.3
2015	570.6	421.5	483.1	264.4	6883.0	195.3
2016	585.5	427.4	471.5	269.7	7337.2	209.9
2017	589.6	439.0	476.2	217.4	7674.8	212.8
2018	593.7	450.8	481.0	175.2	8027.8	215.8
2019	608.5	460.3	474.3	200.4	8461.3	228.3
2020	633.5	470.0	467.6	229.3	8918.2	241.6
2021	659.5	479.8	461.1	262.3	9399.8	255.6
2022	693.4	493.7	492.8	298.1	9913.0	269.4
2023	692.8	487.8	471.3	282.3	10236.4	278.1

3-5 分县区农林牧渔业产值

（按现行价格计算）　　单位：万元

行业分类	全 市	吴兴区	南浔区	德清县	长兴县	安吉县	△市区
农林牧渔业总产值	2787325.7	463649.75	569991.22	496252.08	746606.73	510831.23	1033640.97
一、农业产值	1190882.22	156038.84	114638.3	92700.96	501587.75	325916.37	270677.14
（一）谷物及其他作物	177144.23	24729.87	36833.29	23108.33	66832.03	25640.71	61563.16
1.谷物	137402.62	20753.65	30677.99	17467.45	48362.58	20140.95	51431.64
其中：小麦	21968.82	2835.73	5135.74	2350.58	9256.24	2390.53	7971.47
稻谷	115303.93	17866.51	25542.25	15069.14	39075.61	17750.42	43408.76
玉米	74.39	51.41		22.98			51.41
2.薯类	3140.6	150.24	279.16	1244.67	303.77	1162.76	429.40
其中：马铃薯	1000.46	111.54	247.4	77.92	244.43	319.17	358.94
3.油料	15177.43	1782.63	3718.13	1582.96	5196.71	2897	5500.76
其中：花生	721.75			17.7	131.4	572.65	
油菜籽	14291.31	1757.16	3705.51	1542.42	5000.65	2285.57	5462.67
4.豆类	10825.57	1077.06	2100.55	2332.94	3994.37	1320.65	3177.61
其中：大豆	7852.51	626.69	1191.83	2190.66	3164.4	678.93	1818.52
5.棉花	829.63	478.55	12.08	332.4	6.6		490.63
6.糖料	240.31		25.13	147.91		67.27	25.13
7.其他农作物	9528.07	487.74	20.25		8968	52.08	507.99
（二）蔬菜、食用菌及花卉盆景园艺产品	590119.25	100088.95	59380.12	52411.93	284771.03	93467.22	159469.07
1.蔬菜（含菜用瓜）	364034.99	90068.14	45506.12	29410.67	116171.33	82878.73	135574.26
2.食用菌	1893.05	397.68		769.66	270.9	454.81	397.68
3.花卉苗木	220548.23	9623.13	13747	20780.3	166461.8	9936	23370.13
4.盆景园艺	3642.98		127	1451.3	1867	197.68	127.00
（三）水果、坚果、茶、饮料和香料	399359.86	30886.45	18336.31	16085.07	148376.5	185675.53	49222.76
1.水果	148092.62	20293.86	18316.28	9387.52	78005.06	22089.9	38610.14
其中：梨	4683.32	1004.1	248.39	469.73	2150.08	811.02	1252.49
柑橘	13456.16	309.83	12143.81	75.68	871.07	55.77	12453.64

3-5　分县区农林牧渔业产值（续表）

（按现行价格计算）　　单位：万元

行业分类	全　市	吴兴区	南浔区	德清县	长兴县	安吉县	△市区
2.食用坚果	7763.52			127.46	858.71	6777.35	
其中：核桃	4444.37					4444.37	
板栗	2247.59			127.46	125.07	1995.06	
3.茶及饮料原料	243503.72	10592.59	20.03	6570.09	69512.73	156808.28	10612.62
其中：茶叶	243503.72	10592.59	20.03	6570.09	69512.73	156808.28	10612.62
（四）中草药材	24258.88	333.57	88.58	1095.63	1608.19	21132.91	422.15
二、林业产值	242226.03	33823.98	52.13	57130.88	50826.86	100392.18	33876.11
（一）林木的培育和种植	10437.21	1516.01	52.13	1816.95	271.91	6780.21	1568.14
（二）竹木采运	77962.19	7414.87		9252.33	9361.35	51933.64	7414.87
（三）林产品	153826.63	24893.1		46061.6	41193.6	41678.33	24893.10
三、牧业产值	230895.02	44295.79	77186.84	38201.9	50722.6	20489.21	121482.63
（一）牲畜	125673.55	19578.61	35693.87	25921.15	28968.58	15512.66	55272.48
猪	73070.05	7788.02	18811.52	18070.61	14475.57	13924.33	26599.54
羊	52221.53	11783.33	16882.35	7703.42	14321.49	1530.94	28665.68
（二）家禽的饲养	52064.93	13436.4	28122.75	2853.84	3536.12	4115.82	41559.15
（1）鸡	46009.83	12764.2	25574.63	1695.17	2595.78	3380.05	38338.83
（2）鸭	4569.15	237.35	2077.66	1122.17	414.19	717.78	2315.01
（三）活畜禽的产品	46301.48	11106.15	12437.19	6019.07	16239.14	499.93	23543.34
鸡鸭鹅蛋	42141.86	10977.88	11238.05	3546.58	15886.02	493.33	22215.93
其他禽蛋	1425.65	97.4	1039.67	86.58	202		1137.07
（四）其他畜牧业	6855.06	174.63	933.03	3407.84	1978.76	360.8	1107.66
蚕茧	4024.39	8.62	780.6	1903.75	994.93	336.49	789.22
家兔	171.94		100.83	70.21	0.9		100.83
四、渔业产值	957375.8	200221.38	318703.73	267219.73	117327.92	53907.03	518925.11
其中：淡水产品	957375.8	200221.38	318703.73	267219.73	117327.92	53907.03	518925.11
1.淡水捕捞	15853.42	3029.93	37.53	3319.42	8004.32	1462.22	3067.46
2.淡水养殖	941522.38	197191.45	318666.2	263900.31	109323.6	52444.81	515857.65
五、农林牧渔专业及辅助性活动产值	165946.63	29269.76	59410.22	40998.61	26141.6	10126.44	88679.98

3–6 农、林、牧、渔业增加值

单位：万元

年　份	农、林、牧、渔业增加值	农业增加值	林业增加值	牧业增加值	渔业增加值	服务业增加值
2010	1042216	537654	128928	130524	198066	47044
2011	1162184	586113	140371	158664	227227	49809
2012	1226473	612443	151477	157300	251826	53427
2013	1255563	621173	151389	157738	267728	57535
2014	1266123	627355	139987	146854	289196	62731
2015	1292456	629621	140980	122915	332528	66412
2016	1313509	614380	143350	102626	381817	71336
2017	1331938	633991	145231	75105	403147	74464
2018	1362012	645106	141587	67853	429160	78306
2019	1422755	669239	144722	80553	446566	81675
2020	1499646	687875	144147	85928	492557	89139
2021	1626586	728381	144602	82692	575970	94941
2022	1609586	699785	140814	79312	589615	100060

注：1.农林牧渔业增加值中包括服务业增加值；2.农林牧渔业增加值已与农普数衔接；3.2023 年数据暂未公布。

3-7 历年主要农产品生产

年 份	粮食播种面积（千公顷）	油料播种面积（千公顷）	茶园总面积（公顷）	蚕种饲养数（万张）	年末生猪存栏数（万头）	年末家禽存栏数（万只）	年末羊存栏数（万只）	年末兔存栏数（万只）	蔬菜播种面积（千公顷）	渔业内陆养殖面积（公顷）
1978	279.47	29.35	7180	53.86	116.28		80.60			14153
1979	275.26	31.02	7667	57.64	136.03		93.32			13260
1980	275.37	30.11	7860	63.39	115.64		86.44			13713
1981	271.52	35.09	8100	60.13	106.29		75.92			14087
1982	275.01	33.77	8513	65.81	112.70		67.93			14453
1983	280.94	28.99	8587	58.02	117.51		56.59			14493
1984	281.64	27.29	8540	58.52	108.43		45.42			15720
1985	257.45	37.49	8113	72.14	108.87		34.99			18780
1986	249.09	38.50	8287	81.59	107.07		28.94			21200
1987	253.36	40.01	7640	83.49	94.46		26.23			21207
1988	251.78	41.01	7767	94.11	86.53		24.58			21320
1989	249.13	41.91	7664	108.68	82.26	577.80	25.22	16.55	15.39	20768
1990	251.23	45.39	7576	113.65	76.32	588.90	26.20	16.13	14.57	20135
1991	249.93	46.75	7515	108.88	71.00	593.77	27.07	21.69	13.95	20473
1992	243.00	46.58	7257	110.34	69.25	635.42	27.64	54.28	13.18	20446
1993	209.07	40.86	7157	108.38	62.67	748.22	29.65	40.99	15.31	20986
1994	211.08	41.72	7126	95.54	57.77	837.78	31.57	32.83	16.62	21398
1995	211.46	54.13	7056	93.19	54.02	821.92	34.42	29.13	17.83	21404
1996	221.04	49.16	7092	69.14	50.44	709.24	27.48	26.46	18.68	21359
1997	224.80	46.11	6564	69.04	69.14	733.78	31.91	23.28	19.26	21248
1998	212.39	51.09	6887	76.13	68.76	693.07	32.63	21.73	20.92	21591
1999	204.36	51.39	7091	65.95	67.93	810.24	34.97	18.53	25.08	21194
2000	149.70	58.20	7485	59.61	70.96	827.77	40.55	16.68	28.47	20553
2001	117.49	55.51	8317	64.07	76.27	792.72	40.03	16.29	34.59	20197
2002	115.77	51.55	8168	53.24	78.45	803.67	40.86	15.59	38.00	20516
2003	112.07	44.03	9497	40.62	82.52	996.72	41.72	19.55	40.58	20547
2004	123.07	42.65	11235	45.42	80.89	1319.53	42.52	18.69	38.28	20351
2005	125.29	43.79	10069	45.71	83.98	1700.31	41.48	28.27	37.53	20078
2006	128.95	41.39	12341	49.97	55.25	1828.40	38.04	41.14	37.67	21126
2007	130.51	34.28	14620	49.62	54.71	2065.78	35.94	46.07	37.90	22599
2008	138.36	32.20	15466	40.09	70.45	1830.53	32.36	38.72	36.08	23220
2009	135.00	32.43	16358	29.88	85.81	1841.37	30.48	28.57	37.48	23511
2010	134.57	28.37	17096	29.86	93.28	1876.00	29.10	26.81	36.91	23848
2011	134.01	25.36	18210	31.05	103.16	1820.93	29.46	26.94	37.80	24094
2012	136.14	21.61	18542	27.14	107.94	1749.86	30.07	26.27	36.76	24577
2013	136.09	19.89	17210	24.86	97.06	1683.25	32.57	27.26	36.91	24831
2014	106.43	11.89	22423	20.57	60.45	1465.49	35.60	25.42	37.51	24896
2015	94.87	10.26	22711	15.68	54.22	1469.81	38.04	31.97	37.59	25801
2016	89.64	8.72	23209	14.13	26.75	1046.23	37.73	23.54	37.27	25725
2017	88.65	8.50	24539	11.25	18.75	719.27	32.13	18.58	37.87	34844
2018	78.55	8.60	24696	10.09	19.03	732.89	33.41	19.07	37.94	38458
2019	78.61	10.66	25211	9.01	16.63	833.65	39.34	15.72	38.42	38659
2020	79.11	9.71	26956		28.41	911.31	40.57	12.74	40.48	38439
2021	80.34	10.00	27358		27.81	822.12	50.43	10.03	40.74	37319
2022	81.07	10.10	27448		26.22	944.67	52.44	7.55	40.54	
2023	81.34	10.99	27669.13		24.09	937.95	45.98	5.13	41.45	

注：1.2014 年起粮食油数据采用粮食监测调查数据；2.2018 年起粮食采用调查表队核定数据。

3-8 历年主要农产品产量

年 份	粮食（吨）	油料（吨）	茶叶（吨）	蚕茧（吨）	猪牛羊肉（吨）	蔬菜（吨）	园林水果（吨）	水产品（吨）	毛竹采伐量（万支）
1978	1221265	30679	3220	15770	30004	38151	6428	17685	2088
1979	1379770	34111	3696	19605	43384	31836	5968	19060	1728
1980	1070035	28646	4175	21580	50435	39100	7448	19395	1446
1981	1142770	47747	4960	21095	43277	102084	3004	21650	1600
1982	1411315	54360	6039	22610	52387	110740	7584	26045	1738
1983	1335095	39782	5590	20485	52330	118368	3802	30090	1613
1984	1459310	42439	5558	22960	51454	124060	4663	36340	1922
1985	1268275	58838	5549	27600	54772	137480	4526	46555	1914
1986	1328137	52979	5949	27705	55090	158801	5070	55995	1846
1987	1276365	62000	6438	31970	52929	187045	5500	61558	2280
1988	1223285	63840	7101	35202	50246	228006	6930	67057	1960
1989	1314192	67828	6503	38227	48337	238751	7360	67372	1959
1990	1357880	74938	5998	38237	48246	218860	7920	70492	1609
1991	1355325	67050	5600	35475	47835	270900	6552	76372	2030
1992	1342554	84016	5337	40981	50059	280600	7834	82010	1962
1993	1299033	71283	6184	34812	48244	342200	10914	89980	2212
1994	1200529	67847	5444	33113	43915	358072	14064	95657	2140
1995	1249861	95788	5484	33120	48795	385067	15990	100730	2439
1996	1296467	93529	5523	23527	47483	373669	18723	110288	2621
1997	1337291	88336	6171	25942	56620	417651	22301	117707	2539
1998	1272181	63524	6475	27735	63292	452722	19916	124636	2637
1999	1164737	103464	7046	23851	65861	538285	23099	125017	2846
2000	953205	117113	7200	21580	71240	647272	31243	135673	2769
2001	806791	109082	7159	25211	78231	741325	39464	143955	2762
2002	821996	81284	7500	21726	83651	869183	43708	151922	2649
2003	790075	79120	7953	17237	94290	919273	53616	166944	2679
2004	874763	92746	8833	19506	98739	908957	61412	172987	3055
2005	822112	91378	8461	18920	107573	895009	69210	178382	3461
2006	912422	84896	8840	22049	79898	901456	70074	190423	3425
2007	869144	76527	9977	20559	82334	887361	74917	212700	3186
2008	926847	72556	11389	17373	91944	848865	82850	227562	3733
2009	914187	71808	11184	13836	108830	859453	90612	239019	3969
2010	901991	61308	10360	13718	111367	852827	95807	250197	4568
2011	902949	57871	10653	14058	115268	855906	119339	264746	5079
2012	899386	47721	10615	13334	118892	855433	120248	283544	5070
2013	905545	44893	10487	11620	124365	802771	126434	292010	5149
2014	737476	29320	10344	9338	105838	845965	132716	305810	5150
2015	669500	24987	10606	7884	76218	845585	136838	360594	5102
2016	629718	18887	10546	7261	78038	872969	135898	383076	4992
2017	625423	19686	10797	5842	45263	912422	135590	423123	5013
2018	518200	21037	10667	5254	30733	914511	136206	464797	5021
2019	518995	25158	10865	4893	28119	930565	133592	507526	4787
2020	525088	24118	11258	4064.5	26645	1015189	142144	532832	4736
2021	527400	24850.6	11775.2	3555	35005	1010088.96	157450.7	557507	4833
2022	529772	25360.8	11532.4		38130	1025876.4	157091.7		
2023	536600	27413.5	12058.7	1312.4	43330.0	1059055.7	18337.9		

注：2016 年后的猪牛羊肉产量根据 2016 年农业普查作相应调整；2014 年后粮食数据采用粮食监测数据；2018 年后粮食数据采用调查队核定数；2018 年后猪牛羊肉产量已调整为调查队数据。

3–9 主要年份农作物播种面积

单位：千公顷

行业分类	1985 年	1990 年	1995 年	2000 年	2005 年	2010 年	2015 年	2016 年
总　计	324.67	322.98	295.53	247.97	224.38	212.18	151.68	143.98
一、粮食	257.45	251.23	211.46	149.70	125.29	134.57	94.83	89.64
（一）稻谷	204.90	202.37	176.54	104.33	96.38	89.85	63.7	60.93
1.早稻	81.25	80.34	59.17	4.55	0.24	0.08	0	0.04
2.晚稻	123.65	122.03	117.37	99.78	96.16	89.77	63.7	60.90
#单季稻	27.33	26.95	47.81	92.46	93.59	88.70	63.29	60.71
（二）小麦	19.51	13.02	9.06	10.25	2.52	15.70	22.51	16.50
（三）大麦	24.87	27.73	12.84	9.06	1.72	3.06	0.85	0.40
（四）玉米	0.32	0.45	0.21	1.64	2.20	2.93	2.17	2.41
（五）其他谷物	0.01	0.01	0.01	0.03	0.50	0.38	0.14	0.36
（六）豆类	3.82	3.15	5.56	14.14	15.43	14.63	3.46	5.42
#大豆	2.05	1.64	2.95	8.00	9.23	8.51	2.45	2.67
蚕豆	1.89	1.31	2.05	4.02	3.31	3.26	0.76	2.12
（七）薯类	4.02	4.50	7.24	10.25	6.54	8.01	2.04	3.67
二、油料	37.49	45.55	54.31	58.20	43.79	28.37	10.26	8.72
#油菜籽	37.39	45.39	54.13	57.72	43.05	27.63	9.76	8.23
三、糖料	0.24	0.08	0.15	0.30	0.23	0.10	0.05	0.05
四、药材	0.52	0.10	0.27	0.48	1.51	1.36	1.37	1.56
五、蔬菜	9.33	14.57	17.83	28.47	37.53	36.91	37.59	37.27
六、果用瓜	1.77	1.97	5.61	7.10	6.98	6.19	4.82	4.11
#西瓜	1.62	1.66	5.13	6.42	6.16	5.44	3.68	2.96
草莓			0.06	0.19	0.11	0.07	0.18	0.21
七、花卉苗木			0.01	0.37	8.70	12.45	21.21	22.59
八、其他农作物	17.87	9.48	5.90	3.72	9.05	4.68	2.76	2.63
#绿肥	15.36	7.90	3.83	1.30	0.66	0.46	0.44	0.38
席草				0.02	0.08	0.09	0.05	0.04
饲料草			1.99	0.49	1.65	0.79	0.75	0.55

注：1.2018 年起粮食数据采用调查队核定数，不分具体品种；2.农作物播种面积根据国家新统计制度不包括花卉苗木面积，已调整。

3-9 主要年份农作物播种面积（续表）

单位：千公顷

行业分类	2017 年	2018 年	2019 年	2020 年	2021 年	2022 年	2023 年
总　计	142.88	133.06	135.16	137.05	287.32	286.52	341.239
一、粮食	88.65	78.55	78.61	79.11	80.34	81.07	81.34
（一）稻谷	57.65			51.45	52.43	50.51	51.49
1.早稻	0.03			0.28	0.77	0.81	0.79
2.晚稻	57.62			51.17	51.63	49.70	50.70
#单季稻	57.21						50.26
（二）小麦	16.56			12.64	15.91	20.22	23.41
（三）大麦	0.53						0.00
（四）玉米	2.79			3.05	2.57	0.00	0.00
（五）其他谷物	0.37			0.39	0.03	0.04	0.00
（六）豆类	6.77			6.98	5.42	5.50	5.31
#大豆	4.46			5.46	4.21	4.21	4.94
蚕豆	1.65						
（七）薯类	3.97			4.59	3.97	4.81	1.13
二、油料	8.45	8.60	10.66	9.71	10.00	10.10	10.99
#油菜籽	7.99	8.23	10.25	9.26	9.68	9.82	10.69
三、糖料	0.04	0.03	0.03	0.03	0.04	0.03	0.03
四、药材	1.57	1.49	1.49	1.64	1.36	1.50	1.51
五、蔬菜	37.87	37.94	38.42	40.48	40.74	40.54	41.45
六、果用瓜	3.92	4.32	3.79	3.95	3.45	3.30	3.24
#西瓜	2.79	2.65	2.38	2.41	2.08	2.00	1.88
草莓	0.17	0.18	0.20	0.38	0.46	0.48	0.57
七、花卉苗木	23.03	23.08	23.59				
八、其他农作物	2.38	2.13	2.16	2.02	1.76	1.40	1.51
#绿肥	0.35	0.29	0.35				
席草	0.03						
饲料草	0.53	0.48	1.35	0.44	0.48	0.49	

3-10 分县区农作物播种面积

单位：公顷

行业分类	全 市	吴兴区	南浔区	德清县	长兴县	安吉县	△市区
农作物总面积	140145	22785	27697	15423	48134	26105	50482
一、粮食	81340	11532	18466	9596	28553	13193	29997
㈠谷物	74895	11092	17264	7942	26378	12218	28357
1.稻谷	51488	7656	12031	6137	17047	8617	19687
①早稻	791	50	40	534	147	20	90
②中稻和一季晚稻	50258	7606	11975	5200	16900	8578	19581
③双季晚稻	439		16	404		19	16
2.小麦	23407	3436	5234	1805	9331	3601	8670
3.玉米							
4.其他谷物							
㈡豆类	5315	401	1163	1058	2053	640	1563
1.大豆	4941	346	1035	1020	1961	581	1381
2.其他豆类	373	55	128	39	93	59	183
㈢薯类	1130	38	39	595	122	336	77
1.马铃薯	220	24	22	27	103	44	46
2.甘薯	910	15	17	568	19	292	31
二、油料	10990	1267	2747	1025	3890	2060	4015
1.油菜籽	10695	1252	2739	1003	3805	1895	3992
2.花生	184			6	44	133	
3.芝麻	111	15	8	15	41	32	23
4.其他							
三、棉花（皮棉）	80		5	73	3		5
四、生麻							
五、甘蔗	27		1	17		10	1
六、烟叶（未加工烟草）							
七、中草药材	1507	30	19	50	161	1247	48
八、蔬菜（含菜用瓜）	41448	8552	5563	4295	14341	8698	14115
九、食用菌（干鲜混合）							
十、果用瓜	3240	751	427	369	972	721	1178
1.西 瓜	1883	391	180	216	588	508	571
2.香瓜（甜瓜）	552	130	89	57	189	87	219
3.草莓	569	190	126	60	125	68	317
4.其他	236	39	32	37	70	58	72
十一、其他作物	1514	654	470		214	176	1123
#青饲料	526	282	201		27	15	483

注：2018 年起粮食数据采用调查队提供的核定数。

3-11 主要年份农作物产量

单位：吨

行业分类	1985 年	1990 年	1995 年	2000 年	2005 年	2010 年	2015 年	2016 年	2017 年
一、粮食	1268275	1357880	1249861	953205	822112	901991	669500	629718	625423
（一）稻谷	1111225	1194929	1118247	793978	703556	710489	531247	511640	493818
1.早稻	464267	484890	323921	27939	1408	470		227	206
2.晚稻	646958	710039	794326	756039	702148	710019	531247	511413	493612
#单季稻	156191	154423	349505	709230	683907	702663	528124	510024	490535
（二）小麦	52313	38835	30408	37182	8604	68638	100018	64556	69539
（三）大麦	72588	91254	44538	32366	6124	12291	3573	1482	2195
（四）玉米	508	603	731	8621	11411	16351	10810	12576	14159
（五）其他谷物	45	48	51	117	2411	1511	512	1460	1551
（六）豆类	7657	4896	12715	39651	46541	48208	11963	17413	21726
#大豆	3326	2542	7045	23089	28321	27899	8630	9419	14547
蚕豆	4251	2315	3920	9801	8887	9948	2389	5739	4828
（七）薯类	23939	27315	43171	51290	43465	44503	11377	20591	22435
二、油料	58838	74938	95788	117113	91378	61308	24987	18887	19686
#油菜籽	58732	74692	95480	116296	89792	59662	23527	17790	18712
三、糖料	8351	5154	5851	13336	10222	3787	1897	1696	1328
四、药材					7441	7127	7067	8765	9136
五、蔬菜	137480	218860	385067	647272	895009	852827	845585	872969	912422
六、果用瓜	35843	40789	128916	201609	180403	164948	123500	106824	104407
#西瓜	33583	36971	119293	182946	166243	150163	101106	84401	81226
草莓			580	2483	2033	1392	4071	4390	3735
七、其他农作物									
#席草				289	237	118	370	285	206

注：2018 年起粮食数据采用调查队核定数。

3-11 主要年份农作物产量（续表）

单位：吨

行业分类	2018 年	2019 年	2020 年	2021 年	2022 年	2023 年
一、粮食	518200	518995	525088	527432	529772	536577
（一）稻谷			397926	403790	388677	407493
1.早稻			1501	3747	4507	4507
2.晚稻			396425	400043	384170	402986
#单季稻						400288
（二）小麦			59662	71250	90987	106438
（三）大麦						
（四）玉米			15616	11545		
（五）其他谷物			1692	126	218	
（六）豆类			22711	13437	16985	15136
#大豆			18333	13437	12696	14032
蚕豆						
（七）薯类			27480	23676	32905	7509
二、油料	21037	25158	24118	24850.6	25361	27413.5
#油菜籽	20237	24318	23073	24088	24707	26747.1
三、糖料	1058	934	1102	1754.1	1077	1071.4
四、药材	8627	9108	9386	8894.7	7871	7759.6
五、蔬菜	914511	930565	1015189	1010088.96	1025876	1059056
六、果用瓜	103659	99419	103681	87670	85296	86346
#西瓜	76853	70398	70641	60172.9	59346.1	58526
草莓	3991	4197	8149	8247.4	8227.4	9958.7
七、其他农作物						
#席草						

3-12 分县区农作物产量

单位：吨

行业分类	全　市	吴兴区	南浔区	德清县	长兴县	安吉县	△市区
一、粮食	536577	80592	125370	61150	187202	82263	205962
㈠谷物	513931	79239	121782	53900	180586	78425	201021
1.稻谷	407493	63838	98677	45857	135553	63568	162515
①早稻	4507	308	260	2871	943	125	568
②中稻和一季晚稻	400288	63530	98325	40498	134610	63325	161855
③双季晚稻	2698		92	2489		118	92
2.小麦	106438	15401	23105	8042	45034	14856	38506
3.玉米							
4.其他谷物							
㈡豆类	15136	1172	3387	3115	5940	1522	4559
1.大豆	14032	1022	3031	3020	5587	1371	4054
2 .其他豆类	1105	150	356	94	353	151	506
㈢薯类	7509	181	201	4136	676	2316	382
1.马铃薯	921	79	78	75	536	153	157
2.甘薯	6589	102	123	4061	140	2163	225
二、油料	27414	3205	7174	2656	9426	4952	10379
1.油菜籽	26747	3179	7161	2606	9253	4548	10339
2.花生	488			20	105	363	
3.芝麻	178	26	14	30	68	40	40
4.其他							
三、棉花（皮棉）	115		6	106	3		6
四、生麻							
五、甘蔗	1071		17	721		333	17
六、烟叶（未加工烟草）							
七、中草药材	7760	94	82	257	552	6774	176
八、蔬　菜（含菜用瓜）	1059056	229846	121943	95919	413106	198241	351789
九、食用菌（干鲜混合）	1962	357		882	242	481	357
十、果用瓜	86346	23141	8548	7991	28245	18421	31689
1.西瓜	58526	15409	3812	5164	19274	14867	19222
2.香瓜（甜瓜）	13368	3475	1770	1149	5098	1876	5245
3.草莓	9959	3225	2411	951	2396	976	5635
4.其他	4493	1032	556	726	1476	703	1588
十一、其他作物							
#青饲料							

注：2018 年起粮食数据采用调查队核定数。

3-13 主要年份农作物单产

单位：公斤/公顷

行业分类	1985 年	1990 年	1995 年	2000 年	2005 年	2010 年	2015 年	2016 年	2017 年
一、粮食	4926	5400	5911	6367	6562	6703	7057	7025	7055
（一）稻谷	5423	5905	6334	7514	7300	7908	8340	8397	8566
1.早稻	5714	6030	5474	6142	5842	6026		6306	6438
2.晚稻	5232	5820	6768	7577	7137	7909	8340	8398	8567
#单季稻	5715	5730	7310	7671	7308	7922	8344	8401	8575
（二）小麦	2685	2985	3356	3629	3410	4373	4443	3914	4198
（三）大麦	2925	3285	3469	3574	3571	4010	4184	4163	4157
（四）玉米	1587	1340	3481	5254	5180	5586	4986	5227	5075
（五）其他谷物	4500	4800	5100	3545	4841	3915	3606	4022	4158
（六）豆类	2004	1554	2287	2805	3017	3295	3454	3215	3209
#大豆	1622	1550	2383	2885	3067	3280	3520	3530	3261
蚕豆	2249	1770	1912	2437	2683	3047	3160	2711	2923
（七）薯类	5955	6070	5963	5002	6646	5554	5582	5611	5648
二、油料	1569	1650	1764	2012	2087	2161	2434	2166	2331
#油菜籽	1571	1650	1764	2015	2086	2159	2412	2161	2341
三、糖料	34796	64425	39007	44752	43871	36413	36481	34612	32390
四、药材					4921	5221	5143	5637	5819
五、蔬菜	14735	15021	21423	22735	23848	23108	22493	23423	24094
六、果用瓜	20250	20705	22980	28396	25849	26652	25633	25979	26628
#西瓜	20730	22272	23254	28479	27005	27588	27445	28495	29166
草莓			9667	13138	19362	18811	22246	21208	22232
七、其他农作物				12042	2821				
#席草				12042	2821	1326	7872	8143	7923

注：2018 年起粮食数据采用调查队核定数。

3-13 主要年份农作物单产（续表）

单位：公斤/公顷

行业分类	2018年	2019年	2020年	2021年	2022年	2023年
一、粮食	6597	6602	6638	6565	6531	6597
（一）稻谷			7734	7702	7692	7914
1.早稻			5308	4866	5581	5700
2.晚稻			7747	7748	7730	7949
#单季稻						7965
（二）小麦			4720	4478	4497	4547
（三）大麦						
（四）玉米			5115	4492	0	
（五）其他谷物			4388	4202	5724	
（六）豆类			3253	2479	3088	2848
#大豆			3360	3192	3016	2840
蚕豆					0	
（七）薯类			5981	5964	6839	6646
二、油料	2446	2361	2483	2486	2510	2494
#油菜籽	2460	2372	2493	2489	2517	2501
三、糖料	34129	32207	35548	47408	39296	39927
四、药材	5790	6109	5709	6536	5237	5150
五、蔬菜	24104	24220	25082	24795	25304	25552
六、果用瓜	23978	26253	26235	25421	25827	26647
#西瓜	29001	29542	29348	28868	29685	31076
草莓	21690	20574	21501	17818	17230	17493
七、其他农作物						
#席草						

3-14 分县区农作物单产

单位：公斤/公顷

行业分类	全　市	吴兴区	南浔区	德清县	长兴县	安吉县
一、粮食	6597	6989	6789	6373	6556	6235
㈠谷物	6862	7143	7054	6787	6846	6419
1.稻谷	7914	8338	8202	7472	7952	7377
①早稻	5700	6155	6566	5377	6417	6203
②中稻和一季晚稻	7965	8352	8211	7789	7965	7382
③双季晚稻	6150		5699	6162		6279
2.小麦	4547	4482	4415	4457	4826	4125
3.玉米						
4.其他谷物						
㈡豆类	2848	2926	2913	2943	2893	2380
1.大豆	2840	2957	2929	2962	2850	2360
2.其他豆类	2959	2729	2781	2428	3799	2584
㈢薯类	6646	4731	5189	6948	5540	6900
1.马铃薯	4192	3335	3520	2748	5199	3523
2.甘薯	7238	7013	7401	7149	7397	7403
二、油料	2494	2529	2611	2591	2423	2404
1.油菜籽	2501	2538	2614	2597	2432	2401
2.花生	2652	#DIV/0!	#DIV/0!	3251	2357	2722
3.芝麻	1608	1739	1726	1947	1682	1260
4.其他						
三、棉花（皮棉）	1436		1362	1448	1238	
四、生麻						
五、甘蔗	39927		31125	43725		34010
六、烟叶（未加工烟草）						
七、中草药材	5150	3187	4352	5142	3424	5432
八、蔬菜（含菜用瓜）	25552	26876	21922	22334	28806	22793
九、食用菌（干鲜混合）						
十、果用瓜	26647	30794	20022	21669	29063	25539
1.西瓜	31076	39389	21174	23938	32752	29272
2.香瓜（甜瓜）	24238	26644	19962	20252	27037	21527
3.草莓	17493	16939	19111	15939	19171	14325
4.其他	19024	26143	17302	19841	21144	12084
十一、其他作物						
#青饲料						

3-15　主要年份畜牧业生产

指　标	单位	1985 年	1990 年	1995 年	2000 年	2005 年	2010 年	2015 年	2016 年
年末生猪存栏数	万头	108.87	76.32	54.02	70.96	83.98	93.28	54.22	26.75
#能繁殖母猪	万头	6.67	4.15	3.15	3.33	5.12	9.21	4.77	2.38
年末羊存栏数	万只	34.99	26.20	34.32	40.55	41.48	29.10	38.04	37.73
年末兔存栏数	万只	69.85	16.13	29.13	16.68	28.27	26.81	31.97	23.54
年末家禽存栏数	万只	541.61	588.90	821.92	827.77	1700.31	1876.00	1469.81	1046.23
生猪出栏数	万头	97.40	86.75	68.80	109.82	159.95	147.25	97.25	94.9
羊出栏数	万只	7.11	6.46	17.87	24.82	37.18	30.36	39.86	40.86
家禽出栏数	万只	764.02	706.54	1400.64	1402.14	4628.31	4977.16	3649.99	3679.1
肉产量合计	吨	62396	54930	62634	87679	163965	184554	129790	134361
#猪肉	吨	53678	47021	45153	66402	99737	104680	67973	69429
羊肉	吨	960	1169	3501	4663	7454	6298	7769	8358
禽肉	吨	7624	6639	13686	16305	55826	72483	53130	55908
禽蛋	吨	13067	13176	8558	24178	36908	54203	42608	42080
饲养蚕种	张	721445	1136456	931927	596097	457126	298611	156816	141266
春蚕	张	231720	442430	378522	279168	230017	163316	109743	99019
夏蚕	张	94227	95583	75926	28740	21520	7841	2322	2067
秋蚕	张	395498	598443	477479	288189	205589	127454	44751	40180
蚕茧产量	吨	27600	38237	33120	21580	18920	13718	7884	7261
春茧	吨	11908	18178	16538	11652	11667	8635	5794	5398
夏茧	吨	3023	2816	2512	1032	783	296	103	118
秋茧	吨	12669	17243	14070	8896	6470	4787	1985	1746

注：1.2016 年后的主要畜牧品种根据农业普查作相应调整；2.2018 年后生猪、牛、羊、家禽的存栏、出栏、肉产量已调整这调查队数据。

3-15 主要年份畜牧业生产（续表）

指　标	单位	2017 年	2018 年	2019 年	2020 年	2021 年	2022 年	2023 年
年末生猪存栏数	万头	18.75	18.8	16.39	28.41	27.81	26.22	24.09
#能繁殖母猪	万头	1.85	1.62	1.77	2.36	2.92	2.92	2.73
年末羊存栏数	万只	32.13	29.74	32.99	40.57	50.43	52.44	45.98
年末兔存栏数	万只	18.58	19.07	15.72	12.74	10.03	7.55	5.13
年末家禽存栏数	万只	719.27	833.38	944.76	911.31	822.12	944.67	937.95
生猪出栏数	万头	47.85	32.49	28.70	26.61	33.01	35.72	41.41
羊出栏数	万只	41.99	30.90	32.35	36.76	42.68	45.92	45.73
家禽出栏数	万只	2690.56	2311.23	2490.32	2628.95	2986.41	2962.58	3059.78
肉产量合计	吨	88314	65255	66106	63267	77207	80094	87251
#猪肉	吨	36180	25150	21913	19938	27198	29440	34018
羊肉	吨	8851	5450	6071	6561	7707	8588	9171
禽肉	吨	42606	34126	37595	36388	42302	42066	43921
禽蛋	吨	34327	28950	23859	22463	18173	21771	36868
饲养蚕种	张	112463	100898	90078				
春蚕	张	75383	64567	58711				
夏蚕	张	1660	2208	1688				
秋蚕	张	35420	34123	29679				
蚕茧产量	吨	5842	5254	4893	4065	3555		1312
春茧	吨	4239	3600	3414				
夏茧	吨	74	102	83				
秋茧	吨	1529	1552	1396				

3-16　分县区畜牧业生产

指　标	单位	全　市	吴兴区	南浔区	德清县	长兴县	安吉县	△市区
年末生猪存栏数	万头	24.09	2.35	6.72	4.48	5.69	4.86	9.07
#能繁殖母猪	万头	2.73	0.31	0.59	0.58	0.67	0.57	0.90
肥猪出栏数	万头	41.41	3.75	10.44	10.05	7.80	9.36	14.20
生猪全年饲养量	万头	65.50	6.10	17.16	14.53	13.49	14.22	23.26
年末牛存栏数	头	2141	14.00		1556.00	387.00	184.00	14.00
牛出栏数	头	880	14.00		325.00	407.00	134.00	14.00
年末羊存栏数	万只	45.98	6.85	15.05	6.56	15.65	1.88	21.90
羊出栏数	万只	45.73	7.34	15.77	8.08	13.20	1.35	23.10
年末家禽存栏数	万羽	937.95	196.70	391.33	94.74	178.95	76.23	588.02
家禽出栏数	万羽	3059.78	541.95	1742.87	243.02	358.85	173.09	2284.81
年末兔存栏数	万只	5.13		2.84	2.28	0.00	0.00	2.84
兔出栏数	万只	7.34		5.11	2.19	0.02	0.01	5.11
肉类产量	吨	87251	12372	36255	13916	14686	10022	48627
#猪肉	吨	34018	3136	8762	8592	6052	7476	11898
羊肉	吨	9171	1395	3250	1625	2642	259	4645
禽肉	吨	43921	7838	24243	3649	5926	2265	32081
鸡鸭鹅蛋产量	吨	36868	8843	11687	3356	11610	1372	20530

3-17 分县区茶叶和园林水果生产

指　标	单位	全　市	吴兴区	南浔区	德清县	长兴县	安吉县	△市区
茶园总面积	公顷	27669	2567	2	1746	9150	14204	2569
#本年采摘面积	公顷	27535	2567	0	1727	9145	14095	2567
茶叶总产量	吨	12059	606	1	697	6259	4495	607
果园面积	公顷	8357	807	625	864	4975	1087	1432
1.柑桔园	公顷	385	28	253	15	83	6	281
2.梨园	公顷	527	89	29	103	231	75	118
3.桃园	公顷	1592	426	96	124	738	208	522
4.柿子园	公顷	145	8	5	2	40	90	13
5.李子园	公顷	113	5	7	4	47	50	12
6.枇杷园	公顷	447	30	22	357	25	12	53
7.杨梅园	公顷	1668	53		89	1298	228	53
8.猕猴桃园	公顷	198	9	1	6	73	109	11
9.葡萄园	公顷	2232	110	165	124	1694	140	275
10.其他果园	公顷	1050	50	46	40	746	169	96
水果总产量	吨	166166.11	18337.85	13446.23	11311.4	106997.93	16072.7	31784
1.柑桔	吨	9231	715	6196	198	2004	118	6911
(1)柑	吨	6046	54	5251	8	733		5305
(2)桔	吨	2652	659	918	182	818	75	1577
(3)橙	吨	181		13	1	167		13
(4)柚	吨	225	2	9	1	172	42	11
2.梨头	吨	10350	1982	715	1122	4955	1577	2697
3.桃子	吨	31281	9221	1638	1866	15333	3224	10858
4.李子	吨	1968	82	75	66	854	891	157
5.杨梅	吨	19191	604		778	15991	1819	604
6.枇杷	吨	6287	859	167	4762	412	88	1026
7.柿子	吨	2837	222	72	23	729	1791	294
8.葡萄	吨	64765	3182	4057	2174	52955	2397	7239
9.猕猴桃	吨	2771	235	51	68	857	1561	286
10.其他水果	吨	17465	1237	6535	235	100039	2607	7773

3-18 分县区林业生产

指　标	单位	全　市	吴兴区	南浔区	德清县	长兴县	安吉县	△市区
一、人工造林面积	公顷	1549		64	87	3	1331	64
二、年末实有封山育林面积	公顷	25933	10973			3987		10973
三、四旁（零星）植树	万株	18	9					9
四、育苗面积	公顷							
五、森林抚育面积	公顷	2695	99	56	230	704	1451	155
六、主要林产品产量								
1.油茶籽	吨	30	15					15
2.棕片	吨							
3.竹笋干	吨	33837	4580		10653	6472	7552	4580
4.山核桃	吨	492					492	
5.板栗	吨	2519			215	164	2140	
6.白果	吨	925				925		
7.箬叶	吨							
8.毛料	吨							
9.竹壳	吨							
10.人造板原料	吨							
11.木本药材	吨							
七、竹木采伐量								
1.商品材采伐	立方米	14555	3290		1322	2853	3800	3290
2.大径竹采伐	万根	5700	573		849	529	3176	573

3-19 分县区渔业生产

指　标	单位	湖州市	吴兴区	南浔区	德清县	长兴县	安吉县	△市区
一、淡水产品产量	吨	619641	118156	230997	181762	65938	22788	349153
1.鱼类	吨	514180	89590	209723	154827	44093	15947	299313
2.甲壳类	吨	54111	15387	15247	10749	10493	2235	30634
#养殖青虾	吨	18477	3384	3261	8358	3268	206	6645
养殖河蟹	吨	7722	5715	639	1	1340	27	6354
3.贝类	吨	4232	193		139	3867	33	193
4.其他	吨	47118	12986	6027	16047	7485	4573	19013
#龟鳖类	吨	27300	6604	2349	13198	669	4480	8953
二、淡水养殖面积	公顷	39353	6450	14293	11172	5251	2187	20743
1.池塘	公顷	39353	6450	14293	11172	5251	2187	20743
2.河沟	公顷							
3.水库	公顷							
三、淡水鱼苗种生产								
1.鱼苗生产	亿尾	218.45	37.00	159.17	21.22		1.06	196.17
2.鱼种生产	吨	20944.34	7882	10444	8.95	2531	78.39	18326
3.投放鱼种	吨	25747.3	6768	8858		6665.55	3455.75	15626

3-20 分县区农业机械年末拥有量

指　标	单位	全　市	吴兴区	南浔区	德清县	长兴县	安吉县	△市区
农业机械总动力	千瓦	1389680	121075	322382	283620	397053	265549	443457
#柴油机	千瓦	582344	68714	72118	116084	206532	118896	140832
汽油机	千瓦	70256	7102	5957	6316	24486	26394	13059
电动机	千瓦	736780	45259	244307	161220	166035	119959	289566
一、耕作机械动力	千瓦	116023	12338	18769	11541	47622	25753	31107
1.大中型拖拉机	台	904	145	150	164	192	253	295
2.农用小型拖拉机	台	4814	182	799	333	2686	814	981
二、收获机械总动力	千瓦	73247	7211	6151	5295	40310	14280	13362
1.联合收割机	台	1330	160	147	110	682	231	307
2.机动脱粒（打稻）机	台	91	90				1	90
三、植保机械动力	千瓦							
机动喷雾机	架							
四、排灌机械动力	千瓦							
1.农用水泵	台	87814	5339	20461	24719	26886	10409	25800
2.节水灌溉机械	套	1462	400	206	116	635	105	606
五、农产品加工机械动力	千瓦	95160	5333	10361	9497	17492	52477	15694
1.粮食加工机械		2076	406	556	224	668	222	962
2.油料加工机械	台	309	34	73	55	72	75	107
六、运输机械动力	千瓦							
1.农用运输车	辆							
2.运输型拖拉机	辆							
七、水产机械动力	千瓦	155485	10350	71324	50010	16968	6833	81674
八、其他农业机械动力	千瓦							

3-21 分县区农田水利

指 标	单位	全 市	吴兴区	南浔区	德清县	长兴县	安吉县	△市区
一、有效灌溉面积	千公顷	83.99	11.53	15.65	16.83	23.89	16.09	27.19
二、除涝面积	千公顷	99.18	19.28	27.65	14.09	29.37	8.79	46.93
三、堤防总长度	公里	2399.53	372.36	529.00	651.43	397.78	448.96	901.36
四、堤防保护耕地	千公顷	64.05	9.50	3.44	16.83	18.20	16.08	12.94
五、已建水库	座	155	22	0	16	35	82	22
六、已建水库总库容	万立方米	89277	11157	0	15302	19966	42852	11157
七、水利资金总投入	万元	526989	55060	80372	72837	99965	100336	118419

3–22 分乡镇基本情况

单位：吨

地 区	茶 叶 产 量	园林水果 产 量	油菜籽 种面积 （亩）	蔬菜播 种面积 （亩）
吴兴区				
康山街道	0	125	215	377.54
仁皇山街道	0	250	0	356
滨湖街道	0	23	0	7015
龙溪街道	0	0	30	190
杨家埠街道	2	1185	82	1986
织里镇	0	2802	2944	23671
八里店镇	0	830	2253	15200
妙西镇	285	6996	3000	8946
埭溪镇	226	1264	1547	10627
东林镇	25	1457	3812	10808
道场乡	55	1604	1500	8341
高新区	0	1799	3400	40450
南浔区				
东迁街道	0	645	2117	3089
旧馆街道	0	1616	1500	3953
南浔镇	0	1986	2870	11156
双林镇	1	1621	3582	10256
练市镇	0	6020	4701	18419
善琏镇	0	431	2505	4414
菱湖镇	0	0	12407	9414
和孚镇	0	394	4425	13105
千金镇	0	192	3975	7680
石淙镇	0	543	3010	1954
德清县				
武康街道	15	83	100	621
舞阳街道	3	252	912	14869
阜溪街道	234	492	455	3864
下渚湖街道	7	945	1105	2750
康乾街道	0	76	150	575
乾元镇	2	2374	1443	8827
新市镇	0	203	2745	7626
洛舍镇	5	222	1300	2132
钟管镇	0	430	2240	6639
雷甸镇	0	3077	853	3721

3-22 分乡镇基本情况（续表）

单位：吨

地 区	茶 叶 产 量	园林水果 产 量	油菜籽 种面积 （亩）	蔬菜播 种面积 （亩）
禹越镇	0	784	1140	3798
新安镇	0	377	1860	3386
莫干山镇	431	1998	750	5613
长兴县				
雉城街道	0	0	56	208
画溪街道	54	15675	5210	9653
太湖街道	1	2319	1535	7059
龙山街道	71	6578	3080	3748
洪桥镇	4	2063	1066	16017
李家巷镇	20	9405	2200	6936
夹浦镇	82	8842	4395	4888
林城镇	140	7508	9837	25172
虹星桥镇	1	11402	4887	27783
小浦镇	75	2523	5550	7060
和平镇	1644	20507	5718	29542
泗安镇	3841	8688	7500	35280
煤山镇	116	3579	2278	10007
水口乡	209	4064	1015	7819
吕山乡	1	3181	2701	22679
太湖图影旅游度假区	2	666	45	1261
安吉县				
递铺街道	1364	3239	3886	26614
昌硕街道	15	280	24	4852
灵峰街道	80	232	2920	5875
孝源街道	394	78	170	1976
鄣吴镇	95	380	2362	6933
杭垓镇	156	673	3150	10190
孝丰镇	355	641	1520	18961
报福镇	136	311	201	10604
章村镇	67	876	203	6294
天荒坪镇	46	379	585	4219
梅溪镇	663	3809	3422	10658
天子湖镇	391	4267	8390	13453
溪龙乡	590	718	498	1345
上墅乡	139	62	950	6434
山川乡	4	127	140	2058

主要统计指标解释

农村户数 是指长期（一年以上）居住在农村的住户数，户口不在本地而在本地居住一年及以上的住户也包括在本地农村住户内；有本地户口，但举家外出谋生一年以上的住户，无论是否保留承包耕地都不包括在本地农村住户范围内。不包括乡村地区内的国有经济的机关、团体、学校、事业单位的集体户。

农村人口数 指本行政区域内的以下四部分人口：居住在本行政区域，户口在本行政区域或者户口待定的人口；居住在本行政区域，户口在外县（市），离开户口登记地半年以上的人口；户口在本行政区域，居住在外县（市），离开户口登记地不到半年的人口；户口在本行政区域，居住在港澳台或国外的人口。

农村从业人员 指农村人口中 16 岁以上实际参加生产经营活动并取得实物或货币收入的人员，既包括劳动年龄内经常参加劳动的人员，也包括超过劳动年龄但经常参加劳动的人员。但不包括户口在家的在外学生、现役军人和丧失劳动能力的人，也不包括待业人员和家务劳动者。从业人员年龄为 16 岁以上。

自来水受益村数 是指符合卫生标准，并经公用设施处理的管道输送水。通自来水的村指乡镇行政区域内通自来水的村数。

通有线电视村数 指已开通有线电视线路，并开始使用的行政村。

通宽带村数 指能通过 XDSL、FTTX+LAN、WLAN等有线和无线方式接入中国互联网的行政村个数。

农作物播种面积 指实际播种或移植有农作物的面积。凡是实际种植有农作物的面积，不论种植在耕地上还是非耕地上的，也不论面积大小，均应包括在内。统计播种面积，按种植一次算一次，但移植作物的，按移植后的面积计算。

粮食产量 统计上分为谷物、豆类、薯类。谷物包括稻谷、小麦、大麦、玉米和其他谷物，均按脱粒晒干后的原粮计算产量；豆类包括大豆、蚕（豌）豆、杂豆，按去豆荚后的干豆计算产量；薯类包括番薯、马铃薯，按 5 公斤鲜薯折 1 公斤粮食计算产量。

茶叶产量 指本年度内生产的全部茶叶产量。包括从成片茶园和零星种植的茶树以及荒芜未垦复的茶树上所采摘的全部产量。不论自食的或出售的，都应统计在内。茶叶的产量按经过初步加工的干毛茶的重量计算。根据制造方法的不同和品质上的差异，将茶叶分为绿茶、青茶、红茶、黑茶、黄茶、白茶、其他茶等。

农业机械总动力 是指主要用于农、林、牧、渔业的各种动力机械的动力总和，包括耕作机械、农用排灌机械、收获机械、植保机械、林业机械、畜牧机械、渔业机械、农产品加工机械、农用运输机械等其他农业机械。

造林面积 指本年度内在荒山、荒地、沙丘等一切可以造林的土地上，采取人工播种、植苗、飞机播种等方法，新植的成片乔木和灌木林，经检察验收，符合“造林技术规程”要求的株数，成活率达 85%以上（1986 年以前成活率按 40%以上计算）的面积。四旁植树在四行以上，连续面积在一亩以上，应统计造林面积内。

牲畜出栏数 是指饲养生产者在一定时期内将饲养的成年畜出售和自宰自食的全部头数。

肉产量 是指当年出栏并已屠宰的畜禽肉产量。即屠宰后除去头蹄下水后带骨的胴体重量。

水产品产量 是指人工养殖并已起捕的水产品和捕捞天然生长的全部水产品总量。

农林牧渔业总产值 是指以货币表现的农林牧渔业全部产品总量，反映一定时期内农林牧渔业生产的总成果和总规模。

农林牧渔业增加值 是指在报告期内农林牧渔业生产单位和农户从事农、林、牧、渔业生产经营活动所提供的最终成果的货币表现。1997 年起，农林牧渔业增加值采用生产法计算，取消分配法计算方法。

四、工业、能源、用水

4-1　分县区规模以上工业总产值

单位：万元

行业分类	全　市	吴兴区	吴兴	南太湖新　区	南浔区	德清县	长兴县	安吉县	△市区
规模以上工业	67804740	14061755	9802310	4259445	10924637	13197034	19614140	10007173	24986393
#轻工业	24640019	5004803	3765222	1239581	2845432	4529199	7788825	4471761	7850234
重工业	43164721	9056953	6037089	3019864	8079206	8667835	11825316	5535412	17136158
#国有控股企业	3727138	849990	743485	106505	239685	595044	1390374	652045	1089675
#大型企业	12910162	4165633	3677581	488051	1126091	1967558	3645517	2005364	5291724
中型企业	16610028	3838369	2237531	1600839	2382670	2942022	5490495	1956472	6221039
小型企业	38284550	6057754	3887199	2170555	7415876	8287454	10478129	6045337	13473630
1. 按登记注册类型分									
内资企业	59297213	12061956	8489631	3572325	9842692	11525306	16742550	9124708	21904648
#国有企业									
集体企业	6707					6707			
股份合作企业	7433	2668		2668		2641	2124		2668
有限责任公司	16542349	3109728	2610920	498808	1749889	3466780	4770555	3445397	4859617
股份有限公司	6629357	2235622	1131694	1103927	1301465	714747	1184274	1193249	3537087
私营企业	36111366	6713939	4747017	1966922	6791338	7334430	10785598	4486062	13505277
港澳台商投资公司	4168676	1297403	1094026	203377	480071	1213803	668910	508490	1777474
外商投资企业公司	4338851	702396	218653	483743	601874	457926	2202680	373975	1304270
2. 按国民经济行业分									
采矿业	382519	208100	204794	3306		92474	79777	2168	208100
非金属矿采选业	382519	208100	204794	3306		92474	79777	2168	208100
制造业	64979848	13548240	9349568	4198672	10604718	12783442	18527345	9516103	24152958
农副食品加工业	1073992	144388	71228	73161	302158	262992	157307	207146	446546
食品制造业	478542	99971	39917	60054	3636	126826	80816	167294	103606
酒、饮料和精制茶制造业	534942	226289	18607	207682	4494	123229	54034	126897	230783
纺织业	4449846	520685	449715	70971	1140887	454474	2248991	84809	1661572
纺织服装、服饰业	771352	309078	254258	54820	71396	255444	109021	26414	380474
皮革、毛皮、羽毛及其制品和制鞋业	75934	10380	3974	6407	9621	38631	11401	5901	20002
木材加工和木、竹、藤、棕、草制品业	1351744	35293	32633	2660	842328	276293	51174	146656	877621
家具制造业	3967394	48087	39845	8242	240652	961158	62339	2655158	288739

4-1 分县区规模以上工业总产值（续表）

单位：万元

行业分类	全 市	吴兴区	吴兴	南太湖新 区	南浔区	德清县	长兴县	安吉县	△市区
造纸和纸制品业	754891	26092	15406	10685	76103	284285	176974	191437	102195
印刷和记录媒介复制业	309643	80243	43644	36599	54505	106539	57623	10735	134747
文教、工美、体育和娱乐用品制造业	635462	40395	34562	5833	143790	120358	262060	68859	184186
石油、煤炭及其他燃料加工业	479607				14481	21828	438789	4510	14481
化学原料和化学制品制造业	3547904	371507	288230	83277	396023	1416079	1006966	357330	767530
医药制造业	1101829	88192	18839	69353	74960	614514	88598	235565	163152
化学纤维制造业	4578050	2374616	2374616		270830	124644	1538817	269144	2645446
橡胶和塑料制品业	1958378	301111	106408	194703	170291	407052	472195	607728	471402
非金属矿物制品业	5572524	849810	307790	542020	807429	1545606	2048961	320718	1657240
黑色金属冶炼和压延加工业	2410080	1526375	646264	880111	477281	295762	75556	35105	2003656
有色金属冶炼和压延加工业	2866648	834012	830739	3273	78048	38286	255943	1660360	912060
金属制品业	2368224	352985	278121	74864	1018858	652663	176401	167317	1371843
通用设备制造业	6205134	1363511	878054	485457	1450161	1804239	953331	633891	2813672
专用设备制造业	1853195	652679	532187	120492	77573	474909	466795	181240	730252
汽车制造业	5080395	526207	118604	407603	53553	386085	3500547	614003	579760
铁路、船舶、航空航天和其他运输设备制	103157	25213	8236	16976	8646	27370	20409	21520	33859
电气机械和器材制造业	8723253	1917688	1263893	653794	2418274	1268278	2951674	167340	4335961
计算机、通信和其他电子设备制造业	2518776	617138	532712	84426	212692	468593	711758	508594	829830
仪器仪表制造业	317556	26896	7252	19644	43593	85378	155175	6515	70489
其他制造业	138685	20875	18873	2002	6740	111071			27615
废弃资源综合利用业	743667	149481	134962	14519	135717	30859	393692	33919	285198
电力、燃气及水的生产和供应业	2442373	305415	247949	57467	319919	321118	1007018	488902	625335
电力、热力生产和供应业	1757452	98692	63137	35556	199610	200808	832662	425679	298302
燃气生产和供应业	565613	148440	126529	21911	113586	95267	156972	51349	262026
水的生产和供应业	119307	58283	58283		6723	25043	17384	11875	65006

4-2 分县区规模以上工业单位数

单位：个

指 标	全 市	吴兴区	吴兴	南太湖新 区	南浔区	德清县	长兴县	安吉县	△市区
规模以上工业	4091	668	454	214	888	925	990	620	1556
#轻工业	1858	267	195	72	337	360	469	425	604
重工业	2233	401	259	142	551	565	521	195	952
#国有控股企业	72	11	8	3	10	20	19	12	21
#大型企业	39	10	7	3	3	9	6	11	13
中型企业	253	42	29	13	42	51	70	48	84
小型企业	3799	616	418	198	843	865	914	561	1459
按登记注册类型分									
内资企业	3787	602	425	177	847	850	912	576	1449
#国有企业									
集体企业	1	0	0	0	0	1	0	0	0
股份合作企业	3	1	0	1	0	1	1	0	1
有限责任公司	409	94	65	29	60	105	91	59	154
股份有限公司	93	22	15	7	13	19	13	26	35
私营企业	3281	485	345	140	774	724	807	491	1259
港澳台商投资公司	154	24	13	11	26	49	28	27	50
外商投资企业公司	150	42	16	26	15	26	50	17	57

4-3 分县区规模

指　标	全 市	吴兴区		
			吴兴	南太湖新区
工业企业单位数（家）	4091	668	454	214
#亏损企业	914	164	100	64
工业总产值（现价）	67804740	14061755	9802310	4259445
产成品	4211460	986416	667981	318435
资产合计	83355000	20482835	13204166	7278669
流动资产合计	49540598	11990331	7624086	4366245
应收账款	17052420	3794940	2527851	1267089
固定资产原价	32153107	6834259	4871617	1962642
本年折旧	1985261	502596	310249	192348
负债合计	47676795	12242348	8292878	3949471
流动负债	40344981	9633340	6420496	3212844
所有者权益	35685344	8240480	4911285	3329196
实收资本	15203798	3772060	2261633	1510426
营业收入	70786587	15160249	10334538	4825711
营业成本	60883792	13160960	9019658	4141302
税金及附加	389697	60847	41149	19698
销售费用	1805635	356513	211759	144755
营业利润	3816685	1032061	431758	600303
利润总额	3986902	1057037	476216	580821
亏损企业亏损额	678931	204293	76225	128068
利税总额	5745900	1389878	678618	711261
本年应交增值税	1369300	271994	161253	110742
平均用工人数（人）	468918	82214	53530	28684

以上工业主要指标

单位：万元

南浔区	德清县	长兴县	安吉县	△市区
888	925	990	620	1556
135	254	234	127	299
10924637	13197034	19614140	10007173	24986393
728137	1035026	934504	527377	1714552
12338551	16275467	21872477	12385671	32821385
8089393	9676608	13018537	6765728	20079724
3083919	3520482	4569039	2084040	6878859
4462491	6264535	8885251	5706572	11296750
278192	343165	541781	319527	780788
7544432	8196556	13258515	6434943	19786781
6763953	7209338	11564903	5173447	16397293
4794116	8078905	8613956	5957887	13034596
2141242	3082249	4235593	1972655	5913301
11450210	12977382	20776311	10422436	26610459
9838553	10658261	18545831	8680187	22999513
52021	66641	165226	44963	112868
312224	500332	332464	304101	668738
561328	834899	765346	623051	1593389
596557	871259	800509	661542	1653594
47914	110442	245549	70733	252207
896217	1221965	1265411	972430	2286095
247639	284065	299676	265925	519633
82392	102290	110314	91708	164606

4-4 分行业规模

行业分类	企　业 单位数 （家）	#亏损 企业	营业收入	营业成本
总　　计	**4091**	**914**	**70786587**	**60883792**
采矿业	14	4	382128	207264
非金属矿采选业	14	4	382128	207264
制造业	4012	903	67812178	58478944
农副食品加工业	62	11	1114191	1003470
食品制造业	47	17	511837	419725
酒、饮料和精制茶制造业	28	6	741828	609985
纺织业	581	138	4537067	4105764
纺织服装、服饰业	94	28	819934	670264
皮革、毛皮、羽毛及其制品和制鞋业	13	4	74121	67751
木材加工和木、竹、藤、棕、草制品业	214	34	1443686	1175912
家具制造业	387	82	3836402	3099094
造纸和纸制品业	68	19	765261	697050
印刷和记录媒介复制业	44	14	320105	271573
文教、工美、体育和娱乐用品制造业	80	24	633465	543112
石油、煤炭及其他燃料加工业	9	2	477574	463311
化学原料和化学制品制造业	234	42	3835800	3234305
医药制造业	58	9	1044150	552807
化学纤维制造业	37	15	4730230	4461335
橡胶和塑料制品业	162	38	2071599	1786360
非金属矿物制品业	358	69	5764973	4880814
黑色金属冶炼和压延加工业	68	15	2554112	2285835
有色金属冶炼和压延加工业	56	11	2920805	2807496
金属制品业	219	47	2512767	2099565
通用设备制造业	412	85	6437957	5023869
专用设备制造业	166	41	1990088	1579463
汽车制造业	127	25	5185704	4623458
铁路、船舶、航空航天和其他运输设备制	13	4	105812	87198
电气机械和器材制造业	281	63	9582206	8675413
计算机、通信和其他电子设备制造业	123	42	2524947	2112180
仪器仪表制造业	36	8	329656	253233
其他制造业	9	3	166356	143727
废弃资源综合利用业	25	7	770276	741164
电力、燃气及水的生产和供应业	65	7	2592282	2197584
电力、热力生产和供应业	45	4	1874250	1548136
燃气生产和供应业	9	1	589734	527391
水的生产和供应业	11	2	128298	122057

以上工业主要指标

单位：万元

利税总额	利润总额	全部从业人员年平均人数（人）	资产总计	负债合计	应付账款	产成品存货
5745900	**3986902**	**468918**	**83355000**	**47676795**	**12676432**	**4211460**
145494	114799	1550	1034526	588772	32115	9015
145494	114799	1550	1034526	588772	32115	9015
5246316	3597139	460911	76945192	43907850	12413832	4194011
57674	36753	5831	781253	467369	69534	56925
31229	13497	5282	718617	607197	81628	46281
73951	52877	4958	874088	495292	122279	27670
154587	58381	46181	4635487	3262985	689098	402791
47248	19566	12715	1075651	619366	138961	96662
513	-1412	1115	112879	79473	10004	12855
138101	92093	16072	2290317	1187894	240732	142095
345959	205317	57926	4622828	2623256	890375	231313
30224	7610	5513	726268	424542	135134	43922
19120	10589	3330	312283	187507	51162	10912
34378	19924	8242	616882	404461	94299	57077
9302	4294	240	93980	72991	27334	3005
297280	212322	18407	3872689	2020906	486775	182093
182064	129400	13407	2971258	903845	196353	87305
147194	86028	15197	3949665	2262582	204185	195126
129147	77091	16699	1951079	1279301	310055	108456
431396	246130	33056	7027910	4186855	1580932	339832
591234	544384	7526	2342427	742634	223915	145073
46920	26769	7765	1426826	1024209	253950	96589
276467	207136	17746	3011733	1632788	422381	169545
818774	655333	50388	9033222	4797831	1529798	551266
188796	143353	15814	3221491	1893774	552482	198694
390726	265812	21404	4460859	2703907	1352673	130341
4391	372	1464	135698	94692	33575	7307
538404	324339	44591	11104321	6790516	1849584	551601
199121	142667	22498	3944238	2069438	586530	208726
33911	21644	3746	478405	276203	87425	29712
16272	9503	1808	184011	59954	16523	26186
9220	-16380	1801	961508	734075	175650	33710
354090	274965	6457	5375282	3180172	230485	8434
274276	205027	4331	3582993	2127936	172612	6961
57551	52343	851	395842	147736	14538	1350
22264	17595	1275	1396447	904500	43335	123

4-5 市区分行业规模

行业分类	企业单位数（家）	#亏损企业	营业收入	营业成本
总　计	**1556**	**299**	**26610459**	**22999513**
采矿业	7	1	210463	93068
非金属矿采选业	7	1	210463	93068
制造业	1524	296	25723545	22335035
农副食品加工业	33	4	464279	428153
食品制造业	18	5	118957	95909
酒、饮料和精制茶制造业	9	3	419082	337438
纺织业	219	40	1766977	1565080
纺织服装、服饰业	66	14	395169	313632
皮革、毛皮、羽毛及其制品和制鞋业	6	2	20351	17704
木材加工和木、竹、藤、棕、草制品业	159	20	914251	762743
家具制造业	66	11	279948	236007
造纸和纸制品业	14	4	100595	91190
印刷和记录媒介复制业	15	5	137586	115736
文教、工美、体育和娱乐用品制造业	24	3	188982	163318
石油、煤炭及其他燃料加工业	5	2	12495	10650
化学原料和化学制品制造业	79	21	763301	617952
医药制造业	13	2	172698	111849
化学纤维制造业	10	4	2751090	2623542
橡胶和塑料制品业	51	15	500463	432708
非金属矿物制品业	110	20	1728686	1517884
黑色金属冶炼和压延加工业	28	3	2119589	1887712
有色金属冶炼和压延加工业	38	7	938107	861991
金属制品业	77	12	1509983	1238149
通用设备制造业	198	37	2897286	2283388
专用设备制造业	51	16	891774	722125
汽车制造业	32	6	593733	515729
铁路、船舶、航空航天和其他运输设备制	5	1	35689	28715
电气机械和器材制造业	122	17	4775583	4320455
计算机、通信和其他电子设备制造业	48	16	825405	669029
仪器仪表制造业	9	1	67893	53174
其他制造业	4	1	32618	29126
废弃资源综合利用业	14	4	291706	280235
电力、燃气及水的生产和供应业	25	2	676451	571410
电力、热力生产和供应业	17		340364	252721
燃气生产和供应业	3	1	267528	249659
水的生产和供应业	5	1	68559	69030

以上工业主要指标

单位：万元

利税总额	利润总额	全部从业人员年平均人数（人）	资产总计	负债合计	应付账款	产成品存货
2286095	**1653594**	**164606**	**32821385**	**19786781**	**4722830**	**1714552**
102449	88362	755	578359	219025	21292	2395
102449	88362	755	578359	219025	21292	2395
2072656	1471962	161784	30180700	18272279	4621181	1712063
13776	7568	1804	241223	157501	23668	13531
820	−3704	1566	259412	370685	33142	6677
44596	33805	2586	580184	261426	58668	5125
91712	42977	20460	1995413	1439030	361788	136203
27832	12761	6259	615837	384871	73764	54094
922	361	336	37353	29570	2697	6598
72985	44241	10254	1195971	850854	163897	101026
18116	10922	4464	344279	234766	62461	26598
3556	1266	956	95415	79590	31292	3121
9313	5375	1363	130732	86201	25373	5564
12247	6836	2469	181266	123987	38519	11274
798	341	118	13447	8374	5725	2112
57376	37217	4997	856436	480431	147243	34488
12124	4127	2005	411168	231302	23299	15696
86168	40598	7031	2532731	1500173	153482	75575
28629	12864	4072	546341	324049	72356	28446
65072	15469	8976	2218957	1689977	590840	125513
578555	537954	5253	2062384	569621	178358	112661
25687	13897	5204	863305	625397	151364	47582
214226	170047	9486	1894763	925154	202833	112137
283848	195166	23267	3846157	2424658	744186	226874
67041	55962	4751	1447784	849277	278292	91220
33854	23959	4610	710249	410408	153656	40178
39	−1455	427	57086	41220	22239	2391
222109	142135	20092	4994909	2983568	670784	337389
71270	55279	7445	1762497	973258	240553	78189
5764	2868	592	58870	42245	14396	1924
1427	373	342	26968	17754	5815	1828
20080	1005	410	192247	154923	89987	7106
110990	93270	2067	2062326	1295477	80356	95
81183	67054	823	890117	524728	46101	83
21405	20282	466	210076	76247	2665	
8403	5934	778	962134	694502	31591	11.3

4-6 分县区

行业分类	全　市	吴兴区	吴兴
规模以上工业	**11874842**	**2431450**	**1493328**
#轻工业	4330889	771004	494979
重工业	7543953	1660446	998349
#国有控股企业	739255	164738	131148
#大型企业	2459825	604279	479946
中型企业	3374867	697626	349056
小型企业	6040150	1129545	664326
1. 按登记注册类型分			
内资企业	10129630	2013974	1235673
#国有企业			
集体企业	825		
股份合作企业	1748	482	
有限责任公司	2359313	542837	386197
股份有限公司	1553990	451426	156960
私营企业	6213754	1019228	692516
港澳台商投资公司	829573	210273	175397
外商投资企业公司	915639	207203	82258
2. 按国民经济行业分			
非金属矿采选业	173203	117433	116303
农副食品加工业	136034	8846	7156
食品制造业	104461	19050	6439
酒、饮料和精制茶制造业	122843	64878	2571
纺织业	682667	77590	65967
纺织服装、服饰业	173572	63413	51939
皮革、毛皮、羽毛及其制品和制鞋业	11259	2113	1047
木材加工和木、竹、藤、棕、草制品业	313887	5521	5133

规模以上工业增加值

单位：万元

南太湖新 区	南浔区	德清县	长兴县	安吉县	△市区
938122	**1889280**	**2517454**	**2727365**	**2309294**	**4320730**
276025	505333	925423	951080	1178050	1276337
662097	1383947	1592030	1776285	1131244	3044393
33590	50145	94058	223928	206386	214883
124333	311273	520152	349793	674328	915552
348570	484136	759132	899062	534911	1181763
465219	1093870	1238170	1478510	1100055	2223415
778301	1641645	2136813	2319340	2017858	3655619
		825			
482		972	294		482
156640	269547	496634	524242	526053	812385
294467	262752	282667	206009	351135	714179
326712	1109346	1355716	1588795	1140670	2128574
34876	82063	259131	114641	163464	292337
124945	165571	121509	293384	127972	372774
1130		14046	41173	551	117434
1690	27448	11683	12951	75106	36295
12611	751	30622	20545	33493	19801
62307	915	20719	9506	26826	65793
11624	233229	72561	279689	19597	310820
11473	19718	62699	24182	3561	83130
1066	1441	4749	977	1980	3554
388	173318	80813	15355	38880	178839

4-6 分县区

行业分类	全 市	吴兴区	
			吴兴
家具制造业	964174	9667	8300
造纸和纸制品业	97770	3701	1539
印刷和记录媒介复制业	58389	19539	9491
文教、工美、体育和娱乐用品制造业	118025	7016	4471
石油、煤炭及其他燃料加工业	12035		
化学原料和化学制品制造业	573789	72205	59698
医药制造业	391262	30949	6177
化学纤维制造业	494212	251745	251745
橡胶和塑料制品业	394677	62030	14096
非金属矿物制品业	953841	103010	51738
黑色金属冶炼和压延加工业	459734	366760	84756
有色金属冶炼和压延加工业	136125	83132	81811
金属制品业	459869	51616	41953
通用设备制造业	1520771	284265	180886
专用设备制造业	448980	156525	122607
汽车制造业	702585	94041	20369
铁路、船舶、航空航天和其他运输设备制	21739	3815	3375
电气机械和器材制造业	979859	232577	105423
计算机、通信和其他电子设备制造业	538189	143507	125748
仪器仪表制造业	82402	8891	2996
其他制造业	34425	3590	2574
废弃资源综合利用业	41513	8140	6602
电力、热力生产和供应业	557123	45460	26234
燃气生产和供应业	73899	10898	9992
水的生产和供应业	36200	14192	14192

规模以上工业增加值（续表）

单位：万元

南太湖新　区	南浔区	德清县	长兴县	安吉县	△市区
1367	55064	150294	19032	730117	64731
2162	8832	33565	20502	31170	12533
10048	5294	22126	8805	2624	24833
2546	29215	27941	37884	15969	36231
	1661	1121	8276	977	1661
12506	60364	250975	126415	63830	132569
24772	16630	249606	20375	73702	47580
	32197	18207	141983	50080	283942
47934	24528	78323	68384	161413	86558
51272	119082	212556	447450	71743	222092
282003	48674	28404	8350	7546	415434
1321	10341	2162	24125	16365	93472
9663	247619	102587	25635	32413	299235
103379	337319	490653	220100	188435	621584
33918	9335	88262	124717	70141	165860
73672	14680	81312	361379	151174	108721
441	1393	5877	2609	8046	5208
127155	246936	129536	329354	41456	479514
17759	35954	98122	81508	179097	179461
5896	4644	19536	47215	2116	13535
1016	1195	29640			4785
1538	17717	1419	9941	4297	25857
19226	86250	77641	153731	194041	131710
906	12563	13399	27585	9454	23461
	4975	6301	7636	3096	19167

4-7 历年用电量

单位：万千瓦时

年　份	全社会用电量	#工业用	#生活月
1985	107664		
1986	135564	106662	6723
1987	153659	121400	8755
1988	163114	127225	11170
1989	161713	126892	10933
1990	171657	131059	13981
1991	192423	147540	15525
1992	216113	168870	16826
1993	252546	198828	18216
1994	291188	224568	22013
1995	314227	242686	25839
1996	332478	252565	33956
1997	324470	244365	33640
1998	326830	236014	36816
1999	350158	255710	40205
2000	417195	305879	49020
2001	456715	339371	53444
2002	537115	411035	58616
2003	650805	496811	73186
2004	738340	600771	65523
2005	852577	686208	78854
2006	958520	768034	92786
2007	1071456	854017	103262
2008	1124869	880668	117752
2009	1230579	957912	131528
2010	1401547	1082265	153957
2011	1575608	1225725	165939
2012	1658389	1265020	192151
2013	1829435	1376855	221431
2014	1916143	1477791	197405
2015	1989124	1511607	214835
2016	2221981	1657306	261872
2017	2443329	1821630	281239
2018	2748017	2034719	313856
2019	2950204	2155129	335026
2020	3022255	2176807	356770
2021	3450180	2482510	382960
2022	3602113	2472425	493654
2023	3849216	2647780	491729

4-8 分县区供电量、用电量

单位：万千瓦时

行业分类	全 市	吴兴区	南浔区	长兴县	德清县	安吉县
全社会用电总计	**3849216**	**963135**	**597718**	**671829**	**1106055**	**493231**
A、全行业用电合计	3357487	820214	525126	595929	1003205	395766
第一产业	46312	5330	15362	17800	4688	3131
第二产业	2704504	596321	439776	459467	893685	298007
第三产业	606671	218562	69987	118662	104832	94627
B、城乡居民生活用电合计	491729	142922	72592	75899	102851	97465
城镇居民	197585	105674	2732	20564	35725	32890
乡村居民	294144	37248	69860	55336	67125	64575
全行业用电分类	**3357487**	**820214**	**525126**	**595929**	**1003205**	**395766**
一、农、林、牧、渔业	67427	8231	27742	18603	6954	5898
1.农业	19540	2115	8807	4717	1771	2131
2.林业	475	227	44	35	120	50
3.畜牧业	4974	393	1485	992	1652	452
4.渔业	21323	2596	5027	12056	1145	499
5.农、林、牧、渔专业及辅助性活动	21115	2901	12379	803	2266	2766
二、工业	2647780	582464	430827	448722	882345	286174
（一）采矿业	16619	10889	68	1841	2571	1249
1.煤炭开采和洗选业	1	0	0	0	1	0
2.石油和天然气开采业	17	17	0	0	0	0
3.黑色金属矿采选业	0	0	0	0	0	0
4.有色金属矿采选业	60	0	0	0	0	60
5.非金属矿采选业	14720	9603	67	1808	2563	678
6.其他采矿活动	1821	1269	1	33	7	511
（二）制造业	2453810	532801	399478	416300	843891	261341
1.农副食品加工业	18945	2424	6103	5238	3343	1837
2.食品制造业	19349	3831	1308	3678	2593	7938
3.酒、饮料及精制茶制造业	6170	1425	165	2073	960	1547
4.烟草制品业	0	0	0	0	0	0
5.纺织业	583362	60874	130707	54047	312234	25499
6.纺织服装、服饰业	93164	73176	5858	4673	8302	1154
7.皮革、毛皮、羽毛及其制品和制鞋业	6724	620	2050	1136	1654	1264
8.木材加工和木、竹、藤、棕、草制品业	103665	1917	52112	9770	3947	35920
9.家具制造业	48462	1428	7925	6111	3178	29821
10.造纸和纸制品业	40684	340	1003	16771	2745	19825
11.印刷和记录媒介复制业	7514	1457	755	2298	981	2022
12.文教、工美、体育和娱乐用品制造业	8240	344	601	4085	1373	1837
13.石油、煤炭及其他燃料加工业	3312	169	1679	419	299	746
14.化学原料和化学制品制造业	70448	6520	6789	44597	7407	5136
15.医药制造业	28502	5178	1011	9661	4625	8027
16.化学纤维制造业	213880	117245	29579	3893	54295	8868
17.橡胶和塑料制品业	112288	14025	8042	26487	30666	33068
18.非金属矿物制品业	271372	13797	34925	58288	142015	22347
19.黑色金属冶炼和压延加工业	52567	29113	16083	5822	1473	77
20.有色金属冶炼和压延加工业	44212	24526	3415	5187	6708	4375
21.金属制品业	156703	27573	17036	86219	15299	10576

4-8 分县区供电量、用电量（续表）

单位：万千瓦时

行业分类	全 市	吴兴区	南浔区	长兴县	德清县	安吉县
22.通用设备制造业	86958	35290	16136	17652	13375	4505
23.专用设备制造业	28450	3513	1905	6956	13512	2564
24.汽车制造业	54702	11908	2390	2658	29026	8720
25.铁路.船舶.航空航天和其他运输设备制造业	9296	1970	325	3814	2831	355
26.电气机械和器材制造业	282873	62242	39292	16951	155482	8906
27.计算机、通信和其他电子设备制造业	66173	23645	5685	12174	13928	10740
28.仪器仪表制造业	3585	1610	60	821	768	326
29.其他制造业	21473	3041	5744	2156	9907	626
30.废弃资源综合利用业	9162	2915	546	2493	800	2408
31.金属制品、机械和设备修理业	1572	687	247	170	163	305
（三）电力、热力、燃气及水生产和供应业	177351	38773	31281	30581	35884	23584
1.电力、热力生产和供应业	141590	31250	24790	26025	23872	18406
2.燃气生产和供应业	1372	137	864	86	143	141
3.水的生产和供应业	34388	7387	5626	4470	11869	5036
三、建筑业	58297	14545	9197	10915	11503	12138
1.房屋建筑业	9621	536	194	270	3148	5474
2.土木工程建筑业	40775	13085	7771	8702	7461	3757
3.建筑安装业	312	102	69	85	32	24
4.建筑装饰、装修和其他建筑业	7588	822	1162	1858	863	2883
四、交通运输、仓储和邮政业	59981	28534	2090	8934	13171	7252
1.铁路运输业	29696	19235	239	3083	3181	3958
2.道路运输业	10656	3938	907	2232	1964	1615
3.水上运输业	443	103	71	0	147	122
4.航空运输业	142	0	4	139	0	0
5.管道运输业	2773	7	0	1	2765	0
6.多式联运和运输代理业	4743	259	15	154	4043	273
7.装卸搬运和仓储业	10367	4341	795	3164	987	1080
8.邮政业	1160	651	59	162	83	204
五、信息传输、软件和信息技术服务业	65167	15381	4283	31809	7477	6215
1.电信、广播电视和卫星传输服务	21586	9625	2468	676	5255	3561
2.互联网和相关服务	41648	5209	1707	30612	1860	2261
3.软件和信息技术服务业	1933	547	108	521	363	393
六、批发和零售业	143802	58529	15211	22327	25907	21828
七、住宿和餐饮业	69858	14380	7427	11556	17467	19028
八、金融业	10224	2928	962	4028	1000	1306
九、房地产业	52916	25631	6018	5807	7951	7509
十、租赁和商务服务业	23428	10601	3072	5388	2946	1421
十一、公共服务及管理组织	158608	58989	18298	27840	26484	26998
1.科学研究和技术服务业	8112	3673	196	1611	1526	1107
2.水利、环境和公共设施管理业	36636	12515	4515	7054	6174	6379
3.居民服务、修理和其他服务业	9049	3152	1315	1477	1776	1328
4.教育、文化、体育和娱乐业	46674	15704	5010	10013	7668	8278
5.卫生和社会工作	26362	11568	2672	3591	4558	3973
6.公共管理和社会组织、国际组织	31775	12378	4590	4093	4782	5932

4-9 历年主要能源消费量

单位：吨

年 份	原 煤（万吨）	焦 炭	汽 油	柴 油	燃料油	电 力（亿千瓦时）
1990	140.53	21009	12025	14966	13727	6.37
1991	163.36	13562	14763	17601	18611	8.87
1992	213.34	9938	15895	24772	15921	9.21
1993	262.75	13430	16698	37547	12002	10.95
1994	282.74	15776	15867	17227	11550	12.00
1995	283.23	13825	14369	20815	12707	14.40
1996	294.47	11236	14531	17366	9119	14.56
1997	266.01	12072	13330	20698	5748	12.74
1998	334.97	16263	7012	22746	11860	20.02
1999	412.79	14392	5860	24811	12555	32.48
2000	457.23	12750	4984	16875	6258	43.98
2001	461.54	13533	4450	21210	6816	55.50
2002	525.94	12390	12071	30676	13201	64.25
2003	703.12	10318	5764	42716	19305	74.35
2004	728.22	9295	4268	40851	21289	66.77
2005	841.50	6685	35877	93262	30513	67.70
2006	1023.55	13103	17877	68678	39558	74.17
2007	1043.84	11447	20547	69369	38142	83.51
2008	942.92	12128	16606	68343	71437	82.68
2009	919.48	9889	14837	63575	86826	88.75
2010	817.58	9206	15392	67179	49887	93.85
2011	808.46	4754	11961	55507	45118	95.27
2012	720.60	8736	12666	53162	29652	101.67
2013	719.00	15203	13520	53174	22552	111.82
2014	713.53	15121	11919	48828	15688	120.34
2015	818.18	14022	11973	44513	15560	127.81
2016	825.43	17823	11966	44613	10500	140.31
2017	888.41	14988	10467	38248	5132	146.48
2018	946.18	10819	8279	36665	5352	161.37
2019	904.84	6244	7597	36510	4610	174.15
2020	829.70	2890	6216	31111	3616	180.04
2021	1048.55	135	5597	38439	1758	208.65
2022	1133.00	6180	4794	31110	408	219.12
2023	1138.31	21114	4705	31363	529	229.16

注：历年统计范围：1990–1997 年为乡以上全部独立核算企业；1998–2006 年除 2004 年为年耗标煤千吨以上企业之外，其他年份为全部国有及年产品销售收入 500 万元及以上的非国有工业企业；2007–2010 年为年主营业务收入 500 万元及以上的工业法人企业；2011 年开始为年主营业务收入 2000 万元及以上的工业法人企业。下同。

4-10 历年市区主要能源消费量

单位：吨

年份	原煤（万吨）	焦炭	汽油	柴油	燃料油	电力（亿千瓦时）
1990	38.21	20007	6549	8836	11226	3.53
1991	45.71	12303	8718	9048	14577	4.03
1992	44.12	9170	7805	10863	12958	3.98
1993	47.56	12808	9170	11607	8641	4.59
1994	47.61	15151	7598	8015	8856	4.84
1995	48.22	12498	6828	9719	9923	5.80
1996	47.98	10804	6171	7464	7457	5.95
1997	42.97	11623	5828	8740	3834	5.27
1998	90.14	14545	3255	13863	3288	8.75
1999	138.92	12351	2720	15140	4313	10.16
2000	141.83	10747	2453	11650	2581	12.15
2001	119.09	11744	1891	11992	2436	11.62
2002	139.28	11188	8995	16119	4440	13.91
2003	151.67	7590	2518	21340	9747	16.45
2004	149.52	4686	2034	21390	8807	12.50
2005	183.86	4578	30134	55994	9621	26.18
2006	208.07	9449	11459	39851	14500	26.74
2007	208.76	6603	13098	40583	8674	31.16
2008	169.20	5667	10146	41580	12809	28.97
2009	147.46	1531	8809	34572	13907	30.89
2010	132.90	1595	9319	34107	9603	32.80
2011	118.64	1264	7196	28747	7034	32.66
2012	111.18	1463	7849	31823	1648	34.21
2013	109.66	1562	8054	31363	2368	37.25
2014	114.38	1582	7323	30158	1953	40.65
2015	111.87	1455	6991	25736	2792	41.79
2016	109.12	1102	7353	25671	2525	45.70
2017	122.80	157	5795	18861	133	48.10
2018	128.50	77	3961	15541	101	56.66
2019	135.72	0	3585	14812	507	64.13
2020	123.37	0	2456	9905	814	63.81
2021	113.77	0	2717	13150	209	72.84
2022	107.35	0	2344	12016	10	75.57
2023	118.45	0	2217	10823	10	79.17

4-11 分县区主要能源消费量

指 标	单位	全 市	吴兴区			南浔区	德清县	长兴县	安吉县	△市区
				吴兴	南太湖新 区					
综合能耗（等价值）	万吨标准煤	1088.21	188.23	132.80	55.44	160.06	163.98	427.26	136.39	360.58
#原煤	万吨	1138.31	55.97	42.35	13.62	62.48	91.25	887.95	40.67	118.45
焦炭	吨	21114.00	0.00	0.00	0.00	0.00	0.00	19319.00	1795.00	0.00
天然气	亿立方米	13.86	1.83	1.42	0.41	3.02	1.60	6.58	0.83	4.86
汽油	吨	4705.00	349.92	121.00	228.92	1441.20	1254.56	404.00	829.51	2216.93
柴油	吨	31363.00	6377.30	4314.00	2063.30	4370.27	6905.54	8893.00	4741.44	10823.02
燃料油	吨	529.00	10.00	10.00	0.00	0.00	469.80	5.00	44.45	9.75
热力	百万千焦	41219149.00	11590361.00	9431178.00	2159183.00	10922460.00	9304050.98	6923143.00	2474375.00	22517580.02
电力	亿千瓦时	229.16	43.35	29.64	13.71	31.55	35.26	79.21	35.52	79.17

4-12 分行业主要

行业分类	综合能耗（等价值）（万吨标准煤）	原煤	焦炭
总　　计	1088.21	11383149	21114
非金属矿采选业	4.69		
农副食品加工业	9.59		
食品制造业	5.31		
酒、饮料和精制茶制造业	3.80		
纺织业	174.46		
纺织服装、服饰业	5.91		
皮革、毛皮、羽毛及其制品和制鞋业	0.48		
木材加工和木、竹、藤、棕、草制品业	16.85		
家具制造业	10.80		
造纸和纸制品业	21.34		
印刷和记录媒介复制业	2.75		
文教、工美、体育和娱乐用品制造业	14.73		
石油加工、炼焦和核燃料加工业	0.63		
化学原料和化学制品制造业	28.96	876	
医药制造业	12.06	228853	
化学纤维制造业	115.63	321745	19319
橡胶和塑料制品业	33.79	49743	
非金属矿物制品业	257.29	1970653	
黑色金属冶炼和压延加工业	24.60		
有色金属冶炼和压延加工业	19.02		
金属制品业	25.19		1795
通用设备制造业	34.15		
专用设备制造业	12.16		
汽车制造业	20.39		
铁路、船舶、航空航天和其他运输设备制造业	0.51		
电气机械和器材制造业	71.66		
计算机、通信和其他电子设备制造业	25.30		
仪器仪表制造业	1.02		
其他制造业	0.24		
废弃资源综合利用业	6.07		
电力、热力生产和供应业	124.65	8811280	
燃气生产和供应业	0.11		
水的生产和供应业	3.89		

能源品种消费量

单位：吨

天然气（万立方米）	汽油	柴油	燃料油	热力（百万千焦）	电力（万千瓦时）
138589	4705	31363	529	41219149	2291594
		4837			13921
862	7	2049		954578	17521
359	24	19		396194	12014
988				224117	6661
24380	191	385	383	14181050	329010
354	215	95		526224	12831
		368		33999	1089
1243	141	457		946825	41319
488	412	142		33117	34980
562	21	385	5	2762894	35209
483	76	233		47983	6957
2372	123	76	5	619897	34456
201				1254	1428
2282	208	1190		2259017	55929
422	86	83		1217849	21226
3551	28	682		11652526	251774
879	53	240	120	742718	91085
22300	89	15771		1784783	263848
5809		255		41172	56663
5614	2	338	10	20267	42163
3862	150	204	6	238217	68012
3016	1266	1144		70972	103647
2096	101	262		52315	32933
1899	39	279		102971	61617
63	36	18		1635	1464
2481	373	361		1222087	225907
1514	94	85		558902	72387
14	5	29			3497
	5	6			822
1712		44		40689	13366
48760	890	1321		484898	363448
14	45	4			300
7	24				13571

4-13 历年节能降耗情况

单位：%

年 份	单位GDP能耗（吨标准煤/万元）	单位GDP能耗降低率	单位GDP电耗降低率	单位工业增加值能耗降低率
2005	1.18			
2006	1.13	3.8	1.4	4.1
2007	1.08	4.4	1.8	8.5
2008	1.02	5.9	4.8	12.8
2009	0.97	4.8	0.7	8.5
2010	0.94	3.4	-1.6	10.2
2011	0.71	4.4	-1.4	8.3
2012	0.66	6.6	4.0	10.5
2013	0.64	3.5	-1.2	6.8
2014	0.61	5.1	3.4	5.2
2015	0.58	3.7	4.2	5.3
2016	0.55	0.9	-4.0	0.5
2017	0.52	5.2	-1.3	8.5
2018	0.50	4.7	-4.1	6.4
2019	0.46	2.9	0.5	2.2
2020	0.44	4.7	0.8	5.4
2021	-	-0.6	0.8	-4.3
2022	-	-2.6	-1.1	-2.4
2023	-	1.0	-1.0	1.3

注：1.表中能耗均为等价值，若降低率为负数说明本期的指标值与上年同期相比没有降低，反而上升；2..单位工业增加值能耗的统计范围是规模以上法人工业企业；3.指标计算中所采用的GDP数据价格口径：2005-2010年按2005年价格计算，2011年至2015年按2010年价格计算，2016年开始按2015年价格计算。

4-14 分县区节能降耗情况

单位：%

年　份/地　区	单位GDP能耗（吨标准煤/万元）	单位GDP能耗降低率	单位GDP电耗降低率	单位工业增加值能耗降低率
吴兴区				
2010	0.53			
2011	0.50	6.0	0.9	
2012	0.47	4.8	2.8	
2013	0.45	4.1	1.0	
2014	0.43	5.2	6.9	
2015	0.42	2.7	2.0	
2016	0.39	2.0	-0.9	
2017	0.37	3.6	-3.1	
2018	0.36	4.3	-5.7	
2019	0.31	2.5	0.8	
2020	0.31	1.0	-3.0	
2021	-	-1.6	-4.2	
2022	-	-5.7	-5.5	
2023	-	0.5	-0.3	3.0
南浔区				
2010	0.67			
2011	0.65	3.7	-4.7	6.8
2012	0.62	5.0	4.6	12.0
2013	0.59	4.0	-2.9	7.3
2014	0.56	5.0	2.4	3.4
2015	0.54	3.2	3.8	5.3
2016	0.54	0.7	-4.9	-3.8
2017	0.52	5.3	0.0	6.3
2018	0.50	5.6	-0.3	4.8
2019	0.48	4.3	2.6	6.4
2020	0.46	4.6	6.0	5.5
2021	-	-3.1	-5.3	-2.6
2022	-	2.3	1.6	4.9
2023		-2.0	0.3	-3.9
德清县				
2010	0.76			
2011	0.71	5.7	-0.1	8.7
2012	0.66	7.3	6.8	9.7
2013	0.64	3.0	-1.0	7.2
2014	0.61	5.1	7.0	6.6
2015	0.57	6.5	8.2	10.5
2016	0.53	3.6	0.8	10.9
2017	0.48	4.0	-0.7	4.9
2018	0.46	3.6	-7.7	9.1
2019	0.47	4.1	-0.4	6.3
2020	0.45	4.2	-2.6	1.8
2021	-	-3.3	-5.9	-0.4
2022	-	1.9	0.6	7.0
2023		4.0	0.0	5.3

4-14 分县区节能降耗情况（续表）

单位：%

年　份/地　区	单位 GDP 能耗（吨标准煤/万元）	单位 GDP 能耗降　低　率	单位 GDP 电耗降　低　率	单位工业增加值能 耗 降 低 率
长兴县				
2010	1.18			
2011	1.13	4.1	-3.3	9.0
2012	1.03	8.5	8.3	12.7
2013	1.00	3.5	-3.1	6.8
2014	0.95	4.8	0.1	3.7
2015	0.93	2.4	3.3	4.0
2016	0.89	0.3	-6.0	1.2
2017	0.83	7.3	1.4	14.0
2018	0.79	5.1	-1.7	5.2
2019	0.74	1.9	-0.9	-1.8
2020	0.69	6.7	1.4	10.0
2021	-	1.8	-1.0	3.6
2022	-	-2.3	0.4	-2.0
2023		3.1	-2.2	5.2
安吉县				
2010	0.49			
2011	0.48	2.7	-4.6	5.6
2012	0.46	3.8	-1.3	8.1
2013	0.44	2.8	-1.3	9.1
2014	0.42	5.0	6.7	8.3
2015	0.42	0.5	0.2	-3.9
2016	0.39	0.5	-5.8	-8.1
2017	0.40	-1.5	-8.4	1.8
2018	0.39	3.9	-6.1	7.3
2019	0.34	5.1	0.8	12.3
2020	0.34	-0.6	-3.1	-5.3
2021	-	-3.3	-5.5	-2.1
2022	-	-7.2	-0.9	-9.2
2023		3.8	-2.1	1.6

注：1.表中能耗均为等价值，若降低率为负数说明本期的指标值与上年同期相比没有降低，反而上升；2.单位工业增加值能耗的统计范围是规模以上工业法人企业；3.“十二五”期间按国家规定，GDP 按 2010 年价格计算，2016 年开始，GDP 按 2015 年价格计算；4.吴兴区数据中包括开发区、度假区。

主要统计指标解释

工业　我国的工业，包括（1）对自然资源的开采，如采矿、晒盐、森林采伐等（但不包括禽兽捕猎和水产捕捞；（2）对农副产品的加工、如碾米、磨粉、酿酒、榨油、轧花、缫丝、屠宰、药材加工等；（3）对工业品加工，如炼钢、乳钢、炼焦、化工生产、机器制造、木材加工、纺织印染、服装加工、造纸等；（4）对工业品的修理，如修理机械设备、交通运输工具等；（5）自来水、煤气和电力的生产及供应。

规模以上工业的口径变化　1997 – 2006 年为全部国有和年销售收入 500 万元及以上非国有工业企业，2007 – 2010年为年主营业务收入500万元及以上的工业法人企业，2011 年为年主营业务收入 2000 万元及以上的工业法人企业。

工业总产值（当年价格）　指工业企业在报告期内生产的以货币形式表现的工业最终产品和提供工业劳务活动的总价值量。工业总产值计算有三条原则，工业生产的原则、最终产品的原则和“工厂法”原则。根据国家统计局制度规定，从 1995 年工业普查开始工业总产值统计口径执行新规定，统计范围是指本年生产成品价值、对外加工费收入和自制半成品在制品期末期初差额价值之和。

工业销售产值　是以货币表现的工业企业在一定时期内销售的本企业生产的工业产品总量。它是反映一定时期内工业企业产品销售总规模和总水平的重要指标，是计算工业产品销售率的主要依据。

轻工业　指提供生活消费品和制作手工工具的工业。按其所使用的原料不同，可分为两大类：一是以农产品为原料的轻工业，是指直接或间接以农产品为基本原料的轻工业，主要包括食品制造、饮料制造、纺织、缝纫、毛皮制作、造纸、印刷等工业。二是以非农产品为原料的轻工业，指以工业品为原料的轻工业，主要包括文教用品制造、工艺美术用品制造、化学药品制造、合成纤维制造、日用化学制品、日用玻璃品、日用金属制品、手工工具制造、医疗器械制造、文化和办公用机械制造等工业。

重工业　指生产生产资料的工业，是为国民经济各部门提供物质技术基础的工业。按其生产和产品用途分为三类：（1）采掘（伐）工业，是指对自然资源的开采，包括石油开采、煤炭开采、金属矿开采、非金属开采和木材采伐等工业。（2）原料工业，是指提供国民经济各部门使用的原料、动力和燃料的工业。包括金属冶炼及加工、炼焦及焦炭、化学、化工原料、水泥、人造板、电力、石油加工等。（3）制造工业，是指对原料进行加工制造的工业，包括装备国民经济各部门的机械设备制造工业、金属结构、水泥制品工业，以及为农业提供的生产资料和化肥、农药等工业。

资本金　指企业在工商行政管理部门登记的注册资金合计。企业资本金按投资主体可分为国家资本金、法人资本金、个人资本金、外商资本金等。

总资产　指企业过去的交易或者事项形成的、由企业拥有或者控制的、预期会给企业带来经济利益的资源。资产一般按流动性分为流动资产和非流动资产。其中流动资产可分为货币资金、交易性金融资产、应收票据、应收账款、预付款项、其他应收款、存货等；非流动资产可分为长期股权投资、固定资产、无形资产及其他非流动资产等。

流动资产　资产满足以下条件之一应归为流动资产：（1）预计在一个正常营业周期中变现、出售或耗用，主要包括存货、应收账款等；（2）主要为交易目的而持有；（3）预计在资产负债表日起一年内（含一年）变现；

（4）自资产负债日起一年内，交换其他资产或清偿负债的能力不受限制的现金或现金等价物。包括货币资金、应收票据、应收账款、存货等项目。

固定资产　指企业为生产商品、提供劳务、出租或经营管理而持有的，使用寿命超过一个会计年度的有形资产。包括使用期限超过一年的房屋、建筑物、机器、机械、运输工具以及其他与生产、经营有关的设备、器具、工具等。固定资产合计是时点指标，表示固定资产经过扣减折旧、减值准备等后的期末余额。

负债合计　负债合计包括流动负债合计和长期负债合计，流动负债是指将在一年或一年的一个营业周期内偿还的债务，包括短期借款、应付票据、应付账款、预收账款、应付工资、应交税金、应付利润、其他应付款、预提费用等。长期负债是指偿还期在一年或者超过一年的一个营业周期以上的借款本息，它是除了投资人投入企业的资本以外，企业向债权人筹资，可供企业长期使用的借款本息。

所有者权益 是指企业投资人对企业净资产的所有权，等于企业全部资产减全部负债后的余额，包括企业投资人对企业的最初投入的实际到位的资产以及资本公积金、盈余公积金和未分配利润。

主营收入 指企业在销售商品（不一定是本企业生产）、提供劳务及让渡资产使用权等日常活动中所产生的收入。

税金及附加 指企业日常活动应负担的税金及附加，包括营业税、消费税、城市维护建设税、资源税、土地增值税和教育附加等。

利润总额 指企业在生产经营过程中各种收入扣除各种耗费后的盈余，反映企业在报告期内实现的亏盈总额，包括营业利润、被贴收入、投资净收益和营业外收支净额。

利税总额 指企业产品销售税金及附加、应交增值税和利润总额之和。不包括成本、费用中的有关税金。

综合能源消费量 指报告期内工业企业在工业生产活动中实际消费的各种能源的总和净值。计算综合能源消费量时，需要先将使用的各种能源折算成标准燃料后再进行计算。综合能源消费量 = 工业生产消费的能源合计 - 加工转换产出能源合计 - 回收利用能源合计。

取水量 指工业法人企业从各种水源实际提取的水量。包括提取的地表水、地下水、自来水、污水处理达标水、未达标污水、雨水收集利用以及企业从市场购得的其他水或水产品（如纯净水、矿泉水等），其中还包括采盆企业所取的海水、地下卤水、盐湖水，海水淡化企业所取的海水，自来水生产企业所取的地表水和地下水，污水处理厂处理的污水。取水量不包括重复用水量；不包括企业采自河流、水库、湖泊、海洋，用于冷却，不重复使用，又排回到河流、水库、湖泊、海洋的水；不包括水力发电厂的发电动力用水量。取水量按取水企业和供水企业（单位）商定的水表结算流量计算。如没有水表，按取水企业和供水企业（单位）商定的或有关管理部门规定的计算方法计算。

重复用水量 工业企业重复用水量是指在企业内部，对生产和生活排放的废水直接或经过处理后回收再利用的水量，不包括企业从城市污水处理厂购买的中水和符合企业用水标准的废水。企业废水在报告期每重复利用一次，计算一次重复用水量。重复用水量不包括河湖海冷却直排水量。重复用水量的计算原则：(1)开放原则。即水的循环在开放系统进行，循环一次计算一次，封闭式循环系统的循环水不计算重复用水量。(2）“源头”计算原则。对循环水来说，使用后的水，又回流到系统的取水源头，流经源头一次，计算一次。循环系统中的中间环节用水不得计算重复用水量。(3）异地原则。对于非循环系统，根据不同工艺对不同水质的要求，在一个地方（工艺）使用过的水，在另外一个地方（工艺）中又进行使用，使用一次，计算一次。在同一地方（容器）多次使用的水，不得计算重复用水量。(4）企业经过净化处理后的水重复再用，在任何情况下都可按照重复用水计算。

五、交通运输、邮政、电信

5-1 历年客运情况

年　份	客运量(万人)	公路	内河	旅客周转量(万人公里)	公路	内河
1978	1089	780	309	26626	19753	6873
1979	1267	942	325	31637	23536	8101
1980	1537	1168	369	38635	29336	9299
1981	1731	1364	367	41718	32557	9161
1982	1913	1535	378	45537	36431	9100
1983	2030	1685	345	48240	40081	8159
1984	2226	1832	394	57355	46449	10906
1985	2556	2159	397	70161	59419	10742
1986	2804	2280	524	79920	69333	10587
1987	2836	2305	531	86915	76778	10137
1988	2678	2216	462	84806	75712	9094
1989	2636	2289	347	86477	79644	6833
1990	3078	2808	270	97065	92161	4904
1991	3337	3123	214	109235	105533	3702
1992	3233	3054	179	115863	112915	2948
1993	3859	3770	89	146007	144832	1175
1994	4923	4853	70	205884	204815	1069
1995	5326	5276	50	232090	231338	752
1996	5430	5378	52	241912	241095	817
1997	5886	5861	25	252683	252241	442
1998	6060	6043	17	252594	252338	256
1999	6369	6359	10	260515	260386	129
2000	6675	6670	5	267491	267404	87
2001	7016	7016		275336	275336	
2002	7164	7164		285045	285045	
2003	6985	6985		281676	281676	
2004	7266	7264	2	288380	288366	14
2005	7563	7555	8	294182	294133	49
2006	8393	8384	9	319725	319672	53
2007	8942	8934	8	348491	348442	49
2008	9260	9254	6	353201	353167	34
2009	9752	9735	17	324275	324189	86
2010	9964	9938	26	332882	332719	163
2011	9996	9962	34	338084	337847	236
2012	9476	9431	45	328476	328203	273
2013	8363	8325	38	283768	283551	217
2014	6307	6244	63	221397	221026	371
2015	6047	5976	71	209079	208661	418
2016	5006	4925	81	178716	178259	457
2017	5261	5166	95	171708	171172	536
2018	5340	5242	98	184768	184204	564
2019	5645	5522	123	193159	192389	770
2020	3542	3455	87	105977	105376	601
2021	643	573	70	71700	71229	471
2022	335	305	30	54701	54481	220
2023	471	305	67	86728	86244	485

注：1978–1985 年为交通部门运量，1986 年及以后为全社会运量。

5-2 历年货运情况

年 份	货运量(万吨)	公路	内河	货物周转量(万吨公里)	公路	内河
1978	879	123	756	98931	5193	93738
1979	1011	157	854	115481	5627	109854
1980	1088	170	918	127577	5810	121767
1981	1192	185	1007	144036	6534	137502
1982	1291	189	1102	159567	7398	152169
1983	1305	198	1107	167327	8257	159070
1984	1457	209	1248	194221	9900	184321
1985	1584	177	1407	225974	10517	215457
1986	3168	1254	1914	287854	28064	259790
1987	3658	1676	1982	316197	35627	280570
1988	4551	2464	2087	348587	37119	311468
1989	4093	2287	1806	310831	34860	275971
1990	3142	1587	1555	269164	31747	237417
1991	3104	1523	1581	276299	35217	241082
1992	3828	1940	1888	340135	44379	295756
1993	4392	2249	2143	431089	74702	356387
1994	5275	3032	2243	504760	133340	371420
1995	5472	3149	2323	502443	138168	364275
1996	5457	3227	2230	499552	143228	356324
1997	5747	3128	2619	578193	137597	440596
1998	5493	3150	2343	497963	136015	361948
1999	6501	3249	3252	614481	137163	477318
2000	6541	3329	3212	611205	142927	468278
2001	7267	3489	3778	754924	160832	594092
2002	9269	3734	5535	1007750	166847	840903
2003	10764	4219	6545	1188591	180621	1007970
2004	11952	4683	7269	1342500	205900	1136600
2005	13811	5385	8426	1524922	230676	1294246
2006	15369	6068	9301	1612392	269891	1342501
2007	16379	6432	9947	1788076	295876	1492200
2008	16604	6792	9812	1770031	312135	1457868
2009	16353	6332	10021	1875984	329156	1546828
2010	18108	6798	11310	2134620	383672	1750948
2011	20103	7129	12974	2486469	436247	2050222
2012	19467	7081	12386	2399366	482758	1916608
2013	16628	7192	9436	2022005	529669	1492336
2014	13202	7463	5739	1433247	568898	864348
2015	13565	7819	5746	1467327	602367	864960
2016	14526	8618	5908	1527786	658185	869601
2017	16756	9817	6939	1763462	773712	989750
2018	18783	11504	7279	1865831	841179	1024652
2019	21002	13183	7819	1995464	896424	1099040
2020	19743	12094	7649	1996194	865160	1131034
2021	22372	14167	8205	2256091	1024090	1232002
2022	21838	13217	8621	2293610	963363	1330247
2023	23214	14059	9155	2496904	1058616	1438288

注：1978-1985 年为交通部门运量，1986 年及以后为全社会运量。

5-3 历年通车、航道里程

单位：公里

年 份	公路通车里程	高速公路	一级公路	二级公路	三级公路	四级公路	等外公路	内河航道里程	# 三级	# 四级	# 五级
1978	1200.37										
1979	1355.95										
1980	1392.16										
1981	1448.31										
1982	1496.91										
1983	1525.98										
1984	1576.00										
1985	1647.51				147.00	1024.00	477.00				
1986	1700.00				163.00	1060.00	477.00				
1987	1764.00				219.00	1068.00	477.00				
1988	1861.00			43.00	236.00	1105.00	477.00				
1989	1739.00			102.00	242.00	1194.00	201.00				
1990	1809.00			102.00	243.00	1263.00	201.00				
1991	1834.00			102.00	243.00	1288.00	201.00				
1992	1880.00			102.00	243.00	1334.00	201.00				
1993	1865.00			102.00	257.00	1392.00	114.00				
1994	1913.00			146.00	323.00	1425.00	19.00				
1995	1942.00			146.00	421.00	1273.00	102.00				
1996	2056.00			161.00	449.00	1367.00	79.00				
1997	2155.00		151.00	47.00	471.00	1414.00	72.00				
1998	2188.00		145.00	83.00	465.00	1423.00	72.00				
1999	2240.20		144.70	83.00	442.70	1479.40	90.40				
2000	2240.20		144.70	83.00	442.70	1479.40	90.40				
2001	2470.26	34.42	240.06	257.18	303.52	1523.90	111.18				
2002	2800.71	86.06	240.06	259.28	317.22	1771.11	126.98	1166.81		201.31	74.40
2003	2815.45	86.06	241.29	271.72	349.24	1742.29	124.85	1166.81		201.31	74.40
2004	3039.46	86.06	270.36	276.15	342.83	1949.27	114.79	1166.81		249.21	74.40
2005	3044.86	86.06	273.38	273.13	342.83	1954.67	114.79	1166.81		249.21	74.40
2006	6937.60	174.29	288.10	320.30	303.10	3980.59	1871.22	1166.81		249.21	80.64
2007	7017.44	235.39	290.04	359.00	310.21	4128.83	1783.96	1171.51	43.17	241.51	92.46
2008	7386.11	235.39	333.79	391.85	307.32	4830.16	1287.61	1171.51	43.17	241.51	92.46
2009	7747.00	263.97	345.61	413.98	307.57	5620.80	795.08	1171.51	43.17	241.51	94.65
2010	7890.12	264.11	347.04	462.50	330.61	5739.26	746.61	1171.51	77.38	207.30	94.65
2011	7987.85	264.11	380.07	528.78	330.07	5754.54	730.28	1171.51	77.38	207.30	100.61
2012	8110.93	289.15	406.85	521.18	323.18	5866.07	704.52	1171.51	77.38	207.30	100.61
2013	8216.26	289.15	433.16	565.33	326.36	5906.69	695.58	1179.52	79.98	216.40	96.92
2014	7510.98	289.15	451.44	578.74	329.48	5858.80	3.38	1179.52	105.90	210.47	78.16
2015	7665.65	289.15	461.09	602.28	360.05	5950.08	3.01	1179.52	105.90	210.47	89.46
2016	7723.73	289.15	488.29	621.64	374.58	5947.06	3.01	1179.52	105.90	210.47	96.56
2017	7958.25	319.14	521.17	634.89	403.68	6079.36		1179.52	105.90	210.47	96.56
2018	8079.21	319.14	539.68	651.20	567.27	6001.93		1179.52	105.90	211.77	134.42
2019	8065.31	367.59	563.81	652.16	673.50	5808.25		1129.42	105.90	211.77	103.97
2020	8139.41	418.39	599.49	663.39	769.04	5689.10		1173.70	168.67	176.33	111.67
2021	8249.02	452.11	655.85	662.27	890.67	5588.12		1173.70	168.67	176.33	111.67
2022	8222.10	452.11	694.85	716.06	1013.06	5346.02		1173.70	168.67	176.33	132.72
2023	8181.36	452.56	773.82	743.97	965.55	5245.45		1173.69	168.67	176.32	132.72

注：2002 年前航道无现状等级统计数，2006 年起公路通车里程含村道，2014 年经调查后等外公路中剔除园区及城镇道路。

5-4 历年分县区公路通车里程

单位：公里

年 份	全 市	市 区	德清县	长兴县	安吉县
1978	1200.37	175.95	185.48	231.94	607.00
1979	1355.95	197.05	214.12	304.95	639.83
1980	1392.16	185.51	192.94	323.51	690.20
1981	1448.31	200.00	195.10	323.51	729.70
1982	1496.91	208.65	204.49	328.04	755.73
1983	1525.98	227.87	204.49	331.04	762.58
1984	1576.00	234.00	215.00	335.00	792.00
1985	1647.51	247.57	241.46	349.53	808.95
1986	1700.00	252.54	241.46	365.00	841.00
1987	1764.00	258.00	273.00	392.00	841.00
1988	1861.00	321.00	275.00	415.00	850.00
1989	1739.00	339.68	287.74	355.65	755.93
1990	1809.00	377.00	300.00	355.00	777.00
1991	1834.00	383.00	300.00	360.00	791.00
1992	1880.00	392.00	305.00	377.00	806.00
1993	1865.00	386.16	321.35	367.89	789.60
1994	1913.00	398.39	351.11	367.89	795.61
1995	1942.00	404.22	369.53	367.83	800.42
1996	2056.00	437.93	376.72	440.93	800.42
1997	2155.00	457.00	414.70	454.30	829.00
1998	2188.00	467.05	436.81	467.34	816.80
1999	2240.20	473.00	436.81	477.21	853.18
2000	2240.20	473.00	436.81	477.21	853.18
2001	2470.26	582.73	439.21	555.98	892.34
2002	2800.71	744.15	481.82	652.19	922.55
2003	2815.45	747.15	494.60	651.18	922.52
2004	3039.46	747.15	498.69	857.19	936.43
2005	3044.86	747.15	498.69	862.59	936.43
2006	6937.60	2276.93	1043.21	1823.47	1793.99
2007	7017.44	2362.51	1053.92	1859.35	1831.66
2008	7386.11	2519.78	1073.59	1915.40	1877.35
2009	7747.00	2556.52	1099.39	1977.24	2113.85
2010	7890.12	2607.14	1111.33	2029.93	2141.72
2011	7987.85	2617.68	1114.29	2090.29	2165.58
2012	8110.93	2618.61	1116.11	2152.23	2223.99
2013	8216.26	2644.85	1119.16	2191.52	2260.74
2014	7510.98	2158.85	1135.80	2132.72	2083.61
2015	7665.65	2203.51	1143.75	2187.80	2130.60
2016	7723.73	2232.38	1154.47	2165.07	2171.80
2017	7958.25	2278.38	1247.47	2246.26	2186.14
2018	8079.21	2317.47	1288.25	2261.43	2212.06
2019	8065.31	2251.94	1287.48	2277.97	2247.92
2020	8139.41	2240.11	1342.93	2297.76	2258.61
2021	8249.02	2226.81	1384.50	2302.09	2335.62
2022	8222.10	2215.32	1369.57	2307.79	2329.42
2023	8181.36	2202.78	1341.30	2296.41	2340.86

注：2006 年起公路通车里程含村道。

5-5 历年民用汽车拥有量

单位：辆

年 份	年末民用汽车拥有量	#私人汽车	#轿车	年末拥有载客汽车	机动车上牌量	#小型汽车
2002	41183	15237	6114			
2003	57739	30391	13614			
2004	67609	41261	19904			
2005	80960	54191	27926			
2006	94401	66293	37509	71919		
2007	111383	81580	49783	89875		
2008	130772	98732	63690	109894	52608	22543
2009	167741	133215	89480	144647	70677	40457
2010	218000	180041	122732	191089	86046	54283
2011	275450	233523	179807	245082	83744	61399
2012	338897	294027	224750	304288	84510	69500
2013	405647	357849	272278	366757	84692	72379
2014	471480	424561	303154	432183	94128	82189
2015	553092	505612	362464	513621	109017	97425
2016	642262	588840	418392	597612	116623	103413
2017	733755	668947	663933	681170	116853	102596
2018	812440	738242	702778	755332	112281	103012
2019	886936	804104	762580	820519	122277	104070
2020	950291	860732	813865	874845	113358	94178
2021	1004868	910690	860501	923062	130888	107939
2022	1075164	979115	927811	991405	162398	121750
2023	1150441	1045110	684717	1059895	137058	112417

5-6 历年营业性客、货运输汽车拥有量

单位：辆

年 份	汽车合计	载客汽车	#大型	载货汽车	#大型	载客汽车客位(客位)	#大型	载货汽车吨位(吨位)	#大型
1978	1288	125	109	1007	993				
1979	1644	139	121	1318	1300				
1980	2143	165	143	1704	1680				
1981	2460	207	180	1910	1883				
1982	2722	232	202	2075	2046				
1983	2794	290	262	2088	1924				
1984	3494	351	317	2603	2398				
1985	4787	576	415	3362	2912				
1986	5433	1564	452	3582	2720				
1987	6571	1865	484	4523	3242				
1988	8038	2018	544	5473	3792				
1989	7971	1894	496	5226	3507				
1990	8412	1998	501	5549	3617				
1991	8334	2152	526	5243	3041				
1992	9380	3034	594	6413	3633	44782		22195	
1993	12028	4237	500	7791	3063	54561	22891	25439	16200
1994	13784	5017	437	8541	3475	59712	20287	29262	18835
1995	16456	6151	387	10007	4260	65916	18220	34639	23457
1996	17686	7368	374	10002	4240	71967	17060	35236	24171
1997	17605	7750	336	9688	3171	71692	15209	29122	17505
1998	18509	8093	252	10269	3260	72057	11253	30096	18132
1999	19008	8465	211	10433	3003	74635	9240	28862	16634
2000	22429	10008	184	12421	3002	85564	7907	32187	17130
2001	24857	11906	258	12951	2610	100963	9836	30843	16594
2002	31964	18155	297	13809	3029	126552	10686	34426	18978
2003	47834	33213	671	14621	3158	223877	25017	39025	19750
2004	58430	43862	543	14568	3193	255319	22098	43583	22445
2005	70231	55107	782	15124	3182	323239	32502	45541	24169
2006	84041	68705	1019	15336	3591	391910	41548	50949	28032
2007	99516	84104	1099	15270	4264	476736	44958	55462	35938
2008	119283	103122	1231	15893	4265	603878	50163	48244	34809
2009	15717	3403	1130	12314	3949	67896	46797	55159	44088
2010	18988	3350	1136	15638	5020	68309	47809	74433	60421
2011	19883	3677	1550	16206	5555	88193	69826	86190	71989
2012	21803	3612	1511	18191	5880	90593	73760	94233	77676
2013	24429	3572	1543	20857	6268	91668	76063	104965	86784
2014	23720	3463	1531	20257	6103	89965	76250	107396	89415
2015	19994	3588	1559	16406	5218	90564	77644	94287	79814
2016	20561	4078	1958	16483	6338	111957	90316	112483	99449
2017	17546	4115	1961	13431	6522	119679	90233	118028	109959
2018	20070	570	461	15690	8720	23346	21075	162928	155203
2019	13100	585	489	12515	9785	24444	22447	176768	175907
2020	15086	594	493	14492	11355	24934	22725	210289	209552
2021	16362	528	404	15834	12237	19942	17861	225763.5	225071.4
2022	16409	518	405	15891	12234	19970	18137	227141.7	226545.8
2023	20525	4081	562	16444	12234	22474	18627	238716	226546

注：1.1978-1991 年数据由车辆管理部门提供，1992 年及以后的数据由公路运输管理部门提供；2.载货汽车中的大型车辆不含专用载货汽车；3.2009 年起客、货汽车拥有量不含非营运车辆。

5-7 历年船舶拥有量

年　份	机动船					非机动船(驳船)	
	艘数(艘)	净载重吨(吨位)	载客量(客位)	标准箱位TEU	功率(千瓦)	艘数(艘)	净载重量(吨位)
1978	354	1410	3481		15160	2269	69817
1979	391	1429	3767		17225	2573	84307
1980	448	2013	3803		20268	2845	100291
1981	457	1539	3907		21610	2887	111765
1982	642	3844	3957		22839	2730	114204
1983	889	7097	4043		23894	2644	119946
1984	1228	15797	3982		37431	2702	128813
1985	3763	15671	5202		37965	3434	166915
1986	4886	80394	8432		62164	3163	165692
1987	6027	119691	6683		66343	2797	169426
1988	6752	156602	6100		94247	2675	174872
1989	7378	167686	5338		100949	2945	190090
1990	7018	159859	4876		97578	2673	181945
1991	6764	144550	4505		98192	2689	181307
1992	5751	178952	3711		102908	2425	175465
1993	7845	247117	2171		140206	2481	181907
1994	5920	236644	1783		128129	2302	178005
1995	6519	272937	1957		141556	2247	175961
1996	5759	248710	1767		131645	2319	177719
1997	5654	241476	1667		135492	2188	174166
1998	7250	397953	1387		195934	2066	164879
1999	6907	397861	1387		192619	1370	115750
2000	5623	348530			169414	1226	103718
2001	6445	487616			239419	1156	98482
2002	7464	709282			371081	995	86895
2003	7092	770265			425046	1197	108595
2004	6931	894766	128		507877	1140	108251
2005	5293	866114	242		525975	1036	104087
2006	4893	1006938	455		600049	776	83641
2007	4975	1049410	561		620917	588	63538
2008	4892	1036792	495		612271	496	55917
2009	4639	1100453	711		646486	369	41599
2010	5256	1389340	965		803246	308	37728
2011	5297	1488685	1181	150	859090	185	35080
2012	5256	1504579	1150	480	860629	158	31726
2013	5146	1509799	1473	732	850236	153	31081
2014	4849	1460624	1940	1380	812398	85	18433
2015	4553	1484899	2171	1908	778419		
2016	4259	1858973	2256	3012	759208		
2017	3856	1887406	2299	3258	706324		
2018	3906	1964610	2623	3626	716693		
2019	3910	2045073	3007	3774	723009		
2020	3945	2206992	3322	4434	738664		
2021	4162	2498934	2734	5286	790388		
2022	3620	2480553	2436	6146	729411		
2023	3695	2725235	2544	9064	750718		

5-8 分县区公路通车、航道通航情况

指　标	单位	全　市	市　区	德清县	长兴县	安吉县
一、公路密度及通达情况						
以国土面积计算	公里/百平方公里	141	105	143	160	124
以人口计算	公里/万人	30	14	30	36	49
乡镇总数	个	44	6	8	11	11
通车乡（镇）数	个	44	6	8	11	11
二、公路通车总里程	公里	8181.36	902.92	1341.30	2296.41	2340.86
按使用性质分						
1. 国道	公里	418.22	166.58	42.32	160.18	49.13
2. 省道	公里	908.30	211.48	181.71	201.77	313.34
3. 县道	公里	1370.83	356.57	258.79	377.56	377.92
4. 乡道	公里	1565.45	355.82	233.46	316.15	660.03
5. 村道	公里	3918.56	1112.34	625.03	1240.75	940.44
按技术状况分						
1. 等级公路	公里	8181.36	2202.78	1341.30	2296.41	2340.86
高速公路	公里	452.56	132.14	94.40	133.17	92.86
一级公路	公里	773.82	291.86	90.73	210.77	180.47
二级公路	公里	743.97	194.03	96.15	253.23	200.57
三级公路	公里	965.55	548.92	81.84	212.42	122.38
四级公路	公里	5245.45	1035.85	978.19	1486.82	1744.58
2. 等外公路	公里					
三、内河航道里程总计	公里	1173.69	643.11	222.24	262.82	45.53
#三级	公里	168.67	123.19	24.01	21.47	0.00
四级	公里	176.32	81.61	43.40	22.74	28.58
五级	公里	132.72	52.75	51.31	28.66	0.00

注：公路通车里程含村道。

5-9 分县区全社会客、货运情况

指　标	单位	全　市	市　区	德清县	长兴县	安吉县
客运量总计	万人	471	190	147	57	78
公路	万人	404	176	99	52	78
内河	万人	67	14	48	5	0
旅客周转量总计	万人公里	86728	33810	17848	12620	22450
公路	万人公里	86244	33738	17467	12591	22447
内河	万人公里	485	72	381	28	3
货运量总计	万吨	23214	4818	3705	11188	3504
公路	万吨	14059	2417	2939	6839	1864
内河	万吨	9155	2400	766	4349	1640
货物周转量总计	万吨公里	2496904	573980	276715	1090517	555692
公路	万吨公里	1058616	247367	165698	421602	223949
内河	万吨公里	1438288	326612	111018	668915	331743

5-10 分县区民用汽车、摩托车年末拥有量

单位：辆

指　标	全　市	市　区	德清县	长兴县	安吉县
年末民用汽车拥有量	1139205	544658	181261	220097	193189
#私人汽车	1064844	506756	168203	206286	183599
#新能源汽车	92795	51071	9066	18209	14449
年末拥有载客汽车	1059895	473182	156164	193546	168513
年末拥有挂车	4653	1237	378	2436	569
本年机动车上牌量	137058	76644	26743	34400	24611
#小型汽车	110194	62055	19230	21629	18836
年末摩托车拥有量	184217	98889	28431	38170	18762
#私人摩托车	179167	97020	27757	36964	18547

5-11　分县区营业性公路运输工具年末拥有量

指　标	单位	全　市	市　区	德清县	长兴县	安吉县
总　　计	**辆**	20525	6929	2501	6766	4329
一、客运车辆	辆	4081	2375	557	518	631
1.客运班车	辆	121	53	11	5	52
	客位	3847	2066	519	149	1113
2.客运包车	辆	441	263	68	62	48
	客位	18627	11222	2974	2550	1881
3.出租汽车	辆	1487	975	163	141	208
4.公共汽车	辆	2032	1084	315	310	323
二、货运车辆	辆	16444	4554	1944	6248	3698
	吨位	238716	57801	25286	101703	53926
载货汽车	辆	16444	4554	1944	6248	3698
	吨位	238716	57801	25286	101703	53926
货车	辆	9045	3272	1219	2103	2451
	吨位	110740	36289	14695	27063	32694
挂车	辆	4012	671	326	2316	699
	吨位	127976	21512	10591	74640	21233
牵引车	辆	3387	611	399	1829	548

5-12 分县区全社会水路运输工具年末拥有量

指 标	单位	全市	市区	德清县	长兴县	安吉县
一、机动船 艘数	艘	3695	1091	390	1647	567
总吨	吨位	1433021	452477	125406	612928	242210
净载重量	吨位	2725235	832369	233869	1191923	467074
载客量	客位	2544	250	1432	584	278
标准箱位	TEU	9064	3656	492	2324	2592
功率	千瓦	750718	215451	58545	338620	138102
1. 客船 艘数	艘	51	11	24	13	3
总吨	吨位	1851	226	730	304	591
载客量	客位	2544	250	1432	584	278
功率	千瓦	2979	1803	387	138	651
2. 货船 艘数	艘	3644	1080	366	1634	564
总吨	吨位	1431170	452251	124676	612624	241619
净载重量	吨位	2725235	832369	233869	1191923	467074
标准箱位	TEU	9064	3656	492	2324	2592
功率	千瓦	747739	213648	58158	338482	137451
内：油船 艘数	艘	6	0	4	0	2
总吨	吨位	2482	0	1812	0	670
净载重量	吨位	2833	0	1992	0	841
功率	千瓦	1543	0	1112	0	431
集装箱船 艘数	艘	21	3	0	0	18
总吨	吨位	17091	2854	0	0	14237
净载重量	吨位	19564	4004	0	0	15560
标准箱位	TEU	1046	182	0	0	864
功率	千瓦	8191	1000	0	0	7191
3. 拖船 艘数	艘	0	0	0	0	0
总吨	吨位	0	0	0	0	0
功率	千瓦	0	0	0	0	0

5-13 历年邮政电信主要指标

单位：户

年份	邮电业务收入（万元）	#电信业务	函件（万件）	订销报纸累计份数（万份）	订销杂志累计份数（万份）	固定电话用户数	住宅电话	移动电话用户数	国际互联网用户数	#宽带用户
1978	229		611	2946	103	4340				
1979	268		720	3293	128	4642				
1980	365		822	3560	196	5402				
1981	440		827	3833	287	6013				
1982	502		868	4045	275	6586				
1983	577		875	4798	290	7350				
1984	701		947	5436	364	8463				
1985	953		1076	6605	402	9814				
1986	1101		1166	6944	360	10564				
1987	1257		1307	7626	406	11705				
1988	1724		1312	7712	364	13480				
1989	2107		1221	4727	221	15494				
1990	2798		1161	4981	221	18503				
1991	3789		1274	5382	231	23105				
1992	5369		1406	5737	240	31796				
1993	8866		1558	5691	219	49766				
1994	16219		1689	6239	207	79195		4292		
1995	22921		1811	5114	207	119390		11556		
1996	31921		2031	5233	183	147548		19709		
1997	37785		1876	5091	180	187416		36177		
1998	43355		1797	5021	186	231589		62650	1300	
1999	82386		1183	5153	195	320388		152099	7404	
2000	98201		1245	4596	142	451300		327916	33750	
2001	110242		1352	4840	249	602800		512786	76700	
2002	131948		1451	4737	233	733300		772145	108959	
2003	143884		1453	4919	245	823372		998285	119506	
2004	172052		1070	4780	260	1041777	697000	1334037	157864	64950
2005	188143		1004	5193	270	1177838	762300	1500400	168317	106777
2006	210956		990	5271	361	1204252	750800	1767587	192124	161431
2007	240421	226506	747	4799	212	1177542	710100	1927871	238387	230126
2008	257399	243250	2121	5432	386	1179746	706165	2021947	292076	284355
2009	267915	252537	749	5712	200	1125154	699428	2454976	394934	369926
2010	279155	260847	687	5308	150	1078322	682467	2869321	508650	485239
2011	305715	283046	663	5910	433	1077298	669573	3221078	533738	533488
2012	337637	312329	651	5992	412	1016988	630176	3242616	600822	600572
2013		315944	719	5700	181	970300	613520	3663500	812822	812740
2014		313487	801	5918	177	906203	577004	3830033	883486	878432
2015		312966	888	6192	344	891400	581541	4502700		1043300
2016		326084	611	5147	202	818684	514433	4561850		1184936
2017		360328	420	4872	220	803193	501750	4430596		1577594
2018		364639	207	4751	180	762452	496458	5027402		1930997
2019	315252	383080	133	4662	157	729987	419458	4633442		2042301
2020	378616	407898	113	4700	138	641437	379161	4448672		2222820
2021	481673	470759	88	4240	143	616397	340018	4453865		2456279
2022	493489	520972	10317	4565	167	595994	322496	4598629		2744267
2023	495839	552845	13730	4845	168	542474	300775	4032397		1869528

5-14　分县区电信业主要指标

指　标	单位	全　市	市　区	德清县	长兴县	安吉县
电信业务收入	万元	552845	287015	77906	104245	83679
期末总用户数	户	6907889	3437659	1045414	1290804	1134012
#宽带用户	户	1978200	970221	309070	359210	339699
移动电话	户	4475151	2254158	659743	841464	719786
固定电话	户	542474	301216	76601	90130	74527
#住宅电话	户	281697	158268	35469	53777	34183

主要统计指标解释

公路通车里程　是指实际达到公路工程技术标准等级的公路长度。它包括大中城市的郊区公路以及通过小城镇街道的公路里程，也包括桥梁、渡口的长度，但不包括城市的街道以及厂矿、林区和农业生产用道的里程。两条或多条公路共同径由同一条路段，只计算一次，不得重复计算里程长度，公路里程是反映公路建设发展规模重要指标，也是计算运输网密度等指标的基础资料。

内河通航里程　是指在枯水季节水深在 0.3 米以上能通航运输船舶及排筏的天然河流、湖泊、水库、运河及通航渠道的长度。包括全年季节性通航累计 3 个月以上的航道，但不包括公共零用流放竹、木排的河道。内河航道里程是反映河水运输网规模、水平和发展情况的主要指标。

货（客）运量　指运输业实际运送的货物（旅客）数量。货运按吨计算，客运按人计算。货物不论运输距离长短，货物类别，均按实际重量统计，旅客不论行程远近或票价多少，均按一人一次作为客运量统计。半价票、小孩票也按一人统计。货（客）运量反映运输业为国民经济和人民生活服务的数量指标，也是制定和检查运输生产计划，研究运输发展规模和速度的重要指标。

货物（旅客）周转量　指运输业运送的货物（旅客）数量与相应运输距离乘积之和，通常按发出站与到达站之间的最短距离，也就是计费距离计算。它反映运输业生产总成果的重要指标，也是编制和检查运输生产计划、计算运输、劳动生产率以及核算运输单位成本的主要基础资料。

六、固定资产投资、建筑业

6-1 历年分县区全社会固定资产投资

单位：万元

年　份	全　市	吴兴区	吴　兴	南浔区	德清县	长兴县	安吉县	△市区
1978	5867				542	2309	1142	1874
1979	6874				502	3016	679	2677
1980	8713				768	3229	1043	3673
1981	9817				1103	3104	827	4783
1982	12228				1588	5218	716	4706
1983	23351				3813	5805	2598	12406
1984	35296				4935	8550	4847	16964
1985	53472				8698	13509	8155	23110
1986	74845				9004	15263	11344	37234
1987	100173				13875	22858	11580	51860
1988	120806				17341	26290	13997	63178
1989	112485				15553	27455	13553	55924
1990	117503				16488	24438	11275	65302
1991	131213				22751	32943	14251	61286
1992	246123				34103	58703	31036	122281
1993	455297				68029	76234	45499	265535
1994	581281				83842	113232	84208	299999
1995	724040				109152	138831	102771	373286
1996	799231				133519	143684	171942	370086
1997	840495				118273	119199	249360	353663
1998	941753				118365	124038	277137	422213
1999	962853				126581	150495	137688	548089
2000	1093389				162040	204341	135573	591435
2001	1451554				207508	398319	182697	663030
2002	1896433				284677	432940	228835	949982
2003	2468957	891214	559205	325489	435357	537710	279187	1216703
2004	3276591	1218434	669472	446773	592161	680828	338395	1665207
2005	3629523	1422841	702676	474514	606960	757055	368153	1897355
2006	4072522	1577929	787461	573516	645034	884046	391997	2151445
2007	4583411	1690567	909820	656011	752913	1035046	448874	2346578
2008	5287895	1686455	1111529	809732	919499	1299308	572901	2496187
2009	6361873	1994372	1182231	912353	1053852	1483808	692488	3131725
2010	7199765	2294323	1464138	1054949	1240625	1783327	826541	3349272
2011	8046706	2654670	1684263	1042703	1406772	2019732	922829	3697373
2012	9707282	3163219	2038947	1210149	1737521	2488125	1108268	4373368
2013	10700473	3309670	1887635	1338821	1980105	2836106	1235771	4648491
2014	12429184	3812947	2212970	1577704	2319746	3266141	1452646	5390651
2015	14026428	4286711	2563818	1823047	2679423	3594061	1643186	6109758
2016	15921759	4920945	2919196	2009021	3047145	4077530	1867118	6929966
2017	17309772	5448579	3279137	2182545	3247924	4402941	2027783	7631124

注：2011 年开始统计口径为计划总投资 500 万元及以上项目和全部房地产开发投资。

6–2 历年分县区全社会固定资产投资增长速度

单位：%

年 份	全 市	吴兴区	吴 兴	南浔区	德清县	长兴县	安吉县	△市区
1979	17.2				−7.4	30.6	−40.5	42.8
1980	26.8				53.0	7.1	53.6	37.2
1981	12.7				43.6	−3.9	−20.7	30.2
1982	24.6				44.0	68.1	−13.4	−1.6
1983	91.0				140.1	11.2	262.8	163.6
1984	51.2				29.4	47.3	86.6	36.7
1985	51.5				76.3	58.0	68.2	36.2
1986	40.0				3.5	13.0	39.1	61.1
1987	33.8				54.1	49.8	2.1	39.3
1988	20.6				25.0	15.0	20.9	21.8
1989	−6.9				−10.3	4.4	−3.2	−11.5
1990	4.5				6.0	−11.0	−16.8	16.8
1991	11.7				38.0	34.8	26.4	−6.1
1992	87.6				49.9	78.2	117.8	99.5
1993	85.0				99.5	29.9	46.6	117.2
1994	27.7				23.2	48.5	85.1	13.0
1995	24.6				30.2	22.6	22.0	24.4
1996	10.4				22.3	3.5	67.3	−0.9
1997	5.2				−11.4	−17.0	45.0	−4.4
1998	12.0				0.1	4.1	11.1	19.4
1999	2.2				6.9	21.3	−50.3	29.8
2000	13.6				28.0	35.8	−1.5	7.9
2001	32.8				28.1	94.9	34.8	12.1
2002	30.6				37.2	8.7	25.3	43.3
2003	30.2				52.9	24.2	22.0	28.1
2004	32.7	36.7	19.7	37.3	36.0	26.6	21.2	36.9
2005	10.8	16.8	5.0	6.2	2.5	11.2	8.8	13.9
2006	12.2	10.9	12.1	20.9	6.3	16.8	6.5	13.4
2007	12.5	7.1	15.5	14.4	16.7	17.1	14.5	9.1
2008	15.4	−0.2	22.2	23.4	22.1	25.5	27.6	6.4
2009	20.3	18.3	6.4	12.7	14.6	14.2	20.9	16.4
2010	13.2	15.0	23.8	15.6	17.7	20.2	19.4	15.2
2011	19.6	21.4	23.9	15.3	22.3	18.7	17.6	19.6
2012	20.6	19.2	21.1	16.1	23.5	23.2	20.1	18.3
2013	10.2	4.6	−1.2	10.6	14.0	14.0	11.5	6.3
2014	16.2	15.2	17.2	17.8	17.2	15.2	17.5	16.0
2015	12.9	12.4	15.9	15.6	15.5	10.0	13.1	13.3
2016	13.5	14.8	13.9	10.2	13.7	13.5	13.6	13.4
2017	13.7	14.4	14.6	13.5	13.5	13.4	13.3	14.1
2018	6.2	7.9	8.3	8.3	10.2	5.5	5.5	5.4
2019	11.4	13.9	14.6	13.5	14.3	11.2	13.1	10.0
2020	6.6	7.4	7.4	7.6	6.9	6.2	6.9	6.6
2021	14.2	25.6	25.6	29.8	15.5	−14.3	21.4	27.8
2022	9.1	8.2	5.4	12.0	15.4	2.4	7.6	9.3
2023	10.4	6.7	6.1	6.1	15.0	7.5	22.6	6.6

注：1.2011 年开始统计口径为计划总投资 500 万元及以上项目和全部房地产开发投资；2.2017 年增长按可比口径计算。

6-3 历年分县区全社会固定资产投资发展指数

（以1978年为100）

年 份	全 市	吴兴区	吴 兴	南浔区	德清县	长兴县	安吉县	△市区
1978	100.0				100.0	100.0	100.0	100.0
1979	117.2				92.6	130.6	59.5	142.8
1980	148.5				141.7	139.8	91.3	196.0
1981	167.3				203.5	134.4	72.4	255.2
1982	208.4				293.0	226.0	62.7	251.1
1983	398.0				703.5	251.4	227.5	662.0
1984	601.6				910.5	370.3	424.4	905.2
1985	911.4				1604.8	585.1	714.1	1233.2
1986	1275.7				1661.3	661.0	993.3	1986.9
1987	1707.4				2560.0	990.0	1014.0	2767.3
1988	2059.1				3199.4	1138.6	1225.7	3371.3
1989	1917.2				2869.6	1189.0	1186.8	2984.2
1990	2002.8				3042.1	1058.4	987.3	3484.6
1991	2236.5				4197.6	1426.7	1247.9	3270.3
1992	4195.0				6292.1	2542.4	2717.7	6525.1
1993	7760.3				12551.5	3301.6	3984.2	14169.4
1994	9907.6				15469.0	4903.9	7373.7	16008.5
1995	12340.9				20138.7	6012.6	8999.2	19919.2
1996	13622.5				24634.5	6222.8	15056.2	19748.5
1997	14325.8				21821.6	5162.4	21835.4	18872.1
1998	16051.7				21838.6	5371.9	24267.7	22530.0
1999	16411.3				23354.4	6517.8	12056.7	29247.0
2000	18636.3				29896.7	8849.8	11871.5	31560.0
2001	24741.1				38285.7	17250.8	15997.9	35380.4
2002	32323.8				52523.4	18750.2	20038.0	50692.7
2003	42082.2	100.0	100.0	100.0	80324.3	23287.7	24447.1	64925.4
2004	55847.9	136.7	119.7	137.3	109255.0	29486.0	29631.7	88858.4
2005	61863.5	159.7	125.7	145.8	111985.4	32787.3	32237.4	101246.2
2006	69414.2	177.1	140.8	176.2	119010.2	38287.2	34325.3	114804.9
2007	78122.1	189.7	162.7	201.5	138914.1	44826.8	39305.8	125217.5
2008	90129.7	189.2	198.8	248.8	169649.5	56271.8	50166.3	133200.9
2009	108435.1	223.8	211.4	280.3	194438.0	64262.3	60637.9	155107.9
2010	122716.6	257.4	261.8	324.1	228898.0	77234.2	72376.3	178723.0
2011	146769.0	312.5	324.4	373.7	279942.2	91677.0	85114.6	213752.7
2012	177057.3	372.4	392.7	433.7	345760.0	112937.6	102218.0	252833.4
2013	195172.8	389.6	388.0	479.8	394033.3	128732.7	113977.9	268738.8
2014	226790.8	448.9	454.7	565.2	461807.0	148300.1	133924.0	311737.0
2015	256046.8	504.6	527.0	653.1	533410.3	163189.4	151490.5	353322.4
2016	290613.1	579.3	600.3	719.8	606487.5	185219.9	172093.2	400667.6
2017	308631.1	625.1	650.1	779.5	668349.2	195407.0	181558.4	308514.0
2018	327766.2	674.5	704.1	829.4	723822.2	215338.6	191544.1	325124.7
2019	365131.6	768.3	806.9	941.4	827328.7	239456.5	216636.3	357637.1
2020	389230.3	825.1	866.6	1012.9	884414.4	254302.8	231584.2	381241.2
2021	444501.0	1036.4	1088.4	1314.7	1021498.7	217937.5	281143.3	487226.2
2022	507620.1	1301.7	1367.1	1706.5	1179831.0	186772.4	341307.9	622675.1
2023	553813.5	1420.1	1491.5	1861.8	1287195.6	203768.7	372367.0	679338.5

注：2011年开始统计口径为计划总投资500万元及以上项目和全部房地产开发投资。

6-4 历年限额

年 份	合计	第一产业	第二产业	#工业投资
2002	1446585	1214	672686	670401
2003	2072704	14853	956024	942000
2004	2937246	5550	1392467	1375473
2005	3270533	12244	1492459	1463258
2006	3716747	900	1662999	1661199
2007	4211385	8430	2164000	2154510
2008	4826545	15780	2751730	2676117
2009	4812898	11310	3141633	3136918
2010	6728492	14521	3809418	3804728
2011	8046706	53009	4420877	4418539
2012	9707282	79443	5297790	5278374
2013	10700473	68134	5292210	5283990
2014	12429184	67955	5696097	5696097
2015	14026428	83180	6127005	6126455
2016	15921759	112815	6809580	6780340
2017	17309772	102406	7176794	7166181

以上固定资产投资

单位：万元

#工业技改	第三产业	#房地产开发	民间投资	基础设施
	772685	295765	759635	456604
	1101827	415160	1170075	606545
	1539229	568602	1952485	1145762
	1765830	690486	2259967	1165370
	2052848	727959	2834716	1211701
	2038955	949385	2830857	968444
1328846	2059035	1068445	3477547	1039616
1800613	1659955	1113006	3041550	1411641
1999433	2904553	1431314	4832162	1207421
1770987	3572820	1846799	5639130	1442069
2803624	4330049	2111735	7355066	1667101
3293893	5340129	2676379	8140801	2194931
3520651	6665132	3427487	9488610	2607345
4434385	7816243	3233875	10132367	3243024
5433030	8999364	2742244	10484142	4667005
5839972	10030572	3011700	11876208	5762323

6–5 分县区

行业分类	全市	吴兴区	吴兴
一、本年完成投资	10.4	6.7	6.1
其中：国有投资	43.8	36.4	24.8
其中：非国有投资	–3.7	–5.4	–1.0
其中：民间投资	–2.7	–5.4	–0.8
其中：投资项目	25.1	35.6	28.2
其中：基础设施和公共服务	20.8	33.0	32.3
1.电力、燃气及水的生产供应业	30.0	94.5	103.1
2.交通运输业	39.2	67.4	46.2
3.邮政业	–100.0	–100.0	–100.0
4.信息传输业	–1.3	95.4	
5.水利、环境和公共设施管理业（除土地管理）	7.3	7.4	20.5
其中：公共服务投资	72.0	154.0	187.6
1.教育设施	67.5	159.8	–25.3
2.广播、电视、电影和音像业	27.2	27.2	
3.文化艺术业	484.7	19757.9	19757.9
4.体育设施	151.9	5829.8	
5.卫生设施	20.7	30.6	54.4
其中：工业投资	13.7	12.7	–6.6
其中：工业企业技术改造	5.7	–4.3	–18.5
1.按三次产业分:			
第一产业	108.2	182.3	368.0
第二产业	13.6	13.0	–6.6
第三产业	8.6	4.5	10.2
2.按登记注册类型分:			
内资企业	12.1	6.5	6.9
港、澳、台商投资企业	–33.1	–48.8	–49.4
外商投资企业	–12.5	136.9	55.1
3.按建设性质分			
（1）新建	31.6	53.8	55.9
（2）扩建	21.0	–7.5	–27.8
（3）改建和技术改造	6.5	–1.1	–3.1
（4）单纯建造生活设施	–100.0		
（5）迁建	–16.1	12.8	–100.0
（6）恢复	103.9	103.9	103.9
（7）单纯购置	–5.9	–9.0	–9.0

固定资产投资增速

单位：%

南太湖新　区	南浔区	德清县	长兴县	安吉县	△市区
7.5	6.1	15.0	7.5	22.6	6.6
48.4	45.0	28.5	25.0	119.9	39.4
-10.9	-18.8	8.5	2.2	-7.6	-8.9
-11.0	-18.1	9.4	4.7	-4.7	-8.6
45.2	9.9	19.8	20.1	35.6	26.1
34.7	34.8	-1.3	16.7	12.2	33.9
91.0	122.9	76.7	-42.7	20.3	102.3
152.0	34.5	0.7	94.0	87.4	50.1
					-100.0
95.4	525.0	-83.6		18.0	98.4
-21.9	31.0	-9.8	10.8	-10.1	17.7
140.7	-30.6	44.2	49.3	27.8	92.7
239.3	-57.6	136.5	186.9		71.3
27.2					27.2
	4.3	166.6		407.0	670.6
-100.0		-96.8		-81.2	6323.2
18.2	72.8	102.9	-34.0	-11.7	37.9
43.6	-4.9	18.6	21.3	16.1	6.7
29.0	-6.6	7.3	18.1	11.7	-4.7
-100.0	71.3	1151.3	16.6	23.2	118.9
44.7	-4.9	17.7	21.2	16.2	6.9
-1.6	10.6	12.6	-4.0	26.0	6.1
6.1	11.8	14.5	11.0	27.4	8.0
-47.2	-54.2	4.0	-50.5	-33.1	-49.9
160.7	-78.0	61.5	-4.6	-26.7	-28.5
51.7	5.5	26.8	21.2	45.2	33.2
65.8	60.6	19.9	38.1	60.0	4.5
2.5	24.7	6.0	0.7	15.6	4.3
		-100.0		-100.0	
20.8	50.5	-47.0	61.4	-26.9	20.3
					103.9
		-100.0	-84.2	29.1	-9.0

6–5 分县区

行业分类	全市	吴兴区	吴兴
4.按构成分			
建筑安装工程	11.2	13.0	16.1
设备工器具购置	8.3	3.2	–51.5
其中：购置旧设备	–15.4	–100.0	–100.0
其中：用于更新的设备			
其他费用	9.6	–1.5	5.9
其中：旧建筑物购置费	–90.1		
其中：土地购置费	8.2	–7.5	3.9
5.按国民经济行业分 2017			
农、林、牧、渔业	129.5	213.2	419.3
农业	438.9	343.4	1086.7
林业			
畜牧业	–0.2	–100.0	–100.0
渔业	278.9	53.8	53.8
农、林、牧、渔专业及辅助性活动	393.4		
采矿业	41.2	785757.1	785757.1
煤炭开采和洗选业			
石油和天然气开采业			
黑色金属矿采选业			
有色金属矿采选业			
非金属矿采选业	41.2		
开采专业及辅助性活动	–100.0	–100.0	–100.0
其他采矿业			
制造业	12.6	6.5	–13.7
农副食品加工业	–37.1	194.0	183.6
食品制造业	–4.3	16.4	2102.9
酒、饮料和精制茶制造业	–37.3	–74.6	–64.6
烟草制品业			
纺织业	–31.1	–54.8	–55.6
纺织服装、服饰业	–24.7	–34.9	–36.2
皮革、毛皮、羽毛及其制品和制鞋业	–24.2	13.6	13.6
木材加工和木、竹、藤、棕、草制品业	75.0	–80.6	–80.6
家具制造业	8.8	–32.2	–32.2
造纸和纸制品业	–71.9		
印刷和记录媒介复制业	–29.9	24.0	
文教、工美、体育和娱乐用品制造业	–0.9		

固定资产投资增速（续表1）

单位：%

南太湖新　区	南浔区	德清县	长兴县	安吉县	△市区
9.5	6.8	2.5	7.2	28.4	11.0
75.4	-11.3	58.7	11.1	-14.1	-1.2
-100.0					-100.0
-10.4	10.1	34.7	5.9	22.1	1.3
	-100				-93.7
-21.0	0.9	55.3	1.3	40.7	-5.8
-100.0	67.1	1207.5	63.3	48.2	128.3
-100.0	371.6	3195.7	5420.9	59.4	347.2
	19.6	100.6	-0.3	5.7	-12.4
	154.8				151.3
	-28.5		284.9		502.0
			-48.6		785757.1
			-48.6		
					-100.0
40.6	-8.1	17.4	29.7	15.5	1.5
	-83.5	-29.4	-18.1	-64.3	-34.3
6.8	110.2	42.7	-26.3	-33.8	32.1
-77.5		-33.4	-34.9	-2.7	-74.6
-15.6	-41.8	-68.7	1.4	-62.7	-45.6
39.8	-22.0	63.6	353.6		-34.7
		-21.9	-100.0		13.6
	354.9	30.2		-26.7	289.6
	-72.8	-13.9	-32.4	27.1	-69.3
	-100.0	1.1	-88.8	19.6	-83.8
24.0	-55.5	-54.8		-71.6	-14.5
	-20.5	-47.2			-20.5

6-5 分县区

行业分类	全市	吴兴区	吴兴
石油、煤炭及其他燃料加工业	163.1		
化学原料和化学制品制造业	-1.4	49.1	63.9
医药制造业	16.6	-34.4	-64.9
化学纤维制造业	-81.4	-86.9	-86.9
橡胶和塑料制品业	-31.3	-69.3	-83.8
非金属矿物制品业	1.0	-4.5	-21.3
黑色金属冶炼和压延加工业	-72.0	-93.6	-62.1
有色金属冶炼和压延加工业	27.2	-73.7	-73.7
金属制品业	-10.8	44.2	46.5
通用设备制造业	12.5	-1.8	-2.2
专用设备制造业	57.8	88.0	109.2
汽车制造业	42.0	-21.0	-57.2
铁路、船舶、航空航天和其他运输设备制造业	42.9	-8.7	
电气机械和器材制造业	54.4	56.5	-7.7
计算机、通信和其他电子设备制造业	8.4	42.5	39.2
仪器仪表制造业	15.4	137.3	
其他制造业	182.1	440.1	440.1
废弃资源综合利用业	110.6	-35.0	-49.9
金属制品、机械和设备修理业			
电力、热力、燃气及水生产和供应业	30.0	94.5	103.1
电力、热力生产和供应业	19.3	288.5	30.7
燃气生产和供应业	78.3	-87.3	
水的生产和供应业	84.4	27.0	46384.0
建筑业	-33.6		
房屋建筑业	-100.0		
土木工程建筑业			
建筑安装业			
建筑装饰、装修和其他建筑业			
批发和零售业	360.0	952.3	1084.0
批发业	995.1		
零售业	208.4	412.6	474.4
交通运输、仓储和邮政业	39.1	63.3	44.2
铁路运输业	188.1	198.8	198.0
道路运输业	13.7	-19.3	-52.1
水上运输业	77.3	1055.8	1069.8
航空运输业			

固定资产投资增速（续表2）

单位：%

南太湖新区	南浔区	德清县	长兴县	安吉县	△市区
			397.1	-100.0	
-44.7	-27.6	-19.3	7.2	-9.9	4.5
-30.4	146.5	-17.5	-2.6	22.6	76.2
	-100.0	-29.0	-54.1	-13.1	-87.1
-42.2	-22.8	-76.0	1.8	-30.2	-46.2
24.8	-41.8	-21.0	70.3	79	-31.6
-100.0	-35.1	-100.0	-77.5	-3.1	-67.5
	-78.5		884.3	151.3	-74.1
31.7	-75.1	-27.7	-68.0	-28.0	4.2
-0.2	-35.5	35.1	-6.5	47.2	-5.7
64.6	-4.4	66.2	27.9	153.7	44.0
22.2	119.4	46.6	64.9	17.4	27.9
-8.7	-27.1	231.2	-80.2	732.0	-19.0
67.0	107.1	41.4	49.4	32.1	63.8
49.1	-52.9	12.3	67.4	21.5	-10.5
137.3		23.1	-12.2	-81.6	193.1
		26.1			440.1
	77.7		482.1	229.2	-32.1
91.0	122.9	76.7	-42.7	20.3	102.3
	108.3	41.9	-40.1	1.2	195.7
-87.3					78.3
-5.8	18.2	2012.6	-100.0	1944.5	26.1
		-100.0	-100.0		
		-100.0	-100.0		
136.0	-43.4	275.4	4884.3	-95.9	364.5
	-100.0	88942.9		-100.0	1225.7
29.9	-21.1	25.3	4884.3		192.2
130.9	34.6	-0.7	89.1	101.5	48.5
201.2	354.4	-75.9	1760.8		218.8
211.3	15.9	5.7	67.2	122.0	2.2
-100.0	136.1	56.6	-78.7	65.8	330.7

6-5 分县区

行业分类	全市	吴兴区	吴兴
管道运输业			
多式联运和运输代理业	25.4	93.0	
装卸搬运和仓储业	65.3	70.4	702.9
邮政业	-100.0	-100.0	-100.0
住宿和餐饮业	20.3	22.3	261.7
住宿业	44.5	108.8	261.7
餐饮业	-87.6	-100.0	
信息传输、软件和信息技术服务业	-5.3	-21.7	
电信、广播电视和卫星传输服务			
互联网和相关服务	-1.3	95.4	
软件和信息技术服务业	-5.6	-29.1	
金融业	-19.8	-19.8	
货币金融服务	-87.9	-87.9	
资本市场服务			
保险业			
其他金融业	-16.5	-16.5	
房地产业	-9.8	-20.6	-18.8
房地产业	-9.8	-20.6	-18.8
租赁和商务服务业	66.0	100.6	208.6
租赁业	159.0		
商务服务业	65.3	100.6	208.6
科学研究和技术服务业	71.7	40.2	-24.7
研究和试验发展	26.7	12.6	-19.8
专业技术服务业	-46.0	-1.7	39.9
科技推广和应用服务业	114.2	53.0	-100.0
水利、环境和公共设施管理业	7.8	9.2	23.0
水利管理业	16.7	12.2	10.1
生态保护和环境治理业	-29.9	-49.0	-71.5
公共设施管理业	8.3	11.6	27.8
土地管理业	681.0		
居民服务、修理和其他服务业	168.4		
居民服务业	163.1		
机动车、电子产品和日用产品修理业			
其他服务业			
教育	67.5	159.8	-25.3
教育	67.5	159.8	-25.3

固定资产投资增速（续表 3）

单位：%

南太湖新区	南浔区	德清县	长兴县	安吉县	△市区
93.0				15.6	93.0
-48.3	163.9	-39.4	64.7	453.0	71.3
					-100.0
-74.9	65.5	12.4	-37.4	-2.6	40.4
-39.8	65.7	16.4	-37.4	6.5	85.1
-100.0	31.4	-100.0		-43.0	-98.9
-27.9	525.0	21.5	-100.0	18.0	-21.4
95.4	525.0	-83.6		18.0	98.4
-35.7		33.3	-100.0		-29.1
-19.8					-19.8
-87.9					-87.9
-16.5					-16.5
-22.6	-5.1	17.3	-16.8	6.9	-17.6
-22.6	-5.1	17.3	-16.8	6.9	-17.6
52.0	-41.4	-64.6	-62.3	785.0	59.8
		242.1	-38.7		
52.0	-41.4	-78.0	-63.1	781.6	59.8
70.1	8.6	43.7	15.9	676.8	36.4
534.1	1460.0	22.9	72.5	10.2	38.2
-100.0		-80.5	-67.8	-2.7	-1.7
61.6	-45.5	70.1	257.6	3820.6	37.5
-21.9	31.0	-9.8	10.8	-10.3	18.7
15.1	100.1	17.8	2.3	10.3	30.7
-28.2	-5.7	-2.3	-73.0	8.2	-38.0
-34.7	27.7	-13.3	28.8	-18.1	19.4
				-60.7	
		2877.1		54.9	
		2817.4		51.9	
239.3	-57.6	136.5	186.9		71.3
239.3	-57.6	136.5	186.9		71.3

6-5 分县区

行业分类	全市	吴兴区	吴兴
卫生和社会工作	11.3	23.7	68.2
卫生	20.7	30.6	54.4
社会工作	-37.5	-6.0	165.7
文化、体育和娱乐业	126.7	553.9	6489.2
新闻和出版业			
广播、电视、电影和录音制作业	27.2	27.2	
文化艺术业	484.7	19757.9	19757.9
体育	151.9	5829.8	
娱乐业	53.6	1343.5	1343.5
公共管理、社会保障和社会组织	-62.2	-91.4	-100.0
中国共产党机关			
国家机构	-67.1	-91.4	-100.0
人民政协、民主党派			
社会保障			
群众团体、社会团体和其他成员组织	-28.5		
基层群众自治组织及其他组织	1243.1		
国际组织			
国际组织			
二、本年新增固定资产（万元）	37.5	70.1	81.2
三、项目个数（个）			
1.施工项目个数	5.4	12.5	7.6
其中：本年新开工	15.0	24.4	17.6
2.本年投产项目个数	-2.1	61.1	51.0
四、本年资金来源合计（万元）			
1.上年末结余资金	1842.5	-4.7	9.7
2.本年实际到位资金	-1.6	-3.7	5.1
(1)国家预算内资金	198.5	191.1	220.1
其中：中央预算资金			
(2)国内贷款	-30.1	-15.7	-49.5
(3)债券	67.7	1004.7	
(4)利用外资	-29.9	-98.7	-99.8
(5)自筹资金	24.1	34.2	60.6
(6)其他资金来源	-40.6	-49.2	-57.0
五、各项应付款合计（万元）	-31.0	-46.8	-46.2
其中：工程款	-36.2	-54.9	-43.0

固定资产投资增速（续表 4）

单位：%

南太湖新区	南浔区	德清县	长兴县	安吉县	△市区
3.0	57.8	6.4	-34.0	-11.2	29.4
18.2	72.8	102.9	-34.0	-11.7	37.9
-51.0	-25.2	-99.5			-8.7
22.5	85.4	-55.7	-42.9	122.7	419.5
27.2					27.2
	4.3	166.6		407.0	670.6
-100.0		-96.8		-81.2	6323.2
	277.1	-52.4	-45.4	71.4	860.5
-84.5	4554.9		-93.7	-71.6	-19.4
-84.5	4554.9		-100.0	-84.3	-19.4
			-28.5		
				1243.1	
40.2	254.9	-36.7	-29.8	311.4	82.8
20.6	1.1	-2.8	-5.8	25.4	7.5
34.3	5.0	-28.8	53.6	38.5	15.8
177.8	116.7	-44.9	-16.2	-39.1	66.4
-16.9	17866.9	-26.7	-6.0	11.8	3187.1
-14.5	-0.5	0.5	-11.8	10.2	-2.9
146.7	228.6	466.3	45.8	143.1	211.5
17.6	-64.9	-36.9	-54.3	-27.1	-26.3
455.3	77.6	-94.2	1736.1	-100.0	391.0
-94.8	49.3		57.7	-100.0	-63.7
-3.0	21.7	-2.2	7.8	75.8	30.7
-40.7	-34.7	-21.3	-42.0	-38.2	-45.8
-47.4	35.2	-37.7	-39.9	-14.3	-33.0
-63.7	13.1	-38.2	-47.6	-13.1	-42.9

6-6　分县区国有及国有

行业分类	全市	吴兴区	吴兴
一、本年完成投资	43.8	36.4	24.8
1.按三次产业分：			
第一产业	326.0	98.5	
第二产业	101.0	143.7	252.5
第三产业	38.2	28.4	8.8
2.按国民经济行业分 2017			
农、林、牧、渔业	258.0	142.4	
农业	326.4	98.5	
林业			
畜牧业			
渔业	143.6		
农、林、牧、渔专业及辅助性活动	109.4		
采矿业	90.4		
煤炭开采和洗选业			
石油和天然气开采业			
黑色金属矿采选业			
有色金属矿采选业			
非金属矿采选业	90.4		
开采专业及辅助性活动			
其他采矿业			
制造业	188.9	104.7	147.6
农副食品加工业			
食品制造业	-69.1		
酒、饮料和精制茶制造业			
烟草制品业			
纺织业	350.4		
纺织服装、服饰业			
皮革、毛皮、羽毛及其制品和制鞋业			
木材加工和木、竹、藤、棕、草制品业			
家具制造业	233.9		
造纸和纸制品业			
印刷和记录媒介复制业			
文教、工美、体育和娱乐用品制造业			

控股固定资产投资增速

单位：%

南太湖新区	南浔区	德清县	长兴县	安吉县	△市区
48.4	45.0	28.5	25.0	119.9	39.4
-100.0	324.6	2691.7			153.3
47.1	488.2	25.5	5.8	121.0	190.8
49.0	35.8	28.0	29.0	119.6	31.1
-100.0	324.6	2691.7	41.7		186.5
-100.0		2691.7			98.5
	143.6				143.6
			41.7		
			-33.5		
			-33.5		
33.3	910.4	47.7	180.0	551.6	183.6
	-100.0			-55.4	-100.0
	350.4				350.4
				233.9	

6-6 分县区国有及国有

行业分类	全市	吴兴区	吴兴
石油、煤炭及其他燃料加工业			
化学原料和化学制品制造业			
医药制造业			
化学纤维制造业			
橡胶和塑料制品业			
非金属矿物制品业	83.8	-100.0	
黑色金属冶炼和压延加工业			
有色金属冶炼和压延加工业			
金属制品业			
通用设备制造业	318.6	1514.8	1514.8
专用设备制造业	328.2	45.2	65.9
汽车制造业	198.3	-38.6	
铁路、船舶、航空航天和其他运输设备制造业			
电气机械和器材制造业	889.9		
计算机、通信和其他电子设备制造业	64.6	1.9	-30.5
仪器仪表制造业			
其他制造业	440.1	440.1	440.1
废弃资源综合利用业			
金属制品、机械和设备修理业			
电力、热力、燃气及水生产和供应业	20.5	85.6	1403.1
电力、热力生产和供应业	7.5	2148.7	562.4
燃气生产和供应业			
水的生产和供应业	72.7	21.3	38396.0
建筑业	-26.7		
房屋建筑业	-100.0		
土木工程建筑业			
建筑安装业			
建筑装饰、装修和其他建筑业			
批发和零售业	498.0	5357.4	
批发业	2899.0		
零售业	240.2	2554.1	
交通运输、仓储和邮政业	34.8	26.3	-17.9
铁路运输业	143.8	123.7	82.5

控股固定资产投资增速（续表1）

单位：%

南太湖新区	南浔区	德清县	长兴县	安吉县	△市区
-100.0	154.0	-20.5	-100.0		127.1
		-71.5			1514.8
33.5		12.8			45.2
-40.6		258.7	5661.0	181.8	49.2
			147.6		
4279.6		36.0	-100.0		73.1
					440.1
43.6	52.3	26.8	-37.5	17.2	77.9
	47.4	26.8	-37.5	-4.2	320.1
-5.8	21.7			1944.5	21.4
		-100.0			
		-100.0			
16.4	-72.9	254.1	4255.6	-100.0	570.0
				-100.0	
-89.7	-72.9	-46.6	4255.6		238.1
226.5	34.4	0.8	124.4	354.6	31.0
201.2	354.4	-75.9	1760.8		162.8

6-6 分县区国有及国有

行业分类	全市	吴兴区	吴兴
道路运输业	14.8	-35.3	-72.4
水上运输业	117.6	3304.8	3433.3
航空运输业			
管道运输业			
多式联运和运输代理业			
装卸搬运和仓储业	15949.3	7404.5	
邮政业			
住宿和餐饮业	7.9	-88.0	-61.3
住宿业	57.4	-61.3	-61.3
餐饮业	-100.0	-100.0	
信息传输、软件和信息技术服务业	-34.9	-28.7	
电信、广播电视和卫星传输服务			
互联网和相关服务	-75.5		
软件和信息技术服务业	-32.0	-28.7	
金融业	-62.5	-62.5	
货币金融服务			
资本市场服务			
保险业			
其他金融业	-62.5	-62.5	
房地产业	55.1	26.3	37.7
房地产业	55.1	26.3	37.7
租赁和商务服务业	210.5	210.8	47.2
租赁业			
商务服务业	210.5	210.8	47.2
科学研究和技术服务业	104.1	39.0	-19.6
研究和试验发展	32.2	-6.6	-6.9
专业技术服务业	-46.9	-100.0	
科技推广和应用服务业	170.0	54.3	-100.0
水利、环境和公共设施管理业	4.7	-13.7	-9.9
水利管理业	18.1	10.5	6.5
生态保护和环境治理业	-20.1	-57.7	-95.1
公共设施管理业	3.1	-15.9	-8.6
土地管理业	-60.7		

控股固定资产投资增速（续表2）

单位：%

南太湖新区	南浔区	德清县	长兴县	安吉县	△市区
232.7	15.8	6.0	67.8	341.2	-3.0
-100.0	136.1	56.6	-76.6		393.3
7404.5					7404.5
-100.0	74.4	20.1			-2.9
	74.4	20.1			44.4
-100.0					-100.0
-38.5		-42.4		48.7	-28.7
		-83.6		48.7	
-38.5		-36.3			-28.7
-62.5					-62.5
-62.5					-62.5
16.9	37.4	154.6	0.5	3346.5	28.6
16.9	37.4	154.6	0.5	3346.5	28.6
258.4	852.3	-98.2			247.6
258.4	852.3	-98.2			247.6
59.3	15272.9	69.2	1453.8	933.7	47.4
	15272.9	30.1			31.5
-100.0		-80.5	60.0	-2.7	-100.0
61.7		119.4			54.3
-21.5	35.8	-2.9	12.9	-4.0	7.9
15.1	100.4	20.0	2.7	16.3	30.4
-25.5	250.8	-2.3	-52.2	10.7	-47.5
-34.7	30.8	-5.8	22.6	-11.8	6.7
				-60.7	

6-6 分县区国有及国有

行业分类	全市	吴兴区	吴兴
居民服务、修理和其他服务业	122.6		
居民服务业	119.2		
机动车、电子产品和日用产品修理业			
其他服务业			
教育	121.5	212.7	-25.3
教育	121.5	212.7	-25.3
卫生和社会工作	38.0	43.9	47.7
卫生	46.1	41.7	42.6
社会工作	-59.1	122.4	122.4
文化、体育和娱乐业	80.9	50.4	669.8
新闻和出版业			
广播、电视、电影和录音制作业	27.2	27.2	
文化艺术业	600.6	10429.3	10429.3
体育	-77.7	-100.0	
娱乐业	505.6	59.4	59.4
公共管理、社会保障和社会组织	-69.0	-91.4	-100.0
中国共产党机关			
国家机构	-70.4	-91.4	-100.0
人民政协、民主党派			
社会保障			
群众团体、社会团体和其他成员组织	-28.5		
基层群众自治组织及其他组织			
国际组织			
国际组织			
二、本年资金来源合计（万元）			
1.上年末结余资金	-17.0	2.6	-21.0
2.本年实际到位资金	42.2	12.2	5.0
(1)国家预算内资金	189.1	175.0	198.5
其中：中央预算资金			
(2)国内贷款	-19.5	-10.6	-49.5
(3)债券	81.9	1004.7	
(4)利用外资			
(5)自筹资金	46.9	17.8	23.8
(6)其他资金来源	19.2	-0.4	-35.8

控股固定资产投资增速（续表3）

单位：%

南太湖新区	南浔区	德清县	长兴县	安吉县	△市区
		2741.8		-6.9	
		2741.8		-10.6	
354.4	-55.3	367.0	186.9	45.2	110.6
354.4	-55.3	367.0	186.9	45.2	110.6
41.0	130.0	16.8	21.7	-3.7	57.4
41.0	130.0	102.9	21.7	-3.7	55.8
		-100.0			122.4
22.5	162.1	-40.2		2547.0	73.6
27.2					27.2
	40.5	1067.6		2414.1	154.9
-100.0		-96.8			393.4
	443.2				240.3
-84.5	3950.4		-93.7	-84.3	-28.8
-84.5	3950.4		-100.0	-84.3	-28.8
			-28.5		
129.5	-50.2	-66.6	-17.1	10.8	-15.2
23.9	51.7	46.4	-24.7	232.8	23.1
139.1	235.7	418.9	43.9	147.2	206.1
16.7	-75.1	70.2	-93.6	93.3	-22.4
455.3	77.6	-93.1	1736.1	-100.0	391.0
3.9	70.4	-10.8	-47.4	515.3	33.4
65.2	9.2	275.7	-9.1	47.0	1.8

6-7　分县区非国有

行业分类	全市	吴兴区	
			吴兴
一、本年完成投资	-3.7	-5.4	-1.0
1.按三次产业分：			
第一产业	80.2	237.4	237.4
第二产业	6.0	1.3	-24.1
第三产业	-11.2	-8.8	11.0
2.按国民经济行业分 2017			
农、林、牧、渔业	106.1	259.9	259.9
农业	518.3	753.8	753.8
林业			
畜牧业	-6.5	-100.0	-100.0
渔业	409.2	53.8	53.8
农、林、牧、渔专业及辅助性活动	912.0		
采矿业	-88.4	-100.0	-100.0
煤炭开采和洗选业			
石油和天然气开采业			
黑色金属矿采选业			
有色金属矿采选业			
非金属矿采选业	-88.4		
开采专业及辅助性活动	-100.0	-100.0	-100.0
其他采矿业			
制造业	5.6	-0.1	-24.5
农副食品加工业	-37.1	194.0	183.6
食品制造业	7.3	16.4	2102.9
酒、饮料和精制茶制造业	-37.3	-74.6	-64.6
烟草制品业			
纺织业	-32.9	-54.8	-55.6
纺织服装、服饰业	-24.7	-34.9	-36.2
皮革、毛皮、羽毛及其制品和制鞋业	-24.2	13.6	13.6
木材加工和木、竹、藤、棕、草制品业	75.0	-80.6	-80.6
家具制造业	-1.2	-32.2	-32.2
造纸和纸制品业	-71.9		
印刷和记录媒介复制业	-29.9	24.0	
文教、工美、体育和娱乐用品制造业	-0.9		

经济固定资产投资增速

单位：%

南太湖新　区	南浔区	德清县	长兴县	安吉县	△市区
-10.9	-18.8	8.5	2.2	-7.6	-8.9
	44.5	745.4	16.6	23.2	109.0
44.3	-17.8	17.2	22.7	-1.2	-5.5
-29.9	-20.5	-1.7	-22.1	-11.8	-11.2
	41.1	816.4	66.5	48.2	111.9
	371.6	4641.2	5420.9	59.4	640.9
	-3.9	100.6	-0.3	5.7	-29.6
	166.5				158.7
	-28.5		1043.3		203.8
			-88.4		-100.0
			-88.4		
					-100.0
41.1	-20.4	16.0	26.8	-2.0	-7.3
	-83.5	-29.4	-18.1	-64.3	-34.3
6.8		42.7	-26.3	-27.3	58.6
-77.5		-33.4	-34.9	-2.7	-74.6
-15.6	-47.7	-68.7	1.4	-62.7	-49.8
39.8	-22.0	63.6	353.6		-34.7
		-21.9	-100.0		13.6
	354.9	30.2		-26.7	289.6
	-72.8	-13.9	-32.4	13.8	-69.3
	-100.0	1.1	-88.8	19.6	-83.8
24.0	-55.5	-54.8		-71.6	-14.5
	-20.5	-47.2			-20.5

6-7 分县区非国有

行业分类	全市	吴兴区	吴兴
石油、煤炭及其他燃料加工业	163.1		
化学原料和化学制品制造业	-24.0	-50.0	-50.9
医药制造业	9.2	-34.4	-65.1
化学纤维制造业	-81.4	-86.9	-86.9
橡胶和塑料制品业	-31.3	-69.3	-83.8
非金属矿物制品业	-4.1	-2.5	-21.3
黑色金属冶炼和压延加工业	-72	-93.6	-62.1
有色金属冶炼和压延加工业	27.2	-73.7	-73.7
金属制品业	-10.8	44.2	46.5
通用设备制造业	7.0	-20.3	-25.4
专用设备制造业	44.1	100.6	117.2
汽车制造业	25.0	-13.8	-58.3
铁路、船舶、航空航天和其他运输设备制造业	42.9	-8.7	
电气机械和器材制造业	47.6	54.5	-11.1
计算机、通信和其他电子设备制造业	0.1	61.5	103.2
仪器仪表制造业	15.4	137.3	
其他制造业	26.1		
废弃资源综合利用业	110.6	-35.0	-49.9
金属制品、机械和设备修理业			
电力、热力、燃气及水生产和供应业	55.6	111.8	4.8
电力、热力生产和供应业	48.1	150.9	-8.7
燃气生产和供应业	41.6	-87.3	
水的生产和供应业	196.9		
建筑业	-100.0		
房屋建筑业	-100.0		
土木工程建筑业			
建筑安装业			
建筑装饰、装修和其他建筑业			
批发和零售业	192.2	242.0	222.7
批发业	268.7		
零售业	157.9	67.3	48.0
交通运输、仓储和邮政业	61.8	192.3	321.3
铁路运输业	397.3	397.3	397.3

经济固定资产投资增速（续表1）

单位：%

南太湖新区	南浔区	德清县	长兴县	安吉县	△市区
			397.1	-100.0	
-44.7	-27.6	-19.3	7.2	-19.1	-37.0
-30.4	146.5	-21.9	-2.6	0.1	76.2
	-100.0	-29.0	-54.1	-13.1	-87.1
-42.2	-22.8	-76.0	1.8	-30.2	-46.2
32.2	-55.5	-21.0	82.8	39.6	-40.5
-100.0	-35.1	-100.0	-77.5	-3.1	-67.5
	-78.5		884.3	151.3	-74.1
31.7	-75.1	-27.7	-68.0	-28.0	4.2
-0.2	-35.5	38.9	-6.5	47.2	-22.0
78.3	-4.4	66.9	27.9	-0.1	43.9
132.1	71.8	24.8	34.7	3.1	23.0
-8.7	-27.1	231.2	-80.2	732.0	-19.0
65.2	56.6	41.4	47.0	-31.6	54.8
19.1	-71.1	6.9	89.0	0.3	-24.3
137.3		23.1	-12.2	-81.6	193.1
		26.1			
	77.7		482.1	229.2	-32.1
516.8	200.7	396.9	-49.3	45.8	142.4
	155.1	153.4	-43.8	45.8	152.6
-87.3					41.6
	-22.2	2012.6	-100.0		619.9
			-100.0		
			-100.0		
	31.7	382.2			174.5
	-100.0	-100.0			269.5
		390.4			129.6
-35.8	292.5	-14.5	1	-13.4	192.6
					397.3

6-7 分县区非国有

行业分类	全市	吴兴区	吴兴
道路运输业	0.8	150.3	172.0
水上运输业	-63.0	-47.8	-47.8
航空运输业			
管道运输业			
多式联运和运输代理业	25.4	93.0	
装卸搬运和仓储业	47.4	50.0	702.9
邮政业	-100.0	-100.0	-100.0
住宿和餐饮业	30.5	188.7	857.2
住宿业	36.7	188.7	857.2
餐饮业	-45.6		
信息传输、软件和信息技术服务业	59.9	-9.3	
电信、广播电视和卫星传输服务			
互联网和相关服务	94.3	95.4	
软件和信息技术服务业	55.6	-30.0	
金融业	13.1	13.1	
货币金融服务	-87.9	-87.9	
资本市场服务			
保险业			
其他金融业	22.4	22.4	
房地产业	-20.4	-30.0	-28.3
房地产业	-20.4	-30.0	-28.3
租赁和商务服务业	25.1	66.2	242.4
租赁业	159.0		
商务服务业	23.7	66.2	242.4
科学研究和技术服务业	-27.6	49.6	-38.2
研究和试验发展	8.1	64.5	-64.5
专业技术服务业	-42.3	39.9	39.9
科技推广和应用服务业	-41.3	-6.1	-100.0
水利、环境和公共设施管理业	32.4	226.8	253.5
水利管理业	-6.5	29.8	29.8
生态保护和环境治理业	-47.8	-25.2	-15.0
公共设施管理业	51.5	324.4	324.4
土地管理业			

经济固定资产投资增速（续表 2）

单位：%

南太湖新区	南浔区	德清县	长兴县	安吉县	△市区
31.2		3.0	-100.0	-85.5	152.0
			-82.5	65.8	-47.8
93.0				15.6	93.0
-72.9	163.9	-44.8	59.9	344.8	51.1
					-100.0
-39.8	-38.3	10.7	-37.4	-24.8	160.7
-39.8	-43.1	15.5	-37.4	-20.6	161.7
	31.4	-100.0		-43.0	31.4
-9.3	525.0	264.2	-100.0	-100.0	-8.7
95.4	525.0			-100.0	98.4
-30.0		264.2	-100.0		-30.0
13.1					13.1
-87.9					-87.9
22.4					22.4
-32.0	-14.1	4.3	-20.8	-18.8	-26.9
-32.0	-14.1	4.3	-20.8	-18.8	-26.9
-23.3	-74.7	10.5	-62.3	294.4	18.6
		242.1	-38.7		
-23.3	-74.7	-25.9	-63.1	291.0	18.6
357.6	-47.2	-42.1	-52.1	60.5	-3.2
529.7	-100.0	-10.9	72.5	-63.7	55.2
			-77.5		39.9
57.6	-45.5	-53.4	-100.0	142.4	-41.3
-36.7	-12.5	-52.6	-1.2	-58.1	119.6
	88.0	-36.1	-27.6	-57.0	33.9
-36.7	-26.0		-79.6	-33.5	-25.6
	-9.1	-53.0	70.8	-59.3	168.3

6-7 分县区非国有

行业分类	全市	吴兴区	吴兴
居民服务、修理和其他服务业	433.7		
居民服务业	417.4		
机动车、电子产品和日用产品修理业			
其他服务业			
教育	-49.1	-58.9	
教育	-49.1	-58.9	
卫生和社会工作	-43.3	-18.4	366.6
卫生	-51.3	-16.2	
社会工作	-27.4	-20.3	206.0
文化、体育和娱乐业	155.9	12346.3	12346.3
新闻和出版业			
广播、电视、电影和录音制作业			
文化艺术业	413.2	22118.8	22118.8
体育	34504.1		
娱乐业	42.0	2931.6	2931.6
公共管理、社会保障和社会组织	2365.4		
中国共产党机关			
国家机构			
人民政协、民主党派			
社会保障			
群众团体、社会团体和其他成员组织			
基层群众自治组织及其他组织	1243.1		
国际组织			
国际组织			
二、本年资金来源合计（万元）			
1.上年末结余资金	2327.2	-5.7	18.5
2.本年实际到位资金	-16.6	-10.1	5.1
(1)国家预算内资金	495.2		
其中：中央预算资金			
(2)国内贷款	-35.1	-19.8	-49.5
(3)债券	-100.0		
(4)利用外资	-29.9	-98.7	-99.8
(5)自筹资金	15.4	41.9	83.0
(6)其他资金来源	-50.6	-59.1	-62.5

经济固定资产投资增速（续表 3）

单位：%

南太湖新　区	南浔区	德清县	长兴县	安吉县	△市区
				396.8	
				396.8	
-58.9	-63.4	-71.6		-28.0	-61.1
-58.9	-63.4	-71.6		-28.0	-61.1
-44.1	-60.6	-97.3	-72.8	-45.4	-26.4
-37.3	-84.5		-72.8	-48.0	-31.7
-51.0	-25.2	-97.3			-21.0
	-43.9	-72.8	-42.9	59.1	2616.7
	-58.2	-77.2		7.9	1506.9
				-81.2	
	32.6	-72.1	-45.4	67.4	1690.1
				1243.1	
				1243.1	
-22.3	24919.2	-20.0	4.4	12.2	3751.5
-26.7	-23.8	-14.8	-7.9	-35.4	-13.5
	174.7		178.3	19.3	290.7
18.4	-59.1	-49.5	-10.0	-40.4	-29.2
		-100.0			
-94.8	49.3		57.7	-100.0	-63.7
-5.1	-3.9	1.5	19.4	-15.8	29.3
-55.7	-43.2	-38.7	-49.8	-47.6	-55.4

6-8　分县区港澳台

行业分类	全市	吴兴区	吴兴
一、本年完成投资	-33.1	-48.8	-46.3
1.按三次产业分：			-30.5
第一产业	-13.5	-67.2	-46.4
第二产业	-11.8	-45.1	-100.0
第三产业	-62.2	-61.7	-46.3
2.按国民经济行业分 2017			-30.5
农、林、牧、渔业	-13.5	-67.2	-30.5
农业	23.5	-67.2	
林业			
畜牧业	-46.7		
渔业			
农、林、牧、渔专业及辅助性活动			
采矿业			
煤炭开采和洗选业			
石油和天然气开采业			
黑色金属矿采选业			
有色金属矿采选业			
非金属矿采选业			
开采专业及辅助性活动			
其他采矿业			-52.9
制造业	-8.2	-37.5	
农副食品加工业	-94.6		
食品制造业			
酒、饮料和精制茶制造业			
烟草制品业			-100.0
纺织业	-65.1		-100.0
纺织服装、服饰业	139.9		
皮革、毛皮、羽毛及其制品和制鞋业	-8.1		
木材加工和木、竹、藤、棕、草制品业	-100.0		
家具制造业	454.5		
造纸和纸制品业	-100.0		
印刷和记录媒介复制业			
文教、工美、体育和娱乐用品制造业			

经济固定资产投资增速

单位：%

南太湖新区	南浔区	德清县	长兴县	安吉县	△市区
-47.2	-54.2	4.0	-50.5	-33.1	-49.9
	-11.8				-38.0
7.7	-56.5	21.7	-22.0	75.2	-47.9
-61.7		-23.3	-78.6	-74.6	-61.1
	-11.8				-38.0
					-28.3
	-46.7				-46.7
7.7	-57.0	21.7	-21.0	75.2	-42.6
		-94.6			
	-71.6	-100.0	-62.4		-71.6
		-100.0			
		-8.1			
				-100.0	
			101.8	662.8	
		-100.0	-100.0		

6-8 分县区港澳台

行业分类	全市	吴兴区	
			吴兴
石油、煤炭及其他燃料加工业			
化学原料和化学制品制造业	-10.0	7.3	7.3
医药制造业	-68.4		
化学纤维制造业	-78.8	-85.2	-85.2
橡胶和塑料制品业	-32.6		
非金属矿物制品业	40.2	-42.5	
黑色金属冶炼和压延加工业			
有色金属冶炼和压延加工业			
金属制品业	-56.1		
通用设备制造业	106.6		
专用设备制造业	-12.8	34681.8	
汽车制造业	-20.0	-38.5	-45.4
铁路、船舶、航空航天和其他运输设备制造业	-100.0		
电气机械和器材制造业	150050.0		
计算机、通信和其他电子设备制造业	-2.2	3.6	0.4
仪器仪表制造业	365.5		
其他制造业	58.9		
废弃资源综合利用业	55.5		
金属制品、机械和设备修理业			
电力、热力、燃气及水生产和供应业	-97.5	-100.0	-100.0
电力、热力生产和供应业	-100.0	-100.0	-100.0
燃气生产和供应业			
水的生产和供应业	-22.2		
建筑业			
房屋建筑业			
土木工程建筑业			
建筑安装业			
建筑装饰、装修和其他建筑业			
批发和零售业			
批发业			
零售业			
交通运输、仓储和邮政业	-75.9	-85.0	
铁路运输业			

经济固定资产投资增速（续表1）

单位：%

南太湖新区	南浔区	德清县	长兴县	安吉县	△市区
	-100.0	-100.0			-18.4
		-68.4			
				108.0	-85.2
			-1.3	-94.0	
-42.5		-100.0			78.8
	-69.6	-29.2	19.0	-100.0	-67.8
		145.1	126.8	-100.0	
-100.0	-67.4	98.9	-99.6		-26.6
-3.9		38.0	-37.6	-73.1	-38.5
				-100.0	
		-100.0			
		-19.6			3.6
		365.5			
		58.9			
				55.5	
	-22.2		-100.0		-97.3
			-100.0		-100.0
	-22.2				-22.2
-85.0		-70.0			-85.0

6-8 分县区港澳台

行业分类	全市	吴兴区	吴兴
道路运输业			
水上运输业			
航空运输业			
管道运输业			
多式联运和运输代理业			
装卸搬运和仓储业	-75.9	-85.0	
邮政业			
住宿和餐饮业	-40.9		
住宿业	-40.9		
餐饮业			
信息传输、软件和信息技术服务业	270.7		
电信、广播电视和卫星传输服务			
互联网和相关服务			
软件和信息技术服务业	268.3		
金融业			
货币金融服务			
资本市场服务			
保险业			
其他金融业			
房地产业	-80.5	-47.6	
房地产业	-80.5	-47.6	
租赁和商务服务业	29.4		
租赁业			
商务服务业	29.4		
科学研究和技术服务业			
研究和试验发展			
专业技术服务业			
科技推广和应用服务业			
水利、环境和公共设施管理业	190.7		
水利管理业			
生态保护和环境治理业			
公共设施管理业	190.7		
土地管理业			

经济固定资产投资增速（续表 2）

单位：%

南太湖新 区	南浔区	德清县	长兴县	安吉县	△市区
-85.0		-70.0			-85.0
			-100.0	69.7	
			-100.0	69.7	
		465.6	-100.0		
		465.6	-100.0		
-47.6		-70.7	-76.9	-97.3	-47.6
-47.6		-70.7	-76.9	-97.3	-47.6
				29.4	
				29.4	
				190.7	
				190.7	

6-8 分县区港澳台

行业分类	全市	吴兴区	吴兴
居民服务、修理和其他服务业			
居民服务业			
机动车、电子产品和日用产品修理业			
其他服务业			
教育			
教育			
卫生和社会工作			
卫生			
社会工作			
文化、体育和娱乐业	-54.4		
新闻和出版业			
广播、电视、电影和录音制作业			
文化艺术业			
体育			
娱乐业	-54.4		
公共管理、社会保障和社会组织			
中国共产党机关			
国家机构			
人民政协、民主党派			
社会保障			
群众团体、社会团体和其他成员组织			
基层群众自治组织及其他组织			
国际组织			
国际组织			
二、本年资金来源合计（万元）			
1.上年末结余资金	75731.7	8.8	
2.本年实际到位资金	-36.6	-45.2	-49.5
(1)国家预算内资金			
其中：中央预算资金			
(2)国内贷款	86.4	-82.5	
(3)债券			
(4)利用外资	-44.1		
(5)自筹资金	-20.3	-38.7	-42.6
(6)其他资金来源	-62.5	-56.2	-100.0

经济固定资产投资增速（续表 3）

单位：%

南太湖新区	南浔区	德清县	长兴县	安吉县	△市区
		−54.4			
		−54.4			
8.8	61728414.2	−9.1	−73.4	−11.4	1003823.4
−31.4	−73.7	24.8	−61.2	−32.3	−51.8
−82.5	−100.0	6181.8	−100.0	685.1	−86.2
	−79.1		−25.0		−79.1
6.2	−70.2	−4.0	26.0	−30.0	−46.2
−18.8		5.9	−81.1	−39.9	−56.2

6-9 分县区外商

行业分类	全市	吴兴区	吴兴
一、本年完成投资	-12.5	136.9	55.1
1.按三次产业分：			
第一产业	82.1		
第二产业	-20.5	143.4	-57.6
第三产业	16.8	96.9	1030.6
2.按国民经济行业分 2017			
农、林、牧、渔业	82.1		
农业			
林业			
畜牧业	81.8		
渔业			
农、林、牧、渔专业及辅助性活动			
采矿业			
煤炭开采和洗选业			
石油和天然气开采业			
黑色金属矿采选业			
有色金属矿采选业			
非金属矿采选业			
开采专业及辅助性活动			
其他采矿业			
制造业	-24.7	166.8	-57.6
农副食品加工业	-63.9		
食品制造业	83.5	83.5	
酒、饮料和精制茶制造业			
烟草制品业			
纺织业	-87.6		
纺织服装、服饰业	61.0	204.0	
皮革、毛皮、羽毛及其制品和制鞋业			
木材加工和木、竹、藤、棕、草制品业	6.4	6.4	6.4
家具制造业	705.3		
造纸和纸制品业			
印刷和记录媒介复制业			
文教、工美、体育和娱乐用品制造业			

经济固定资产投资增速

单位：%

南太湖新区	南浔区	德清县	长兴县	安吉县	△市区
160.7	−78.0	61.5	−4.6	−26.7	−28.5
			81.8		
205.2	−77.9	86.0	−30.3	−44.7	−31.8
−87.9	−82.3	−100.0	38.2	16.2	35.7
			81.8		
			81.8		
245.4	−81.9	63.4	−34.2	−44.7	−34.0
	−63.9				−63.9
83.5					83.5
	−87.2	−81.7	−91.2		−83.1
40.4		−44.3			204.0
					6.4
				−30.6	

6-9 分县区外商

行业分类	全市	吴兴区	吴兴
石油、煤炭及其他燃料加工业			
化学原料和化学制品制造业	-78.4	-50.3	-100.0
医药制造业	-67.2	-4.9	
化学纤维制造业			
橡胶和塑料制品业	-27.2		
非金属矿物制品业	141.7		
黑色金属冶炼和压延加工业	-59.2		
有色金属冶炼和压延加工业			
金属制品业	-97.1	-95.0	-95.0
通用设备制造业	91.7	-58.9	-44.2
专用设备制造业	36.9	-13.5	
汽车制造业	-34.8	924.5	
铁路、船舶、航空航天和其他运输设备制造业			
电气机械和器材制造业	121.4	288.3	
计算机、通信和其他电子设备制造业	-82.9		
仪器仪表制造业			
其他制造业			
废弃资源综合利用业			
金属制品、机械和设备修理业			
电力、热力、燃气及水生产和供应业	215.0	-87.3	
电力、热力生产和供应业	95.2		
燃气生产和供应业	78.3	-87.3	
水的生产和供应业			
建筑业			
房屋建筑业			
土木工程建筑业			
建筑安装业			
建筑装饰、装修和其他建筑业			
批发和零售业	-100.0		
批发业			
零售业	-100.0		
交通运输、仓储和邮政业	65.8		
铁路运输业			

经济固定资产投资增速（续表 1）

单位：%

南太湖新区	南浔区	德清县	长兴县	安吉县	△市区
-0.4	-100.0		-100.0	-100.0	-55.1
-4.9		-49.5	-75.4	-67.9	-4.9
	-79.3	-100.0		-24.4	-79.3
			57.5		
			-59.2		
	-100.0				-97.1
-100.0	-92.5	165.5			-74.4
-13.5	54.0		-100.0		47.7
924.5	-54.1	-100.0	31.1	-55.3	-47.1
288.3	260.8	138.1	-19.0		288.0
	-100.0	-11.2	-100.0		-100.0
-87.3			48.9		78.3
			48.9		
-87.3					78.3
		-100.0			
		-100.0			
				65.8	

6-9 分县区外商

行业分类	全市	吴兴区	
			吴兴
道路运输业			
水上运输业	65.8		
航空运输业			
管道运输业			
多式联运和运输代理业			
装卸搬运和仓储业			
邮政业			
住宿和餐饮业			
住宿业			
餐饮业			
信息传输、软件和信息技术服务业			
电信、广播电视和卫星传输服务			
互联网和相关服务			
软件和信息技术服务业			
金融业	-87.9	-87.9	
货币金融服务	-87.9	-87.9	
资本市场服务			
保险业			
其他金融业			
房地产业	16.8	835.4	835.4
房地产业	16.8	835.4	835.4
租赁和商务服务业	252.7		
租赁业			
商务服务业	228.5		
科学研究和技术服务业			
研究和试验发展			
专业技术服务业			
科技推广和应用服务业			
水利、环境和公共设施管理业	-75.9		
水利管理业			
生态保护和环境治理业	-75.9		
公共设施管理业			
土地管理业			

经济固定资产投资增速（续表 2）

单位：%

南太湖新区	南浔区	德清县	长兴县	安吉县	△市区
				65.8	
-87.9					-87.9
-87.9					-87.9
	-100.0	-100.0	114.9	-25.7	267.1
	-100.0	-100.0	114.9	-25.7	267.1
				119.2	
				95.0	
	-65.0		-100.0		-65.0
	-65.0		-100.0		-65.0

6-9 分县区外商

行业分类	全市	吴兴区	吴兴
居民服务、修理和其他服务业			
居民服务业			
机动车、电子产品和日用产品修理业			
其他服务业			
教育			
教育			
卫生和社会工作			
卫生			
社会工作			
文化、体育和娱乐业	41.7		
新闻和出版业			
广播、电视、电影和录音制作业			
文化艺术业			
体育			
娱乐业	41.7		
公共管理、社会保障和社会组织			
中国共产党机关			
国家机构			
人民政协、民主党派			
社会保障			
群众团体、社会团体和其他成员组织			
基层群众自治组织及其他组织			
国际组织			
国际组织			
二、本年资金来源合计（万元）			
1.上年末结余资金	-53.7	0.5	-59.7
2.本年实际到位资金	18.3	115.4	36.1
(1)国家预算内资金			
其中：中央预算资金			
(2)国内贷款	17.3	477.2	477.2
(3)债券			
(4)利用外资	441.5	-89.9	
(5)自筹资金	20.4	155.4	69.9
(6)其他资金来源	-4.4	-100.0	-100.0

经济固定资产投资增速（续表3）

单位：%

南太湖新区	南浔区	德清县	长兴县	安吉县	△市区
			-40.6	1390.5	
			-40.6	1390.5	
360.2	462.2	-98.4	-78.3	-29.2	74.7
154.3	-28.5	35.3	-2.8	-3.3	49.6
	250.6	43233.3	-77.0	-27.1	396.9
-90.9					243.5
174.9	-48.2	63.7	2.1	-51.7	61.0
	-87.8	-71.1	-17.2	83.4	-93.6

6-10 历年房

年 份	房地产开发投资额（万元）	房屋施工面积	#住宅	房屋竣工面积	#住宅
1995	105496	131	108	70	57
1996	79196	115	84	73	61
1997	71818	109	84	52	39
1998	81483	125	104	79	68
1999	93836	127	113	63	57
2000	172611	208	179	79	71
2001	234029	288	246	122	102
2002	295765	381	266	190	146
2003	415160	480	340	156	107
2004	568602	649	489	138	100
2005	690486	670	520	227	168
2006	727959	888	693	305	246
2007	949385	958	729	172	127
2008	1068445	999	747	183	139
2009	1113006	1139	831	224	172
2010	1431314	1400	971	313	187
2011	1846799	1555	1096	213	163
2012	2111735	1845	1295	192	132
2013	2676379	2106	1482	243	169
2014	3427487	2472	1711	454	320
2015	3233875	2396	1693	254	177
2016	2742244	2126	1474	443	305
2017	3011700	2194	1579	342	246
2018	5232974	2742	2009	140	100
2019	5862681	3680	2742	190	132
2020	6292120	4271	3205	339	256
2021	6832023	4329	3133	340	247
2022	7040722	4251	3033	266	195
2023	6017747	3950	2745	291	291

地产开发投资

单位：万平方米

商品房销售面积	#住宅	商品房销售额（万元）	#住宅	空置面积	#住宅
41	38	53931	46352		
61	56	82047	70897		
64	60	89989	78870		
62	56	89572	73254	18	15
94	83	141327	115458	53	42
163	137	303108	228878	45	32
167	135	304085	219038	27	14
143	114	325684	230876	15	4
249	208	694103	543563	44	16
245	197	815708	607349	76	23
287	245	1106689	919878	72	36
196	157	822804	645906	100	44
432	364	2197669	1849313	100	38
412	314	2585308	1947379	107	22
331	264	2238651	1706359	148	40
274	229	1860440	1545688	177	65
308	251	2157080	1751971	205	93
305	260	1999709	1639940	318	181
399	346	2748149	2370634	430	250
557	490	3868690	3320820	381	172
744	639	6213955	5405946	338	145
809	723	8513888	7694250	184	72
824	761	9846081	9216312	201	103
896	820	11000865	10323003	179	927
880	785	11156862	10265911	157	75
569	475	6774461	6010007	166	97
376	308	4288732	3775124		

6-11 按登记注册类型分房地产开发投资

单位：万元

指标名称	合计	内资	港澳台	外资
甲	1	2	3	4
一、投资额				
1.计划总投资	45621080	44651392	432481	537207
2.自开始建设累计完成投资	33794777	33002454	484386	307937
3.本年完成投资	6017747	5971463	24794	21490
其中：配套工程投资	0	0	0	0
其中：国有控股	1620929	1620929		
其中：非国有控股	4396818	4350534	24794	21490
其中：民间投资				
按登记注册类型分：				
内资企业	5971463	5971463		
国有企业				
集体企业				
股份合作企业				
联营企业				
国有联营企业				
集体联营企业				
国有与集体联营企业				
其他联营企业				
有限责任公司				
国有独资公司				
其他有限责任公司				
股份有限公司				
私营企业				
其他企业				
港澳台商投资企业	24794		24794	
外商投资企业	21490			21490
按资质等级分：				
一级	56104	56104		
二级	2126895	2103245	7705	15945
三级	40600	40600		
四级	330782	319804	5433	5545
暂定	1450725	1445222	5503	0
其他	2012641	2006488	6153	
按构成分：				
建筑工程	2784699	2764342	15472	4885
安装工程	63678	57910	1942	3826
设备工器具购置	10980	10976	4	0
其他费用	3158390	3138235	7376	12779

6-11 按登记注册类型分房地产开发投资（续表 1）

单位：万元

指标名称	合计	内资	港澳台	外资
甲	1	2	3	4
其中：旧建筑物购置费	222	222	0	0
其中：土地购置费	2698920	2684203	5252	9465
按用途分：				
住宅	4560809	4534648	13255	12906
其中：90 平方米以下	936814	935848	966	0
其中：144 平方米以上	1319615	1304478	4212	10925
其中：90–144 平方米	2304380	2294322	8077	1981
办公楼	282745	281954	0	791
商业营业用房	268919	259893	7417	1609
其他	905274	894968	4122	6184
二、本年新增固定资产	2168312	2143237	0	25075
三、资金到位情况				
1.上年末结余资金	4257179	4189904	65111	2164
2.本年实际到位资金	6234644	6080374	106955	47315
(1)国内贷款	791659	779659	0	12000
银行贷款	723294	713294	0	10000
非银行金融机构贷款	68365	66365	0	2000
(2)利用外资	3414	0	3414	0
(3)自筹资金	2435976	2410706	14210	11060
(4)定金及预收款	1806252	1729325	61299	15628
(5)个人按揭贷款	903856	882161	13068	8627
(6)其他到位资金	293487	278523	14964	0
四、本年各项应付款合计	2093066	2014348	64203	14515
其中：工程款	1026166	979575	41301	5290
五、土地情况				
待开发土地面积	1670114	1556516	113598	0
本年土地购置面积	0	0	0	0
本年土地成交价款	0	0	0	0
六、施工销售和待售情况				
房屋施工面积	39498318	38681817	452059	364442
住宅	27450354	27023677	266400	160277
办公楼	1060884	1041999	266	18619
商业营业用房	3121520	2995701	90679	35140
其他房屋	7865560	7620440	94714	150406
其中：新开工面积	4776263	4709683	27568	39012
住宅	3555950	3511649	19793	24508
办公楼	21633	21633	0	0
商业营业用房	362694	362694	0	0

6-11 按登记注册类型分房地产开发投资（续表 2）

单位：万元

指标名称	合计	内资	港澳台	外资
甲	1	2	3	4
其他房屋	835986	813707	7775	14504
本年房屋竣工面积	2912887	2874679	0	38208
住宅	2227692	2191697	0	35995
办公楼	21124	21124	0	0
商业营业用房	150395	148182	0	2213
其他房屋	513676	513676	0	0
其中：不可销售面积	388325	388325	0	0
住宅	93637	93637	0	0
办公楼	0	0	0	0
商业营业用房	34102	34102	0	0
其他房屋	260586	260586	0	0
本年住宅竣工套数	18598	18427	0	171
本年房屋竣工价值	1899344	1874269	0	25075
住宅	1626668	1603045	0	23623
办公楼	15224	15224	0	0
商业营业用房	102863	101411	0	1452
其他房屋	154589	154589	0	0
房屋出租面积	36241	36241	0	0
住宅	2320	2320	0	0
办公楼	10160	10160	0	0
商业营业用房	23761	23761	0	0
其他房屋	0	0	0	0
本年商品房销售面积	3761269	3667072	68296	25901
住宅	3083983	2992624	65458	25901
90 平方米以下住房	429528	425135	4393	0
144 平方米以上住房	601512	558323	27677	15512
办公楼	46627	46627	0	0
商业营业用房	335457	332789	2668	0
其他房屋	295202	295032	170	0
其中：现房销售面积	1282617	1212081	48744	21792
住宅	914216	845731	46693	21792
办公楼	21571	21571	0	0
商业营业用房	184432	182551	1881	0
其他房屋	162398	162228	170	0
其中：期房销售面积	2478652	2454991	19552	4109
住宅	2169767	2146893	18765	4109
办公楼	25056	25056	0	0

6-11 按登记注册类型分房地产开发投资（续表 3）

单位：万元

指标名称	合计	内资	港澳台	外资
甲	1	2	3	4
商业营业用房	151025	150238	787	0
其他房屋	132804	132804	0	0
商品房销售额	4288732	4170725	81210	36797
住宅	3775124	3661089	77238	36797
90 平方米以下住房	481431	479268	2163	0
144 平方米以上住房	882030	821265	39642	21123
办公楼	36165	36165	0	0
商业营业用房	302034	298219	3815	0
其他房屋	175409	175252	157	0
其中：现房销售额	1225945	1130601	64825	30519
住宅	998405	905978	61908	30519
办公楼	16992	16992	0	0
商业营业用房	129524	126764	2760	0
其他房屋	81024	80867	157	0
其中：期房销售额	3062787	3040124	16385	6278
住宅	2776719	2755111	15330	6278
办公楼	19173	19173	0	0
商业营业用房	172510	171455	1055	0
其他房屋	94385	94385	0	0
商品住宅销售套数	26199	25625	463	111
其中：现房销售套数	7680	7227	361	92
其中：期房销售套数	18519	18398	102	19
待售面积	2331872	2131957	149121	50794
住宅	1485082	1341575	105064	38443
办公楼	113193	113193	0	0
商业营业用房	473714	428131	33232	12351
其他房屋	259883	249058	10825	0
其中：待售 1-3 年(含 1 年)	939050	916411	13549	9090
住宅	643217	623241	10886	9090
办公楼	9576	9576	0	0
商业营业用房	125330	122667	2663	0
其他房屋	160927	160927	0	0
其中：待售 3 年以上(含 3 年)	355473	302320	43015	10138
住宅	40601	38980	1621	0
办公楼	61953	61953	0	0
商业营业用房	225767	185060	30569	10138
其他房屋	27152	16327	10825	0

6-12 建筑业

指标名称	企业个数（个）	一、合同情况（千元）		
	有工作量的建筑业企业个数	签订的合同额	上年结转合同额	本年新签合同额
总　　计	**456**	**209943455**	**99774476**	**110168979**
其中：国有控股企业	15	39876292	28861686	11014606
一、按登记注册类型分组				
内资企业	456	209943455	99774476	110168979
港、澳、台商投资企业				
外商投资企业				
二、按国民经济行业分组				
房屋建筑业	211	135286768	57338607	77948161
住宅房屋建筑	170	121953806	52315408	69638398
住宅房屋建筑	170	121953806	52315408	69638398
体育场馆建筑				
体育场馆建筑				
其他房屋建筑业	41	13332962	5023199	8309763
其他房屋建筑业	41	13332962	5023199	8309763
土木工程建筑业	164	63208635	39610239	23598396
铁路、道路、隧道和桥梁工程建筑	121	56726828	37845550	18881278
铁路工程建筑				
公路工程建筑	21	18346884	13791472	4555412
市政道路工程建筑	98	38192207	24039516	14152691
城市轨道交通工程建筑	1	123842	1000	122842
其他道路、隧道和桥梁工程建筑	1	63895	13562	50333
水利和水运工程建筑	14	1512632	629239	883393
水源及供水设施工程建筑	12	662148	259992	402156
河湖治理及防洪设施工程建筑	2	850484	369247	481237
港口及航运设施工程建筑				
海洋工程建筑				
海洋油气资源开发利用工程建筑				
海洋能源开发利用工程建筑				
海底隧道工程建筑				
海底设施铺设工程建筑				
其他海洋工程建筑				
工矿工程建筑				
工矿工程建筑				

企业生产情况

二、承包工程完成情况（千元）				三、建筑业总产值（千元）		
直接从建设单位承揽工程完成的产值	自行完成施工产值	分包出去工程的产值	从建设单位以外承揽工程完成的产值		其中：装配式建筑工程产值	#其中：装饰装修产值
103273231	**102928330**	**344901**	**8449312**	**111377642**	**3275702**	**4989697**
7800552	7800552	0	5499142	13299694	0	42865
103273231	102928330	344901	8449312	111377642	3275702	4989697
75856013	75732336	123677	1975592	77707928	3251928	3552465
69377481	69253804	123677	413852	69667656	2250569	2932452
69377481	69253804	123677	413852	69667656	2250569	2932452
6478532	6478532	0	1561740	8040272	1001359	620013
6478532	6478532	0	1561740	8040272	1001359	620013
20230265	20120336	109929	6134284	26254620	23774	170435
16368938	16368938	0	5927337	22296275	23774	132481
3976874	3976874	0	5441398	9418272	23774	23774
12231850	12231850	0	485939	12717789	0	108707
119437	119437	0	0	119437	0	0
40777	40777	0	0	40777	0	0
723442	694808	28634	19384	714192	0	0
382816	379230	3586	0	379230	0	0
340626	315578	25048	19384	334962	0	0

6-12 建筑业

指标名称	三、建筑业总产值（千元）				竣工产值（千元）
	#其中：在外省完成的产值	建筑工程产值	安装工程产值	其他产值	
总　计	**11781598**	**100013984**	**7800782**	**3562876**	**62521436**
其中：国有控股企业	4684205	12392615	389892	517187	6494174
一、按登记注册类型分组					
内资企业	11781598	100013984	7800782	3562876	62521436
港、澳、台商投资企业					
外商投资企业					
二、按国民经济行业分组					
房屋建筑业	6016294	73532326	2167534	2008068	43398726
住宅房屋建筑	5343358	66172786	1961476	1533394	40204242
住宅房屋建筑	5343358	66172786	1961476	1533394	40204242
体育场馆建筑					
体育场馆建筑					
其他房屋建筑业	672936	7359540	206058	474674	3194484
其他房屋建筑业	672936	7359540	206058	474674	3194484
土木工程建筑业	5520845	23541704	1681582	1031334	13782169
铁路、道路、隧道和桥梁工程建筑	5101063	21438927	104421	752927	12071055
铁路工程建筑					
公路工程建筑	3882841	9328696	0	89576	6281002
市政道路工程建筑	1145946	11990794	73600	653395	5749276
城市轨道交通工程建筑	72276	119437	0	0	0
其他道路、隧道和桥梁工程建筑	0	0	30821	9956	40777
水利和水运工程建筑	157367	673058	41134	0	204999
水源及供水设施工程建筑	28105	338096	41134	0	204999
河湖治理及防洪设施工程建筑	129262	334962	0	0	0
港口及航运设施工程建筑					
海洋工程建筑					
海洋油气资源开发利用工程建筑					
海洋能源开发利用工程建筑					
海底隧道工程建筑					
海底设施铺设工程建筑					
其他海洋工程建筑					
工矿工程建筑					
工矿工程建筑					

企业生产情况（续表1）

四、房屋建筑施工面积（平方米）	其中：本年新开工面积	年末自有施工机械设备 净值（千元）	总台数（台）	总功率（千瓦）	从业人员情况（人） 从事建筑业活动的平均人数
62206927	**25147228**	**862943**	**13415**	**353159**	**62206927**
1126592	702999	211215	1087	122751	1126592
62206927	25147228	862943	13415	353159	62206927
57707367	23253429	533029	9173	186386	57707367
51528276	19898583	412479	7711	156188	51528276
51528276	19898583	412479	7711	156188	51528276
6179091	3354846	120550	1462	30198	6179091
6179091	3354846	120550	1462	30198	6179091
3823064	1491974	309275	1953	150714	3823064
3770842	1491974	307062	1825	148992	3770842
184011	184011	176454	748	106118	184011
3586831	1307963	128046	1057	42619	3586831
0	0	0	0	0	0
0	0	2562	20	255	0
43953	0	91	70	1252	43953
43953	0	91	70	1252	43953
0	0	0	0	0	0

6-12 建筑业

指标名称	从业人员情况（人）		企业总产值（千元）	本年新签智能建造工程项目合同额（千元）	其中：新签运用BIM技术的合同额（千元）
	建筑业企业期末人数	其中：工程技术人员			
总　　计	**194377**	**27767**	**111920725**	**4244116**	**4227815**
其中：国有控股企业	18812	2541	13358777	0	0
一、按登记注册类型分组					
内资企业	194377	27767	111920725	4244116	4227815
港、澳、台商投资企业					
外商投资企业					
二、按国民经济行业分组					
房屋建筑业	148078	19135	77949392	4234715	4227815
住宅房屋建筑	133074	15716	69847475	4090027	4086527
住宅房屋建筑	133074	15716	69847475	4090027	4086527
体育场馆建筑					
体育场馆建筑					
其他房屋建筑业	15004	3419	8101917	144688	141288
其他房屋建筑业	15004	3419	8101917	144688	141288
土木工程建筑业	36279	6942	26501567	0	0
铁路、道路、隧道和桥梁工程建筑	31990	5755	22427668	0	0
铁路工程建筑					
公路工程建筑	11963	2156	9478427	0	0
市政道路工程建筑	19880	3578	12783157	0	0
城市轨道交通工程建筑	125	0	125307	0	0
其他道路、隧道和桥梁工程建筑	22	21	40777	0	0
水利和水运工程建筑	1385	532	742569	0	0
水源及供水设施工程建筑	755	187	382816	0	0
河湖治理及防洪设施工程建筑	630	345	359753	0	0
港口及航运设施工程建筑					
海洋工程建筑					
海洋油气资源开发利用工程建筑					
海洋能源开发利用工程建筑					
海底隧道工程建筑					
海底设施铺设工程建筑					
其他海洋工程建筑					
工矿工程建筑					
工矿工程建筑					

企业生产情况（续表 2）

房屋建筑竣工面积（平方米）						
合计	住宅房屋	商业及服务用房屋	办公用房屋	科研、教育、医疗用房屋	文化、体育、娱乐用房屋	厂房及建筑物
20792730	**4902255**	**770104**	**952844**	**878246**	**321560**	**12787108**
502927	158456	44572	96466	114304	33921	55208
20792730	4902255	770104	952844	878246	321560	12787108
18146598	4689895	688046	778325	721165	285449	10808786
15955347	4238181	688046	770687	712709	285449	9112344
15955347	4238181	688046	770687	712709	285449	9112344
2191251	451714	0	7638	8456	0	1696442
2191251	451714	0	7638	8456	0	1696442
2214605	122200	62175	174519	117613	34811	1697606
2162683	122200	62175	130566	115613	34811	1691637
68823	63817	0	0	0	0	5006
2093860	58383	62175	130566	115613	34811	1686631
0	0	0	0	0	0	0
0	0	0	0	0	0	0
43953	0	0	43953	0	0	0
43953	0	0	43953	0	0	0
0	0	0	0	0	0	0

6-12 建筑业

指标名称	房屋建筑竣工面积(平方米)				
	仓库	其他未列明的房屋建筑物	合计	住宅房屋	商业及服务用房屋
总　计	**87093**	**93520**	**37166822**	**10155281**	**1740646**
其中：国有控股企业	0	0	469484	118076	64599
一、按登记注册类型分组					
内资企业	87093	93520	37166822	10155281	1740646
港、澳、台商投资企业					
外商投资企业					
二、按国民经济行业分组					
房屋建筑业	84198	90734	34045351	9923022	1606337
住宅房屋建筑	82010	65921	31430011	9163552	1606337
住宅房屋建筑	82010	65921	31430011	9163552	1606337
体育场馆建筑					
体育场馆建筑					
其他房屋建筑业	2188	24813	2615340	759470	0
其他房屋建筑业	2188	24813	2615340	759470	0
土木工程建筑业	2895	2786	2543249	52059	113893
铁路、道路、隧道和桥梁工程建筑	2895	2786	2474336	52059	113893
铁路工程建筑					
公路工程建筑	0	0	24227	17029	0
市政道路工程建筑	2895	2786	2450109	35030	113893
城市轨道交通工程建筑	0	0	0	0	0
其他道路、隧道和桥梁工程建筑	0	0	0	0	0
水利和水运工程建筑	0	0	59390	0	0
水源及供水设施工程建筑	0	0	59390	0	0
河湖治理及防洪设施工程建筑	0	0	0	0	0
港口及航运设施工程建筑					
海洋工程建筑					
海洋油气资源开发利用工程建筑					
海洋能源开发利用工程建筑					
海底隧道工程建筑					
海底设施铺设工程建筑					
其他海洋工程建筑					
工矿工程建筑					
工矿工程建筑					

企业生产情况（续表3）

竣工房屋价值（千元）					
办公用房屋	科研、教育、医疗用房屋	文化、体育、娱乐用房屋	厂房及建筑物	仓库	其他未列明的房屋建筑物
2513669	2280613	2098223	18014441	124358	239591
59503	62371	15604	149331	0	0
2513669	2280613	2098223	18014441	124358	239591
2290270	2215811	2080919	15575053	118563	235376
2279025	2173101	2080919	13803050	114866	209161
2279025	2173101	2080919	13803050	114866	209161
11245	42710	0	1772003	3697	26215
11245	42710	0	1772003	3697	26215
223399	58256	16304	2069328	5795	4215
164009	54256	16304	2063805	5795	4215
0	0	0	7198	0	0
164009	54256	16304	2056607	5795	4215
0	0	0	0	0	0
0	0	0	0	0	0
59390	0	0	0	0	0
59390	0	0	0	0	0
0	0	0	0	0	0

6-12 建筑业

指标名称	企业个数（个）	一、合同情况（千元）		
	有工作量的建筑业企业个数	签订的合同额	上年结转合同额	本年新签合同额
架线和管道工程建筑	7	1190979	340611	850368
架线及设备工程建筑	7	1190979	340611	850368
管道工程建筑				
地下综合管廊工程建筑				
节能环保工程施工	2	20732	14686	6046
节能工程施工				
环保工程施工	1	19532	14686	4846
生态保护工程施工	1	1200	0	1200
电力工程施工	3	966819	22578	944241
火力发电工程施工				
水力发电工程施工				
核电工程施工				
风能发电工程施工				
太阳能发电工程施工	1	54467	8965	45502
其他电力工程施工	2	912352	13613	898739
其他土木工程建筑	17	2790645	757575	2033070
园林绿化工程施工	15	2578472	713602	1864870
体育场地设施工程施工				
游乐设施工程施工				
其他土木工程建筑施工	2	212173	43973	168200
建筑安装业	27	5922205	1309719	4612486
电气安装	20	5714143	1289614	4424529
电气安装	20	5714143	1289614	4424529
管道和设备安装	1	48000	0	48000
管道和设备安装	1	48000	0	48000
其他建筑安装业	6	160062	20105	139957
体育场地设施安装				
其他建筑安装	6	160062	20105	139957
建筑装饰、装修和其他建筑业	54	5525847	1515911	4009936
建筑装饰和装修业	50	5445444	1491062	3954382
公共建筑装饰和装修	11	3344178	817194	2526984
住宅装饰和装修	28	1163643	341493	822150
建筑幕墙装饰和装修	11	937623	332375	605248
建筑物拆除和场地准备活动				

企业生产情况（续表 4）

二、承包工程完成情况（千元）				三、建筑业总产值（千元）	其中：装配式建筑工程产值	#其中：装饰装修产值
直接从建设单位承揽工程完成的产值	自行完成施工产值	分包出去工程的产值	从建设单位以外承揽工程完成的产值			
703325	703325	0	63790	767115	0	37954
703325	703325	0	63790	767115	0	37954
6605	6605	0	0	6605	0	0
5925	5925	0	0	5925	0	0
680	680	0	0	680	0	0
940103	858808	81295	101513	960321	0	0
54467	8605	45862	0	8605	0	0
885636	850203	35433	101513	951716	0	0
1487852	1487852	0	22260	1510112	0	0
1381557	1381557	0	22260	1403817	0	0
106295	106295	0	0	106295	0	0
3969668	3865286	104382	193709	4058995	0	117415
3783160	3678778	104382	144720	3823498	0	117415
3783160	3678778	104382	144720	3823498	0	117415
48000	48000	0	0	48000	0	0
48000	48000	0	0	48000	0	0
138508	138508	0	48989	187497	0	0
138508	138508	0	48989	187497	0	0
3217285	3210372	6913	145727	3356099	0	1149382
3135763	3128850	6913	125066	3253916	0	1149382
1726323	1726323	0	35696	1762019	0	793546
820034	814867	5167	20336	835203	0	295870
589406	587660	1746	69034	656694	0	59966

6-12 建筑业

指标名称	三、建筑业总产值（千元）				竣工产值（千元）
	#其中:在外省完成的产值	建筑工程产值	安装工程产值	其他产值	
架线和管道工程建筑	100	24057	539571	203487	333179
架线及设备工程建筑	100	24057	539571	203487	333179
管道工程建筑					
地下综合管廊工程建筑					
节能环保工程施工	0	0	0	6605	4257
节能工程施工					
环保工程施工	0	0	0	5925	4257
生态保护工程施工	0	0	0	680	0
电力工程施工	4677	0	960321	0	54467
火力发电工程施工					
水力发电工程施工					
核电工程施工					
风能发电工程施工					
太阳能发电工程施工	0	0	8605	0	54467
其他电力工程施工	4677	0	951716	0	0
其他土木工程建筑	257638	1405662	36135	68315	1114212
园林绿化工程施工	257638	1299367	36135	68315	1114212
体育场地设施工程施工					
游乐设施工程施工					
其他土木工程建筑施工	0	106295	0	0	0
建筑安装业	15929	486279	3491193	81523	3609410
电气安装	5632	361943	3419345	42210	3432283
电气安装	5632	361943	3419345	42210	3432283
管道和设备安装	0	0	48000	0	48000
管道和设备安装	0	0	48000	0	48000
其他建筑安装业	10297	124336	23848	39313	129127
体育场地设施安装					
其他建筑安装	10297	124336	23848	39313	129127
建筑装饰、装修和其他建筑业	228530	2453675	460473	441951	1731131
建筑装饰和装修业	208683	2396819	421218	435879	1701941
公共建筑装饰和装修	95026	1392544	210733	158742	857711
住宅装饰和装修	43099	494857	145873	194473	457941
建筑幕墙装饰和装修	70558	509418	64612	82664	386289
建筑物拆除和场地准备活动					

企业生产情况（续表5）

四、房屋建筑施工面积（平方米）		年末自有施工机械设备			从业人员情况（人）
	其中：本年新开工面积	净值（千元）	总台数（台）	总功率（千瓦）	从事建筑业活动的平均人数
0	0	98	10	98	743
0	0	98	10	98	743
0	0	0	0	0	38
0	0	0	0	0	29
0	0	0	0	0	9
0	0	259	30	2	190
0	0	0	0	0	30
0	0	259	30	2	160
8269	0	1765	18	370	3694
8269	0	1765	18	370	3539
0	0	0	0	0	155
185971	30700	12878	1921	3897	6621
77245	30700	10145	1836	3042	6073
77245	30700	10145	1836	3042	6073
0	0	0	0	0	49
0	0	0	0	0	49
108726	0	2733	85	855	499
108726	0	2733	85	855	499
490525	371125	7761	368	12162	5557
490525	371125	7761	368	12162	5343
0	0	4883	178	10605	2043
309456	253366	799	38	1423	1675
181069	117759	2079	152	134	1625

6-12 建筑业

指标名称	从业人员情况（人）		企业总产值（千元）	本年新签智能建造工程项目合同额（千元）	
	建筑业企业期末人数	其中：工程技术人员			其中:新签运用BIM技术的合同额（千元）
架线和管道工程建筑	726	214	767115	0	0
架线及设备工程建筑	726	214	767115	0	0
管道工程建筑					
地下综合管廊工程建筑					
节能环保工程施工	37	2	6605	0	0
节能工程施工					
环保工程施工	28	2	5925	0	0
生态保护工程施工	9	0	680	0	0
电力工程施工	199	92	1020127	0	0
火力发电工程施工					
水力发电工程施工					
核电工程施工					
风能发电工程施工					
太阳能发电工程施工	31	10	66467	0	0
其他电力工程施工	168	82	953660	0	0
其他土木工程建筑	1942	347	1537483	0	0
园林绿化工程施工	1797	303	1431188	0	0
体育场地设施工程施工					
游乐设施工程施工					
其他土木工程建筑施工	145	44	106295	0	0
建筑安装业	6280	1104	4103258	9401	0
电气安装	5765	968	3867761	9401	0
电气安装	5765	968	3867761	9401	0
管道和设备安装	50	49	48000	0	0
管道和设备安装	50	49	48000	0	0
其他建筑安装业	465	87	187497	0	0
体育场地设施安装					
其他建筑安装	465	87	187497	0	0
建筑装饰、装修和其他建筑业	3740	586	3366508	0	0
建筑装饰和装修业	3526	555	3264215	0	0
公共建筑装饰和装修	1972	212	1762019	0	0
住宅装饰和装修	1162	261	842701	0	0
建筑幕墙装饰和装修	392	82	659495	0	0
建筑物拆除和场地准备活动					

企业生产情况（续表6）

房屋建筑竣工面积（平方米）						
合计	住宅房屋	商业及服务用房屋	办公用房屋	科研、教育、医疗用房屋	文化、体育、娱乐用房屋	厂房及建筑物
0	0	0	0	0	0	0
0	0	0	0	0	0	0
0	0	0	0	0	0	0
0	0	0	0	0	0	0
0	0	0	0	0	0	0
0	0	0	0	0	0	0
0	0	0	0	0	0	0
0	0	0	0	0	0	0
7969	0	0	0	2000	0	5969
7969	0	0	0	2000	0	5969
0	0	0	0	0	0	0
183271	0	0	0	0	0	183271
74545	0	0	0	0	0	74545
74545	0	0	0	0	0	74545
0	0	0	0	0	0	0
0	0	0	0	0	0	0
108726	0	0	0	0	0	108726
108726	0	0	0	0	0	108726
248256	90160	19883	0	39468	1300	97445
248256	90160	19883	0	39468	1300	97445
0	0	0	0	0	0	0
98705	160	13612	0	39468	1300	44165
149551	90000	6271	0	0	0	53280

6-12 建筑业

指标名称	房屋建筑竣工面积（平方米）				
	仓库	其他未列明的房屋建筑物	合计	住宅房屋	商业及服务用房屋
架线和管道工程建筑	0	0	0	0	0
架线及设备工程建筑	0	0	0	0	0
管道工程建筑					
地下综合管廊工程建筑					
节能环保工程施工	0	0	0	0	0
节能工程施工					
环保工程施工	0	0	0	0	0
生态保护工程施工	0	0	0	0	0
电力工程施工	0	0	0	0	0
火力发电工程施工					
水力发电工程施工					
核电工程施工					
风能发电工程施工					
太阳能发电工程施工	0	0	0	0	0
其他电力工程施工	0	0	0	0	0
其他土木工程建筑	0	0	9523	0	0
园林绿化工程施工	0	0	9523	0	0
体育场地设施工程施工					
游乐设施工程施工					
其他土木工程建筑施工	0	0	0	0	0
建筑安装业	0	0	260713	0	0
电气安装	0	0	161942	0	0
电气安装	0	0	161942	0	0
管道和设备安装	0	0	0	0	0
管道和设备安装	0	0	0	0	0
其他建筑安装业	0	0	98771	0	0
体育场地设施安装					
其他建筑安装	0	0	98771	0	0
建筑装饰、装修和其他建筑业	0	0	317509	180200	20416
建筑装饰和装修业	0	0	317509	180200	20416
公共建筑装饰和装修	0	0	0	0	0
住宅装饰和装修	0	0	55991	200	6079
建筑幕墙装饰和装修	0	0	261518	180000	14337
建筑物拆除和场地准备活动					

企业生产情况（续表 7）

竣工房屋价值（千元）					
办公用房屋	科研、教育、医疗用房屋	文化、体育、娱乐用房屋	厂房及建筑物	仓库	其他未列明的房屋建筑物
0	0	0	0	0	0
0	0	0	0	0	0
0	0	0	0	0	0
0	0	0	0	0	0
0	0	0	0	0	0
0	0	0	0	0	0
0	0	0	0	0	0
0	0	0	0	0	0
0	4000	0	5523	0	0
0	4000	0	5523	0	0
0	0	0	0	0	0
0	0	0	260713	0	0
0	0	0	161942	0	0
0	0	0	161942	0	0
0	0	0	0	0	0
0	0	0	0	0	0
0	0	0	98771	0	0
0	0	0	98771	0	0
0	6546	1000	109347	0	0
0	6546	1000	109347	0	0
0	0	0	0	0	0
0	6546	1000	42166	0	0
0	0	0	67181	0	0

6–12 建筑业

指标名称	企业个数（个）	一、合同情况（千元）		
	有工作量的建筑业企业个数	签订的合同额	上年结转合同额	本年新签合同额
建筑物拆除活动				
场地准备活动				
提供施工设备服务				
提供施工设备服务				
其他未列明建筑业	4	80403	24849	55554
其他未列明建筑业	4	80403	24849	55554
三、按隶属关系分组				
中央	2	14835088	12096910	2738178
地方	13	25041204	16764776	8276428
其他	17	3352959	1136319	2216640
四、按企业资质等级分组				
施工总承包	273	190860690	94434079	96426611
特级	3	37121671	16141480	20980191
一级	37	102876602	57817227	45059375
二级	57	34400288	13898970	20501318
三级及以下	176	16462129	6576402	9885727
专业承包	183	19082765	5340397	13742368
一级	22	6045535	1780329	4265206
二级	146	12412167	3478735	8933432
三级及以下	15	625063	81333	543730
五、按地区分				
吴兴区	71	90034364	43618088	46416276
南浔区	58	19284865	8589961	10694904
德清县	72	30808898	14540354	16268544
长兴县	122	20889274	8023158	12866116
安吉县	87	23226165	7343195	15882970
南太湖新区	46	25699889	17659720	8040169
六、按控股情况分				
国有控股	15	39876292	28861686	11014606
集体控股	6	5450391	1045383	4405008
私人控股	435	164616772	69867407	94749365
港澳台商控股				
外商控股				
其他				

企业生产情况（续表 8）

二、承包工程完成情况（千元）				三、建筑业总产值（千元）		
直接从建设单位承揽工程完成的产值	自行完成施工产值	分包出去工程的产值	从建设单位以外承揽工程完成的产值		其中：装配式建筑工程产值	#其中：装饰装修产值
81522	81522	0	20661	102183	0	0
81522	81522	0	20661	102183	0	0
2025829	2025829	0	5394530	7420359	0	0
5774723	5774723	0	104612	5879335	0	42865
2542963	2541893	1070	11699	2553592	0	9723
91590011	91277202	312809	7171380	98448582	2491112	3174821
20762641	20762641	0	99764	20862405	1822316	1716098
43234413	43234413	0	5696705	48931118	238429	869941
17966610	17762089	204521	926512	18688601	276953	139154
9626347	9518059	108288	448399	9966458	153414	449628
11683220	11651128	32092	1277932	12929060	784590	1814876
3287284	3287284	0	645954	3933238	664871	769106
7955637	7929337	26300	455970	8385307	104019	1045770
440299	434507	5792	176008	610515	15700	0
42936797	42936797	0	5825023	48761820	1881995	2821340
11447875	11447875	0	1196431	12644306	770268	502776
16912068	16781816	130252	286438	17068254	285066	387044
12767736	12760372	7364	385229	13145601	160879	465656
10820473	10652436	168037	472642	11125078	0	228657
8388282	8349034	39248	283549	8632583	177494	584224
7800552	7800552	0	5499142	13299694	0	42865
4043449	3943013	100436	118122	4061135	0	0
91429230	91184765	244465	2832048	94016813	3275702	4946832

6-12 建筑业

指标名称	三、建筑业总产值（千元）				竣工产值（千元）
	#其中:在外省完成的产值	建筑工程产值	安装工程产值	其他产值	
建筑物拆除活动					
场地准备活动					
提供施工设备服务					
提供施工设备服务					
其他未列明建筑业	19847	56856	39255	6072	29190
其他未列明建筑业	19847	56856	39255	6072	29190
三、按隶属关系分组					
中央	3796390	7420359	0	0	5784820
地方	887815	4972256	389892	517187	709354
其他	45041	2469950	60380	23262	894319
四、按企业资质等级分组					
施工总承包	10083288	88975615	6778201	2694766	55878388
特级	1265606	20589432	83166	189807	11989990
一级	6790077	45401663	1761193	1768262	27354418
二级	1713357	15443399	3186872	58330	10722668
三级及以下	314248	7541121	1746970	678367	5811312
专业承包	1698310	11038369	1022581	868110	6643048
一级	904678	3442711	256722	233805	1742768
二级	628830	7222240	653703	509364	4664144
三级及以下	164802	373418	112156	124941	236136
五、按地区分					
吴兴区	6211235	43943825	3273733	1544262	28179635
南浔区	680751	12299804	148360	196142	7629851
德清县	1110709	15095512	1228673	744069	12075485
长兴县	1624666	11629485	857978	658138	6810419
安吉县	424489	9845868	988867	290343	4785284
南太湖新区	1729748	7199490	1303171	129922	3040762
六、按控股情况分					
国有控股	4684205	12392615	389892	517187	6494174
集体控股	0	72963	3985488	2684	3068751
私人控股	7097393	87548406	3425402	3043005	52958511
港澳台商控股					
外商控股					
其他					

企业生产情况（续表 9）

四、房屋建筑施工面积（平方米）	其中：本年新开工面积	年末自有施工机械设备 净值（千元）	总台数（台）	总功率（千瓦）	从业人员情况（人） 从事建筑业活动的平均人数
0	0	0	0	0	214
0	0	0	0	0	214
175505	175505	173035	715	105385	10186
951087	527494	38180	372	17366	12016
2145573	825287	14403	130	3750	5219
56026461	21937009	749057	11705	312493	198837
11525429	3712434	113790	1671	70636	37539
27590827	10304001	435335	4016	190221	103360
13341183	6467345	122832	1877	42236	34373
3569022	1453229	77100	4141	9400	23565
6180466	3210219	113886	1710	40666	27989
3378250	1556342	10893	281	1558	5030
2689704	1551494	86517	1335	37553	21929
112512	102383	16476	94	1555	1030
21317017	7961762	376406	4075	211620	90769
7319922	3726568	65787	702	12473	26116
15662247	5361287	73116	3502	25396	35442
5152574	1861737	88314	3380	52947	30026
9436168	5456768	163749	952	20553	27460
3318999	779106	95571	804	30170	17013
1126592	702999	211215	1087	122751	22202
64506	0	4862	278	2306	4653
61015829	24444229	646866	12050	228102	199971

6-12 建筑业

指标名称	从业人员情况（人）		企业总产值（千元）	本年新签智能建造工程项目合同额（千元）	其中：新签运用BIM技术的合同额（千元）
	建筑业企业期末人数	其中：工程技术人员			
建筑物拆除活动					
场地准备活动					
提供施工设备服务					
提供施工设备服务					
其他未列明建筑业	214	31	102293	0	0
其他未列明建筑业	214	31	102293	0	0
三、按隶属关系分组					
中央	8964	966	7420359	0	0
地方	9848	1575	5938418	0	0
其他	4707	800	2553592	2061	0
四、按企业资质等级分组					
施工总承包	174830	24152	98874807	4100767	4086527
特级	33419	5195	20862405	3563067	3563067
一级	93734	10628	48954821	523460	523460
二级	31410	4074	18890954	3500	0
三级及以下	16267	4255	10166627	10740	0
专业承包	19547	3615	13045918	143349	141288
一级	3427	646	3941941	0	0
二级	15203	2847	8484248	143349	141288
三级及以下	917	122	619729	0	0
五、按地区分					
吴兴区	81621	11449	48778808	4227815	4227815
南浔区	24403	3077	12651404	3400	0
德清县	26473	3983	17135213	9401	0
长兴县	22204	3580	13294696	3500	0
安吉县	23625	2500	11367130	0	0
南太湖新区	16051	3178	8693474	0	0
六、按控股情况分					
国有控股	18812	2541	13358777	0	0
集体控股	4688	462	4061135	0	0
私人控股	170877	24764	94500813	4244116	4227815
港澳台商控股					
外商控股					
其他					

企业生产情况（续表 10）

房屋建筑竣工面积（平方米）						
合计	住宅房屋	商业及服务用房屋	办公用房屋	科研、教育、医疗用房屋	文化、体育、娱乐用房屋	厂房及建筑物
0	0	0	0	0	0	0
0	0	0	0	0	0	0
63817	63817	0	0	0	0	0
439110	94639	44572	96466	114304	33921	55208
642769	0	0	0	0	0	638689
18034895	4812095	609328	886780	828476	320189	10431250
3858636	1461166	94670	297310	534541	54160	1408965
7652968	2492279	444496	380986	161151	223007	3871180
4291048	750797	45822	144847	125727	43022	3155407
2232243	107853	24340	63637	7057	0	1995698
2757835	90160	160776	66064	49770	1371	2355858
1177071	0	116271	40000	0	0	1003095
1488181	90160	44505	23593	49770	1371	1262651
92583	0	0	2471	0	0	90112
6459348	2019920	185846	591723	563290	136080	2954665
2980603	487569	393627	50060	11933	140197	1881576
5030555	1182222	22066	2000	121423	2190	3678510
2414075	602678	65874	137815	130099	38598	1310873
2806298	352882	37093	132937	6054	4495	2271171
1101851	256984	65598	38309	45447	0	690313
502927	158456	44572	96466	114304	33921	55208
64506	0	0	0	0	0	64506
20225297	4743799	725532	856378	763942	287639	12667394

6-12 建筑业

指标名称	房屋建筑竣工面积（平方米）				
	仓库	其他未列明的房屋建筑物	合计	住宅房屋	商业及服务用房屋
建筑物拆除活动					
场地准备活动					
提供施工设备服务					
提供施工设备服务					
其他未列明建筑业	0	0	0	0	0
其他未列明建筑业	0	0	0	0	0
三、按隶属关系分组					
中央	0	0	17029	17029	0
地方	0	0	452455	101047	64599
其他	0	4080	826151	0	0
四、按企业资质等级分组					
施工总承包	82950	63827	34410728	9975081	1548612
特级	0	7824	8998999	3890399	183311
一级	74869	5000	16586527	4476986	1215352
二级	4250	21176	6446635	1495246	52252
三级及以下	3831	29827	2378567	112450	97697
专业承包	4143	29693	2756094	180200	192034
一级	0	17705	811982	0	110085
二级	4143	11988	1855672	180200	81949
三级及以下	0	0	88440	0	0
五、按地区分					
吴兴区	0	7824	13054483	4802578	413075
南浔区	3128	12513	5766663	841171	920895
德清县	0	22144	8653885	2555130	65009
长兴县	83965	44173	3442048	1264708	114711
安吉县	0	1666	3805601	180480	93238
南太湖新区	0	5200	2444142	511214	133718
六、按控股情况分					
国有控股	0	0	469484	118076	64599
集体控股	0	0	72963	0	0
私人控股	87093	93520	36624375	10037205	1676047
港澳台商控股					
外商控股					
其他					

企业生产情况（续表 11）

竣工房屋价值（千元）					
办公用房屋	科研、教育、医疗用房屋	文化、体育、娱乐用房屋	厂房及建筑物	仓库	其他未列明的房屋建筑物
0	0	0	0	0	0
0	0	0	0	0	0
0	0	0	0	0	0
59503	62371	15604	149331	0	0
0	0	0	813946	0	12205
2421810	2258271	2097081	15792926	118016	198931
716617	1586448	220368	2333803	0	68053
1460283	551332	1744337	7028899	102678	6660
137256	102289	132376	4473638	7250	46328
107654	18202	0	1956586	8088	77890
91859	22342	1142	2221515	6342	40660
42481	0	0	638123	0	21293
47190	22342	1142	1497140	6342	19367
2188	0	0	86252	0	0
1683022	1679613	425158	3982984	0	68053
69794	48672	1538847	2329045	6847	11392
1952	292028	1700	5673698	0	64368
171548	85818	35694	1584139	117511	67919
172972	3797	96824	3249594	0	8696
414381	170685	0	1194981	0	19163
59503	62371	15604	149331	0	0
0	0	0	72963	0	0
2454166	2218242	2082619	17792147	124358	239591

6-13 建筑业

指标名称	一、年初存货（千元）	流动资产合计	应收工程款	存货	固定资产减值准备
甲	1	2	91	3	01
总　　计	**10425157**	**72262323**	**16286892**	**12041002**	**32364**
其中：国有控股企业	1751624	20924826	2193732	1944376	116
一、按登记注册类型分组					
内资企业	10425157	72262323	16286892	12041002	32364
港、澳、台商投资企业					
外商投资企业					
二、按国民经济行业分组					
房屋建筑业	5645438	34332874	9921142	5738610	7890
住宅房屋建筑	5021945	29855788	8326382	4917344	7890
住宅房屋建筑	5021945	29855788	8326382	4917344	7890
体育场馆建筑					
体育场馆建筑					
其他房屋建筑业	623493	4477086	1594760	821266	0
其他房屋建筑业	623493	4477086	1594760	821266	0
土木工程建筑业	3520542	32151863	4932180	4028694	385
铁路、道路、隧道和桥梁工程建筑	2603212	24650004	4004859	2619090	200
铁路工程建筑					
公路工程建筑	190251	12157343	1416624	463168	0
市政道路工程建筑	2411418	12364425	2494353	2144838	200
城市轨道交通工程建筑	1527	111206	80601	11084	0
其他道路、隧道和桥梁工程建筑	16	17030	13281	0	0
水利和水运工程建筑	66731	1860777	423465	84359	116
水源及供水设施工程建筑	66640	413680	158760	79801	116
河湖治理及防洪设施工程建筑	91	1447097	264705	4558	0
港口及航运设施工程建筑					
海洋工程建筑					
海洋油气资源开发利用工程建筑					
海洋能源开发利用工程建筑					
海底隧道工程建筑					
海底设施铺设工程建筑					
其他海洋工程建筑					
工矿工程建筑					
工矿工程建筑					

二、年末资产负债（千元）					
固定资产原价	#房屋和构筑物	#机器设备	累计折旧	#本年折旧	在建工程
6	231	232	8	9	10
7143606	**2007522**	**2926018**	**3095046**	**596990**	**1988840**
1398592	204437	558485	629834	100301	871888
7143606	2007522	2926018	3095046	596990	1988840
2856800	1041011	865808	1256174	229033	1035100
2185884	738700	651280	1028695	189684	1009940
2185884	738700	651280	1028695	189684	1009940
670916	302311	214528	227479	39349	25160
670916	302311	214528	227479	39349	25160
2791247	435355	1273223	1355573	243381	913041
2086557	319215	838135	1029088	196223	225058
769540	101855	379798	502932	72748	1700
1228601	211404	376787	492122	116101	223358
77066	4971	71185	28117	6503	0
11350	985	10365	5917	871	0
238258	31174	192876	162593	14025	0
43875	9850	23445	24583	3202	0
194383	21324	169431	138010	10823	0

6–13 建筑业

指标名称	无形资产	土地使用权	资产总计	流动负债合计	#应付账款
甲	246	247	14	15	215
总　　计	**945449**	**241780**	**86580459**	**60584771**	**20957514**
其中：国有控股企业	71797	14072	26960961	18535575	3318993
一、按登记注册类型分组					
内资企业	945449	241780	86580459	60584771	20957514
港、澳、台商投资企业					
外商投资企业					
二、按国民经济行业分组					
房屋建筑业	665569	161044	39766577	28934832	12831735
住宅房屋建筑	609275	122405	34601639	25384547	11390507
住宅房屋建筑	609275	122405	34601639	25384547	11390507
体育场馆建筑					
体育场馆建筑					
其他房屋建筑业	56294	38639	5164938	3550285	1441228
其他房屋建筑业	56294	38639	5164938	3550285	1441228
土木工程建筑业	246320	60671	39417455	26669980	6648774
铁路、道路、隧道和桥梁工程建筑	192250	32788	30402343	21306112	5146523
铁路工程建筑					
公路工程建筑	34820	4672	16236605	11631693	2079756
市政道路工程建筑	113957	25252	13939607	9525199	2968827
城市轨道交通工程建筑	43473	2864	203629	147490	97901
其他道路、隧道和桥梁工程建筑	0	0	22502	1730	39
水利和水运工程建筑	3940	0	1978194	1218635	409402
水源及供水设施工程建筑	0	0	444335	252824	146313
河湖治理及防洪设施工程建筑	3940	0	1533859	965811	263089
港口及航运设施工程建筑					
海洋工程建筑					
海洋油气资源开发利用工程建筑					
海洋能源开发利用工程建筑					
海底隧道工程建筑					
海底设施铺设工程建筑					
其他海洋工程建筑					
工矿工程建筑					
工矿工程建筑					

企业财务情况（续表1）

二、年末资产负债（千元）					三、损益及分配（千元）	
非流动负债合计	负债合计	所有者权益合计	#实收资本	#个人资本	营业收入	#主营业务收入
16	17	18	19	124	301	26
2213548	**67409494**	**19170965**	**9875417**	**3592291**	**81124732**	**80613587**
1919119	22458073	4502888	2084783	0	7641004	7621596
2213548	67409494	19170965	9875417	3592291	81124732	80613587
113236	30802143	8964434	5087991	2240126	53414091	53118951
43239	26919760	7681879	4255815	1994226	47606683	47372411
43239	26919760	7681879	4255815	1994226	47606683	47372411
69997	3882383	1282555	832176	245900	5807408	5746540
69997	3882383	1282555	832176	245900	5807408	5746540
2034574	31373501	8043954	4158567	1020770	19522412	19361953
1431440	25258742	5143601	3392884	816156	15616818	15489504
815210	14570866	1665739	848302	81744	4317903	4308269
616240	10538666	3400941	2476067	715897	11111921	10995456
-10	147480	56149	50000	0	126522	125307
0	1730	20772	18515	18515	60472	60472
63814	1282450	695744	328078	98000	744397	741229
10305	263130	181205	208078	78000	383293	385642
53509	1019320	514539	120000	20000	361104	355587

6-13 建筑业

指标名称	营业成本	#主营业务成本	税金及附加	#主营业务税金及附加
甲	307	27	309	28
总　计	76118725	75148431	253124	240721
其中：国有控股企业	7079865	7068609	20955	20291
一、按登记注册类型分组				
内资企业	76118725	75148431	253124	240721
港、澳、台商投资企业				
外商投资企业				
二、按国民经济行业分组				
房屋建筑业	50490954	50199719	174819	165846
住宅房屋建筑	45074763	44826286	157529	150538
住宅房屋建筑	45074763	44826286	157529	150538
体育场馆建筑				
体育场馆建筑				
其他房屋建筑业	5416191	5373433	17290	15308
其他房屋建筑业	5416191	5373433	17290	15308
土木工程建筑业	18067972	17924321	54498	51383
铁路、道路、隧道和桥梁工程建筑	14475632	14351926	41643	38783
铁路工程建筑				
公路工程建筑	3998356	3993898	11093	10533
市政道路工程建筑	10313265	10194017	30050	27750
城市轨道交通工程建筑	114958	114958	416	416
其他道路、隧道和桥梁工程建筑	49053	49053	84	84
水利和水运工程建筑	685582	686685	4575	4571
水源及供水设施工程建筑	353491	355254	1061	1057
河湖治理及防洪设施工程建筑	332091	331431	3514	3514
港口及航运设施工程建筑				
海洋工程建筑				
海洋油气资源开发利用工程建筑				
海洋能源开发利用工程建筑				
海底隧道工程建筑				
海底设施铺设工程建筑				
其他海洋工程建筑				
工矿工程建筑				
工矿工程建筑				

企业财务情况（续表 2）

三、损益及分配（千元）						
其他业务利润	销售费用	管理费用	研发费用	财务费用	#利息收入	#利息支出
31	312	33	37	38	318	39
66837	81209	3050026	1034500	187176	119522	269791
5705	9637	291524	148968	30192	14166	42852
66837	81209	3050026	1034500	187176	119522	269791
60897	25165	1667206	767657	113656	49575	158102
51907	11370	1431891	724993	73123	48954	123811
51907	11370	1431891	724993	73123	48954	123811
8990	13795	235315	42664	40533	621	34291
8990	13795	235315	42664	40533	621	34291
5915	33768	846444	222399	56261	60975	97194
5915	19456	620732	178845	60030	20108	60758
4904	2764	157345	68635	19623	2853	18628
1011	15986	445467	104703	38967	17252	40713
0	0	8249	5507	1431	2	1417
0	706	9671	0	9	1	0
0	5707	62009	14852	-12770	38627	24720
0	501	27391	2936	2788	82	1787
0	5206	34618	11916	-15558	38545	22933

6-13 建筑业

指标名称	资产减值损失	公允价值变动收益	投资收益	其他收益	营业利润
甲	96	97	65	330	40
总　计	-18755	0	121655	24332	1182449
其中：国有控股企业	1621	0	41269	4380	154711
一、按登记注册类型分组					
内资企业	-18755	0	121655	24332	1182449
港、澳、台商投资企业					
外商投资企业					
二、按国民经济行业分组					
房屋建筑业	2693	0	60800	18074	737052
住宅房屋建筑	2693	0	59621	18074	660910
住宅房屋建筑	2693	0	59621	18074	660910
体育场馆建筑					
体育场馆建筑					
其他房屋建筑业	0	0	1179	0	76142
其他房屋建筑业	0	0	1179	0	76142
土木工程建筑业	287	0	48892	5651	359248
铁路、道路、隧道和桥梁工程建筑	1460	0	43553	3415	333003
铁路工程建筑					
公路工程建筑	-349	0	31354	1195	89347
市政道路工程建筑	1809	0	12199	2220	241239
城市轨道交通工程建筑	0	0	0	0	1468
其他道路、隧道和桥梁工程建筑	0	0	0	0	949
水利和水运工程建筑	-1333	0	39	1272	-18071
水源及供水设施工程建筑	0	0	39	24	-1877
河湖治理及防洪设施工程建筑	-1333	0	0	1248	-16194
港口及航运设施工程建筑					
海洋工程建筑					
海洋油气资源开发利用工程建筑					
海洋能源开发利用工程建筑					
海底隧道工程建筑					
海底设施铺设工程建筑					
其他海洋工程建筑					
工矿工程建筑					
工矿工程建筑					

企业财务情况（续表 3）

三、损益及分配（千元）				四、人工成本及增值税（千元）		五、其他资料（千元）
营业外收入	营业外支出	利润总额	所得税费用	应付职工薪酬（本年贷方累计发生额）	应交增值税	建筑业企业在境外完成的营业收入
67	42	43	44	401	402	611
136332	104843	1214072	198274	9922500	2033609	33891
8682	16938	146455	26969	637512	168785	0
136332	104843	1214072	198274	9922500	2033609	33891
113817	74324	780365	113074	7967695	1435454	0
105960	68012	702678	97601	7008787	1264486	0
105960	68012	702678	97601	7008787	1264486	0
7857	6312	77687	15473	958908	170968	0
7857	6312	77687	15473	958908	170968	0
16752	20092	352223	76657	1386286	480043	33891
11736	18255	323784	68575	1013962	401435	5786
5442	4435	89758	13695	396877	110115	0
6076	13734	231477	54685	605734	287748	5786
208	85	1591	147	9465	2016	0
10	1	958	48	1886	1556	0
1053	687	-17705	581	104355	26915	28105
769	217	-1325	51	47767	9864	28105
284	470	-16380	530	56588	17051	0

6-13 建筑业

指标名称	一、年初存货（千元）	流动资产合计			固定资产减值准备
			应收工程款	存货	
架线和管道工程建筑	249486	858760	119500	559050	0
架线及设备工程建筑	249486	858760	119500	559050	0
管道工程建筑					
地下综合管廊工程建筑					
节能环保工程施工	3681	8613	1514	4489	69
节能工程施工					
环保工程施工	3681	7300	1514	4489	69
生态保护工程施工	0	1313	0	0	0
电力工程施工	261218	640150	134529	370969	0
火力发电工程施工					
水力发电工程施工					
核电工程施工					
风能发电工程施工					
太阳能发电工程施工	11128	55343	14074	7638	0
其他电力工程施工	250090	584807	120455	363331	0
其他土木工程建筑	336214	4133559	248313	390737	0
园林绿化工程施工	329592	3882270	170170	384595	0
体育场地设施工程施工					
游乐设施工程施工					
其他土木工程建筑施工	6622	251289	78143	6142	0
建筑安装业	999693	3946948	463393	1985899	22482
电气安装	943236	3773851	442357	1969601	0
电气安装	943236	3773851	442357	1969601	0
管道和设备安装	14814	38230	0	0	0
管道和设备安装	14814	38230	0	0	0
其他建筑安装业	41643	134867	21036	16298	22482
体育场地设施安装					
其他建筑安装	41643	134867	21036	16298	22482
建筑装饰、装修和其他建筑业	259484	1830638	970177	287799	1607
建筑装饰和装修业	258723	1721983	903158	284747	1607
公共建筑装饰和装修	87665	758165	531957	33078	0
住宅装饰和装修	119695	582230	198542	161935	0
建筑幕墙装饰和装修	51363	381588	172659	89734	1607
建筑物拆除和场地准备活动					

企业财务情况（续表 4）

二、年末资产负债（千元）					
固定资产原价	#房屋和构筑物	#机器设备	累计折旧	#本年折旧	在建工程
268476	21668	188341	84036	17079	36
268476	21668	188341	84036	17079	36
118	0	118	69	15	0
118	0	118	69	15	0
0	0	0	0	0	0
91218	18859	13803	37133	6636	0
15261	8947	6314	9090	2031	0
75957	9912	7489	28043	4605	0
106620	44439	39950	42654	9403	687947
82237	38199	27169	31610	7613	687947
24383	6240	12781	11044	1790	0
1313779	489056	729927	390088	104162	18270
1278471	462373	727550	371134	99475	18270
1278471	462373	727550	371134	99475	18270
0	0	0	0	0	0
0	0	0	0	0	0
35308	26683	2377	18954	4687	0
35308	26683	2377	18954	4687	0
181780	42100	57060	93211	20414	22429
169533	39703	55560	88420	19702	22429
97403	37275	34290	57201	6991	0
55767	2428	14253	22282	9293	0
16363	0	7017	8937	3418	22429

6-13 建筑业

指标名称	无形资产	土地使用权	资产总计	流动负债合计	#应付账款
架线和管道工程建筑	23082	1078	1083609	738079	220406
架线及设备工程建筑	23082	1078	1083609	738079	220406
管道工程建筑					
地下综合管廊工程建筑					
节能环保工程施工	0	0	8882	8955	1167
节能工程施工					
环保工程施工	0	0	7349	7980	1069
生态保护工程施工	0	0	1533	975	98
电力工程施工	237	0	729954	453785	114255
火力发电工程施工					
水力发电工程施工					
核电工程施工					
风能发电工程施工					
太阳能发电工程施工	0	0	84134	35855	9847
其他电力工程施工	237	0	645820	417930	104408
其他土木工程建筑	26811	26805	5214473	2944414	757021
园林绿化工程施工	26811	26805	4943086	2687081	643979
体育场地设施工程施工					
游乐设施工程施工					
其他土木工程建筑施工	0	0	271387	257333	113042
建筑安装业	21130	13416	5372637	3584102	806744
电气安装	20484	12770	5181359	3488094	774755
电气安装	20484	12770	5181359	3488094	774755
管道和设备安装	0	0	39383	0	0
管道和设备安装	0	0	39383	0	0
其他建筑安装业	646	646	151895	96008	31989
体育场地设施安装					
其他建筑安装	646	646	151895	96008	31989
建筑装饰、装修和其他建筑业	12430	6649	2023790	1395857	670261
建筑装饰和装修业	10385	4604	1905633	1328774	662817
公共建筑装饰和装修	4604	4604	845698	606488	377364
住宅装饰和装修	0	0	666355	430331	148564
建筑幕墙装饰和装修	5781	0	393580	291955	136889
建筑物拆除和场地准备活动					

企业财务情况（续表5）

二、年末资产负债（千元）					三、损益及分配（千元）	
非流动负债合计	负债合计	所有者权益合计	#实收资本	#个人资本	营业收入	#主营业务收入
45250	783329	300280	106090	27062	789515	789515
45250	783329	300280	106090	27062	789515	789515
0	8955	-73	50	0	6748	5513
0	7980	-631	50	0	5513	5513
0	975	558	0	0	1235	0
1681	455466	274488	58967	0	1020127	1020127
0	35855	48279	20000	0	66467	66467
1681	419611	226209	38967	0	953660	953660
492389	3584559	1629914	272498	79552	1344807	1316065
492389	3327226	1615860	262418	69472	1239921	1211179
0	257333	14054	10080	10080	104886	104886
61987	3704807	1667830	323435	75994	5301922	5296496
61987	3574285	1607074	292255	67894	5077601	5072175
61987	3574285	1607074	292255	67894	5077601	5072175
0	31849	7534	0	0	34317	34317
0	31849	7534	0	0	34317	34317
0	98673	53222	31180	8100	190004	190004
0	98673	53222	31180	8100	190004	190004
3751	1529043	494747	305424	255401	2886307	2836187
3751	1455391	450242	289538	239901	2787692	2750161
394	642403	203295	144683	132693	1424055	1416950
187	517862	148493	81463	52100	811338	792873
3170	295126	98454	63392	55108	552299	540338

6-13 建筑业

指标名称	营业成本	#主营业务成本	税金及附加	#主营业务税金及附加
架线和管道工程建筑	733076	733076	2376	2263
架线及设备工程建筑	733076	733076	2376	2263
管道工程建筑				
地下综合管廊工程建筑				
节能环保工程施工	6483	5279	24	20
节能工程施工				
环保工程施工	5279	5279	20	20
生态保护工程施工	1204	0	4	0
电力工程施工	944972	944972	1192	1192
火力发电工程施工				
水力发电工程施工				
核电工程施工				
风能发电工程施工				
太阳能发电工程施工	50992	50992	217	217
其他电力工程施工	893980	893980	975	975
其他土木工程建筑	1222227	1202383	4688	4554
园林绿化工程施工	1123217	1103373	4228	4094
体育场地设施工程施工				
游乐设施工程施工				
其他土木工程建筑施工	99010	99010	460	460
建筑安装业	4883888	4881549	11826	11824
电气安装	4681933	4679594	10307	10305
电气安装	4681933	4679594	10307	10305
管道和设备安装	28114	28114	41	41
管道和设备安装	28114	28114	41	41
其他建筑安装业	173841	173841	1478	1478
体育场地设施安装				
其他建筑安装	173841	173841	1478	1478
建筑装饰、装修和其他建筑业	2675911	2142842	11981	11668
建筑装饰和装修业	2590733	2066642	11654	11379
公共建筑装饰和装修	1336650	841178	7993	7982
住宅装饰和装修	748061	728793	1282	1042
建筑幕墙装饰和装修	506022	496671	2379	2355
建筑物拆除和场地准备活动				

企业财务情况（续表 6）

三、损益及分配（千元）						
其他业务利润	销售费用	管理费用	研发费用	财务费用	其中：利息收入	其中：利息支出
0	3194	43384	522	1981	982	2124
0	3194	43384	522	1981	982	2124
0	9	941	0	171	0	170
0	0	424	0	170	0	170
0	9	517	0	1	0	0
0	2664	42613	4825	–415	1225	775
0	1283	7316	2675	–144	160	16
0	1381	35297	2150	–271	1065	759
0	2738	76765	23355	7264	33	8647
0	2687	65084	19746	6818	–18	8130
0	51	11681	3609	446	51	517
–8	15381	362876	23055	–378	8389	5263
–8	13212	351952	23055	–2265	8389	4105
–8	13212	351952	23055	–2265	8389	4105
0	0	2047	0	0	0	0
0	0	2047	0	0	0	0
0	2169	8877	0	1887	0	1158
0	2169	8877	0	1887	0	1158
33	6895	173500	21389	17637	583	9232
33	6234	164329	19288	16430	582	9086
0	1060	93182	7421	4337	108	2975
0	3205	47424	2939	7493	21	2450
33	1969	23723	8928	4600	453	3661

6-13 建筑业

指标名称	资产减值损失	公允价值变动收益	投资收益	其他收益	营业利润
架线和管道工程建筑	0	0	0	831	7475
架线及设备工程建筑	0	0	0	831	7475
管道工程建筑					
地下综合管廊工程建筑					
节能环保工程施工	0	0	0	0	-380
节能工程施工					
环保工程施工	0	0	0	0	-380
生态保护工程施工	0	0	0	0	0
电力工程施工	-1	0	0	23	29920
火力发电工程施工					
水力发电工程施工					
核电工程施工					
风能发电工程施工					
太阳能发电工程施工	0	0	0	0	6803
其他电力工程施工	-1	0	0	23	23117
其他土木工程建筑	161	0	5300	110	7301
园林绿化工程施工	0	0	5300	2	21572
体育场地设施工程施工					
游乐设施工程施工					
其他土木工程建筑施工	161	0	0	108	-14271
建筑安装业	-21735	0	11340	607	60085
电气安装	-21735	0	11340	607	54218
电气安装	-21735	0	11340	607	54218
管道和设备安装	0	0	0	0	4115
管道和设备安装	0	0	0	0	4115
其他建筑安装业	0	0	0	0	1752
体育场地设施安装					
其他建筑安装	0	0	0	0	1752
建筑装饰、装修和其他建筑业	0	0	623	0	26064
建筑装饰和装修业	0	0	623	0	23993
公共建筑装饰和装修	0	0	594	0	9425
住宅装饰和装修	0	0	29	0	962
建筑幕墙装饰和装修	0	0	0	0	13606
建筑物拆除和场地准备活动					

企业财务情况（续表7）

三、损益及分配（千元）				四、人工成本及增值税（千元）		五、其他资料（千元）
营业外收入	营业外支出	利润总额	所得税费用	应付职工薪酬（本年贷方累计发生额）	应交增值税	建筑业企业在境外完成的营业收入
121	275	7321	688	74596	13924	0
121	275	7321	688	74596	13924	0
0	1	-880	0	535	286	0
0	0	-380	0	235	286	0
0	1	-500	0	300	0	0
804	327	30397	6137	57744	5287	0
748	0	7551	725	1412	1877	0
56	327	22846	5412	56332	3410	0
3038	547	9306	676	135094	32196	0
1608	211	22483	2921	118908	28308	0
1430	336	-13177	-2245	16186	3888	0
2210	6805	55489	6037	348656	47517	0
2148	6368	49997	4974	334067	43647	0
2148	6368	49997	4974	334067	43647	0
0	0	4115	1035	1999	75	0
0	0	4115	1035	1999	75	0
62	437	1377	28	12590	3795	0
62	437	1377	28	12590	3795	0
3553	3622	25995	2506	219863	70595	0
3359	3533	23819	2430	206587	68213	0
1652	887	10189	1147	95140	38235	0
1418	911	1468	339	78225	19926	0
289	1735	12162	944	33222	10052	0

6-13 建筑业

指标名称	一、年初存货（千元）	流动资产合计	应收工程款	存货	固定资产减值准备
建筑物拆除活动					
场地准备活动					
提供施工设备服务					
提供施工设备服务					
其他未列明建筑业	761	108655	67019	3052	0
其他未列明建筑业	761	108655	67019	3052	0
三、按隶属关系分组					
中央	8855	4422296	881621	5285	0
地方	1742769	16502530	1312111	1939091	116
其他	126008	1164027	71785	120959	0
四、按企业资质等级分组					
施工总承包	9118858	60282034	12947230	10686475	8075
特级	2100433	9606076	2839951	2199207	0
一级	3535142	21920109	5249461	3119695	0
二级	2533600	13615484	2709284	3470435	0
三级以下	949683	15140365	2148534	1897138	8075
专业承包	1306299	11980289	3339662	1354527	24289
一级	319743	4136817	1475222	238579	22482
二级	919286	7450812	1716919	1065984	1807
三级以下	67270	392660	147521	49964	0
五、按地区分					
吴兴区	3973356	24542622	6680087	5120693	0
南浔区	679314	7949184	2611056	987616	2349
德清县	1254739	13118288	1946185	1658229	0
长兴县	1471536	9643149	2010839	1411962	7114
安吉县	1185745	7670671	1579593	1184821	419
南太湖新区	1860467	9338409	1459132	1677681	22482
六、按控股情况分					
国有控股	1751624	20924826	2193732	1944376	116
集体控股	1121035	3974060	427897	2269669	0
私人控股	7552498	47363437	13665263	7826957	32248
港澳台商控股					
外商控股					
其他					

企业财务情况（续表 8）

二、年末资产负债（千元）					
固定资产原价	#房屋和构筑物	#机器设备	累计折旧	#本年折旧	在建工程
12247	2397	1500	4791	712	0
12247	2397	1500	4791	712	0
515953	48939	292103	370254	50360	0
882639	155498	266382	259580	49941	871888
73114	8729	23433	22176	5012	36
5826094	1607374	2358110	2503715	468539	1255281
507216	223349	223893	339682	23671	880154
1928365	559774	598627	1023484	185007	211041
2282228	628867	944963	743267	141228	48511
1108285	195384	590627	397282	118633	115575
1317512	400148	567908	591331	128451	733559
573772	293395	245207	260697	37431	0
556934	76563	230178	252657	78158	727915
186806	30190	92523	77977	12862	5644
2953604	1212266	1378945	1365281	208292	902083
634518	206323	208845	241181	87034	27051
812193	189299	271008	328422	60418	43358
1241571	136950	457353	435510	104394	90281
671338	98472	296107	280979	72859	52532
830382	164212	313760	443673	63993	873535
1398592	204437	558485	629834	100301	871888
1196499	402861	717338	361618	93393	11670
4548515	1400224	1650195	2103594	403296	1105282

6–13 建筑业

指标名称	无形资产	土地使用权	资产总计	流动负债合计	#应付账款
建筑物拆除活动					
场地准备活动					
提供施工设备服务					
提供施工设备服务					
其他未列明建筑业	2045	2045	118157	67083	7444
其他未列明建筑业	2045	2045	118157	67083	7444
三、按隶属关系分组					
中央	1245	1097	6011848	4657572	1833926
地方	70552	12975	20949113	13878003	1485067
其他	351	0	1482210	1113599	807537
四、按企业资质等级分组					
施工总承包	767847	165063	72340776	51641728	18538644
特级	164803	16607	10511936	8134255	3733552
一级	462282	55535	26876065	19548392	9745212
二级	116427	73264	18451142	11175205	2640962
三级以下	24335	19657	16501633	12783876	2418918
专业承包	177602	76717	14239683	8943043	2418870
一级	99078	73207	4664990	3172515	968028
二级	27742	646	8910202	5395622	1290434
三级以下	50782	2864	664491	374906	160408
五、按地区分					
吴兴区	428597	135762	32054381	21776178	8436494
南浔区	285454	36775	9284505	5755738	2492272
德清县	24634	17148	14443437	12069633	4877779
长兴县	112786	30299	10940803	7275613	1531006
安吉县	14704	6554	8316887	6657313	1318514
南太湖新区	79274	15242	11540446	7050296	2301449
六、按控股情况分					
国有控股	71797	14072	26960961	18535575	3318993
集体控股	3565	0	5292672	3636264	732965
私人控股	870087	227708	54326826	38412932	16905556
港澳台商控股					
外商控股					
其他					

企业财务情况（续表9）

二、年末资产负债（千元）					三、损益及分配（千元）	
非流动负债合计	负债合计	所有者权益合计	#实收资本	#个人资本	营业收入	#主营业务收入
0	73652	44505	15886	15500	98615	86026
0	73652	44505	15886	15500	98615	86026
702510	5360082	651766	554050	0	2245100	2237941
1216609	17097991	3851122	1530733	0	5395904	5383655
14334	1213929	268281	75626	28779	1981098	1964101
1598894	57246189	15094587	8212972	2892881	69462057	69135895
20416	8154672	2357264	736000	136000	14978922	14931451
916674	21450840	5425225	3804452	1345025	28449932	28380452
280006	13638657	4812485	2039153	649936	16705355	16632636
381798	14002020	2499613	1633367	761920	9327848	9191356
614654	10163305	4076378	1662445	699410	11662675	11477692
105497	3305105	1359885	542424	152960	3697259	3669662
505972	6352267	2557935	977754	530804	7343051	7188865
3185	505933	158558	142267	15646	622365	619165
745516	24906144	7148237	2973688	1142004	34160931	34013335
216423	6764736	2519769	1718474	786448	7598303	7517815
101664	12328130	2115307	1272257	598967	14169872	14158463
283997	8029135	2911668	1554500	379662	9087052	8993619
113324	7045411	1271476	941464	540224	10071589	9944566
752624	8335938	3204508	1415034	144986	6036985	5985789
1919119	22458073	4502888	2084783	0	7641004	7621596
59134	3695399	1597273	208807	0	5217758	5215181
235295	41256022	13070804	7581827	3592291	68265970	67776810

6-13 建筑业

指标名称	营业成本	#主营业务成本	税金及附加	#主营业务税金及附加
建筑物拆除活动				
场地准备活动				
提供施工设备服务				
提供施工设备服务				
其他未列明建筑业	85178	76200	327	289
其他未列明建筑业	85178	76200	327	289
三、按隶属关系分组				
中央	2103188	2098731	5966	5714
地方	4976677	4969878	14989	14577
其他	1892774	1878115	4322	4275
四、按企业资质等级分组				
施工总承包	65365804	64573412	213355	202319
特级	14018826	13922785	47607	47607
一级	26931855	26400526	89459	83626
二级	15799899	15758641	49879	47867
三级以下	8615224	8491460	26410	23219
专业承包	10752921	10575019	39769	38402
一级	3355373	3336921	13460	13454
二级	6843341	6684904	24592	23642
三级以下	554207	553194	1717	1306
五、按地区分				
吴兴区	31854277	31205445	104080	103670
南浔区	7116778	7058084	19986	13222
德清县	13438344	13432301	42790	42197
长兴县	8493326	8416550	34383	30672
安吉县	9630417	9492207	30110	29196
南太湖新区	5585583	5543844	21775	21764
六、按控股情况分				
国有控股	7079865	7068609	20955	20291
集体控股	4880530	4880530	9675	9675
私人控股	64158330	63199292	222494	210755
港澳台商控股				
外商控股				
其他				

企业财务情况（续表 10）

三、损益及分配（千元）						
其他业务利润	销售费用	管理费用	研发费用	财务费用	#利息收入	#利息支出
0	661	9171	2101	1207	1	146
0	661	9171	2101	1207	1	146
2450	2606	46494	72244	14018	2643	16115
3255	7031	245030	76724	16174	11523	26737
0	1240	47798	279	2882	74	2361
54330	49043	2419280	933686	122974	72285	179124
33711	1925	477981	491953	−9806	12744	41395
14860	15069	762833	326721	68483	34450	72250
5584	13053	661166	73121	35391	18080	45009
175	18996	517300	41891	28906	7011	20470
12507	32166	630746	100814	64202	47237	90667
11907	13178	205036	76612	19401	47207	65018
600	13005	386348	17369	38456	−163	22127
0	5983	39362	6833	6345	193	3522
59946	15107	1325747	800950	29407	26542	108851
1838	11566	301281	71114	59256	21934	32511
2219	12809	436102	25053	24482	18394	41456
1174	18199	337347	23684	34139	3198	25519
313	9670	309452	1251	23183	3533	16065
1347	13858	340097	112448	16709	45921	45389
5705	9637	291524	148968	30192	14166	42852
2329	7683	298100	9489	−6050	9035	2390
58803	63889	2460402	876043	163034	96321	224549

6-13 建筑业

指标名称	资产减值损失	公允价值变动收益	投资收益	其他收益	营业利润
建筑物拆除活动					
场地准备活动					
提供施工设备服务					
提供施工设备服务					
其他未列明建筑业	0	0	0	0	2071
其他未列明建筑业	0	0	0	0	2071
三、按隶属关系分组					
中央	-188	0	30860	881	25943
地方	1809	0	10409	3499	128768
其他	0	0	0	0	28994
四、按企业资质等级分组					
施工总承包	-17583	0	80891	22974	1016089
特级	2735	0	4192	16940	237650
一级	1418	0	58595	3399	498145
二级	-11	0	16287	973	162795
三级以下	-21725	0	1817	1662	117499
专业承包	-1172	0	40764	1358	166360
一级	-1172	0	41083	1356	104019
二级	0	0	-319	2	51456
三级以下	0	0	0	0	10885
五、按地区分					
吴兴区	2376	0	92416	19367	581083
南浔区	0	0	307	24	72150
德清县	-21767	0	12979	485	278575
长兴县	0	0	0	831	158181
安吉县	-1	0	1079	23	72720
南太湖新区	637	0	14874	3602	19740
六、按控股情况分					
国有控股	1621	0	41269	4380	154711
集体控股	-21736	0	10483	630	62295
私人控股	1360	0	69903	19322	965443
港澳台商控股					
外商控股					
其他					

企业财务情况（续表 11）

三、损益及分配（千元）				四、人工成本及增值税（千元）		五、其他资料（千元）
营业外收入	营业外支出	利润总额	所得税费用	应付职工薪酬（本年贷方累计发生额）	应交增值税	建筑业企业在境外完成的营业收入
194	89	2176	76	13276	2382	0
194	89	2176	76	13276	2382	0
4141	1529	28555	-654	239398	48851	0
4541	15409	117900	27623	398114	119934	0
523	1199	26967	13649	44299	41596	0
122820	85487	1053002	184260	8952875	1715870	33891
66942	9844	294748	16761	2310775	324767	0
30229	52733	477700	106128	3854686	788818	0
17238	13279	166561	39797	1924714	396410	28105
8411	9631	113993	21574	862700	205875	5786
13512	19356	161070	14014	969625	317739	0
4993	9198	99813	4410	209207	84593	0
7497	8995	50499	8223	724069	221033	0
1022	1163	10758	1381	36349	12113	0
90457	38118	632568	52326	4364772	817146	0
8590	3011	77230	17633	1193229	180601	0
6147	19885	264918	75046	1234193	335264	0
14776	12961	160369	31922	875934	264804	5786
11656	12742	70608	16716	1692449	291796	0
4706	18126	8379	4631	561923	143998	28105
8682	16938	146455	26969	637512	168785	0
937	4483	58749	9561	323263	39005	0
126713	83422	1008868	161744	8961725	1825819	33891

主要统计指标解释

全社会固定资产投资 是以货币表现的建造和购置固定资产活动的工作量，它是反映固定资产投资规模、速度、比例关系和使用方向的综合性指标。全社会固定资产投资包括国有单位投资、城乡集体经济单位投资和城乡居民个人投资，以及联合经济、股份制经济、外商 投资单位、港澳台投资单位及其他各种经济类型单位的投资。

房地产开发投资 指各种经济类型的房地产开发公司、商品房建设公司及其他房地产开发单位统一开发的商品住宅、厂房、仓库、办公楼等房屋建筑物和配套的服务设施。以及土地开发工程，如道路、给水排水、供电、供热、通讯、场地平整等基础设施工程。不包括单纯的土地交易活动。

施工项目 指报告期内曾进行建筑或安装活动的建设项目。包括报告期内新开工项目，报告期内以前开工跨入报告期继续施工的项目，报告期施过工并在报告期内全部建成投产或停缓建的项目。

全部建成投产项目 工业项目指整个建设项目的生产性车间及其相应的辅助设施，按照批准的设计文件所规定的内容全部建成，经负荷试运转证明具备生产设计规定的合格产品条件，经过验收鉴定合格或达到“竣工验收标准”，正式移交生产的建设项目；非工业建设项目是指文件中规定的主要工程全部建成，能够发挥设计规定的全部效益，经验收合格或达到“竣工验收标准”，正式移交使用的项目。

施工和竣工房屋建筑面积 房屋建筑面积是从房屋的外墙线算起，包括房屋结构（如柱、墙）占用的面积和地下室面积。多层建筑面积按各自然层面积总和计算；包括房屋内的楼隔层、突出墙面的眺望间、斗门、有柱雨罩的面积。不包括突出墙面结构的构件、艺术装饰等所占的面积。如台阶等。凹阳台、挑阳台按其水平投影面积一半计算建筑面积。

施工面积 指报告期内施工的全部房屋建筑面积。包括本期新开工的面积和上期开工跨入本期继续施工的房屋面积，以及上期已停建在本期复工的建筑面积。

竣工面积 指报告期内房屋建筑按照设计要求已全部完工，达到住人和使用的条件，经验收鉴定合格，正式移交使用单位的建筑面积。

新增固定资产 指已经建成投入生产交付使用的工程价值和达到固定资产标准的设备、工具器具的投资及有关应摊入的费用。它是以价值形式表示的固定资产投资成果的综合指标，可以综合反映不同时期、不同部门、不同地区的固定资产投资成果。

建筑业总产值 指建筑施工企业在一定时期内所完成的以货币表现的生产总值，是反映本单位全部的生产规模、水平和成果的综合指标。它包括建筑工程产值、设备安装工程产值、房屋、构筑物大修理产值、非标准设备制造产值。从 1993 年开始，建筑业总产值等于自行完成施工产值。

建筑业增加值 指建筑业企业在报告期内以货币表现的建筑业生产经营活动的最终成果。具体构成项目有固定资产折旧、劳动者报酬、生产税净额、营业盈余。

房屋建筑施工面积 指报告期内施过工的全部房屋建筑面积，它包括本期新开工的面积、上期跨入本期继续施工的房屋面积、上期停缓建在本期恢复施工的房屋面积、本期竣工的房屋面积及本期施工后又停缓建的房屋面积。施工面积以房屋单位工程为对象进行计算，即一栋房屋已进行施工，即以整栋房屋的建筑面积计算施工面积；多层房屋不论哪一层施工，都以各层的总面积计算施工面积。

房屋建筑竣工面积 是指在报告期内房屋建筑按照设计要求全部完工，达到了使用条件，经检查验收鉴定合格的房屋建筑面积。

自有机械年末总功率 是指企业（或单位）自有施工机械、生产设备、运输设备以及其他设备等列为在册固定资产的生产性机械设备年末总功率，按设计能力或查定能力计算。包括机械本身的动力和为该机械服务的单独动力设备，如电动机等。计量单位用千瓦，动力换算可按 1 马力=0.735 千瓦折合成瓦数，电焊机、变压机锅炉不计算动力。

资本金 是指企业在工商行政管理部门登记的注册资金。企业筹集的资金按其投资主体一般分为国家资本金，法人资本金、个人资本金以及外商资本金等。

资产 是企业拥有或控制的能以货币计量的经济资源，包括各种财产、债权和其他权利。建筑企业的资产按其流动性分为：流动资产、长期投资、固定资产、专项工程、无形及递延资产和其他资产。

负债 是企业所承担的能以货币计量、将以资产或劳务偿付的债务。负债一般按其偿还期长短分为流动负债和长期负债。

流动资产 是指可以在一年或超过一年的一个营业周期内变现或者耗用的资产，包括现金及存款、短期投资、应收及预付款项、存货等。流动资产的一个重要特点是它在参加生产经营时，其价值一次转移到产品成本或费用中去。流动资产期末合计应根据“资产负债表”（会计报表，下同）的“流动资产合计”项目的期末数填列。

固定资产 固定资产是指使用期限超过一年的房屋及建筑物、机器、机械、运输工具以及其他与生产经营有关的设备、器具、工具等。不属于生产经营主要设备的物品，单价在2000元以上，并且使用年限超两年的，也包括在内。

工程结算收入 指本企业承包工程实现的工程价额结算收入以及向发包单位收取的除工程价款以外按规定列作营业收入的各种款项，如临时设施费、劳动保险费、施工机械调迁费等以及向发包单位收取的各种索赔款。本项根据“损益表”中“工程结算收入”项的本年累计数填列。

工程结算成本 报告期内与发包单位办理工程价款结算的已完工程实际成本。本项根据“损益表”中“工程结算成本”项的本年累计数填列。

工程结算利润 指已结算工程实现的利润。其计算公式为：

工程结算利润 = 工程结算收入 − 工程结算成本 − 工程结算税金及附加。

其他业务收入 指企业除工程结算收入外的其他业务收入。如产品销售收入、机械作业收入、材料销售收入、无形资产转让收入、固定资产出租收入等。本项根据会计“其他收入”科目的本年贷方发生额归 纳填报。

其他业务利润 指企业除结算收入外的其他业务收入扣除其他业务支出（包括其他业务成本及应负担的费用、税金）后的净收益（如为净支出以“−”号表示）。本项目根据“损益表”中“其他业务利润”项的本年累计数填列。

利润总额 指建筑施工企业在一定时期内所实现的利润，包括工程结算利润、产品销售利润、作业销售利润、材料销售利润及其他销售利润、营业外收支差额。

利税总额 指企业的实现利润与上缴税金(利前税）之和包括利润总额、工程结算税金及附加管理费用中的税金。即：利税总额 = 利润总额 + 工程结算税金附加 + 管理费用中税金

单位工程 是单项工程的组成部分，通常是按照不同性质的工程内容能否独立施工的要求划分的，一个单项工程可以划分成若干个单位工程。所谓单项工程一般指有独立设计文件，建成后能独立发挥效益或生产设计规定产品的车间（联合企业的分厂）生产线或独立工程等，它由若干单位工程所组成。

产值利润率 为报告期内每百元产值所实现的利润。它的计算方法是：利润总额除以建筑业总产值。

七、国内贸易、外资、外贸、旅游

7-1 历年分县区社会消费品零售总额

单位：万元

年 份	全 市	市 区	德清县	长兴县	安吉县
1978	32682	15636	5109	7042	4895
1979	41848	19814	6633	9034	6367
1980	53543	26072	8837	11277	7357
1981	59651	29470	9300	12370	8511
1982	61921	29681	10132	13020	9088
1983	68351	33146	10632	14311	10262
1984	80353	38643	12644	16807	12259
1985	111412	54748	17354	22879	16431
1986	133792	66103	21908	27058	18723
1987	156616	77822	25139	32501	21154
1988	198207	99226	30689	41862	26430
1989	214834	106452	34204	44924	29254
1990	213166	107366	34110	41287	30403
1991	237219	120973	36454	45858	33934
1992	281520	142329	40437	57395	41359
1993	418770	227620	55527	81744	53879
1994	639133	343674	91674	125149	78636
1995	860135	458283	122155	175464	104233
1996	1005309	512971	142510	218130	131698
1997	1123563	581512	159636	230963	151452
1998	1237645	639230	175960	250258	172197
1999	1351990	690935	194505	276186	190364
2000	1491751	761705	215317	304498	210231
2001	1591543	796250	237926	335710	232403
2002	1708800	885606	262907	370520	256844
2003	1823403	925695	269887	372200	255621
2004	2080822	1056636	308150	431040	284995
2005	2384861	1220017	350812	490717	323315
2006	2754854	1413747	405011	566041	370054
2007	3222040	1654297	474490	661201	432053
2008	3868323	1983620	570176	795288	519239
2009	4425700	2264902	654148	911496	595154
2010	5160918	2605219	772140	1081054	702505
2011	6098868	3099065	904237	1273825	821741
2012	7038667	3558834	1048473	1483829	947531
2013	7662182	3985525	1052745	1609359	1014553
2014	8711964	4521114	1210263	1854684	1125903
2015	9639221	4933986	1361312	2077131	1266792
2016	10688648	5446315	1513098	2318167	1411068
2017	11881547	6046805	1684382	2584019	1566341
2018	12796919	6664437	1341081	2828810	1962590
2019	14099371	7482478	1463255	3059370	2094267
2020	14244312	7839008	1476007	2973135	1956161
2021	15561789	8663836	1582302	3184254	2131039
2022	15947392	8852594	1652058	3276432	2166308
2023	17079193	9279196	1846603	3544998	2408397

注：2018 年以来数据根据 2018 年经普修订。

7-2 历年分县区社会消费品零售总额增长速度

单位：%

年　份	全　市	市　区	德清县	长兴县	安吉县
1979	28.0	26.7	29.8	28.3	30.1
1980	27.9	31.6	33.2	24.8	15.5
1981	11.4	13.0	5.2	9.7	15.7
1982	3.8	0.7	8.9	5.3	6.8
1983	10.4	11.7	4.9	9.9	12.9
1984	17.6	16.6	18.9	17.4	19.5
1985	38.7	41.7	37.3	36.1	34.0
1986	20.1	20.7	26.2	18.3	13.9
1987	17.1	17.7	14.7	20.1	13.0
1988	26.6	27.5	22.1	28.8	24.9
1989	8.4	7.3	11.5	7.3	10.7
1990	−0.8	0.9	−0.3	−8.1	3.9
1991	11.3	12.7	6.9	11.1	11.6
1992	18.7	17.7	10.9	25.2	21.9
1993	48.8	59.9	37.3	42.4	30.3
1994	52.6	51.0	65.1	53.1	45.9
1995	34.6	33.3	33.2	40.0	32.6
1996	21.4	19.6	16.7	24.3	29.9
1997	11.8	13.4	12.0	5.8	15.0
1998	10.2	9.9	10.2	8.4	13.7
1999	9.2	8.1	10.5	10.4	10.6
2000	10.3	10.2	10.7	10.3	10.4
2001	9.6	9.5	10.5	10.3	10.6
2002	11.6	12.7	10.5	10.4	10.5
2003	11.8	12.3	11.5	11.6	10.6
2004	14.3	15.9	13.1	12.9	11.5
2005	14.6	15.5	13.8	13.8	13.4
2006	15.5	15.9	15.4	15.3	14.5
2007	17.0	17.0	17.2	16.8	16.8
2008	20.1	19.9	20.2	20.3	20.2
2009	14.4	14.2	14.7	14.6	14.6
2010	18.3	18.3	18.0	18.6	18.0
2011	18.2	19.0	17.1	17.8	17.0
2012	15.4	14.8	16.0	16.5	15.3
2013	13.1	10.9	16.1	16.1	14.0
2014	13.7	13.4	15.0	15.2	11.0
2015	10.6	9.1	12.5	12.0	12.5
2016	11.8	11.3	12.0	12.5	12.3
2017	11.2	11.0	11.3	11.5	11.0
2018	10.0	9.8	10.0	10.1	10.2
2019	10.2	12.3	9.1	8.2	6.7
2020	1.0	4.8	0.9	−2.8	−6.6
2021	9.2	9.9	9.4	8.3	8.1
2022	2.5	2.2	4.4	2.9	1.7
2023	7.1	5.5	11.8	8.2	8.2

注：2018 年以来数据根据 2018 年经普修订。

7-3 历年分县区社会消费品零售总额发展指数

（以 1978 年为 100）

年 份	全 市	市 区	德清县	长兴县	安吉县
1978	100.0	100.0	100.0	100.0	100.0
1979	128.0	126.7	129.8	128.3	130.1
1980	163.8	166.7	173.0	160.1	150.3
1981	182.5	188.5	182.0	175.7	173.9
1982	189.5	189.8	198.3	184.9	185.7
1983	209.1	212.0	208.1	203.2	209.6
1984	245.9	247.1	247.5	238.7	250.4
1985	340.9	350.1	339.7	324.9	335.7
1986	409.4	422.8	428.8	384.2	382.5
1987	479.2	497.7	492.1	461.5	432.2
1988	606.5	634.6	600.7	594.5	539.9
1989	657.3	680.8	669.5	637.9	597.6
1990	652.2	686.7	667.6	586.3	621.1
1991	725.8	773.7	713.5	651.2	693.2
1992	861.4	910.3	791.5	815.0	844.9
1993	1281.3	1455.7	1086.8	1160.8	1100.7
1994	1955.6	2198.0	1794.4	1777.2	1606.5
1995	2631.8	2930.9	2391.0	2488.1	2129.4
1996	3195.0	3505.4	2789.4	3093.0	2766.1
1997	3570.9	3973.8	3124.6	3272.4	3181.0
1998	3933.4	4368.2	3444.1	3545.8	3616.7
1999	4296.9	4721.5	3807.1	3913.2	3998.2
2000	4741.0	5205.2	4214.5	4314.3	4415.5
2001	5196.2	5699.6	4657.0	4756.6	4883.5
2002	5798.9	6423.5	5146.0	5249.8	5397.1
2003	6483.2	7213.6	5737.7	5858.8	5969.2
2004	7410.3	8360.6	6489.3	6614.6	6655.7
2005	8493.1	9653.3	7387.7	7530.4	7550.6
2006	9810.7	11186.2	8529.1	8686.3	8642.2
2007	11474.4	13089.6	9992.2	10146.6	10090.0
2008	13776.0	15695.3	12007.3	12204.2	12126.2
2009	15761.0	17921.0	13775.6	13987.5	13899.1
2010	18646.6	21207.8	16260.4	16589.5	16406.1
2011	22035.4	25228.0	19041.0	19542.4	19195.2
2012	25430.9	28970.7	22078.2	22764.2	22133.5
2013	28759.2	32134.7	25635.4	26432.5	25241.1
2014	32699.5	36453.0	29471.0	30461.8	28011.4
2015	36179.9	39781.9	33149.2	34115.3	31516.6
2016	40440.8	44265.2	37141.1	38379.7	35387.8
2017	44954.1	49145.7	41345.5	42781.2	39281.8
2018	48417.5	54165.6	32918.7	46834.0	49219.3
2019	53345.3	60814.2	35917.6	50651.1	52521.6
2020	53893.7	63711.9	36230.6	49223.4	49058.0
2021	58878.4	70006.7	39636.3	53309.0	53031.7
2022	60337.4	71531.9	41383.7	54852.2	53909.4
2023	64621.4	75466.2	46267.0	59350.0	58330.0

注：2018 年以来数据根据 2018 年经普修订。

7-4 历年社会消费品零售总额分类情况

单位：万元

年　份	社会消费品零售总额	市的零售额	县的零售额	县以下的零售额	批发和零售贸易业	#批发业	住宿和餐饮贸易业	其　他
1993	418770	225539	84908	108323	341711		21046	56013
1994	639133	343674	137126	158333	443450		38587	157096
1995	860135	458283	176371	225481	583398		53243	223494
1996	1005309	513987	224631	266691	718635		66380	220294
1997	1123563	581512	249493	292558	832992		67533	223038
1998	1237645	639230	264234	334181	942842		83281	211522
1999	1351990	690935	283261	377794	1014394		94843	242753
2000	1491751	761705	305616	424430	1133211		115639	242901
2001	1591543	796250	332324	462969	1208176		125924	257443
2002	1708800	852164	357469	499167	1288259		152194	268347
2003	1823403	925695	393272	504436	1617798		170981	34624
2004	2080822	1056636	454254	569931	1823906		218835	38081
2005	2384861	1220017	521480	643364	2087766		254949	42146
2006	2754854	1413747	606352	734755	2409865	272801	298797	46192
2007	3222040	1654297	713142	854602	2818400	312351	353476	50164
2008	3868323	1983620	863825	1020878	3376743	377320	437604	53977
2009	4425700	2264902	984761	1176037	3874601	451715	493646	57453

注：2003 年及以后“其他”不包含农民对城镇居民零售。

7-4 历年社会消费品零售总额分类情况（续表）

单位：万元

年 份	社会消费品零售总额	城镇零售额	城区	乡村零售额	批发和零售贸易业	#批发业	住宿和餐饮贸易业
2010	5160918	3781242	2198169	1379676	4623676	209288	537242
2011	6098868	4485561	2627392	1613307	5463987	292359	634881
2012	7038667	5173388	3029313	1865279	6307080	328831	731587
2013	7662182	5550102	3148391	2112081	6862884	354909	799299
2014	8711964	6286118	3562322	2425847	7832700	383564	879264
2015	9639221	6927708	3952081	2711513	8635929	530473	1003292
2016	10688648	7689413	4510610	2999235	9495504	647911	1193144
2017	11881547	8547585	5014013	3333962	10437745	890795	1443802
2018	12796919	9148517	5349112	3648402	11160912	1130431	1636007
2019	14099371	9649567	6993073	4449804	12646833	1376031	1452538
2020	14244312	10825677	6409940	3418635	12433309	1310589	1811003
2021	15561789	11437898	6769368	4123868	13592134	1397540	1969631
2022	15947392	11737111	6843517	4210281	13916303	1463715	2031089
2023	17079193	12526673	7012340	4552520	15216914	2044750	1862279

注：1.2010 年起“市、县、县以下”统计分组改为“城镇、乡村，城镇列其中：城区”；2.2010 年起分行业零售额根据经普调整；3.2018 年以来数据根据 2018 年经普修订。

7-5 历年限额以上批发零售业主要指标

单位：万元

年 份	法人企业（个）	产业活动单位（个）	从业人数（人）	销售总额			年末零售营业面积（万平方米）	资产合计	利润总额
					批 发	零 售			
1998	123	92	10812	823661	702719	120942	14.2	590333	-5353
1999	119	245	14511	831030	707798	123231	15.8	461518	5347
2000	107	184	11876	915269	783822	131447	17.6	432857	18320
2001	118	711	9445	1091954	941595	150359	19.7	437883	23188
2002	113	612	9472	1145661	957867	187794	21.9	476537	30646
2003	118	492	8603	1380094	1133855	246238	24.5	558227	35180
2004	150	562	8984	1854416	1415199	439217	27.3	645629	54776
2005	154	533	9730	2158894	1553958	604936	30.5	707801	62796
2006	163	438	10822	2589425	1747039	842386	33.7	741261	61780
2007	177	555	12291	3238434	2217450	1020984	80.6	892477	86609
2008	282	786	12325	4030097	3044857	985240	35.6	1227970	126051
2009	279	758	13715	4006938	2867662	1139276	48.0	1461332	108696
2010	315	805	15801	5691536	4240749	1450787	64.6	2133025	108880
2011	347	856	18536	9179168	7227592	1951575	60.5	3330793	122640
2012	436	972	23606	12977941	10696773	2281168	137.9	4495312	109197
2013	583	1414	29149	18116412	15328762	2787650	194.7	6161885	186602
2014	644	1469	32315	20045370	16361152	3684218	220.6	6728657	291549
2015	666	1515	32511	20404706	16839726	3564980	161.6	7187417	482361
2016	702	1469	32788	22877785	19348337	3529448	150.9	7901989	556685
2017	744	1486	26068	21565470	18115848	3449622	120.4	7094814	373811
2018	780	1153	26490	25790315	22282532	3507783	116.7	7510156	346799
2019	922	1099	26374	31134617	26882024	4172873	195.6	9276137	399565
2020	982	1130	26383	36463634	32065859	4363349	184.0	12508490	350121
2021	1038	1153	28724	45614014	40545121	4993751	150.6	14981047	403813
2022	1113	1296	31120	51319411	45603085	5389314	153.9	17784627	492189
2023	1136	1478	35112	62706871	56693701	6013170	173.7	23311825	618426

注：2019 年年报开始，只有营业利润和税金及附加，无主营业务利润和主营业务税金及附加，与历年无可比性，故删除 2 个指标。

7–6 主要年份限额以上连锁总店（公司）经营情况

单位：万元

指 标	2001年	2005年	2008年	2010年	2011年	2012年
门店总数（个）	3	7	5	8	9	9
连锁门店数（个）	36	276	795	908	944	938
配送中心（个）		9	6	7	7	9
营业面积（平方米）	8277	35020	63036	75842	89533	114177
从业人员（人）	508	1353	1802	3379	4352	4335
经营餐饮业务餐位数（位）		840		7283	11053	14172
商品购进总额		34022	51938	62567	85027	89448
#统一配送商品购进额		29941	44415	54602	74217	78039
#自有配送中心配送商品购进额		25463	18166	19961	25080	39038
#住宿餐饮业商品购进总额		364		8277	12208	13967
商品销售额	7867	35114	53640	65028	72717	82199
#零售额	4097	35114	53640	65028	72717	82199
营业额	551	599		20373	29645	35195
#快餐	551	599		20373	29645	35195

注：国家未下发，表内为2018年数据。

7-6 主要年份限额以上连锁总店（公司）经营情况（续表）

单位：万元

指　标	2013 年	2014 年	2015 年	2016 年	2017 年	2018 年
门店总数（个）	9	9	9	10	10	12
连锁门店数（个）	952	974	979	1183	1274	654
配送中心（个）	10	10	9	10	10	9
营业面积（平方米）	111116	109065	109405	140274	128598	112000
从业人员（人）	4654	4522	4547	5744	9020	6769
经营餐饮业务餐位数（位）	13077	11823	12859	19755	20625	18711
商品购进总额	88692	89005	96900	113760	134967	116982
#统一配送商品购进额	77758	77541	79358	90958	114674	114668
#自有配送中心配送商品购进额	20872	23464	28397	31301	81125	73369
#住宿餐饮业商品购进总额	17242	16353	17542	22802	40575	36789
商品销售额	80278	81222	82741	82384	89282	64566
#零售额	80278	80913	82741	82370	87129	52609
营业额	42568	50112	53988	65388	99783	99464
#快餐	42568	50112	53988	65388	99783	99464

7-7 限额以上连锁总店（公司）经营情况

单位：万元

项目名称	连锁总店数（个）	连锁门店数（个）	直营店	加盟店	营业面积（平方米）	从业人数（人）	商品购进额	销售总额及营业额	零售额及餐费收入
总　计	**15**	**764**	**611**	**153**	**110525**	**7107**	**130583**	**215506**	**191921**
批发零售业	14	521	384	137	65640	1634	90601	103143	80008
#超市	2	19	19		8140	100	950	1224	1224
百货店	1	9	9		12000	59	6845	6994	6994
专业店	11	493	356	137	45500	1475	82806	94926	71791
住宿餐饮业	1	243	227	16	44885	5473	39982	112363	111913
#快餐	1	243	227	16	44885	5473	39982	112363	111913

7-8　限额以上批发零售业法人企业基本情况

行业分类	法人企业 （个）	从业人数 （人）
总　　计	1136	35112
一、批发业	765	18861
1.按批发行业小类分组		
农、林、牧、渔产品批发	18	190
谷物、豆及薯类批发	3	34
畜牧渔业饲料批发	4	25
棉、麻批发	1	4
渔业产品批发	3	30
其他农牧产品批发	7	97
食品、饮料及烟草制品批发	45	2688
米、面制品及食用油批发	12	313
糕点、糖果及糖批发	4	21
果品、蔬菜批发	2	149
肉、禽、蛋、奶及水产品批发	9	438
盐及调味品批发	2	32
营养和保健品批发	2	409
酒、饮料及茶叶批发	9	595
烟草制品批发	1	646
其他食品批发	4	85
纺织、服装及家庭用品批发	150	4960
纺织品、针织品及原料批发	80	635
服装批发	29	3079
化妆品及卫生用品批发	11	383
厨具卫具及日用杂品批发	4	23
灯具、装饰物品批发	6	528
日用家电批发	8	71
其他家庭用品批发	12	241
文化、体育用品及器材批发	11	120
文具用品批发	8	53
体育用品及器材批发	1	20
图书批发	1	5
其他文化用品批发	1	42
医药及医疗器材批发	26	701
西药批发	9	327
中药批发	8	294
医疗用品及器材批发	9	80

7–8　限额以上批发零售业法人企业基本情况（续表1）

行业分类	法人企业（个）	从业人数（人）
矿产品、建材及化工产品批发	403	4657
煤炭及制品批发	18	111
石油及制品批发	19	425
非金属矿及制品批发	3	32
金属及金属矿批发	215	1689
建材批发	71	1647
化肥批发	7	109
农药批发	4	44
其他化工产品批发	66	600
机械设备、五金产品及电子产品批发	85	5133
汽车及零配件批发	15	427
五金产品批发	13	235
电气设备批发	4	70
计算机、软件及辅助设备批发	2	0
通讯设备批发	4	71
其他机械设备及电子产品批发	47	4330
贸易经纪与代理	4	140
贸易代理	4	140
其他批发业	23	272
再生物资回收与批发	12	116
互联网批发	2	57
其他未列明批发业	9	99
2.按登记注册类型分组		
内资企业	756	17628
国有独资公司	4	26
私营有限责任公司	571	11783
其他有限责任公司	168	4921
私营股份有限公司	5	204
其他股份有限公司	3	12
全民所有制企业（国有企业)	2	646
合伙企业	3	36
港、澳、台商投资企业	4	1228
港澳台投资有限责任公司	3	1228
港澳台投资合伙企业	1	0
外商投资企业	5	5
外商投资有限责任公司	5	5

7-8 限额以上批发零售业法人企业基本情况（续表 2）

行业分类	法人企业 （个）	从业人数 （人）
3.按控股情况分组		
国有控股	58	1666
集体控股	8	74
私人控股	689	15921
港澳台商控股	4	26
外商控股	6	1174
二、零售业	**371**	**16251**
1.按零售行业小类分组		
综合零售	44	3144
百货零售	15	1242
超级市场零售	27	1775
其他综合零售	2	127
食品、饮料及烟草制品专门零售	29	756
粮油零售	1	3
糕点、面包零售	4	199
果品、蔬菜零售	8	238
肉、禽、蛋、奶及水产品零售	6	164
营养和保健品零售	1	5
酒、饮料及茶叶零售	8	145
其他食品零售	1	2
纺织、服装及日用品专门零售	5	174
服装零售	2	126
鞋帽零售	2	42
自行车等代步设备零售	1	6
文化、体育用品及器材专门零售	14	527
文具用品零售	3	78
图书、报刊零售	7	212
珠宝首饰零售	2	136
其他文化用品零售	2	101
医药及医疗器材专门零售	18	1367
西药零售	17	1359
医疗用品及器材零售	1	8
汽车、摩托车、零配件和燃料及其他动力销售	176	6080
汽车新车零售	121	4691
汽车旧车零售	3	21
汽车零配件零售	1	5

7-8 限额以上批发零售业法人企业基本情况（续表3）

行业分类	法人企业（个）	从业人数（人）
机动车燃油零售	50	1290
机动车充电销售	1	73
家用电器及电子产品专门零售	33	797
家用视听设备零售	3	136
日用家电零售	21	368
计算机、软件及辅助设备零售	6	167
通信设备零售	3	126
五金、家具及室内装饰材料专门零售	5	60
五金零售	2	20
家具零售	1	14
卫生洁具零售	1	13
其他室内装饰材料零售	1	13
货摊、无店铺及其他零售业	47	3346
互联网零售	39	2889
生活用燃料零售	8	457
2.按登记注册类型分组		
内资企业	364	15300
国有独资公司	3	57
私营有限责任公司	247	9646
其他有限责任公司	102	5161
私营股份有限公司	2	49
其他股份有限公司	1	203
全民所有制企业（国有企业)	1	14
个人独资企业	8	170
港、澳、台商投资企业	2	319
港澳台投资有限责任公司	2	319
外商投资企业	4	607
外商投资有限责任公司	3	289
其他外商投资企业	1	318
3.按控股情况分组		
#国有控股	35	1113
集体控股	12	1534
私人控股	317	12653
港澳台商控股	2	319
外商控股	4	607

7-9 市区限额以上批发零售业法人企业基本情况

行业分类	法人企业 （个）	从业人数 （人）
总　　计	**548**	**17685**
一、批发业	**360**	**7198**
1.按批发行业小类分组		
农、林、牧、渔产品批发	10	69
谷物、豆及薯类批发	1	
畜牧渔业饲料批发	1	5
棉、麻批发	1	4
渔业产品批发	2	21
其他农牧产品批发	5	39
食品、饮料及烟草制品批发	30	1272
米、面制品及食用油批发	9	225
糕点、糖果及糖批发	3	18
果品、蔬菜批发	1	101
肉、禽、蛋、奶及水产品批发	7	132
盐及调味品批发	1	30
营养和保健品批发	1	8
酒、饮料及茶叶批发	4	53
烟草制品批发	1	646
其他食品批发	3	59
纺织、服装及家庭用品批发	92	3624
纺织品、针织品及原料批发	45	359
服装批发	23	2446
化妆品及卫生用品批发	5	74
厨具卫具及日用杂品批发	1	7
灯具、装饰物品批发	6	528
日用家电批发	6	53
其他家庭用品批发	6	157
文化、体育用品及器材批发	5	51
文具用品批发	4	46
图书批发	1	5
医药及医疗器材批发	17	405
西药批发	5	192
中药批发	5	158
医疗用品及器材批发	7	55

7-9 市区限额以上批发零售业法人企业基本情况（续表 1）

行业分类	法人企业（个）	从业人数（人）
矿产品、建材及化工产品批发	163	1099
煤炭及制品批发	4	26
石油及制品批发	8	229
非金属矿及制品批发	1	22
金属及金属矿批发	80	332
建材批发	32	157
化肥批发	5	90
农药批发	1	4
其他化工产品批发	32	239
机械设备、五金产品及电子产品批发	36	615
汽车及零配件批发	6	225
五金产品批发	5	107
电气设备批发	3	38
计算机、软件及辅助设备批发	2	0
通讯设备批发	3	59
其他机械设备及电子产品批发	17	186
贸易经纪与代理	1	33
贸易代理	1	33
其他批发业	6	30
再生物资回收与批发	2	7
互联网批发	1	2
其他未列明批发业	3	21
2.按登记注册类型分组		
内资企业	356	7173
国有独资公司	2	11
私营有限责任公司	261	5294
其他有限责任公司	84	1009
私营股份有限公司	4	184
其他股份有限公司	2	11
全民所有制企业（国有企业)	1	646
合伙企业	2	18

7-9 市区限额以上批发零售业法人企业基本情况（续表 2）

行业分类	法人企业（个）	从业人数（人）
港、澳、台商投资企业	2	25
港澳台投资有限责任公司	1	25
港澳台投资合伙企业	1	0
外商投资企业	2	0
外商投资有限责任公司	2	0
3.按控股情况分组		
国有控股	31	1091
集体控股	5	16
私人控股	320	6066
港澳台商控股	2	25
外商控股	2	0
二、零售业	**188**	**10487**
1.按零售行业小类分组		
综合零售	21	1797
百货零售	6	507
超级市场零售	14	1263
其他综合零售	1	27
食品、饮料及烟草制品专门零售	13	467
糕点、面包零售	3	169
果品、蔬菜零售	5	185
肉、禽、蛋、奶及水产品零售	3	102
营养和保健品零售	1	5
酒、饮料及茶叶零售	1	6
纺织、服装及日用品专门零售	4	145
服装零售	1	97
鞋帽零售	2	42
自行车等代步设备零售	1	6
文化、体育用品及器材专门零售	6	363
文具用品零售	2	46
图书、报刊零售	1	101
珠宝首饰零售	1	115
其他文化用品零售	2	101

7-9 市区限额以上批发零售业法人企业基本情况（续表 3）

行业分类	法人企业（个）	从业人数（人）
医药及医疗器材专门零售	10	929
西药零售	10	929
汽车、摩托车、零配件和燃料及其他动力销售	105	4547
汽车新车零售	83	3598
汽车零配件零售	2	10
机动车燃油零售	20	939
家用电器及电子产品专门零售	13	322
家用视听设备零售	3	136
日用家电零售	8	88
计算机、软件及辅助设备零售	2	98
五金、家具及室内装饰材料专门零售	1	13
卫生洁具零售	1	13
货摊、无店铺及其他零售业	15	1904
互联网零售	14	1825
生活用燃料零售	1	79
2.按登记注册类型分组		
内资企业	160	8272
私营有限责任公司	2	19
其他有限责任公司	0	0
私营股份有限公司	0	0
其他股份有限公司	56	4212
个人独资企业	1	115
港、澳、台商投资企业	1	98
港澳台投资有限责任公司	1	98
外商投资企业	3	537
外商投资有限责任公司	2	219
其他外商投资企业	1	318
3.按控股情况分组		
国有控股	18	884
集体控股	11	1359
私人控股	155	7609
港澳台商控股	1	98
外商控股	3	537

7-10 限额以上批发零售业法人企业购销存情况

单位：万元

行业分类	商品购进额	#进口	商品销售额	批发额	#出口	零售额	期末商品库存额	年末零售营业面积（万平方米）
总　计	**59615504**	**277939**	**62706871**	**56693701**	**1347469**	**6013170**	**1135070**	**173.7**
一、批发业	**53849091**	**251018**	**55896546**	**55304608**	**1324823**	**591938**	**780758**	**28.0**
1.按批发行业小类分组								
农、林、牧、渔产品批发	237336		242270	241529		742	13593	0.1
谷物、豆及薯类批发	60506		60071	60071			10629	
畜牧渔业饲料批发	82622		85090	85090			963	
棉、麻批发	4382		4827	4827				
渔业产品批发	24169		25070	25009		61	14	
其他农牧产品批发	65657		67213	66532		680	1987	0.1
食品、饮料及烟草制品批发	1814967		2302097	2200187		101910	49038	8.4
米、面制品及食用油批发	203639		216213	205065		11149	3679	7.3
糕点、糖果及糖批发	85562		84678	84678			2305	
果品、蔬菜批发	14536		19121	5508		13613	489	0.6
肉、禽、蛋、奶及水产品批发	253734		273190	270192		2998	3911	0.4
盐及调味品批发	38251		40350	40350			760	
营养和保健品批发	52197		69030	69030			69	
酒、饮料及茶叶批发	597212		757689	683538		74150	7006	0.1
烟草制品批发	547727		809533	809533			24507	
其他食品批发	22109		32294	32294			6312	
纺织、服装及家庭用品批发	3423918	11102	3564205	3539197	592669	25007	83528	7.8
纺织品、针织品及原料批发	2449522	10106	2476669	2464261	394833	12408	10196	0.1
服装批发	335116	996	430061	421813	98681	8248	42435	7.0
化妆品及卫生用品批发	230531		227520	225968		1552	15658	0.2
厨具卫具及日用杂品批发	78343		73666	73666	21545		4808	0.0
灯具、装饰物品批发	90966		100177	100177	21816		288	0.0
日用家电批发	199221		203220	202992		228	8397	0.1
其他家庭用品批发	40221		52892	50321	25795	2571	2043	0.4
文化、体育用品及器材批发	69954		72158	72158	7530		1673	0.1
文具用品批发	59002		59828	59828			1207	
体育用品及器材批发	7088		7530	7530	7530		15	
图书批发	1547		1982	1982			443	
其他文化用品批发	2318		2818	2818			7	0.1
医药及医疗器材批发	434260	12029	450979	435358	33399	15621	46594	0.6
西药批发	243199		247252	232191		15060	26571	0.5
中药批发	115074	11976	117261	117261			16276	
医疗用品及器材批发	75988	53	86466	85905	33399	561	3748	0.0

7-10 限额以上批发零售业法人企业购销存情况（续表 1）

单位：万元

行业分类	商品购进额	#进口	商品销售额	批发额	#出口	零售额	期末商品库存额	年末零售营业面积（万平方米）
矿产品、建材及化工产品批发	27452910	210207	27693208	27449997	82309	243212	298565	8.6
煤炭及制品批发	568583		587244	587244			3956	0.0
石油及制品批发	741473		780763	742806		37957	13359	2.5
非金属矿及制品批发	41541		42397	42397			1457	
金属及金属矿批发	19750082	19679	19769386	19591904	32354	177482	207509	1.7
建材批发	4033216	182195	4160421	4145206	17444	15215	54262	0.4
化肥批发	57632		62350	62334		16	6997	0.0
农药批发	335915	1563	340079	340079	10343		4263	0.4
其他化工产品批发	1924468	6770	1950568	1938027	22168	12542	6761	3.6
机械设备、五金产品及电子产品批发	17114763		18188309	18025976	389362	162332	275031	1.9
汽车及零配件批发	1540908		1610939	1591946	66496	18993	18275	0.2
五金产品批发	134931		155538	154243	15645	1295	3682	0.4
电气设备批发	14230		15213	15213	10131		3	0.5
计算机、软件及辅助设备批发	10841		9206	9206			2690	
通讯设备批发	52468		56053	55213		841	1063	0.0
其他机械设备及电子产品批发	15361385	14028	16341359	16200156	297090	141203	249319	0.8
贸易经纪与代理	55902	3652	60749	60749	47073		1001	0.0
贸易代理	55902	3652	60749	60749	47073		1001	0.0
其他批发业	3425080		3322572	3279559	202482	43114	11438	0.5
再生物资回收与批发	2034346		2047734	2047734			3491	0.0
互联网批发	96731		117996	75277		42719	7080	0.1
其他未列明批发业	1114003		1156842	1156447	202482	395	867	0.4
2.按登记注册类型分组								
内资企业	48641253	251018	50671624	50146499	1321903	525125	777915	25
国有独资公司	368157		369512	369512			7590	
私营有限责任公司	16846756	88404	17606179	17210697	1088844	395482	428110	14.0
其他有限责任公司	27681757	161509	28719225	28598938	209742	120288	249061	10.7
私营股份有限公司	1289034	1105	1303979	1295224	23317	8755	2	0.0
其他股份有限公司	979657		980321	980321				
全民所有制企业（国有企业）	1451316		1654505	1654505			92772	
合伙企业	24575		37903	37303		601	381	0.0
港、澳、台商投资企业	3304911	0	3304988	3250717	2920	54271	2843	3.3
港澳台投资有限责任公司	3304911	0	3304988	3250717	2920	54271	2843	3.3
港澳台投资合伙企业								
外商投资企业	1902927		1919934	1907392		12542		
外商投资有限责任公司	1902927		1919934	1907392		12542		

7-10 限额以上批发零售业法人企业购销存情况（续表2）

单位：万元

行业分类	商品购进额	#进口	商品销售额	批发额	#出口	零售额	期末商品库存额	年末零售营业面积（万平方米）
3.按控股情况分组								
国有控股	7711114	143566	7989552	7962349	143622	27203	176733	7.7
集体控股	419451	0	428238	428178	18296	60	1570	3.3
私人控股	39620703	107452	41363426	40865563	1162905	497862	599848	17.0
港澳台商控股	911169	0	911684	899143	0	12542	2442	0.0
外商控股	5186655	0	5203646	5149376	0	54271	165	0.0
二、零售业	**5766413**	**26921**	**6810325**	**1389092**	**22646**	**5421233**	**354312**	**145.6**
1.按零售行业小类分组								
综合零售	593999		882353	290239		592114	24845	40.3
百货零售	346128		547609	169434		378175	12546	29.9
超级市场零售	245077		329048	120805		208243	10774	9.4
其他综合零售	2795		5696			5696	1525	1.1
食品、饮料及烟草制品专门零售	103753		109951	8363		101588	23650	2.3
糕点、面包零售	7393		9113			9113	77	0.3
果品、蔬菜零售	20998		23672	1514		22158	1665	1.0
肉、禽、蛋、奶及水产品零售	14263		14955	137		14818	556	0.6
营养和保健品零售	753		739			739	25	0.0
酒、饮料及茶叶零售	59585		60693	6711		53981	21252	0.4
其他食品零售	762		779			779	75	0.0
纺织、服装及日用品专门零售	11960	978	16243	3687		12556	466	1.0
服装零售	8727	978	12151	3687		8465	345	0.9
鞋帽零售	1483		2348			2348	102	0.2
自行车等代步设备零售	1750		1743			1743	19	0.0
文化、体育用品及器材专门零售	56130		69097	11440		57657	11446	2.7
文具用品零售	11624		13335			13335	325	0.3
图书、报刊零售	32848		38408	3854		34554	5155	2.1
珠宝首饰零售	7651		13336	7586		5751	5853	0.2
其他文化用品零售	4007		4017			4017	113	0.0
医药及医疗器材专门零售	92861		102202	6457		95746	12265	4.5
西药零售	92861		102202	6457		95746	12265	4.5
汽车、摩托车、零配件和燃料及其他动力销售	3425775	25743	3652161	850603	22640	2801558	224789	84.8
汽车新车零售	1976877	25743	1932536	257453		1675082	184468	52.6
汽车旧车零售	2854		2732			2732	739	0.4
汽车零配件零售	4793		4919	671		4248	2394	

7-10 限额以上批发零售业法人企业购销存情况（续表3）

单位：万元

行业分类	商品购进额	#进口	商品销售额	批发额	#出口	零售额	期末商品库存额	年末零售营业面积（万平方米）
机动车燃油零售	1252253		1528675	569839		958836	37189	31.9
机动车充电销售	188998		183300	22640	22640	160660		
家用电器及电子产品专门零售	168271		227395	63356		164039	19023	4.0
家用视听设备零售	71985		123031	54796		68235	4295	1.4
日用家电零售	58824		64205	8242		55964	10668	2.3
计算机、软件及辅助设备零售	17026		18608	319		18289	1048	0.1
通信设备零售	20436		21551			21551	3011	0.2
五金、家具及室内装饰材料专门零售	10935		12309			12309	943	0.4
五金零售	6652		7105			7105	36	0.0
家具零售	795		990			990	265	0.2
卫生洁具零售	1742		2254			2254	435	0.2
其他室内装饰材料零售	1746		1960			1960	207	0.0
货摊、无店铺及其他零售业	1301406	200	1736976	154850	6	1582126	36860	5.5
互联网零售	1256200	200	1670704	139944	6	1530759	36116	1.7
生活用燃料零售	45205		66273	14906		51367	744	3.7
2.按登记注册类型分组								
内资企业	4567569	26921	5608972	1005640	22646	4603332	298102	124.2
国有独资公司	9184		10392	1272		9120	1409	0.3
私营有限责任公司	3034713	1178	3520585	460843	22646	3059742	207599	50.6
其他有限责任公司	1495399	25743	1818917	454459		1364458	82754	71.8
私营股份有限公司	5311		5073			5073	357	0.0
其他股份有限公司	8160		237311	88446		148865	4269	0.5
全民所有制企业（国有企业)	1098		1334			1334	80	0.0
个人独资企业	13705		15359	619		14741	1635	0.9
港、澳、台商投资企业	95571		93967	11366		82601	10000	1.4
港澳台投资有限责任公司	95571		93967	11366		82601	10000	1.4
外商投资企业	1102016		1105956	371786		734169	45465	19.9
外商投资有限责任公司	203263		210223	18401		191823	20136	1.3
其他外商投资企业	898753		895732	353386		542347	25329	18.6
3.按控股情况分组	5765156	26921	6808894	1388792	22646	5420102	353567	145.5
国有控股	356334	24064	589607	149022		440586	27685	11.7
集体控股	447975		711329	301245		410084	14052	15.1
私人控股	3763260	2857	4308035	555373	22646	3752662	256366	97.3
港澳台商控股	95571		93967	11366		82601	10000	1.4
外商控股	1102016		1105956	371786		734169	45465	19.9

7-11　市区限额以上批发零售业法人企业购销存情况

单位：万元

行业分类	购进总额	#进口	销售总额	批发	#出口	零售	年末库存总额	年末零售营业面积（万平方米）
总　计	**17423999**	**83773**	**18790545**	**14680641**	**557907**	**4109903**	**422998**	**111.9**
一、批发业	**13133717**	**57831**	**13674675**	**13567649**	**557901**	**107026**	**199181**	**11.3**
1.按批发行业小类分组								
农、林、牧、渔产品批发	109240		110394	110334		60	1546	0.0
谷物、豆及薯类批发	50640		50663	50663				
畜牧渔业饲料批发	4763		5176	5176			3	
棉、麻批发	4382		4827	4827				
渔业产品批发	19746		20048	19989		60	14	0.0
其他农牧产品批发	29709		29678	29678			1529	
食品、饮料及烟草制品批发	973984		1272024	1241301		30723	35751	0.7
米、面制品及食用油批发	151819		164499	153351		11149	3452	0.1
糕点、糖果及糖批发	74485		75069	75069			304	
果品、蔬菜批发	9211		12658			12658	93	0.2
肉、禽、蛋、奶及水产品批发	139458		144388	141667		2721	806	0.4
盐及调味品批发	3523		4981	4981			723	
营养和保健品批发	4949		9642	9642			69	
酒、饮料及茶叶批发	35484		37122	32927		4196	1487	0.1
烟草制品批发	547727		809533	809533			24507	
其他食品批发	7329		14132	14132			4310	
纺织、服装及家庭用品批发	2174560	10491	2256311	2236365	183462	19947	31660	7.6
纺织品、针织品及原料批发	1606692	9495	1617958	1606396	92142	11563	5906	0.0
服装批发	208893	996	258357	254324	55668	4033	10735	7.0
化妆品及卫生用品批发	24928		31336	29784		1552	1302	0.2
厨具卫具及日用杂品批发	44345		39666	39666	9081		4807	0.0
灯具、装饰物品批发	90966		100177	100177	21816		288	0.0
日用家电批发	183004		185492	185264		228	7019	0.1
其他家庭用品批发	15732		23325	20754	4755	2571	1604	0.3
文化、体育用品及器材批发	21380		22441	22441			1606	
文具用品批发	19833		20458	20458			1163	
体育用品及器材批发								
图书批发	1547		1982	1982			443	
其他文化用品批发								
医药及医疗器材批发	350042	12029	348185	337979	24665	10206	33632	0.0
西药批发	195790		185091	175445		9646	20063	0.0
中药批发	85282	11976	85363	85363			9821	
医疗用品及器材批发	68970	53	77731	77171	24665	561	3748	0.0

7-11 市区限额以上批发零售业法人企业购销存情况（续表 1）

单位：万元

行业分类	购进总额	#进口	销售总额	批发	#出口	零售	年末库存总额	年末零售营业面积（万平方米）
矿产品、建材及化工产品批发	7892795	35311	7950260	7943325	34601	6935	65745	1.9
煤炭及制品批发	117502		125970	125970			2651	0.0
石油及制品批发	116760		131584	126576		5008	2726	1.7
非金属矿及制品批发	40075		40002	40002			1001	
金属及金属矿批发	5650582	19679	5660735	5660735	32342		38323	0.1
建材批发	424321	7299	432784	430873		1910	13995	0.1
化肥批发	45886		50143	50127		16	5100	0.0
农药批发	4517	1563	4607	4607	1626			
其他化工产品批发	1493152	6770	1504436	1504436	633		1950	0.0
机械设备、五金产品及电子产品批发	462666		504033	499731	109643	4302	25714	0.9
汽车及零配件批发	196146		224813	224813	26014		16392	
五金产品批发	48532		56438	56438	15645		437	0.3
电气设备批发	11998		12978	12978	10131		3	0.5
计算机、软件及辅助设备批发	10841		9206	9206			2690	
通讯设备批发	48847		52595	51755		841	616	0.0
其他机械设备及电子产品批发	146303		148002	144542	57853	3461	5576	0.0
贸易经纪与代理	4244		5463	5463	5396			
贸易代理	4244		5463	5463	5396			
其他批发业	1144806		1205564	1170710	200135	34854	3528	0.2
再生物资回收与批发	4577		5884	5884			647	
互联网批发	64979		85818	50964		34854	2099	
其他未列明批发业	1075250		1113862	1113862	200135		782	0.2
2.按登记注册类型分组								
内资企业	13127027	57831	13667694	13560669	557901	107026	196738	11.3
国有独资公司	264618		271037	271037			5857	
私营有限责任公司	4259642	38152	4481146	4405663	497408	75483	95840	9.3
其他有限责任公司	6171345	18574	6193705	6170917	37176	22787	70241	1.9
私营股份有限公司	1021197	1105	1036103	1027348	23317	8755	2	0.0
其他股份有限公司	840583		841271	841271				
全民所有制企业（国有企业）	547727		809533	809533			24507	
合伙企业	21914		34899	34899			291	
港、澳、台商投资企业	4382		4650	4650			2442	
港澳台投资有限责任公司	4382		4650	4650			2442	
外商投资企业	2308		2331	2331				
外商投资有限责任公司	2308		2331	2331				

7-11 市区限额以上批发零售业法人企业购销存情况（续表 2）

单位：万元

行业分类	购进总额	#进口	销售总额	批发	#出口	零售	年末库存总额	年末零售营业面积（万平方米）
3.按控股情况分组								
国有控股	3860702	1105	4130911	4114744	32398	16167	68725	0.3
集体控股	394186		400819	400759		60	13	0.0
私人控股	8872139	56725	9135964	9045166	525503	90799	128000	11.0
港澳台商控股	4382		4650	4650			2442	
外商控股	2308		2331	2331				
二、零售业	**4290282**	**25943**	**5115870**	**1112992**	**6**	**4002878**	**223817**	**100.6**
1.按零售行业小类分组								
综合零售	405720		666686	280829		385857	10066	20.4
百货零售	196073		381983	162666		219318	3470	13.7
超级市场零售	208677		283477	118164		165313	6516	6.7
其他综合零售	970		1226			1226	81	0.0
食品、饮料及烟草制品专门零售	41660		45577	1830		43747	1718	1.0
糕点、面包零售	4781		6309			6309	59	0.2
果品、蔬菜零售	18429		20682	1000		19682	915	0.6
肉、禽、蛋、奶及水产品零售	10106		10434	137		10297	540	0.2
营养和保健品零售	753		739			739	25	0.0
酒、饮料及茶叶零售	7592		7412	692		6720	180	0.0
其他食品零售								
纺织、服装及日用品专门零售	10982		15223	3687		11536	435	0.5
服装零售	7749		11131	3687		7444	315	0.4
鞋帽零售	1483		2348			2348	102	0.2
自行车等代步设备零售	1750		1743			1743	19	0.0
文化、体育用品及器材专门零售	24373		33078	7396		25682	7978	1.3
文具用品零售	1418		1646			1646	220	0.2
图书、报刊零售	12982		16017			16017	3146	0.8
珠宝首饰零售	5967		11398	7396		4002	4499	0.2
其他文化用品零售	4007		4017			4017	113	0.0
医药及医疗器材专门零售	67226		72972	4134		68839	9941	3.2
西药零售	67226		72972	4134		68839	9941	3.2
汽车、摩托车、零配件和燃料及其他动力销售	2665177	25743	2878029	732675		2145354	174420	70.5
汽车新车零售	1557154	25743	1518688	225164		1293524	140053	43.6
汽车旧车零售	1784		1639			1639	179	0.4
汽车零配件零售								

7-11 市区限额以上批发零售业法人企业购销存情况（续表3）

单位：万元

行业分类	购进总额	#进口	销售总额	批发	#出口	零售	年末库存总额	年末零售营业面积（万平方米）
机动车燃油零售	1106240		1357702	507510		850191	34188	26.5
机动车充电销售								
家用电器及电子产品专门零售	96192		147685	60304		87381	8179	1.9
家用视听设备零售	71985		123031	54796		68235	4295	1.4
日用家电零售	13962		14539	5508		9031	2859	0.4
计算机、软件及辅助设备零售	10244		10115			10115	1025	0.0
通信设备零售								
五金、家具及室内装饰材料专门零售	1742		2254			2254	435	0.2
五金零售								
家具零售								
卫生洁具零售	1742		2254			2254	435	0.2
其他室内装饰材料零售								
货摊、无店铺及其他零售业	977211	200	1254367	22139	6	1232228	10645	1.5
互联网零售	968561	200	1240278	17420	6	1222858	10599	0.4
生活用燃料零售	8650		14089	4719		9370	46	1.1
2.按登记注册类型分组								
内资企业	3149017	25943	3975016	733925	6	3241091	173880	80.4
国有独资公司								
私营有限责任公司	1894093	200	2200019	247236	6	1952783	99813	22.8
其他有限责任公司	1233377	25743	1523430	397892		1125538	68427	56.4
私营股份有限公司	3792		3840			3840		
其他股份有限公司	8160		237311	88446		148865	4269	0.5
全民所有制企业（国有企业)								
个人独资企业	9595		10416	350		10066	1371	0.8
港、澳、台商投资企业	78965		72038	11366		60672	8079	0.8
港澳台投资有限责任公司	78965		72038	11366		60672	8079	0.8
外商投资企业	1062301		1068816	367702		701115	41858	19.3
外商投资有限责任公司	163548		173084	14316		158768	16529	0.7
其他外商投资企业	898753		895732	353386		542347	25329	18.6
3.按控股情况分组								
国有控股	285743	24064	508075	135283		372792	24059	9.7
集体控股	404160		659523	294591		364931	10688	9.2
私人控股	2459114	1879	2807418	304050	6	2503368	139133	61.5
港澳台商控股	78965		72038	11366		60672	8079	0.8
外商控股	1062301		1068816	367702		701115	41858	19.3

7-12 分县区限额以上批发零售业法人企业主要财务指标

单位：万元

指标	全市	吴兴区			南浔区	德清县	长兴县	安吉县	△市区
			吴兴	南太湖新区					
一、企业数(家)	1136	362	219	143	186	282	175	131	548
二、年末资产负债									
流动资产合计	19655885	7598327	6069391	1528936	1554052	3245453	6317891	940162	9152379
#应收账款	3568111	903369	504375	398993	322009	451047	1647411	244275	1225378
存货	1808244	354835	233800	121036	113987	355879	892477	91066	468823
固定资产原价	1166224	446120	296519	149601	208018	136102	131810	244174	654138
累计折旧	454631	202074	129353	72721	23246	53843	57814	117653	225320
#本年折旧	89074	26003	15867	10136	7016	22489	7672	25894	33019
资产总计	23311825	8760484	6881155	1879329	2292241	4014351	7074789	1169961	11052725
负债合计	18539554	7470650	5874734	1595916	1660836	2839159	5583611	985298	9131486
所有者权益合计	4772273	1289836	1006421	283415	631405	1175192	1491178	184662	1921241
#实收资本	4552757	745168	581541	163628	218187	2183218	1302974	103210	963355
#个人资本	2907794	132940	86099	46841	51821	1688263	1022670	12100	184762
三、损益及分配									
主营业务收入	56360330	14053775	9649302	4404472	2721234	10494232	27055159	2035931	16775008
其他业务利润	190200	114900	105689	9211	2504	53909	14009	4879	117404
销售费用	1227801	383428	202008	181420	37244	287925	338319	180884	420673
管理费用	473550	215309	120266	95043	38340	87181	92889	39833	253648
财务费用	150922	79585	73722	5863	23377	15248	29908	2804	102962
#投资收益	221991	18692	14814	3878	28179	24164	150069	888	46870
营业利润	591615	143862	102156	41706	1743	130012	300588	15409	145605
利润总额	618426	158963	115231	43731	4797	130530	304118	20018	163759
所得税费用	148777	56005	47613	8392	1805	30309	49240	11417	57810
四、工资、福利、增值税									
应付职工薪酬	437772	174435	103754	70682	19745	68556	141215	33820	194181
应交增值税	247933	77625	53858	23766	6617	72593	71642	19457	84242

7-13 历年限额以上住宿和餐饮业主要指标

单位：万元

年 份	法人企业（个）	活动单位（个）	从业人数（人）	营业额	商品销售收入	资产总计	利润总额
1998	25	9	2755	13982	9803	53849	-1285
1999	24	25	3697	20926	13078	69733	-2740
2000	22	19	3026	25690	13462	70771	-1089
2001	30	42	4400	36529	24555	74534	-641
2002	33	57	4631	47972	31779	78555	-402
2003	42	65	6066	55306	40253	81739	57
2004	76	148	7648	72170	4930	138634	-2328
2005	82	140	8808	87947	5867	139327	-4113
2006	86	152	9203	102417	6916	153925	-3917
2007	83	136	9263	113950	12179	163391	-2081
2008	86	121	8135	103132	5055	261386	-350
2009	83	134	8249	111186	4943	277028	-3874
2010	80	134	9442	136798	6696	307552	-1017
2011	84	159	9732	183093	8450	329071	1319
2012	92	137	11075	207317	7467	421689	-934
2013	113	227	11944	214326	4053	430155	-10398
2014	129	241	13332	245906	3480	476915	-11095
2015	143	250	13044	277708	3452	485832	2672
2016	158	360	14651	330682	3751	613838	9585
2017	168	365	18420	368655	4042	753537	645
2018	198	314	16206	399868	6644	665556	-809
2019	234	331	18420	479623	8240	1412057	-12317
2020	287	372	21329	496510	10139	1363435	-11370
2021	306	344	21450	587662	12439	1566629	-22380
2022	344	344	21685	608216	10732	1815905	-60194
2023	405	358	24766	749553	12204	2394581	-39718

7–14　限额以上住宿和餐饮业法人企业基本情况

单位：万元

指　标	法人企业（个）	从业人数（人）	营业额	客房收入	餐费收入	商品销售收入	客房数（间）	床位数（个）	餐位数（位）	年末餐饮营业面积（万平方米）
总　计	**405**	**24766**	**7495527**	**2853403**	**3907045**	**122036**	**73645**	**125743**	**290031**	**227.4**
一、住宿业	**188**	**11063**	**3635557**	**2188877**	**1061277**	**35776**	**52995**	**87405**	**60913**	**133.9**
1.按住宿行业小类分组										
旅游饭店	152	9964	3300640	1926830	1000407	33765	49090	81553	56192	119.1
旅游饭店	152	9964	3300640	1926830	1000407	33765	49090	81553	56192	119.1
一般旅馆	24	683	171799	150197	18327	784	3044	4526	2406	10.5
经济型连锁酒店	16	353	111398	99700	9440	784	1992	2885	1206	6.4
其他一般旅馆	8	330	60401	50497	8887	0	1052	1641	1200	4.1
民宿服务	9	296	133546	93174	32847	1063	533	834	679	2.8
民宿服务	9	296	133546	93174	32847	1063	533	834	679	2.8
露营地服务	1	1	5381	3970	1374	37	97	129	78	0.4
露营地服务	1	1	5381	3970	1374	37	97	129	78	0.4
其他住宿业	2	119	24191	14706	8322	127	231	363	1558	1.1
其他住宿业	2	119	24191	14706	8322	127	231	363	1558	1.1
2.按登记注册类型分组										
内资企业	182	10160	3312552	1999034	948018	32868	51189	84631	57247	86.0
私营有限责任公司	132	6227	1731363	1171091	465927	10054	41271	69594	38185	56.2
其他有限责任公司	40	3604	1523421	780864	472916	22533	9105	13739	18120	27.8
私营股份有限公司	2	52	9821	7662	2005	0	59	81	252	0.0
其他股份有限公司	2	159	12783	9593	2887	0	218	363	70	0.1
个人独资企业	6	118	35164	29824	4283	281	536	854	620	1.9
港、澳、台商投资企业	4	474	206682	127778	70019	1808	718	1099	1278	4.9
港澳台投资有限责任公司	4	474	206682	127778	70019	1808	718	1099	1278	4.9
外商投资企业	2	429	116323	62065	43240	1100	1088	1675	2388	43.0
外商投资有限责任公司	2	429	116323	62065	43240	1100	1088	1675	2388	43.0
3.按控股情况分组										
国有控股	13	1036	369715	181949	135113	3312	2182	3833	5557	10.4
集体控股	1	50	9382	5935	2986		85	131	1200	0.4
私人控股	168	9074	2933455	1811150	809919	29556	48922	80667	50490	75.2
港澳台商控股	4	474	206682	127778	70019	1808	718	1099	1278	4.9
外商控股	2	429	116323	62065	43240	1100	1088	1675	2388	43.0

7-14 限额以上住宿和餐饮业法人企业基本情况（续表）

单位：万元

指　标	法人企业（个）	从业人数（人）	营业额				客房数（间）	床位数（个）	餐位数（位）	年末餐饮营业面积（万平方米）
				客房收入	餐费收入	商品销售收入				
4.按星级分组										
二星	2	31	1205	608	565	32	120	180	440	0.7
三星	17	1411	34391	17506	11644	267	13319	25391	7434	9.6
四星	29	1770	49156	27988	18247	569	3882	6259	15544	23.6
五星	12	2083	69822	46236	19609	140	6211	10872	10326	53.2
其他	128	5768	208983	126550	56063	2570	29463	44703	27169	46.8
二、餐饮业	**217**	**13703**	**3859970**	**664526**	**2845768**	**86260**	**20650**	**38338**	**229118**	**93.5**
1.按餐饮行业小类分组										
正餐服务	198	7824	2633089	664030	1705970	52216	20600	38288	164487	79.7
正餐服务	198	7824	2633089	664030	1705970	52216	20600	38288	164487	79.7
快餐服务	12	5552	1100784		1045164	4496			62798	6.4
快餐服务	12	5552	1100784		1045164	4496			62798	6.4
饮料及冷饮服务	5	45	14226	496	13716		50	50	233	6.8
咖啡馆服务	5	45	14226	496	13716		50	50	233	6.8
其他餐饮业	2	282	111871		80918	29548			1600	0.5
小吃服务	2	282	111871		80918	29548			1600	0.5
2.按登记注册类型分组										
内资企业	217	13703	3859970	664526	2845768	86260	20650	38338	229118	93.5
私营有限责任公司	153	6465	2153491	547209	1369662	71059	18791	34923	171992	74.6
其他有限责任公司	30	1363	443339	114707	276819	2585	1652	3013	33306	8.9
私营股份有限公司	2	5142	1021941		969494	4496			12291	4.2
个人独资企业	30	690	210059	2610	199546	7764	207	402	10429	5.0
合伙企业	2	43	31140		30247	356			1100	0.8
3.按控股情况分组										
国有控股	10	651	183270	72430	71612	16643	815	1508	3971	3.6
集体控股	2	69	12364	1107	10800		42	71	900	0.3
私人控股	204	12958	3657180	588627	2758823	69617	19710	36599	223247	88.7
外商控股	1	25	7156	2362	4533		83	160	1000	0.9

7-15　市区限额以上住宿和餐饮业法人企业基本情况

单位：万元

指　标	法人企业（个）	从业人数（人）	营业额				客房数（间）	床位数（个）	餐位数（位）	年末餐饮营业面积（万平方米）
				客房收入	餐费收入	商品销售收入				
总　计	**186**	**12303**	**345795**	**86101**	**232844**	**5726**	**11111**	**17755**	**152690**	**71.8**
一、住宿业	**63**	**3540**	**123223**	**73279**	**37132**	**1043**	**8989**	**14315**	**19337**	**34.7**
1.按住宿行业小类分组										
旅游饭店	50	3255	113304	64289	36464	957	7578	12316	18643	29.7
旅游饭店	50	3255	113304	64289	36464	957	7578	12316	18643	29.7
一般旅馆	12	264	9183	8517	460	74	8963	14277	19299	5.1
经济型连锁酒店	9	188	6922	6257	460	74	7578	12316	18643	4.7
其他一般旅馆	3	76	2261	2261			1385	1961	656	0.4
其他住宿业	1	21	736	472	208	13	26	38	38	0.0
其他住宿业	1	21	736	472	208	13	26	38	38	0.0
2.按登记注册类型分组										
内资企业	63	3540	123223	73279	37132	1043	8989	14315	19337	34.7
私营有限责任公司	42	1824	50890	32052	14185	513	5237	8401	11181	21.9
其他有限责任公司	19	1647	70912	39806	22947	530	3575	5664	8156	12.2
个人独资企业	2	69	1421	1421			177	250		0.6
3.按控股情况分组										
国有控股	8	539	18989	6976	8324	228	1047	1991	3836	6.5
集体控股										
私人控股	55	3001	104235	66302	28808	815	7942	12324	15501	28.3
4.按星级分组										
二星										
三星	6	344	11486	3760	4563	217	474	685	1368	3.3
四星	7	502	11981	4738	5673	322	1049	1588	5940	9.6
五星	5	841	27537	17311	7994	30	1112	1941	2490	3.6
其他	45	1853	72219	47469	18902	475	6354	10101	9539	18.3

7–15　市区限额以上住宿和餐饮业法人企业基本情况（续表）

单位：万元

指　标	法人企业（个）	从业人数（人）	营业额	客房收入	餐费收入	商品销售收入	客房数（间）	床位数（个）	餐位数（位）	年末餐饮营业面积（万平方米）
二、餐饮业	**123**	**8763**	**222572**	**12822**	**195712**	**4683**	**2122**	**3440**	**133353**	**37.1**
1.按餐饮行业小类分组										
正餐服务	114	3198	106510	12822	88241	1279	2122	3440	71562	31.1
正餐服务	114	3198	106510	12822	88241	1279	2122	3440	71562	31.1
快餐服务	5	5256	104306		98811	450			60011	5.4
快餐服务	5	5256	104306		98811	450			60011	5.4
饮料及冷饮服务	2	27	569		569				180	0.1
咖啡馆服务	2	27	569		569				180	0.1
其他餐饮业	2	282	11187		8092	2955			1600	0.5
小吃服务	2	282	11187		8092	2955			1600	0.5
2.按登记注册类型分组										
内资企业	123	8763	222572	12822	195712	4683	2122	3440	133353	37.1
私营有限责任公司	74	2184	69135	4860	58550	3963	1314	2132	83254	21.5
其他有限责任公司	20	799	32538	7771	21803	181	626	956	28025	6.7
私营股份有限公司	2	5142	102194	0	96949	450			12291	4.2
个人独资企业	27	638	18705	191	18409	90	182	352	9783	4.8
3.按控股情况分组										
国有控股	4	328	10363	5188	5055	68	302	426	756	1.4
私人控股	118	8410	211493	7398	190204	4615	1737	2854	131597	34.8
外商控股	1	25	716	236	453		83	160	1000	0.9

7-16　分县区限额以上住宿和餐饮业法人企业主要财务指标

单位：万元

指　标	全市	吴兴区	吴兴	南太湖新　区	南浔区	德清县	长兴县	安吉县	△市区
一、企业数（家）	405	121	65	56	65	70	71	78	186
二、年末资产负债									
流动资产合计	835138	258440	163725	94715	31586	120636	305821	118655	290026
#应收账款	64760	11891	5316	6576	4900	5490	28914	13565	16791
存货	44346	32643	4076	28567	1882	3876	2768	3178	34525
固定资产原价	1150643	184247	60519	123728	46424	272411	413347	234214	230671
累计折旧	317421	61782	34402	27380	15733	76269	93214	70423	77515
#本年折旧	51111	6788	4167	2621	2272	11156	20606	10290	9059
资产总计	2394581	513464	287520	225944	105870	494035	875512	405700	619333
负债合计	2175208	412871	233080	179791	107575	358834	878319	417609	520446
所有者权益	219373	100593	54440	46152	-1705	135201	-2807	-11909	98888
#实收资本	638114	174447	63456	110991	98396	174132	85584	105554	272844
#个人资本	90003	45837	31250	14588	9901	11698	10395	12171	55739
三、损益及分配									
主营业务收入	705753	264695	188085	76609	52313	129799	171491	87455	317008
其他业务利润	11853	2073	1259	814	384	7469	213	1714	2457
销售费用	239469	98904	81094	17810	10779	54209	49073	26503	109683
管理费用	185935	54603	27458	27146	9807	42521	41882	37122	64410
财务费用	33599	6113	1798	4315	1475	6994	10570	8447	7588
投资收益	7522	7503	7503	0	13	5	26	-24	7516
营业利润	-42831	3409	7303	-3894	-3235	-9841	-12974	-20190	174
利润总额	-39718	4563	7816	-3252	-2075	-11370	-11948	-18888	2488
所得税费用	2177	1708	1654	54	50	352	24	45	1757
四、工资、福利、增值税									
应付职工薪酬	168844	62278	46969	15309	10641	33540	38009	24376	72918
应交增值税	7905	2230	817	1413	790	1254	2802	830	3020

7-17 历年商品交易市场数量

单位：个

年份	商品市场	消费品市场	#综合	#农副产品	#工业	生产资料市场	#综合	#工业	#农业	服务市场	生产要素市场	网上交易市场	消费品	生产资料
1995	236	220	37	144	39	16		15	1					
1996	235	221	44	136	41	14	2	12						
1997	233	221	38	138	45	12	3	9						
1998	230	217	38	135	44	13	3	8	1	1				
1999	212	197	36	116	45	15	1	13	1					
2000	217	200	37	121	42	17	1	15	1					
2001	218	201	37	122	42	17	1	15	1					
2002	219	197	38	120	39	20	1	17	2					
2003	191	173	29	107	37	17	1	14	2					
2004	196	176	28	110	38	19	5	12	2	1				
2005	197	174	27	110	37	22	2	18	2	1				
2006	198	174	27	111	36	23	3	18	2	1				
2007	205	181	34	107	40	23	3	19	1	1				
2008	201	176	30	111	35	24	6	17	1	1	3	2	2	
2009	215	189	30	126	33	25	8	16	1	1	2	2	2	
2010	209	183	33	117	33	25	8	17		1	2	6	6	
2011	214	185	34	118	33	27	8	19		2	2	8	7	1
2012	214	185	36	114	35	27	8	19		2		1	11	9
2013	214	186	35	113	38	25	8	17		3	1	15	13	2
2014	204	177	25	115	37	25	11	14		2		15	13	2
2015	206	185	8	127	50	19	2	17		2		19	17	2
2016	208	184	93	40	51	22		22		2		20	16	4
2017	206	184	94	44	46	20		20		2		21	17	4
2018	200	178	91	43	44	20		20		2				
2019	200	178	92	42	44	20		20		2				
2020	187	164	87	43	34	21		21		2				
2021	175	158	84	42	32	16		16		1				
2022	156	142	75	42	25	13		13		1				
2023	174	159	37	95	27	14		14		1				

7-18 商品交易市场分类成交情况

单位：万元

指 标	市场个数（个）	成交额
商品交易市场	174	12612400
一、消费品市场	159	7520725
消费品综合市场	37	595717
农副产品市场	95	3012696
#农副产品综合市场	91	2682914
工业消费品市场	27	3912311
#工业消费品综合市场	6	369691
二、生产资料市场	14	5082563
工业生产资料市场	14	5082563
三、服务市场	1	9112

7-19 亿元以上商品交易市场分类成交情况

单位：个

指　标	市场个数	总摊位数	年末出租摊位数	年末营业面积（万平方米）	成交额（万元）
总　计	**25**	**10655**	**6765**	**98.3**	**2100486**
一、按市场类别分组					
1. 综合市场	19	9149	5930	59.7	1673710
#综合贸易市场	19	9149	5930	59.7	1673710
生产资料综合市场	3	1357	933	20.7	165899
工业消费品综合市场	1	790	790	2.0	283885
农产品综合市场	13	5673	2956	27.5	1161969
其他综合市场	2	1329	1251	9.5	61957
2. 专业市场	6	1506	835	38.6	426776
农产品市场	1	252	142	0.6	15118
#其他农产品市场	1	252	142	0.6	15118
食品、饮料及烟酒市场	1	348	239	7.8	198806
#茶叶市场	1	348	239	7.8	198806
纺织、服装、鞋帽市场	1	266	266	9.6	49319
#布料及纺织品市场	1	266	266	9.6	49319
家具、五金及装饰材料市场	2	598	184	19.6	77352
#家具市场	1	248	54	10.0	11657
其他装修市场	1	350	130	9.6	65695
汽车、摩托车及零配件市场	1	42	4	1.0	86181
#汽车市场	1	42	4	1.0	86181
二、按营业状态分组					
1. 常年营业	25	10655	6765	98.3	2100486
三、按经营方式分组					
1. 以批发为主	9	4129	2370	76.4	1252553
2. 以零售为主	16	6526	4395	21.8	847933
四、按经营环境分组					
1. 露天式	2	1479	675	18.3	737368
2. 封闭式	22	8944	5907	78.9	1351934
3. 其他	1	232	183	1.2	11184

7-20 历年亿元以上商品交易市场情况

单位：个

年份	市场个数	总摊位数	年末出租摊位数	年末营业面积（万平方米）	成交额（万元）
2004	32		15354	61.2	3165665
2005	30		15926	59.4	3176905
2006	34		17697	83.8	3532421
2007	35		17772	102.5	3762312
2008	39	21240	19286	145.5	4137406
2009	41	22447	19887	157.5	4359528
2010	41	22938	19569	161.2	4922813
2011	45	25402	21534	181.8	5877570
2012	45	25750	22656	181.9	5988935
2013	39	23104	20879	176.4	5973371
2014	44	23356	21283	182.1	6016945
2015	45	23517	21338	184.0	6352275
2016	43	22714	20021	162.5	6630883
2017	43	22736	19603	162.5	6896031
2018	46	23608	18900	192.2	7406644
2019	29	12389	9273	105.7	2249367
2020	29	12430	9340	105.9	2312520
2021	26	11109	7729	103.1	2189330
2022	25	10752	7121	98	2074170
2023	25	10655	6768	98.3	2100486

7-21 历年全市对外经济主要指标

单位：万美元

年 份	进出口总 额	出口额	利用外资项 目 数（个）	合同外资	实到外资
1978					
1979					
1980			1	10	
1981					
1982			2	231	233
1983					
1984			3	61	61
1985			1	60	61
1986			2	313	400
1987			5	482	408
1988			7	503	257
1989			13	300	355
1990			19	324	224
1991	2893	2777	27	706	307
1992	4686	4452	188	6333	1654
1993	15857	12593	237	11937	3585
1994	21899	15166	170	9302	4938
1995	30608	20468	116	12060	6431
1996	31368	22666	134	13998	5478
1997	30698	25052	136	6217	6026
1998	28400	23900	148	8112	5040
1999	36183	27300	193	10057	6023
2000	69308	46279	115	12264	8205
2001	74873	57623	256	47156	20972
2002	88741	70918	344	96292	35949
2003	121758	101142	479	144777	53734
2004	169765	144811	475	160145	61121
2005	227062	199556	475	169172	65072
2006	301032	266788	491	176049	75702
2007	426524	367562	599	198573	84363
2008	558845	490098	421	180294	80206
2009	483284	407555	374	171470	81095
2010	692770	586077	302	203689	91905
2011	866217	735580	244	214155	94038
2012	872258	738803	192	168721	102599
2013	953296	808770	211	168428	105860
2014	998906	880581	157	157269	98419
2015	1020740	885512	185	166290	94188
2016	1022230	901563	180	213216	100131
2017	1139488	1005574	115	235985	105320
2018	1341874	1168301	218	340082	127143
2019	1363448	1215954	295	483193	189881
2020	1633419	1479847	283	392530	120619
2021	2307032	2098525	368	547098	121400
2022	2446352	2251899	258	719137	157713
2023	2303616	2120861	234	580444	58178

7-22 历年市区对外经济主要指标

单位：万美元

年　份	进出口总　额	出口额	合同外资	实到外资
1978				
1979				
1980				
1981				
1982				
1983				
1984				
1985				
1986				
1987				
1988				
1989				
1990				
1991				
1992				
1993				
1994				
1995				
1996				
1997				
1998				
1999				
2000				
2001				
2002				
2003				
2004				
2005	121326	103745	80388	32866
2006	150725	129258	85656	40233
2007	195809	159973	104423	43356
2008	234909	193607	89511	37870
2009	203356	149008	81206	38970
2010	282700	216795	107240	46890
2011	340580	263090	109535	50962
2012	314902	242699	64367	52472
2013	338604	259966	63935	50841
2014	336583	275684	62934	45717
2015	347616	274849	73302	42825
2016	316870	263053	131051	63965
2017	348615	285593	85136	51283
2018	409449	329962	152785	62865
2019	407825	334128	236831	74924
2020	473607	397479	159665	33740
2021	716448	613356	193686	47116
2022	846819	749113	138368	73805
2023	831603	747523	361296	26776

7-23 历年德清县对外经济主要指标

单位：万美元

年 份	进出口总 额	出口额	合同外资	实到外资
1978				
1979				
1980				
1981				
1982				
1983				
1984				
1985				
1986				
1987				
1988				
1989				
1990				
1991				
1992				
1993				
1994				
1995				
1996				
1997				
1998				
1999				
2000				
2001				
2002				
2003				
2004	33780	25994		13400
2005	45124	38924	30703	13620
2006	61264	53032	32221	14945
2007	91555	76514	32827	15380
2008	134941	117463	32425	15020
2009	104489	90348	34282	15068
2010	148077	120577	34287	15506
2011	182565	155530	32049	16020
2012	199420	162086	36799	17309
2013	219626	177533	47029	19800
2014	225780	195790	33332	19158
2015	219782	192563	29528	18192
2016	211062	182219	12450	6510
2017	239235	204298	41983	17690
2018	258677	226423	50978	20170
2019	276027	244892	86717	36459
2020	310857	277425	113280	37280
2021	432307	399067	123153	31525
2022	472086	443889	65464	30553
2023	460822	426202	84550	-8510

7-24 历年长兴县对外经济主要指标

单位：万美元

年 份	进出口总 额	出口额	合同外资	实到外资
1978				
1979				
1980				
1981				
1982				
1983				
1984				
1985				
1986				
1987				
1988				
1989				
1990				
1991				
1992				
1993				
1994				
1995				
1996				
1997				
1998				
1999				
2000				
2001				
2002				
2003				
2004		13692		
2005	21959	19392	30073	13006
2006	31329	29028	32710	14512
2007	47189	44645	35616	15325
2008	71109	66810	33007	17101
2009	60653	56790	30468	15856
2010	99306	89442	37109	18506
2011	149284	133013	47511	17003
2012	144970	132703	44524	19213
2013	171283	150935	35038	19285
2014	183717	162065	36299	19300
2015	192881	161810	36108	18100
2016	212836	180492	37323	11429
2017	227413	200738	58540	19254
2018	288550	237031	66438	23963
2019	281322	248047	103196	36459
2020	346899	315579	61108	28551
2021	451401	397685	166167	20042
2022	487936	434495	393153	38610
2023	465698	415243	74685	18373

7–25 历年安吉县对外经济主要指标

单位：万美元

年　份	进出口总　额	出口额	合同外资	实到外资
1978				
1979				
1980				
1981				
1982				
1983				
1984				
1985				
1986				
1987				
1988				
1989				
1990				
1991				
1992				
1993				
1994				
1995				
1996				
1997				
1998				
1999				
2000				
2001	5916	5509		
2002	8592	7778		
2003	13360	12333		
2004	23191	22055		
2005	38653	37495	28008	5580
2006	57713	55470	25462	6012
2007	91971	86430	25707	10302
2008	117887	112218	25351	10215
2009	114787	111409	25514	11201
2010	162687	159263	25053	11003
2011	193788	183947	25060	10053
2012	212966	201315	23031	13605
2013	223784	220336	22426	15934
2014	252826	247042	24704	14244
2015	260461	256290	27352	15071
2016	281462	275799	32392	18227
2017	324225	314946	50326	17093
2018	385198	374886	69881	20145
2019	398275	388887	56449	31039
2020	502057	489364	58477	21048
2021	706876	688417	64092	7204
2022	639511	624402	122152	14745
2023	545493	531893	59913	21539

7-26 进出口贸易

单位：万元

指　标	绝对额			同比上年增速（%）		
	进出口	出口	进口	进出口	出口	进口
全　市	16187866	14904326	1283540	-0.6	-0.6	-0.6
#吴兴区	2804479	2645954	158524	4.1	7.3	-30.7
南浔区	1832036	1678682	153354	5.8	7.7	-11.4
德清县	3232768	2988746	244021	3.2	1.5	30.3
长兴县	3271639	2918838	352801	1.1	1.1	0.4
安吉县	3838702	3742956	95746	-9.7	-9.8	-4.8
南太湖新区	1208243	929149	279094	-2.2	-5.7	11.8
△市区	5844758	5253785	590972	3.2	4.9	-9.3
一、按企业性质分						
生产企业	8318609	7721209	597400	-4.5	-3.3	-18.2
流通企业	6021502	5645101	376402	16.7	14.4	69.8
外资企业	1847755	1538016	309738	-23.2	-25.7	-8.6
二、按贸易方式分						
一般贸易	14182644	13239984	942660	-3.3	-2.4	-14.6
加工贸易	578707	455797	122910	-9.0	-8.1	-12.2
进料加工贸易	24557	19844	4713	-18.7	-18.7	-18.8
来料加工装配贸易	554150	435953	118197	-8.5	-7.5	-11.9
其他贸易	1426515	1208545	217970	47.1	30.9	368.0
三、按主要国别（地区）分						
亚洲	6498289	6059112	439177	8.4	8.8	7.1
#东盟	2687426	2584879	102547	14.4	16.1	-16.6
日本	566749	428694	138055	-1.3	-13.9	-4.3
印度	609224	605441	3782	-0.7	7.2	32.8
韩国	533955	498626	35329	-0.8	-6.4	12.4
非洲	1331997	1266436	65561	26.5	25.2	65.3
欧洲	3645473	3228091	417382	-4.5	-5.6	4.7
#欧盟	2661778	2295377	366401	-5.3	-7.0	7.4
俄罗斯	444657	414347	30311	41.1	45.8	-40.1
拉丁美洲	1462927	1349341	113586	-3.4	-4.6	13.4
#巴西	489974	408322	81652	-12.1	-18.5	44.7
墨西哥	413738	410483	3255	9.5	10.0	-29.6
北美洲	2875689	2644444	231245	-16.9	-16.0	-27.4
#美国	2585329	2370713	214616	-17.0	-16.0	-28.2
加拿大	290342	273713	16629	-16.1	-16.1	-15.3
大洋洲	373489	356900	16588	-17.8	-17.1	-30.7
#澳大利亚	315331	313132	2199	-5	-4.1	-53.3

7–27　主要进出口产品情况表

单位：万元

指　标	2023 年	同比 2022 年增速（%）	占出口（进口）比重%
一、主要出口产品			
机电产品	5119162	7.1	34.3
机械设备	2042375	13.6	13.7
电器及电子产品	1467773	–3.4	9.8
金属制品	692866	2.7	4.6
运输工具	471186	21.6	3.2
仪器仪表	121472	14.8	0.8
可调坐具及其他金属家具	28846	34.7	0.2
纺织服装	3393465	6.9	22.8
纺织纱线、织物及其制品	2471292	–0.2	16.6
服装及衣着附件	922173	31.9	6.2
农副产品	516036	–3.8	3.5
农副产品加工品	443774	–5.4	3.0
WTO 农产品	70604	17.3	0.5
水产品	1658	–76.7	0.0
化工产品	1572320	–32.3	10.5
高新技术产品	1294921	–24.1	8.7
二、主要进口产品			
机电设备及零部件	384207	2.3	29.9
化工产品	226092	–14.8	17.6
纺织原料及制品	27447	–21.7	2.1
木及木制品	260946	–7.1	20.3
贱金属及制品	107123	6.4	8.3
塑料及橡胶制品	102349	29.7	8.0
油脂及原料	92761	–31.7	7.2
矿产品	21737	13.9	1.7
皮革制品	12185	8.4	0.9

7-28 历年旅游业主要指标

单位：万人次

年 份	国内外旅游人数	国内旅游	国际旅游（人次）	旅游总收入（亿元）	国内旅游（亿元）	国际旅游（万美元）
1995	100.50	100.00	5000	4.60	4.45	190
1996	111.15	110.45	7000	5.42	5.20	271
1997	154.45	153.50	9500	6.45	6.10	430
1998	206.71	205.75	9600	9.84	9.48	435
1999	256.47	255.50	9681	13.50	13.13	450
2000	351.25	350.00	12500	22.58	22.07	626
2001	532.02	530.01	20052	33.33	32.55	949
2002	791.74	787.60	41380	46.05	44.89	1413
2003	709.20	704.44	47575	41.32	40.15	1415
2004	857.99	850.94	70528	50.15	48.50	1990
2005	1088.59	1078.38	102132	65.68	62.63	3688
2006	1302.18	1288.27	139138	78.90	74.82	5095
2007	1686.99	1667.50	194909	102.01	96.85	6793
2008	1972.80	1948.43	243656	131.72	125.69	8688
2009	2349.96	2321.69	282690	166.24	159.04	10286
2010	2888.85	2855.68	331650	214.16	205.61	12585
2011	3559.36	3519.53	398313	263.15	253.56	14768
2012	4238.10	4190.80	473020	323.79	312.88	17323
2013	4956.73	4903.45	532938	393.61	381.21	20022
2014	5956.75	5896.47	602847	503.24	489.41	22511
2015	7070.53	7000.24	702900	700.03	682.08	29073
2016	8845.81	8752.19	916233	882.55	859.78	35758
2017	10664.23	10552.60	1116602	1104.95	1075.97	43799
2018	11840.53	11629.41	1099529	1357.09	1347.97	42235
2019	13223.50	13197.60		1529.11	1518.76	14984
2020	11212.47	11210.64		1284.83	1284.16	972
2021	3635.70	3631.50	42000	536.36	535.21	1793
2022	2841.37	2839.70	16681	459.31	458.73	857
2023	3879.17	3873.77	53703	528.50	527.10	1988

7-29 分县区旅游业主要指标

指　标	单位	全　市	吴兴区	南浔区	德清县	长兴县	安吉县	南太湖新　区	△市区
国内外旅游人数	万人次	3225.95	364.59	385.10	704.78	781.35	800.13	189.99	1250.40
国内旅游人数	万人次	3220.58	364.11	384.99	704.42	780.45	796.90	189.71	1249.53
旅游总收入	亿元	487.31	54.59	46.03	114.63	119.70	124.24	28.12	148.62
#国内旅游总收入	亿元	485.91	54.44	46.00	114.52	119.57	123.41	27.97	148.29
旅游外汇收入	万美元	1988	207	42	153	184	1180	223	471
接待入境过夜旅游者人数	人次	53703	4854	1144	3668	9011	32294	2732	8730
星级饭店数	个	22	3	2	4	5	6	2	7
#三星级以上	个	21	3	2	3	5	6	2	7
绿色旅游饭店	家	32	7	3	8	3	7	4	14
星级饭店客房总数	间	4289	594	436	847	1127	971	314	1344
星级饭店客房床位数	个	7020	1004	662	1476	1687	1647	544	2210
A级景区个数	个	102	19	12	18	15	34	4	35
省级旅游度假区个数	个	7	1	1	1	1	2	1	3

主要统计指标解释

批发零售业 指不直接从事商品的生产，而是从农业、工业或其他的单位购买（或调拨）成品或半成品，未做任何加工，或只做简单的加工（如进行简单的分类、清洗、整理和包装等），通过转卖以获取利益的单位。

餐饮业 指在一定的场所（永久、半永久或临时性的设施）内，以烹饪、调制等手段，向购买者提供各种主要供现场消费的食品、饮料，并且所提供的这种服务要大于所提供的其他服务。

住宿业 主要是指旅馆、饭店以及各种招待所、客栈等经营接待旅客并为旅客提供住宿、饮食服务。

限额以上批发零售企业 指年主营收入在 2000 万元及以上的批发企业和年主营收入在 500 万元及以上的零售企业。

限额以上住宿餐饮企业 指年主营收入在 200 万元及以上的住宿餐饮企业。

商品购进总额 指从本企业以外的单位和个人购进（包括从国外直接进口）作为转卖或加工后转卖的商品。这个指标反映批发零售企业从国内、国外市场上购进商品的总量。

商品销售总额 指对本企业以外的单位和个人出售（包括对国（境）外直接出口）的商品（包括售给本单位消费用的商品）。本指标由对生产经营单位批发额、对批发零售业批发额、出口额和对居民和社会集团商品零售额项目组成。这个指标反映批发零售企业在国内市场销售商品以及出口商品的总量。

社会消费品零售总额 指各种经济类型的批发零售业、餐饮业、制造业和其他行业对城乡居民和社会集团的消费品零售额和农民对城镇居民零售额的总和。该指标主要观察全社会居民消费规模及构成，反映消费品市场的变动情况及其发展趋势。

零售 指售给城乡居民直接用于生活消费的商品和社会集团直接用于公用消费的商品。

进口 指直接从国外进口的商品和委托外贸部门代理进口的商品，不包括从国内有关单位（包括对外贸易部门和其他单位）购进的进口商品。对外贸易企业只统计自主经营进口的商品，不包括受托代理进口的商品。

出口 指直接向国（境）外出口商品和委托外贸部门代理出口的商品。不包括售给外贸部门出口或加工后出口的商品以及在国内市场以外币销售的商品。对外贸易企业只统计自主经营出口的商品，不包括受托代理出口的商品。

期末库存 指批发零售企业已取得所有权的全部商品。这个指标反映批发零售企业的商品库存情况，对市场商品供应的保证程度。

商品销售收入（营业收入） 指批发零售企业商品销售收入、接受其他单位委托代销商品的收入和餐饮业的营业收入（包括餐费收入、冷热饮收入、服务收入和其他收入）。

商品销售成本（营业成本） 指批发零售业已销售商品应负担的进货原价和餐饮企业的原材料成本、商品进价成本。

应交增值税 指企业在报告期内应交纳的增值税额合计，其计算公式为：应交增值税 = 销项税额 + 出口退税 + 进项税额转出数 – 进项税额。

外商直接投资 是指外国企业和经济组织或个人（包括华侨、港澳台胞以及我国在境外注册的企业）按我国有关政策、法规，用现汇、实物、技术等在中国大陆开办外商独资企业、与中国大陆的企业或经济组织共同举办中外合资经营企业、合作经营企业或者合作开发资源的投资（包括外商投资收益的再投资）以及经政府有关部门批准的项目投资总额内企业从境外借入的资金。

连锁门店数 指该连锁企业所拥有的全部连锁门店数量，包括总店（如果总公司有门店的话）和全部直营分店、加盟分店数。其中，总店作为一个直营店处理。此外，有的地区分出控股店，控股店按直营店统计。直营店和加盟店之和应小于等于门店总数。

八、财政、金融、保险、证券

8-1 历年分县区财政总收入

单位：万元

年 份	全 市	吴兴区	南浔区	开发区	德清县	长兴县	安吉县	南太湖新 区	△市区
1978	16078				2139	2226	1728		9935
1979	16390				2166	2273	1872		10079
1980	17527				2610	2326	1894		10697
1981	18850				2904	2352	1983		11611
1982	22059				3379	2714	2601		13365
1983	24305				3593	3054	2739		14919
1984	25943				3889	3462	2889		15703
1985	33685				5300	4775	3409		20201
1986	37099				5977	5764	3993		21365
1987	40919				6670	6322	4474		23453
1988	43960				7204	7018	4862		24875
1989	49024				8188	7006	5303		28527
1990	50332				8355	7162	4874		29941
1991	52220				9215	7250	5206		30549
1992	55628				9753	8083	5318		32474
1993	75057				13657	10033	8386		42981
1994	84215				15324	11883	8811		48197
1995	95746				16862	13566	9974		55344
1996	105945				18048	15008	11047		61842
1997	121178				20518	16899	12485		71276
1998	142466				23622	19499	14604		84791
1999	157971				25804	21663	17233		93271
2000	210618				37939	32046	25060		115573
2001	294818				61091	50068	36833		146826
2002	385385				78018	68333	52482		186552
2003	511999	63168	71105		101518	103166	70088		237227
2004	623994	78703	85206		121070	145404	65467		292053
2005	742378	93388	97366		142888	175066	78056		346368
2006	917677	114588	114258		173188	220066	87805		436618
2007	1140628	142088	141228		214518	280018	111086		535006
2008	1337766	168518	167828		257588	308066	147306		624806
2009	1466857	185688	181688		283800	338916	183075		661066
2010	1723456	221888	203508		345088	400988	235128		742252
2011	2190788	270108	240158	173206	442288	545366	291066		912068
2012	2468788	289188	260038	160836	508888	621718	363006		975176
2013	2716588	316168	284600	170805	557012	681088	423888		1054600
2014	2957050	345518	313100	201188	613330	701566	500518		1141636
2015	3278218	390288	352566	230088	666445	743618	556855		1311300
2016	3608918	436966	382958	287266	727860	790788	603302		1486968
2017	4088918	519138	500188	366831	837229	870288	672790		1708611
2018	4907110	672467	606037	398459	1007607	1026788	800800		2071916
2019	5405508	765161	637440		1130635	1143788	900900	519181	2230185
2020	5820872	828077	672195		1161800	1217598	1001082	600475	2440392
2021	6837795	962169	733755		1346331	1468890	1107933	734841	2914641
2022	6745038	1002037	685615		1325003	1535636	1096934	697911	2787465
2023	6965979	1059575	711546		1423975	1579399	1129467	668531	2439652

注：2019 年起取消开发区，新设南太湖新区。

8-2 历年分县区财政总收入增长速度

单位：%

年 份	全 市	吴兴区	南浔区	开发区	德清县	长兴县	安吉县	南太湖新 区	△市区
1979	1.9				1.3	2.1	8.3		1.5
1980	6.9				20.5	2.3	1.2		6.1
1981	7.6				11.3	1.1	4.7		8.5
1982	17.0				16.4	15.4	31.2		15.1
1983	10.2				6.3	12.5	5.3		11.6
1984	6.7				8.2	13.4	5.5		5.3
1985	29.8				36.3	37.9	18.0		28.6
1986	10.1				12.8	20.7	17.1		5.8
1987	10.3				11.6	9.7	12.1		9.8
1988	7.4				8.0	11.0	8.7		6.1
1989	11.5				13.7	−0.2	9.1		14.7
1990	2.7				2.0	2.2	−8.1		5.0
1991	3.8				10.3	1.2	6.8		2.0
1992	6.5				5.8	11.5	2.2		6.3
1993	34.9				40.0	24.1	57.7		32.4
1994	12.2				12.2	18.4	5.1		12.1
1995	13.7				10.0	14.2	13.2		14.8
1996	10.7				7.0	10.6	10.8		11.7
1997	14.4				13.7	12.6	13.0		15.3
1998	17.6				15.1	15.4	17.0		19.0
1999	10.9				9.2	11.1	18.0		10.0
2000	33.3				47.0	47.9	45.4		23.9
2001	40.0				61.0	56.2	47.0		27.0
2002	27.5				24.9	33.1	39.7		23.6
2003	32.9	29.0	23.3		30.1	51.0	33.6		27.2
2004	27.4	26.2	23.4		21.5	43.2	18.6		25.7
2005	19.0	18.7	14.3		18.0	20.4	19.2		18.6
2006	23.6	22.7	17.4		21.2	25.7	12.5		26.1
2007	24.3	24.0	23.6		23.9	27.2	26.5		22.5
2008	17.3	18.6	18.8		20.1	10.0	32.6		16.8
2009	9.7	10.2	8.3		10.2	10.0	24.3		5.8
2010	17.5	19.5	12.0		21.6	18.3	28.4		12.3
2011	27.1	21.7	18.0	23.0	28.2	36.0	23.8		22.9
2012	12.7	7.1	8.3	−7.1	15.1	14.0	24.7		6.9
2013	10.0	9.3	9.4	6.2	9.5	9.5	16.8		8.1
2014	8.9	9.3	10.0	10.0	10.1	3.0	18.1		8.3
2015	7.1	9.5	9.1	10.2	6.0	3.0	8.7		9.4
2016	9.8	12.0	8.6	14.8	8.9	6.3	8.1		13.0
2017	13.3	18.8	30.5	21.7	15.0	10.1	11.5		14.9
2018	20.0	22.1	20.8	22.7	20.4	18.0	19.0		21.3
2019	10.2	13.8	5.2		12.2	11.4	12.5	5.3	7.6
2020	7.7	8.2	5.5		2.8	6.5	11.1	15.7	9.4
2021	17.5	16.2	9.2		15.9	20.6	10.7	22.4	19.4
2022	7.5	15.8	3.9		3.6	13.7	11.5	3.9	4.7
2023	3.3	5.7	3.8		7.5	2.8	3.0	3.6	

注：2019 年起取消开发区，新设南太湖新区。

8-3 历年分县区财政总收入发展指数

（以 1978 年为 100）

年 份	全 市	吴兴区	南浔区	开发区	德清县	长兴县	安吉县	南太湖新 区	△市区
1978	100.0				100.0	100.0	100.0		100.0
1979	101.9				101.3	102.1	108.3		101.5
1980	109.0				122.0	104.5	109.6		107.7
1981	117.2				135.8	105.7	114.8		116.9
1982	137.2				158.0	121.9	150.5		134.5
1983	151.2				168.0	137.2	158.5		150.2
1984	161.4				181.8	155.5	167.2		158.1
1985	209.5				247.8	214.5	197.3		203.3
1986	230.7				279.4	258.9	231.1		215.0
1987	254.5				311.8	284.0	258.9		236.1
1988	273.4				336.8	315.3	281.4		250.4
1989	304.9				382.8	314.7	306.9		287.1
1990	313.1				390.6	321.8	282.1		301.4
1991	324.8				430.8	325.7	301.3		307.5
1992	346.0				455.9	363.1	307.8		326.8
1993	466.9				638.4	450.7	485.3		432.6
1994	523.8				716.4	533.9	509.9		485.1
1995	595.6				788.3	609.4	577.2		557.1
1996	659.0				843.7	674.2	639.3		622.5
1997	753.7				959.2	759.2	722.6		717.5
1998	886.2				1104.4	876.0	845.2		853.5
1999	982.6				1206.4	973.3	997.3		938.9
2000	1310.1				1773.8	1439.7	1450.3		1163.3
2001	1833.9				2856.1	2249.5	2131.7		1477.9
2002	2337.6				3566.2	2993.8	2978.8		1826.5
2003	3105.5	100.0	100.0		4640.3	4520.0	3978.3		2322.6
2004	3956.4	126.2	123.4		5637.5	6471.3	4717.0		2919.1
2005	4708.1	149.8	141.0		6652.3	7791.4	5622.7		3462.1
2006	5819.2	183.8	165.5		8063.3	9793.8	6325.0		4364.3
2007	7233.3	227.9	204.6		9990.4	12457.7	8001.1		5346.3
2008	8483.2	270.3	243.1		11996.5	13706.0	10610.3		6243.4
2009	9302.4	297.8	263.2		13217.3	15078.5	13186.7		6606.7
2010	10929.7	355.9	294.8	100.0	16071.6	17840.1	16936.0		7418.0
2011	13893.4	433.3	347.8	123.0	20598.4	24263.5	20965.2		9115.1
2012	15656.4	463.9	376.6	114.2	23700.2	27660.5	26146.9		9745.8
2013	17227.9	507.1	412.2	120.7	25941.4	30301.9	30532.2		10539.6
2014	18752.8	554.2	453.5	132.8	28564.3	31212.9	36051.8		11409.4
2015	20082.4	606.9	494.8	146.3	30286.7	32149.3	39195.5		12484.2
2016	22048.9	679.4	537.4	168.0	32970.5	34175.4	42362.4		14102.6
2017	24981.5	807.2	701.0	204.4	37924.7	37611.2	47241.7		16204.7
2018	29980.3	986.0	846.6	204.4	42555.2	41896.9	56230.3	100.0	19650.4
2019	32284.0	1067.0	892.8	204.4	42555.2	41896.9	62483.2	115.7	21502.5
2020	34764.7	1154.8	941.5		43728.2	44600.6	69431.5	133.8	23529.3
2021	37436.1	1249.7	992.8		44933.6	47478.7	77152.4	154.7	25747.0
2022	43987.4	1452.2	1084.1		52078.0	57259.3	85407.7	189.4	30741.9
2023	47300.4	1681.3	1126.6	0.0	53956.4	65107.6	95267.5	196.8	32198.4

注：2019 年起取消开发区，新设南太湖新区。

8-4　历年分县区地方财政收入

单位：万元

年　份	全　市	吴兴区	南浔区	开发区	德清县	长兴县	安吉县	南太湖新区	△市区
1993	28620								
1994	34353								
1995	39556								
1996	43163								
1997	46758								
1998	58094								
1999	70814								
2000	98876								
2001	163375								
2002	186280								
2003	252638								
2004	322290								
2005	397308	43669	40643		76015	93959	45730		181604
2006	497923	56371	48083		92953	120443	49188		235339
2007	616780	72250	62476		111500	153620	62358		289302
2008	716116	85630	73815		134732	163039	82750		335595
2009	800106	96230	84838		148235	184703	105432		361736
2010	972655	121237	100112		186022	223602	139268		423763
2011	1221200	150280	120216	100529	234045	307492	166628		513035
2012	1385508	158431	128776	90422	271938	355087	210821		547662
2013	1546646	176622	141556	98078	309693	394376	247043		595534
2014	1678400	197468	150226	119590	337070	402255	294846		644229
2015	1913116	230851	178969	142104	373614	431752	329601		778149
2016	2111792	263656	217256	169824	420333	454618	358511		878330
2017	2374308	311462	289718	199516	486632	494980	395208		997488
2018	2870960	409586	351629	229846	591450	593675	469217		1216618
2019	3160702	455456	379252		656609	658269	535632	314493	1310192
2020	3365565	512045	404597		670820	675539	597599	351466	1421607
2021	4135188	634425	430457		832467	827500	658286	457378	1816935
2022	3872962	624873	395487		798420	818826	624837	426935	1630879
2023	3872962	624873	395487		798420	818826	624837	426935	1630879

注：2019 年起取消开发区，新设南太湖新区。

8-5　历年分县区地方财政收入增长速度

单位：%

年　份	全　市	吴兴区	南浔区	开发区	德清县	长兴县	安吉县	南太湖新　区	△市区
1994	20.0								
1995	15.2								
1996	9.1								
1997	8.3								
1998	24.2								
1999	21.9								
2000	39.6								
2001	65.2								
2002	40.5								
2003	42.0								
2004	32.1								
2005	23.3	20.1	20.3		20.4	32.6	18.2		21.4
2006	25.3	29.1	18.3		22.3	28.2	7.6		29.6
2007	23.9	28.2	29.9		20.0	27.5	26.8		22.9
2008	16.1	18.5	18.1		20.8	6.1	32.7		16.0
2009	11.7	12.4	14.9		10.0	13.3	27.4		7.8
2010	21.6	26.0	18.0		25.5	21.1	32.1		17.1
2011	25.6	24.0	20.1	25.0	25.8	37.5	19.6		21.1
2012	13.5	5.4	7.1	-10.1	16.2	15.5	26.5		6.7
2013	11.6	11.5	9.9	8.5	13.9	11.1	17.2		8.7
2014	8.5	11.8	6.1	15.2	8.8	2.0	19.4		8.2
2015	7.3	10.8	11.7	11.7	6.1	2.2	7.5		11.0
2016	9.9	14.2	21.4	21.9	11.9	5.2	8.3		12.2
2017	15.2	21.5	32.6	22.0	15.5	8.9	13.9		19.0
2018	20.9	21.9	20.6	28.0	21.5	19.9	18.7		22.0
2019	10.1	11.2	7.9		11.0	10.9	14.2	8.0	7.7
2020	6.5	12.4	6.7		2.2	2.6	11.6	11.8	8.5
2021	22.9	23.9	6.4		24.1	22.5	10.2	30.1	27.8
2022	1.4	7.9	1.0		0.4	7.6	5.8	0.0	-2.4
2023	6.0	6.5	6.5		6.5	6.5	4.2	4.50	6.2

注：2019年起取消开发区，新设南太湖新区。

8-6 历年分县区地方财政收入发展指数

（以 1978 年为 100）

年　份	全　市	吴兴区	南浔区	开发区	德清县	长兴县	安吉县	南太湖新　区	△市区
1993	100.0								
1994	120.0								
1995	138.2								
1996	150.8								
1997	163.4								
1998	203.0								
1999	247.4								
2000	345.5								
2001	570.8								
2002	801.9								
2003	1139.0								
2004	1504.2	100.0	100.0		100.0	100.0	100.0		100.0
2005	1854.7	120.1	120.3		120.4	132.6	118.2		121.4
2006	2323.9	155.0	142.3		147.2	170.0	127.2		157.3
2007	2879.3	198.7	184.9		176.6	216.9	161.2		193.3
2008	3343.2	235.5	218.5		213.4	230.1	214.0		224.3
2009	3735.3	264.6	251.1		234.8	260.7	272.6		241.7
2010	4540.8	333.4	296.3	100.0	294.6	315.6	360.1		283.2
2011	5701.1	413.2	355.8	125.0	370.7	434.1	430.8		342.8
2012	6468.2	435.6	381.1	112.4	430.7	501.2	545.1		366.0
2013	7835.6	543.0	444.6	122.0	533.9	567.8	762.3		430.5
2014	8503.1	607.0	471.8	140.5	581.1	579.2	909.8		465.7
2015	9126.2	672.5	526.8	156.9	616.2	591.7	978.3		516.9
2016	10027.7	768.1	639.5	191.2	689.3	622.6	1059.8		579.8
2017	11551.9	932.8	848.0	233.1	796.3	678.2	1207.0		689.8
2018	13968.3	1136.7	1022.5	298.4	967.9	813.5	1433.0	100.0	841.3
2019	15378.0	1264.1	1102.8		1074.5	902.0	1635.9	108.0	906.0
2020	16374.7	1421.2	1176.5		1097.8	925.7	1825.2	120.7	983.0
2021	20124.5	1760.8	1251.8		1362.3	1133.9	2011.3	157.0	1256.3
2022	20414.0	1900.3	1264.9		1367.1	1219.9	2127.7	157.1	1225.7
2023	21638.9	2023.8	1347.1		1456.0	1299.2	2217.1	164.2	1301.7

注：2019 年起取消开发区，新设南太湖新区。

8-7 历年分县区地方财政税收收入

单位：万元

年份	全市	吴兴区	南浔区	开发区	德清县	长兴县	安吉县	南太湖新区	△市区
1993									
1994									
1995	39681								
1996									
1997									
1998									
1999									
2000	107185								
2001									
2002	192469				38050	35505	24269		94645
2003	248915	29649	28808		47970	48337	32343		120265
2004	279468	31533	29829		54987	63632	32607		128242
2005	367239	42737	39198		69904	84844	38339		174152
2006	440934	54579	46340		79484	102678	44675		214097
2007	562975	69842	59917		100471	135538	56688		270278
2008	673459	82866	70715		126867	150135	77911		318546
2009	749998	92960	81909		140828	169710	95561		343899
2010	932580	116983	96880		173951	205954	126320		426355
2011	1170082	145775	115468	98015	221095	286338	163981		498668
2012	1322576	152683	122750	88105	254026	334701	199717		534132
2013	1450525	171287	136465	95436	284657	365248	231321		569299
2014	1563381	187791	143185	116579	306577	365462	275242		616100
2015	1693093	208338	161604	130826	332830	376682	297651		685930
2016	1826455	235212	197684	155864	372984	381751	317060		754660
2017	2024511	268338	257159	188437	425618	420537	349543		828813
2018	2408790	354104	306787	203826	488275	501145	411691		1007679
2019	2707162	403095	346057		553505	558677	472588	278059	1122392
2020	3129267	483794	373938		591674	634442	535968	333382	1367183
2021	3795922	600627	389784		741448	735746	606005	439845	1712723
2022	3434597	560749	351209		648765	750724	570695	439845	408117
2023	3464900	573536	371107		850216	872188	651123	376071	1458784

8-8 主要年份财政收入

单位：万元

指标名称	1995 年	2000 年	2005 年	2009 年	2010 年	2012 年	2013 年	2014 年	2015 年
财政总收入	**95746**	**210618**	**742378**	**1466857**	**1723456**	**2468788**	**2716588**	**2957050**	**3278218**
1.上划中央“四税”收入		111742	345070	666751	750801	1083280	1169942	1278650	1365102
增值税、消费税			248937	458742	498766	692239	763423	804797	873860
增值税(75%部分)			244959	442119	473381	661862	731107	771230	819635
消费税			3978	16623	25385	30377	32316	33567	54225
所得税			96133	208009	252035	391041	406519	473853	491242
企业所得税(60%部分)			65253	139119	168487	287931	298748	358568	323220
个人所得税(60%部分)			30880	68890	83548	103110	107771	115285	168022
2.一般预算收入	39556	98876	397308	800106	972655	1385508	1546646	1678400	1913116
税收收入小计	39681	107185	367239	749998	932580	1322576	1450525	1563381	1693093
增值税	18033	36111	81653	147374	157794	221317	271980	296492	324862
营业税	11328	28627	123495	216984	294969	382532	397733	406351	473558
企业所得税	6451	19061	43502	92747	112324	191953	199165	239045	215479
个人所得税		10207	20587	45926	55698	68740	71847	76856	112015
城市维护建设税	3332	7526	20008	40338	50762	74827	81038	86579	95946
其他地方各税			43222	130355	146346	237633	274462	287004	324332
耕地占用税收入	418	1763	6693	18911	29639	45506	38440	60932	20854
契税	119	3890	28079	57363	85048	100068	115860	110122	126047
非税收收入小计	**2105**	**2934**	**30069**	**50108**	**40075**	**62932**	**96121**	**115019**	**220023**
# 专项收入	1802	2934	9340	23139	28933	42034	43374	58941	171976
罚没收入	275		35400	41671	54112	45136	69230	69241	65848
计划亏损退库			-16047	-17100	-44305	-27542	-19668	-18961	-22451
其他收入	28		1376	2398	1335	1163	1782	4813	3211

8-8 主要年份财政收入（续表）

单位：万元

指标名称	2016年	2017年	2018年	2019年	2020年	2021年	2022年	2023年
财政总收入	**3608918**	**4088918**	**4907110**	**5405508**	**5820871.5**	**6837795**	**6745038**	**6965979**
1.上划中央“六税”收入	1497126	1714610	2036150	2244806	2455306.5	2702607	2872076	
增值税(75%部分)	634812	627833	1056323	1088651	1197275	1248969	1148353	
消费税	103339	93034	125366	113323	128347	174179	186696	
企业所得税(60%部分)	313939	396917	531472	708584	669069	880479	1051995	
个人所得税(60%部分)	269513	288738	318762	334247	460614.5	398980	485032	
营业税	51419	2509	4227					
改征增值税	124104	305579						
2.一般预算收入	2111792	2374308	2870960	3160702	3365565	4135188	3872962	4104988
税收收入小计	1826455	2024511	2408790	2707162	3129267	3795922	3434597	3464900
增值税	594517	933412	1056323	1088652	1197275	1248969	1148353	1493475
营业税	317349	2509	4227	261				
企业所得税	209292	264611	354314	472390	446046	586985	701331	531412
个人所得税	179675	192492	212508	222832	307077	265987	323354	245939
城市维护建设税	105153	117163	138823	139783	165416	164359	165658	159367
其他地方各税	302518	338963	461874	403132	588377	814230	671298	607007
耕地占用税收入	12928	26856	20816	86007	554	164957	80337	68271
契税	105023	148505	159905	294105	424522	550435	344266	359429
非税收收入小计	**285337**	**349797**	**462170**	**453540**	**236298**	**339266**	**438365**	**640088**
专项收入	173200	201773	275045	251891	131896	173707	172831	207321
行政事业性收费收入	3440	16096	43892	49995	58236	59730	74475	64161
罚没收入	68040	60598	71374	84327	84861	56912	74367	96408
计划亏损补贴	-16769	-17074	-13842	-14022	-90752	-37833	-18300	-24710
其他收入	57426	88404	85701	81349	52057	86750	134992	296908

8-9　分县区财政收入

单位：万元

指标名称	全　市	吴兴区	南浔区	德清县	长兴县	安吉县	南太湖新　区	△市区
一、财政总收入	6965979	1059575	711546	1423975	1579399	1129467	668531	2439652
地方财政收入	4104988	665600	421316	850216	872188	651123	376071	1731461
税收收入小计	3464900	573536	371107	662202	751934	591980	105071	1458784
增值税	1493475	229972	185426	323486	340472	258750	46076	570767
企业所得税	531412	85888	48859	106795	135144	77053	30583	212420
个人所得税	245939	21573	14131	58044	42530	68727	18192	76638
城市维护建设税	159367	23231	18227	29428	34605	24047	105844	71287
其他地方各税	607007	127894	50719	83386	125696	87025	1281	310900
耕地占用税收入	68271	17686	20097	6669	13398	3842	69023	44362
契税	359429	67292	33648	54394	60089	72536	69891	172410
非税收入小计	640088	92064	50209	188014	120254	59143	14320	272677
专项收入	207321	26025	18271	57017	44754	33797	6125	71753
行政事业性收费收入	64161	8772	13902	16336	2896	7351	4008	37578
罚没收入	96408	8896	11787	9907	17016	9981	1630	59504
计划亏损补贴	−24710					−1100		−23610
其他收入	296908	48371	6249	104754	55588	9114	49933	127452
二、政府性基金收入合计	5461649	117206	14163	1066057	1022098	895397		2478097
城市公用事业附加收入								
国有土地收益基金收入	128490			21854	28267	17449		60920
农业土地开发资金收入	7321		112	823	1004	618		4876
国有土地使用权出让金收入	5038309		112	979694	980602	857182		2220831
彩票公益金收入	13789			1055	1004	600		11130
其他各项政府性基金收入	217816	113878	9	57355	2600	12887		144974
三、自然资源行政事业性收费收入	38441			32725		3382		2334

8-10 历年分县区财政支出

单位：万元

年 份	全 市	吴兴区	南浔区	德清县	长兴县	安吉县	△市区
1978	4758			725	882	972	2179
1979	5414			789	1092	913	2620
1980	6059			896	1100	947	3116
1981	5247			904	1099	883	2361
1982	5572			847	1124	974	2627
1983	7362			1335	1421	1277	3329
1984	10620			1750	1992	1769	5109
1985	12152			1906	2089	1978	6179
1986	16423			2669	2979	2453	8322
1987	16556			2606	3169	2554	8227
1988	20717			3174	3790	3270	10483
1989	23371			3932	4178	3467	11794
1990	25388			3971	4721	3889	12807
1991	28328			4250	5449	3846	14783
1992	30437			5094	4976	4306	16061
1993	41223			7728	6856	6605	20034
1994	48610			8056	8109	7887	24558
1995	56066			9354	9558	9314	27840
1996	64295			10739	11253	10664	31639
1997	71240			11755	12761	11512	35212
1998	84380			13770	13813	12938	43859
1999	104085			17442	17682	15697	53264
2000	132514			23443	21786	19117	68168
2001	192262			40965	31575	29804	89918
2002	243422			43734	42766	41076	115846
2003	304720	24180	19965	57808	58974	48977	138961
2004	365120	27968	24311	70373	72336	59246	163165
2005	440839	31598	29467	83218	95701	69120	192800
2006	559348	39575	34690	95636	139116	76448	248148
2007	688180	47858	45028	117966	164812	88802	316600
2008	864170	62380	61980	146277	202152	124119	391622
2009	1085102	79388	77508	189125	226974	172492	496511
2010	1271209	99806	96239	214350	287533	219315	550011
2011	1517340	118398	111169	260698	353020	252632	650990
2012	1675076	130800	123035	297910	388625	292238	696303
2013	1976149	151080	145809	335748	473330	332471	834600
2014	2245670	170312	172523	379230	514130	407772	944538
2015	2737406	226948	239011	462374	590162	476610	1208260
2016	2886169	258016	270087	460412	574611	571939	1279207
2017	3250181	308308	325946	511256	630843	620038	1488044
2018	3975433	388123	401950	671981	715779	743038	1844635
2019	4668656	474537	490140	836558	810950	875665	2145483
2020	4844230	463533	552216	782193	902017	862222	2297798
2021	5244939	584001	661797	799753	1018000	886692	2540494
2022	6019198	691239	689242	1015680	1171722	941874	2889922
2023	6069736	702017	674985	1075334	1199763	937225	2857414

8-11 历年分项目财政支出

单位：万元

年 份	财 政 支 出	#基建支出	#技术改造	#科技三项费用	#城市维护费	#文教科卫事业费	#行政管理费
1978	4758	157	791	53	70	1620	561
1979	5414	52	871	56	105	1784	627
1980	6059	89	833	15	136	2181	927
1981	5247	75	176	23	99	2364	925
1982	5572	53	101	14	268	2590	896
1983	7362	187	566	45	290	2993	1162
1984	10620	86	319	56	673	4142	2153
1985	12152	112	422	60	1053	4747	1999
1986	16423	16	744	103	1727	5696	2436
1987	16556	5	610	77	1473	5927	2631
1988	20717		644	55	1499	7311	3714
1989	23371		343	64	2028	8308	2665
1990	25388		309	190	2047	8819	3270
1991	28328		517	402	2154	9161	3584
1992	30437		592	144	2301	10598	4879
1993	41223		2021	366	2604	13236	7241
1994	48610	60		280	3435	19008	9672
1995	56066	296	325	608	3250	21306	10624
1996	64295	1123	402	574	3474	24786	11238
1997	71240	740	906	916	3998	29013	12611
1998	84380	2814	1864	1515	4113	32912	13613
1999	104085	6918	3263	1596	5108	37638	15948
2000	132514	9440	5715	2872	6983	43778	19766
2001	192262	14993	13378	4948	8914	58113	27394
2002	243422	16150	8609	6077	12195	73489	37042
2003	304720	16663	18360	7028	14214	90532	47806
2004	365120	12734	17621	8215	19878	111438	57463
2005	440839	19551	18023	11290	18229	131022	65068
2006	559348	13923	25490	12879	22790	155755	76633

注：2007 年后财政支出口径调整。

8-12 主要年份财政支出

单位：万元

指标名称	1995 年	2000 年	2002 年	2003 年	2004 年	2005 年	2006 年
一般预算支出合计	**56066**	**132514**	**243422**	**304720**	**365120**	**440839**	**559348**
基本建设支出	296	9440	16150	16663	12734	19551	13923
企业挖潜改造资金	325	5715	8609	18360	17621	18023	25490
科技三项费用	608	2872	6077	7028	8215	11290	12879
农林水和气象支出	1900	4547		17844	22562	28549	40300
工交及流通等部门的事业费		1010	4431	5930	12329	13118	21024
文体广播事业费		5206	7734	8883	11422	12447	15112
教育支出	13063	29515	53700	66599	81810	95391	110268
科学支出	268	551	764	823	1109	2669	3254
医疗卫生支出			11291	14227	17097	20515	27121
其他部门的事业费			17509	24965	26260	29683	41197
抚恤和社救及单位离退费		3673	5449	8856	11700	16282	17697
社会保障补助支出			8357	7862	7859	8379	10940
行政管理费	10624	19766	37042	47806	57463	65068	76633
公检法支出及武警部队支出			24652	29985	39638	46975	58678
城市维护费		6983	12195	14214	19878	18229	22790
专项支出	2262	3251	5641	6620	8041	16218	18947
其他支出	1829		8786	8055	9382	18452	43095
基金支出合计		**13700**	**86730**	**112619**	**156074**	**187920**	**227926**
工业交通部门基金支出			312	378	8974	11532	14076
商贸部门基金支出		963	2490	703	1280	143	930
文教部门基金支出		5958	7634	10188	12360	15119	13277
社会保险基金支出			65190	86707	114734	136844	174969
农业部门基金支出		4688	6484	11537	12973	13010	17165
土地有偿使用支出			1680		813	170	794
政府住房基金支出							
其他部门基金支出				37	1951	2710	2657
地方财政税费附加支出		2091	2940	3069	2989	8392	4058

注：2007 年后财政支出口径调整。

8-12 主要年份财政支出（续表）

单位：万元

指标名称	2007年	2008年	2009年	2010年	2012年	2013年	2014年	2015年
财政支出合计	**688180**	**864170**	**1085102**	**1271209**	**1675076**	**1976149**	**2245670**	**2737406**
一般公共服务	133962	152066	161050	177671	220436	236073	229421	263296
公共安全	71355	79973	82685	106580	134229	146248	160995	185773
教育	153279	180979	215076	251107	371108	415340	464525	533475
#教育附加支出	15729	19024	20236	24632	34301	39630	39170	43217
科学技术	23294	28155	32490	36729	51861	60105	69814	83942
文化体育与传媒	14248	16328	18592	30337	28820	34427	43139	46767
社会保障和就业	40658	47309	50807	76999	135739	160627	171493	229212
医疗卫生	40674	49211	64696	82892	119535	148341	192713	233897
环境保护	14772	58365	68005	67306	71776	94019	100056	128212
#排污费支出	4099	5854	4353	5146	6433	5566	5495	6078
城乡社区事务	45393	59734	71054	78711	129452	135618	184531	221166
农林水事务	60174	74260	99930	113295	150337	219648	268026	413417
交通运输	20744	22993	112572	104194	102949	142602	178378	178262
工业商业金融等事务	53972	68236	79641					
资源勘探电力信息等事务				61016	61821	80664	77748	81405
商业、粮油物资储备及金融监管等事务				46503	53230	52399	48377	55375
其他支出	15655	26561	28504	37869	43783	50038	56454	83207
政府性基金支出合计	**228322**	**748964**	**681036**	**1622601**	**927088**	**1448338**	**2225072**	**1206226**
社会保险基金支出合计	**211742**	**272915**	**316772**	**281314**	**738683**	**819221**	**1268415**	**1381476**

8-13　分县区财政支出

单位：万元

指标名称	全　市	吴兴区	南浔区	德清县	长兴县	安吉县	△市区
一、财政支出合计	**6069736**	**702017**	**674985**	**1075334**	**1199763**	**937225**	**2857414**
一般公共服务	674360	65984	97561	155562	135597	76156	307045
公共安全	364807	40865	29062	68448	70892	60384	165083
教育	1099983	144510	143264	161747	211144	176256	550836
科学技术	310081	27856	23898	65224	59390	67600	117867
文化旅游体育与传媒	102847	8991	9198	25747	17137	18400	41563
社会保障和就业	795499	132630	121977	137048	124684	106857	426910
卫生健康	579609	77928	67709	87859	94446	77630	319674
节能环保	135901	14323	4477	8714	15649	77096	34442
城乡社区	407362	39107	21706	61809	110937	81633	152983
农林水	533437	48873	80993	89554	166978	93855	183050
交通运输	271196	13405	20253	63820	56196	20659	130521
资源勘探信息	234214	26678	1329	74998	28705	8918	121593
商业服务业	104809	11791	5530	6033	11669	3139	83968
金融	14253	2952	1981	3155	369	514	10215
援助其他地区	9059		130	2577	1846		4636
自然资源海洋气象	89391	14129	6986	20894	21341	14106	33050
住房保障	103458	7409	18093	5548	15138	4372	78400
粮油物资储备	3333			2456	708	46	123
灾害防治及应急管理	41864	5071	4250	6504	8514	6325	20521
债务付息	186525	19158	15065	26434	46163	43140	70788
债务发行费用	445	50	9	67	119	12	247
其他	7303	307	1514	1136	2141	127	3899
二、政府性基金支出合计	**5461649**	**117206**	**14163**	**1066057**	**1022098**	**895397**	**2478097**
城市公用事业附加支出							
国有土地收益基金支出	128490			21854	28267	17449	60920
农业土地开发资金支出	7321		112	823	1004	618	4876
国有土地使用权出让金支出	5038309		112	979694	980602	857182	2220831
彩票公益金安排的支出	13789			1055	1004	600	11130
其他各项政府性基金支出	217816	113878	9	57355	2600	12887	144974
三、自然资源行政事业性收费支出	**38441**			**32725**		**3382**	**2334**

8-14 分县区税务系统税收征收情况

单位：万元

指标名称	全 市	△市区	德清县	长兴县	安吉县
合　计	**6529757**	**2701007**	**1272275**	**1469792**	**1086683**
税务直接组织税收	6436685	2607935	1272275	1469792	1086683
增值税	2978432	1117612	661382	677846	521592
消费税	201490	97323	3015	100228	924
企业所得税	1298647	515063	265494	330436	187654
储蓄利息个人所得税					
车辆购置税	139773	83771	21016	18650	16336
海关代征税收	93072	93072			
一、分行业收入情况					
第一产业	5078	1269	559	1304	1946
第二产业	3227836	1161407	713003	820748	532678
工业	2717697	905021	614033	755140	443503
采矿业	83224	39690	16808	26056	670
制造业	2497894	823240	577405	688586	408663
电力、燃气及水的生产和供应业	136579	42091	19820	40498	34170
建筑业	510139	256386	98970	65608	89175
第三产业	3296843	1538331	558713	647740	552059
批发和零售业	703766	310230	120401	182106	91029
交通运输、仓储及邮政业	122866	56459	22147	26296	17964
住宿和餐饮业	20231	8271	5335	1840	4785
信息传输、软件和信息技术服务业	75673	20507	12720	18407	24039
金融业	529132	244681	119534	96639	68278
房地产业	875527	457506	104392	152264	161365
租赁和商务服务业	392487	168015	62731	52188	109553
科学研究和技术服务业	153634	21605	52488	60124	19417
水利、环境和公共设施管理业	32436	9204	15215	6831	1186

8-14　分县区税务系统税收征收情况（续表）

单位：万元

指标名称	全　市	△市区	德清县	长兴县	安吉县
居民服务、修理和其他服务业	47697	12889	4350	16435	14023
教育	11112	6207	3215	459	1231
卫生和社会工作	16632	10512	2417	1738	1965
文化、体育和娱乐业	46419	5824	6896	14433	19266
公共管理、社会保障和社会组织	62428	44520	8980	3306	5622
其他行业	206803	161901	17892	14674	12336
二、分所有制收入情况					
内资企业	5249546	2145838	1011455	1220586	871667
国有企业	237531	192020	8631	19103	17777
集体企业	2520	943	317	838	422
股份合作企业	3898	792	2467	601	38
联营企业	2981	3	0	0	2978
有限责任公司	966474	380127	156895	320835	108617
股份公司	952960	423380	222627	175629	131324
#国有控股	118009	77876	18139	8295	13699
私营企业	3081240	1147728	620481	702784	610247
其他企业	1942	845	37	796	264
港澳台投资企业	272367	69025	88840	58495	56007
#国有控股	390	0	382	8	0
外商投资企业	344158	117024	72173	102492	52469
#国有控股	402	0	238	164	0
个体经营	52308	15486	8373	6371	22078
非企业单位	611378	353634	91434	81848	84462

注：1.分所有制收入情况新增“非企业单位”统计项；2.以前年度海关代征税收在分行业、分所有制中分别归入制造业、有限责任公司，2021年调整归入其他行业、非企业单位。

8-15 历年金融业主要指标

单位：万元

年 份	金融机构本外币存款余额	#人民币	金融机构本外币贷款余额	#人民币	金融机构现金收入	金融机构现金支出	城乡居民本外币储蓄余额	#人民币
1978		19744		22970	30253	30927		4860
1979		29423		27712	39946	42147		8508
1980		34023		33616	50279	53179		10704
1981		40022		39937	57959	59656		13360
1982		51069		45701	66104	68495		17755
1983		60892		52709	81838	82497		24718
1984		69872		85239	99695	107841		30892
1985		89788		102366	142562	148758		43629
1986		121369		131193	176258	172474		63182
1987		131220		146794	227694	231309		81801
1988		150067		178104	338864	368688		95248
1989		185146		205648	384752	396255		134095
1990		242283		246511	418507	394509		184243
1991		302659		191610	531908	468103		232511
1992		370457		360266	797912	699418		290973
1993		438725		440211	1344362	1301552		359605
1994		522687		553544	2283232	2262111		507721
1995		704511		721145	3399889	3206054		692755
1996		960491		877352	3954865	3700073		896940
1997		1206660		1215439	4500872	4338539		1098466
1998		1645068		1441586	4988323	4747149		1350301
1999		2479676		1727196	8439627	8473186		1503980
2000		2688723		1925240	10490655	10664400		1602788
2001		2993775		2095231	11834257	12082397		1820053
2002		3696358		2619299	14900856	15211227		2146489
2003	4988122	4864162	3751911	3654519	21730911	21921379	2679539	2605537
2004	5392064	5273867	4062057	4006753	27052270	27114520	2953275	2886501
2005	6084261	5985909	4613950	4537172	28920632	29173387	3362210	3309349
2006	7170997	7062091	5590642	5487563	33354999	33639429	3920018	3869368
2007	8114541	8012836	6741052	6559080	37183840	37523199	4173133	4139781
2008	10137287	10018004	7860423	7758433	36443695	36828646	5421758	5390516
2009	13976868	13838212	11507123	11220724			6883264	6849715
2010	18056148	17897049	14613222	14199705			8216820	8183673
2011	21020466	20830145	17121700	16725465			9544396	9505937
2012	22856596	22333437	19124043	18522820			10827892	10784617
2013	25779300	25003877	21454291	20944156			12437968	12387798
2014	28137074	27560543	23630367	23249508			13748571	13699495
2015	30897217	30346398	25350062	25098339			15555654	15481478
2016	35524246	34768018	27575745	27403590			17560162	17447634
2017	40453488	39630456	32810456	32668208			19148118	19046429
2018	45894064	45140784	38862186	38715321			21316155	21213667
2019	52294458	51637465	48401777	48184632			24548728	24449737
2020	59565842	58566987	59400132	59234682			27947438	27847018
2021	68622984	67229924	72035998	71860452			31131486	31020453
2022	78979950	77521788	87978652	87848158			36909596	36787035
2023	92253667	90645603	105457701	105338086			44660121	44531136

注：1.1978–1998 年为银行数，1999 年及以后为金融机构数；2.根据人民银行总行调整，2015 年起城乡居民储蓄变更为住户存款。

8-16 主要年份金融机构人民币信贷收支

单位：万元

指标名称	1990 年	1995 年	2000 年	2005 年	2006 年	2007 年	2008 年	2009 年
一、各项存款余额	242283	1161789	2688723	5985909	7062091	8012836	10018004	13838212
#企业存款	70533	349120	891855	1582276	1806598	2279175	2657158	4337948
财政存款	6133	9857	28117	113222	113477	49737	67009	97615
机关团体存款		12045	11499	326715	357352	384242	388751	580504
储蓄存款	184243	692755	1602788	3309349	3869368	4139781	5390516	6849715
#定期		577919	1226874	2105214	2403570	2485565	3293054	4010538
农业存款	37076	4702	112609	320206	410935	515420	523834	832789
其他存款	11007	8225	43788	332612	501469	642214	988500	1133597
二、各项贷款余额	246511	1080858	1925240	4537172	5487563	6559080	7758433	11220724
#短期贷款		821377	1516808	2466018	3181885	3952422	4480231	6172172
#工业贷款	102808	224887	273456	682017	1101569	1431835	1521343	1823222
商业贷款	87256	242960	305627	211077	225373	260431	278753	339779
农副产品	38031	127734	96487	68888				
建筑业贷款		5685	20796	62308	79784	103193	130349	141900
农业贷款	3835	21198	75700	429516	555090	746969	947622	1284462
乡镇企业贷款		233912	363451	369575	458388	571358	730432	1039230
私营企业及个体贷款		5104	63561	169769	178266	244158	12838	435344
三资企业贷款			48413	19904	9849	13541	296965	23084
个人短期消费贷款			10533	62533	149074	212934	203734	384086
中长期贷款		127525	315600	1977582	2196746	2564077	3164176	4774144
#基本建设	21811	19750	182899	1108623	1232173	1259993	1384075	1831241
技术改造		71022	76379	39780	35610	39860	32329	44182
个人中长期消费贷款			97916	561597	512283	773825	976403	1560430

8–16 主要年份金融机构人民币信贷收支（续表）

单位：万元

指标名称	2010 年	2011 年	2012 年	2013 年	2014 年
一、各项存款余额	17897049	21020466	22856596	25779300	27560543
单位存款	6906814	10678157	11289482	12121876	12408002
个人存款		9783157	10952602	12952211	14212875
#储蓄存款	8183673	9544396	10827892	12437968	13699495
财政存款	141134	256113	354783	350880	404763
临时性存款		39502	41874	31996	39654
委托存款		15036	20963	43514	98012
其他存款	1492184	248500	196892	278822	397237
二、各项贷款余额	14199705	17121700	19124043	21454291	23249508
短期贷款	8031555	10576283	12027473	12619852	12297386
#个人贷款及透支	2449882	2804929	2832142	2885468	2939165
#个人消费贷款	547824	547607	463648	404014	363512
单位普通贷款及透支	5280669	6797709	8087461	8650472	8997185
#经营贷款	5232493	6739766	8038128	8604818	8953995
固定资产贷款	48176	57943	49333	45654	42186
银团贷款	300				3500
贸易融资	300704	973645	1107870	1083912	357536
中长期贷款	6008396	6294582	6661115	8354193	10345650
#个人贷款	2558611	3010372	3272194	3931810	4322848
#个人消费贷款	2171760	2486905	2695176	3091350	3200032
单位贷款	3396170	3218546	3304246	4264454	5834431
#经营贷款	811252	570818	609815	517940	766428
固定资产贷款	2584918	2647728	2694431	3746514	5068004
银团贷款	53615	65664	74763	82630	98480

注：2015 年后金融机构存贷款口径调整。

8-17　分县区金融机构本外币信贷收支

单位：万元

指标名称	全　市	德清县	长兴县	安吉县	△市区
一、各项存款余额	92253667	14934756	16695263	13562536	47061111
（一）境内存款	92098691	14916483	16687841	13548205	46946163
1.住户存款	44660121	7519294	8025467	6549280	22566080
（1）活期存款	12106065	1940471	2250106	2183875	5731614
（2）定期及其他存款	32554055	5578823	5775362	4365404	16834467
2.非金融企业存款	34816810	5492715	6409074	5050452	17864569
（1）活期存款	16941007	2367297	3086496	3249098	8238116
（2）定期及其他存款	17875803	3125418	3322578	1801354	9626452
3.广义政府存款	10922636	1605041	2000481	1729221	5587893
（1）财政性存款	1034778	147048	125347	156486	605897
（2）机关团体存款	9887858	1457993	1875134	1572735	4981996
4.非银行业金融机构存款	1699125	299432	252819	219253	927621
（二）境外存款	154975	18273	7423	14330	114949
二、各项贷款余额	105457701	17452693	18191513	17454183	52359313
（一）境内贷款	105455787	17452372	18191227	17454182	52358006
1.住户贷款	34338326	6136647	6155176	5916828	16129675
（1）短期贷款	9134240	1404587	1814605	1983051	3931996
消费贷款	1389316	198433	213978	255097	721808
经营贷款	7744924	1206155	1600627	1727954	3210188
（2）中长期贷款	25204086	4732060	4340571	3933777	12197679
消费贷款	16517870	2790984	2498736	2583655	8644495
经营贷款	8686216	1941076	1841834	1350122	3553184
2.非金融企业及机关团体贷款	70677461	11135725	11941051	11432354	36168331
（1）短期贷款	21187565	3491811	4724306	2624584	10346864
（2）中长期贷款	46431491	7148264	6424989	8516613	24341624
（3）票据融资	3057030	495615	791661	291156	1478597
（4）融资租赁					
（5）各项垫款	1376	35	95		1246
3.非银行业金融机构贷款	440000	180000	95000	105000	60000
（二）境外贷款	1914	320	286	1	1307

8-18 主要年份金融机构现金收支

单位：万元

指标名称	1990 年	1995 年	2000 年	2005 年	2006 年	2007 年	2008 年
一、现金收入合计	418507	3399889	10490655	28920632	33354999	37183840	36443695
商品销售收入	196447	809655	1597867	3698707	3869364	4476986	4905928
服务业收入	23550	95757	439183	1081007	1099198	1197115	1238194
行政税费收入	3557	8232	55273	252350	209873	264923	236675
城乡个体经营收入	6142	277310	1025388	1305560	1502259	1214066	961529
储蓄存款收入	102268	1138817	6179011	19858426	23719385	27004166	26418772
其他金融性公司收入	4656	224656	45096	64594	94193	93050	53221
汇兑收入	8817	23698	249738	283241	272146	240095	121672
二、现金支出合计	394509	3206054	10664400	29173387	33639429	37523199	36828646
工资性支出	88832	286311	430225	1359243	1309742	1766541	2209214
行政企事业管理费支出	29558	195241	506167	739416	683208	750562	676359
农副产品采购支出	74034	127218	420725	1178112	992579	850678	812039
城乡个体经营支出	8837	339672	1390672	2280413	2315881	1999661	1334021
储蓄存款支出	80600	1126631	6373576	20436002	24731502	28492701	28689001
其他金融性公司支出	1284	87259	21155	64730	49642	57277	27232
汇兑支出	2691	12979	176074	153313	120076	79628	44679
三、现金投入(+)、回笼(–)	–23997	–193818	173745	252755	284430	339359	384951

注：2009 年起无现金收支统计。

8-19 主要年份证券交易情况

单位：亿元

指标名称	2005 年	2010 年	2013 年	2014 年	2015 年	2016 年	2017 年
期末开户资金账户（户）	68798	165445	221628	274281	378451	456844	531252
个人（户）	68690	164887	221024	273485	377571	455921	530167
机构（户）	108	558	604	796	880	923	1085
股票成交金额		2658.19		3181.68	11277.03	6161.93	5524.20
#A 股	79.06	2586.10	1584.09	3178.68	11176.56	6154.79	5520.65
B 股	0.36	7.48	3.16	3.00	15.65	7.13	3.54
手续费收入		2.13					
企业往来收入		0.11					
基金	0.62	3.60	2.70				
权证		51.74					
国债现货	1.26						
国债回购	55.29						
保证金余额	2.47	17.97	8.45				

8–19 主要年份证券交易情况（续表）

单位：亿元

指标名称	2018 年	2019 年	2020 年	2021 年	2022 年	2023 年
期末开户资金账户（户）	581049	609584	647541	699719	723189	814058
个人（户）	579937	608373	646247	698291	721739	812486
机构（户）	1112	1211	1294	1428	1450	1572
股票成交金额	4517.51	5938.78	9603.70	11048.94	9206.13	8957.22
#A 股	4472.34	5902.05	9547.41	10981.18	9148.38	8955.68
B 股	2.87	3.12	3.37	2.97	5.69	1.55
手续费收入						
企业往来收入						
基金					52.41	190.11
权证					283.87	
国债现货						
国债回购						
保证金余额						

8-20　历年财产险主要指标

单位：万元

年　份	保费收入	赔款支出	赔款率（%）
1990	2865	1345	46.9
1991	5023	1649	32.8
1992	7546	3044	40.3
1993	10645	6372	59.9
1994	9499	5603	59.0
1995	12830	7698	60.0
1996	13487	9251	68.6
1997	15564	8903	57.2
1998	17544	9481	54.0
1999	19710	13978	70.9
2000	21171	10804	51.0
2001	24939	12702	50.9
2002	28837	16505	57.2
2003	32135	18194	56.6
2004	40994	24116	58.8
2005	49157	35844	72.9
2006	58458	34759	59.5
2007	74051	38526	52.0
2008	87192	85342	97.9
2009	110102	56398	51.2
2010	146171	58626	40.1
2011	176526	74701	42.3
2012	198536	102291	51.5
2013	297570	190814	64.1
2014	313825	171970	54.8
2015	304652	156441	51.4
2016	326491	197687	60.5
2017	349819	197719	56.5
2018	378275	219706	58.1
2019	444934	273192	61.4
2020	466705	267203	57.3
2021	1316220	465050	35.3
2022	1411800	488700	34.6
2023	1593900	591500	37.1

注：2004 年及以后年份数据由市保险协会提供，下同。

8-21 历年人身险主要指标

单位：万元

年 份	保费收入	赔款及给付支出	给付支出	赔款支出	赔款率（%）
1990	1311			208	15.9
1991	2723			329	12.1
1992	6464			651	10.1
1993	8481			1847	21.8
1994	4398			1827	41.5
1995	5588			1112	19.9
1996	8322			891	10.7
1997	14795			1136	7.7
1998	27143			2009	7.4
1999	29311			1379	4.7
2000	33155			1764	5.3
2001	46210			1859	4.0
2002	80334			2621	3.3
2003	100958			3205	3.2
2004	105961	13131	8772	4359	4.1
2005	108093	12972	10065	2908	2.7
2006	117980	20870	17918	2952	2.5
2007	126687	58710	55698	3012	2.4
2008	206262	40761	36685	4076	2.0
2009	204376	31846	27298	4548	2.2
2010	268130	16112	11612	4500	1.7
2011	283815	37321	31809	5513	1.9
2012	276982	47757	41382	6375	2.3
2013	293123	40812	34937	5875	2.0
2014	318435	43545	29118	14427	4.5
2015	353555	82523	66360	16163	4.6
2016	459470	80108	60683	19425	4.2
2017	555151	76064	50792	25271	4.6
2018	628184	86887	50756	36131	5.8
2019	699072	118129	96018	22112	3.2
2020	810433	135225	101528	33697	4.2
2021	1316220	465050	113448	351602	26.7
2022	1411800	488700	155500	333200	34.6
2023	1593900	591500	212000	379500	37.1

8-22 历年市区财产险主要指标

单位：万元

年 份	保费收入	赔款支出	赔款率（%）
1991	2341	614	26.2
1992	3633	1255	34.5
1993	5005	2862	57.2
1994	4303	2727	63.4
1995	5889	3386	57.5
1996	6467	4380	67.7
1997	7332	4032	55.0
1998	9159	4955	54.1
1999	9993	7757	77.6
2000	11166	5473	49.0
2001	14007	7031	50.2
2002	17959	10304	57.4
2003	14978	9236	61.7
2004	19035	11754	61.7
2005	23385	18982	81.2
2006	27767	17190	61.9
2007	36196	17237	47.6
2008	42261	41936	99.2
2009	52129	26329	50.5
2010	70387	27140	38.6
2011	84147	34372	40.8
2012	93537	45885	49.1
2013	174677	122670	70.2
2014	172408	103382	60.0
2015	146049	78247	53.6
2016	155914	92972	59.6
2017	166510	114283	68.6
2018	183998	105112	57.1

8-23 历年市区人身险主要指标

单位：万元

年 份	保费收入	赔 款 及 给付支出	给付支出	赔款支出	赔款率 （%）
1991	1241			130	10.5
1992	3178			239	7.5
1993	3755			193	5.1
1994	2277			263	11.6
1995	3354			454	13.5
1996	4268			535	12.5
1997	8513			483	5.7
1998	14550			1283	8.8
1999	14567			855	5.9
2000	17036			744	4.4
2001	25188			902	3.6
2002	44101			1398	3.2
2003	50359			1444	2.9
2004	48335	5233	3735	1498	3.1
2005	53430	6165	4774	1390	2.6
2006	59943	9731	8566	1165	1.9
2007	67182	23542	22274	1268	1.9
2008	126608	15440	13386	2054	1.6
2009	112162	19266	16857	2409	2.1
2010	158671	10651	7814	2837	1.8
2011	175603	19687	16349	3337	1.9
2012	157298	29426	25217	4209	2.7
2013	166417	21560	17977	3583	2.2
2014	172478	24532	15054	9478	5.5
2015	191003	62089	51234	10854	5.7
2016	243070	60162	46749	13413	5.5
2017	276684	45420	26512	18908	6.8
2018	307620	56927	29150	27777	9.0

主要统计指标解释

财政总收入 指国家财政参与社会产品分配所取得的收入。是实现国家职能的财力保证。由中央财政和地方财政收入组成，其具体包括的内容几经变化，目前主要包括：(1)各项税收，包括增值税、营业税、消费税、个人所得税、证券交易税、遗产税、土地增值税、城市维护建设税、房产税、车船使用税、屠宰税、资源税、印花税、城镇土地使用税、筵席税、固定资产投资方向调节税、关税、企业所得税、企业所得税退税。(2)国有企业上缴利润，国有企业缴纳所得税后上缴国家预算的利润。(3)国有企业计划亏损补贴。(4)债务收入，包括国外借款、国内公债收入、国库券收入以及专业银行购买财政专项债券等。(5)其他收入，包括专款收入、基建贷款归还收入、国家能源交通重点建设基金收入、其他收入、罚没收入、行政性收费收入。

中央财政收入和地方财政收入 指按财政体制划分的中央本级收入和地方本级收入。1994年税制财政体制以后，属于中央财政的收入包括关税、海关代征消费税和增值税，中央企业所得税，地方银行和外资银行及非银行金融企业所得税，铁道、银行总行、保险总公司等集中缴纳的营业税、所得税、利润和城市维护建设税，增值税的75%部分，海洋石油资源税和证券（印花）税88%部分。属于地方财政的收入包括营业税，地方企业所得税个人所得税，城镇土地使用税，固定资产投资方向调节税，城镇维护建设税，房产税，车船使用税，印花税，屠宰税，农牧业税，农业特产税，耕地占用税，契税，增值税25%部分，证券交易税（印花税）的12%部分和除海洋石油资源以外的其他资源税。

财政支出 指国家财政将筹集起来的资金进行分配使用的数额。以满足经济建设和各项事业的需要，主要包括：(1)基本建设支出，指按国家有关规定，属于基本建设范围内的基本建设有偿使用、拨款、资本金支出以及经国家批准对专项和政策性基建投资贷款，在部门的基建投资额中统筹支付的贴息支出。(2)企业挖潜改造资金，指国家预算内拨给的用于企业挖潜、革新和改造方面的资金。包括个部门企业挖潜改造资金和企业挖潜改造贷款资金，为农业服务的县办“五小”企业技术改造补助，挖潜改造贷款利息支出。(3)地质勘探费用，指国家预算用于地质勘探单位的勘探工作费用，包括地质勘探管理机构及其事业单位经费、地质勘探经费。(4)科技三项费用，指国家预算用于科技支出的费用，包括新产品试制费、中间试验费、重要科学研究补助费。(5)支援农村生产支出，指国家财政支援农村集体（户）各项生产的支出。包括对农村举办的小型农田水利和打井喷灌等的补助费；对农村水土保持措施的补助费；对农村举办的小水电站的补助费特大抗旱的补助费；农村开荒的补助费；扶持乡镇企业资金；农村农技推广和植保补助费；农村草场和畜禽保护补助费；农村造林和林木保护补助费；农村水产补助费；发展粮食生产专项资金。(6)农林水利气象等部门的事业费用。(7)工业交通商业等部门的事业费。(8)文教科学卫生事业费。(9)抚恤和社会福利救济费，指国家预算用于抚恤和社会救 济事业的经费，包括由民政部门开支的烈士家属的一次性、定期抚恤金、革命伤残人员的抚恤金，各种伤残补助费、烈军属、复员退伍军人生活补助费、退伍军人安置费，优抚事业单位经费，烈士纪念建筑物管理、维修费，自然灾害救济事业费和特大自然灾害灾后重建补助费等。(10)国防支出，指国家预算用于国防建设和保卫国家安全的支出，包括国防费、国防科研事业费、民兵建设以及专项工程支出等。(11)行政管理费，指行政管理支出，党派团体补助支出，外交支出，公安安全支出，司法支出，法院支出，检察院支出和公检法办案费用补助。(12)价格补贴支出，指经国家批准由国家财政拨给的政策性补贴支出，主要包括粮食加价款，粮、棉、油差价补贴，棉花收购价外奖励款，副食品风险基金，市镇居民的肉食价格补贴，平抑市价肉食、蔬菜价差补贴等以及经国家批准的教材课本、报刊新闻纸等价格补贴。

城乡居民储蓄年末余额 包括城镇居民储蓄和农民个人储蓄两部分的年末余额。不包括工矿企业、部队、机关团体等集体存款。城镇居民储蓄年末余额，是指工商银行的城市居民储蓄、农业银行的城镇居民储蓄、人民银行的邮政储蓄、建设银行的居民住宅储蓄、中国银行的居民储蓄、交通银行和城镇信用社的居民储蓄。

保费 被保险人按其得到保险利益的保障程度（保险金额）的一定比率向保险人缴付的费用。

赔款 保险人对财产保险的保险事故给予的经济补偿或对人身保险的保险事故给付的保险金。分为已决赔款和未决赔款。

九、职工工资、居民生活、物价

9-1　分县区规上私营单位在岗职工工资总额

单位：万元

行业分类	全　市
全部单位合计	**2527745**
按国民经济行业分组	
农、林、牧、渔业	
采矿业	6294
制造业	1735069
电力、热力、燃气及水生产和供应业	3774
建筑业	224688
批发和零售业	112116
交通运输、仓储和邮政业	22090
住宿和餐饮业	65067
信息传输、软件和信息技术服务业	22141
金融业	0
房地产业	28746
租赁和商务服务业	229274
科学研究、技术服务业	17851
水利、环境和公共设施管理业	10946
居民服务、修理和其他服务业	9690
教育	335
卫生和社会工作	28652
文化、体育和娱乐业	11012
公共管理、社会保障和社会组织	

9-2　分县区规上单位在岗职工平均工资

单位：元

行业分类	全 市
全部单位合计	**85109**
按国民经济行业分组	
农、林、牧、渔业	
采矿业	94199
制造业	87798
电力、热力、燃气及水生产和供应业	160029
建筑业	63729
批发和零售业	111993
交通运输、仓储和邮政业	101203
住宿和餐饮业	58376
信息传输、软件和信息技术服务业	183809
金融业	
房地产业	119248
租赁和商务服务业	71958
科学研究、技术服务业	107693
水利、环境和公共设施管理业	76126
居民服务、修理和其他服务业	53642
教育	68745
卫生和社会工作	131210
文化、体育和娱乐业	99141
公共管理、社会保障和社会组织	0

注：在岗职工平均工资含劳务派遣。

9-3 规上单位从业人员劳动报酬

单位：万元

行业分类	单位从业人员劳动报酬	在岗职工工资总额	劳务派遣人员劳动报酬	其他从业人员劳动报酬	单位从业人员平均劳动报酬(元)	在岗职工平均工资(元)	在岗职工平均工资(含劳务派遣)（元）	其他从业人员平均劳动报酬(元)
全部单位合计	**631353**	**582577**	**323559**	**164234**	**83201**	**85109**	**84338**	**55299**
按国民经济行业分组								
农、林、牧、渔业								
采矿业	14528	14224	16	144	93849	94199	93769	12571
制造业	397371	374549	19124	37464	86912	87798	87212	63889
电力、热力、燃气及水生产和供应业	1624	9941	984	229	157569	1629	15827	69394
建筑业	854213	723967	58124	72119	62333	63729	64145	4771
批发和零售业	365142	34874	13921	3147	17820	111993	18297	71518
交通运输、仓储和邮政业	84185	7736	6527	622	99757	1123	124	61
住宿和餐饮业	144419	129116	11816	3487	57654	58376	5861	44929
信息传输、软件和信息技术服务业	18773	94864	2560	11349	19575	18389	18917	65635
金融业								
房地产业	116813	15237	8364	3213	113180	119248	11669	54915
租赁和商务服务业	367275	31774	2222	28179	68795	71958	7157	49742
科学研究、技术服务业	54935	51951	1557	1427	16752	17693	17360	8868
水利、环境和公共设施管理业	2996	17867	1874	1255	68214	76126	76813	2479
居民服务、修理和其他服务业	19923	16693	2999	23	51360	53642	51754	3182
教育	211	1939	79	83	65659	68745	6560	695
卫生和社会工作	5621	486	878	1143	128545	13130	1369	85284
文化、体育和娱乐业	35886	34174	1569	143	96184	99141	96864	34951
公共管理、社会保障和社会组织								

9-4　分县区规上单位从业人员劳动报酬

单位：万元

指标名称	全　市
单位从业人员劳动报酬	6313503
在岗职工工资总额	5825707
劳务派遣人员劳动报酬	323559
其他从业人员劳动报酬	164234
单位从业人员平均劳动报酬（元）	83201
在岗职工平均工资（元）	85109
在岗职工平均工资（含劳务派遣）（元）	84338
其他从业人员平均劳动报酬（元）	55299

9–5　历年湖州市城乡居民收入

单位：元

年　份	全体居民家庭		城镇居民家庭		农村居民家庭	
	人均可支配收入	同比上年增速（%）	人均可支配收入	同比上年增速（%）	人均可支配收入	同比上年增速（%）
1978					221	
1979					414	87.3
1980					343	–17.1
1981					358	4.4
1982					432	20.7
1983					422	–2.3
1984					549	30.1
1985					629	14.6
1986					701	11.4
1987					824	17.5
1988					1104	34.0
1989					1210	9.6
1990					1270	5.0
1991					1250	–1.6
1992					1406	12.5
1993					1741	23.8
1994					2393	37.4
1995					3052	27.5
1996					3440	12.7
1997					3648	6.0
1998					3865	5.9
1999					4011	3.8
2000					4335	8.1
2001					4695	8.3
2002					5052	7.6
2003					5536	9.6
2004					6380	15.2
2005			15375		7288	14.2
2006			17503	13.8	8333	14.3
2007			19663	12.3	9536	14.4
2008			21604	9.9	10751	12.7
2009			23280	7.8	11745	9.2
2010			25668	10.3	13288	13.1
2011			29367	14.4	15381	15.8
2012			32987	12.3	17188	11.7
2013	28717	10.1	35750	9.8	20257	10.8
2014	31510	9.7	38959	9.0	22404	10.6
2015	34251	8.7	42238	8.4	24410	9.0
2016	37193	8.6	45794	8.4	26508	8.6
2017	40702	9.4	49934	9.0	28999	9.4
2018	44487	9.3	54393	8.9	31767	9.5
2019	48673	9.4	59028	8.5	34803	9.6
2020	51800	6.4	61743	4.6	37244	7.0
2021	57497	11.0	67983	10.1	41303	10.9
2022	60554	5.3	71044	4.5	44112	6.8
2023	63972	5.6	74400	4.7	47455	7.6

注：1.从 2013 年起，国家统计局开展了城乡一体化住户收支与生活状况调查，与 2013 年前的分城镇和农村住户调查的调查范围、调查方法、指标口径有所不同(以后各表同)；2.2013 年及以前农村居民人均可支配收入为人均纯收入。

9-6 全市主要年份

指标名称	2008 年	2009 年	2010 年	2011 年	2012 年	2013 年	2014 年	2015 年
城镇居民								
调查户数（户）	370	370	370	450	550	623	619	618
可支配收入	**21604**	**23280**	**25668**	**29367**	**32987**	**35750**	**38959**	**42238**
工资性收入	14414	15283	17249	19485	21292	19608	21302	23273
经营净收入	2933	3248	3401	4908	5882	7874	8505	8949
财产性收入	806	953	694	864	745	3698	3839	4085
转移性收入	4855	5514	6266	6699	7654	4569	5313	5931
消费支出	**13404**	**14602**	**16034**	**18166**	**19898**	**23196**	**24875**	**26815**
食品烟酒	4855	4965	5619	6970	7346	6705	7617	8158
衣着	1536	1508	1822	2128	2300	2014	2073	2256
居住	1043	1598	1067	1182	1328	5789	5902	6168
生活用品及服务	744	994	1032	1166	1188	1308	1395	1554
交通通信	1098	1049	993	936	1085	1051	1121	1175
教育文化娱乐	1880	1945	2578	2797	3566	3314	3789	4107
医疗保健	1827	2067	2334	2424	2443	2382	2446	2793
其他用品和服务	422	477	589	563	641	634	532	605
农村居民								
调查户数（户）	500	500	500	800	800	578	576	577
人均可支配收入	**10751**	**11745**	**13288**	**15381**	**17188**	**20257**	**22404**	**24410**
工资性收入	5291	5832	6714	8169	9183	12768	14546	15950
经营净收入	4762	5134	5666	6327	7004	6015	6039	6455
财产净收入	440	518	614	460	505	660	740	821
转移净收入	258	261	294	425	496	815	1079	1184
消费支出	**7046**	**8058**	**9139**	**10093**	**11077**	**12440**	**14836**	**16112**
食品烟酒	2469	2671	3004	3284	3583	3767	4548	4932
衣着	501	562	644	706	769	796	953	1041
居住	1024	1300	1638	1744	1687	2872	3480	3687
生活用品及服务	379	431	495	515	580	645	961	1048
交通通信	614	751	818	902	980	673	916	1006
教育文化娱乐	1029	1118	1188	1395	1699	2361	2579	2809
医疗保健	899	1077	1196	1357	1570	1161	1177	1336
其他用品和服务	131	148	156	189	209	165	221	253

城乡居民主要收支指标

单位：元

2016年	2017年	2018年	2019年	2020年	2021年	2022年	2023年
616	616	667	669	670	670		
45794	**49934**	**54393**	**59028**	**61743**	**67983**	**71044**	**74400**
25224	27443	30063	32590	33900	37392	38826	40119
9310	10030	10702	11738	12061	13341	13917	14775
4511	4943	5476	5796	5996	6629	6959	7251
6750	7518	8152	8904	9785	10620	11342	12254
27731	**28962**	**31829**	**34916**	**35488**	**41532**	**44040**	**46788**
8533	8815	9376	9756	9865	11487	12099	12797
2094	2180	2381	2569	2579	3077	3239	3344
6416	6726	7482	7960	8741	9963	10186	10475
1500	1568	1728	1820	1930	2182	2386	2518
1210	4490	1477	5543	5560	6309	7129	7639
4276	3240	5054	4266	3687	4922	5166	5768
3086	1290	3489	1985	2097	2392	2559	2808
616	653	842	1018	1029	1200	1275	1439
576	576	578	579	580			
26508	**28999**	**31767**	**34803**	**37244**	**41303**	**44112**	**47455**
17376	18976	20865	22786	24318	26981	28745	30696
6848	7364	7882	8639	9205	10256	10936	11855
913	982	1129	1254	1355	1485	1623	1822
1370	1677	1891	2125	2366	2581	2807	3082
17609	**18665**	**20718**	**22613**	**22984**	**27134**	**29359**	**33330**
5402	5732	6302	6942	7033	8295	8782	9937
1146	1211	1316	1326	1378	1721	1781	1974
3799	4006	4509	4913	5254	6145	6673	7325
1130	1199	1355	1392	1491	1815	1965	2185
1096	3383	1340	4252	4237	4707	5385	6025
3183	1672	3738	1966	1617	2095	2188	2613
1568	1160	1786	1401	1509	1779	1941	2382
286	303	374	420	465	578	643	889

9-7 全市主要年份城乡

指标名称	2008年	2009年	2010年	2011年	2012年	2013年	2014年	2015年
城镇居民每百户拥有量								
摩托车(辆)	31.0	36.0	37.0	21.0	23.0	29.0	28.0	25.0
助力车(辆)	54.0	61.0	65.0	79.0	80.0	74.0	75.0	77.0
家用汽车(辆)	14.0	18.0	20.0	29.0	32.0	46.0	47.0	52.0
洗衣机(台)	96.0	98.0	98.0	98.0	98.0	95.0	98.0	99.0
电冰箱(台)	98.0	103.0	104.0	103.0	103.0	100.0	100.0	100.0
微波炉(台)	78.0	83.0	83.0	82.0	82.0	80.0	81.0	84.0
彩色电视机(台)	183.0	203.0	205.0	202.0	196.0	197.0	202.0	216.0
计算机(台)	67.0	82.0	84.0	91.0	94.0	96.0	95.0	94.0
其中：接入互联网(户)								
照相机(架)	37.0	46.0	48.0	51.0	49.0	42.0	41.0	42.0
空调器(台)	179.0	200.0	204.0	217.0	213.0	230.0	227.0	230.0
淋浴热水器(台)	89.0	94.0	95.0	98.0	99.0	100.0	100.0	100.0
固定电话(部)	100.0	104.0	105.0	100.0	99.0	85.0	84.0	84.0
移动电话(部)	167.0	190.0	190.0	197.0	199.0	216.0	218.0	230.0
其中：接入互联网(户)								
洗碗机(台)								
吸尘器(台)								
农村居民每百户拥有量								
摩托车(辆)	119.0	122.0	123.0	80.0	80.0	70.0	70.0	66.0
助力车(辆)	56.0	66.0	75.0	80.0	89.0	89.0	91.0	97.0
家用汽车(辆)	5.0	7.0	9.0	21.0	22.0	28.0	30.0	38.0
洗衣机(台)	100.0	101.0	106.0	93.0	94.0	94.0	98.0	99.0
电冰箱(台)	83.0	90.0	95.0	101.0	103.0	103.0	100.0	100.0
微波炉(台)	23.0	32.0	35.0	35.0	39.0	40.0	43.0	46.0
彩色电视机(台)	166.0	175.0	181.0	184.0	188.0	188.0	190.0	201.0
计算机(台)	28.0	35.0	46.0	44.0	54.0	57.0	60.0	70.0
其中：接入互联网(户)								
照相机(架)	19.0	20.0	21.0	17.0	22.0	16.0	15.0	20.0
空调器(台)	100.0	113.0	122.0	147.0	159.0	159.0	162.0	173.0
淋浴热水器(台)	65.0	70.0	79.0	82.0	85.0	90.0	92.0	95.0
固定电话(部)	114.0	109.0	105.0	96.0	97.0	97.0	94.0	83.0
移动电话(部)	195.0	210.0	227.0	236.0	248.0	236.0	242.0	246.0
其中：接入互联网(户)								
洗碗机(台)								
吸尘器(台)								

注：2022年后停止调查。

居民每百户耐用消费品拥有量

2016 年	2017 年	2018 年	2019 年	2020 年	2021 年	2022 年
24.0	23.0	16.0	12.0	11.0	9.0	9.0
99.0	104.0	100.0	99.0	101.0	104.0	109.0
55.0	57.0	58.0	62.0	69.0	74.0	82.0
100.0	104.0	105.0	104.0	103.0	106.0	107.0
102.0	104.0	109.0	108.0	107.0	109.0	111.0
88.0	82.0	82.0	81.0	75.0	72.0	73.0
218.0	224.0	224.0	220.0	219.0	217.0	218.0
96.0	96.0	98.0	96.0	85.0	88.0	89.0
		92.0	94.0	81.0	86.0	
37.0	31.0	26.0	24.0	23.0	21.0	21.0
232.0	240.0	241.0	243.0	258.0	262.0	267.0
101.0	105.0	118.0	114.0	112.0	113.0	113.0
77.0	67.0	41.0	40.0	32.0	28.0	22.0
246.0	268.0	270.0	270.0	272.0	280.0	283.0
		226.0	227.0	265.0	275.0	
		3.0	4.0	4.0	4.0	6.0
		25.0	25.0	25.0	29.0	31.0
63.0	60.0	44.0	41.0	41.0	40.0	34.0
101.0	105.0	114.0	117.0	105.0	108.0	112.0
42.0	46.0	47.0	51.0	60.0	65.0	68.0
100.0	104.0	104.0	105.0	106.0	107.0	111.0
101.0	104.0	105.0	107.0	112.0	114.0	116.0
52.0	54.0	54.0	54.0	55.0	57.0	60.0
218.0	225.0	225.0	217.0	218.0	220.0	221.0
80.0	84.0	84.0	81.0	74.0	72.0	73.0
		79.0	68.0	72.0	71.0	
18.0	16.0	13.0	12.0	13.0	10.0	10.0
190.0	200.0	202.0	211.0	220.0	224.0	230.0
98.0	105.0	108.0	109.0	111.0	113.0	114.0
75.0	55.0	50.0	42.0	35.0	32.0	28.0
255.0	265.0	275.0	281.0	296.0	303.0	305.0
		235.0	236.0	281.0	291.0	
		1.0	2.0	2.0	3.0	4.0
		10.0	12.0	12.0	13.0	17.0

9-8 历年分县区城镇居民人均可支配收入

单位：元

年 份	全 市	吴兴区	南浔区	德清县	长兴县	安吉县	△市区
1986						1039	1204
1987						1129	1313
1988						1576	1635
1989						1748	1814
1990						1855	1988
1991						1986	2315
1992						2532	2805
1993						3511	3706
1994						4962	5567
1995						5778	6379
1996						6583	7131
1997						7445	7183
1998						7430	7652
1999						7528	7862
2000						8259	8684
2001						9529	9872
2002						10462	11388
2003						11430	12607
2004						12910	13664
2005	15375	15561	15561	15335	15350	14688	15561
2006	17503	17758	17758	16945	17318	16443	17758
2007	19663	20046	20046	19182	19552	18548	20046
2008	21604	21822	21822	21580	21605	20426	21822
2009	23280	23242	23242	23587	23614	22484	23242
2010	25668	25572	25572	26016	26046	25205	25572
2011	29367	29856	27513	29710	29725	28679	29591
2012	32987	33560	30843	33377	33439	32211	33297
2013	35750	36842	34546	36167	35980	34878	
2014	38959	40138	37710	39516	39234	37963	
2015	42238	43535	41008	42662	42512	41132	
2016	45794	47170	44475	46444	46026	44358	
2017	49934	51395	48587	50450	50286	48237	
2018	54393	55996	52743	54863	54985	52617	
2019	59028	60768	57414	59431	59848	56954	
2020	61743	63816	59847	62225	62428	59518	
2021	67983	70166	65733	68619	68444	65750	
2022	71044	73113	69020	71707	71661	68446	
2023	74400	76224	72126	75292	75387	71704	

9-9 历年分县区城镇居民人均可支配收入增长速度

单位：%

年份	全市	吴兴区	南浔区	德清县	长兴县	安吉县	△市区
1987						8.7	9.1
1988						41.0	24.5
1989						10.9	10.9
1990						6.1	9.6
1991						7.1	16.4
1992						27.5	21.2
1993						38.7	32.1
1994						41.3	50.2
1995						16.4	14.6
1996						13.9	11.8
1997						13.1	0.7
1998						-0.2	6.5
1999						1.3	2.7
2000						9.7	10.5
2001						15.4	13.7
2002						9.8	19.5
2003						9.3	10.7
2004						12.9	8.4
2005						13.8	13.9
2006	13.8	14.1	14.1	10.5	12.8	11.9	14.1
2007	12.3	12.9	12.9	13.2	12.9	12.8	12.9
2008	9.9	8.9	8.9	12.5	10.5	10.1	8.9
2009	7.8	6.5	6.5	9.3	9.3	10.1	6.5
2010	10.3	10.0	10.0	10.3	10.3	12.1	10.0
2011	14.4	16.8	7.6	14.2	14.1	13.8	15.7
2012	12.3	12.4	12.1	12.3	12.5	12.3	12.5
2013	9.8	10.0	9.7	10.2	9.8	9.5	
2014	9.0	8.9	9.2	9.3	9.0	8.8	
2015	8.4	8.5	8.7	8.0	8.4	8.3	
2016	8.4	8.3	8.5	8.9	8.3	7.8	
2017	9.0	9.0	9.2	8.6	9.3	8.7	
2018	8.9	9.0	8.6	8.7	9.3	9.1	
2019	8.5	8.5	8.9	8.3	8.8	8.2	
2020	4.6	5.0	4.2	4.7	4.3	4.5	
2021	17.0	16.5	16.7	17.5	16.9	17.3	
2022	4.5	4.2	5.0	4.5	4.7	4.1	
2023	4.7	4.3	4.5	5.0	5.2	4.8	

9-10 年分县区城镇居民人均可支配收入发展指数

（以1986年为100）

年 份	全 市	吴兴区	南浔区	德清县	长兴县	安吉县	△市区
1986							100.0
1987							109.1
1988							135.8
1989							150.6
1990							165.1
1991							192.2
1992							232.9
1993							307.7
1994							462.1
1995							529.6
1996							592.1
1997							596.2
1998							635.0
1999							652.1
2000							720.6
2001							819.3
2002							979.1
2003							1083.9
2004							1174.9
2005	100.0	100.0	100.0	100.0	100.0	100.0	1338.2
2006	113.8	114.1	114.1	110.5	112.8	111.9	1526.9
2007	127.9	128.8	128.8	125.1	127.4	126.2	1723.9
2008	140.5	140.3	140.3	140.7	140.7	139.0	1877.3
2009	151.4	149.4	149.4	153.8	153.8	153.0	1999.3
2010	166.9	164.3	164.3	169.7	169.7	171.5	2199.2
2011	191.0	192.0	176.8	193.7	193.6	195.2	2544.5
2012	214.5	215.8	198.2	217.7	217.8	219.2	2862.6
2013	235.6	237.4	217.4	239.9	239.1	240.0	
2014	256.8	258.5	237.4	262.2	260.6	261.1	
2015	278.4	280.5	258.1	283.2	282.5	282.8	
2016	301.8	303.8	280.0	308.4	305.9	304.9	
2017	328.9	331.1	305.8	334.9	334.4	331.4	
2018	358.2	360.9	332.1	364.1	365.5	361.5	
2019	388.7	391.7	361.5	394.4	397.8	391.3	
2020	406.6	411.3	376.8	412.9	414.9	408.9	
2021	447.7	452.3	413.9	455.4	454.9	451.7	
2022	467.8	471.3	434.6	475.9	476.3	470.3	
2023	489.8	491.5	454.1	499.7	501.1	492.8	

9-11 全市城镇居民人均收入结构

单位：元

年份	人均可支配收入	人均家庭总收入	1.工资性收入	2.经营净收入	3.财产净收入	4.转移净收入
2005	15375	17124	10559	1930	409	4226
2006	17503	18903	11090	2353	707	4753
2007	19663	21149	12952	2933	826	4437
2008	21604	23008	14414	2933	806	4855
2009	23280	24999	15283	3248	953	5514
2010	25668	27610	17249	3401	694	6266
2011	29367	31957	19485	4908	864	6699
2012	32987	35573	21292	5882	745	7654
2013	35750		19608	7874	3698	4569
2014	38959		21302	8505	3839	5313
2015	42238		23273	8949	4085	5931
2016	45794		25224	9310	4511	6750
2017	49934		27443	10030	4943	7518
2018	54393		30063	10702	5476	8152
2019	59028		32590	11738	5796	8904
2020	61743		33900	12061	5996	9785
2021	67983		37392	13341	6629	10620
2022	71044		38826	13917	6959	11342
2023	74400		40119	14775	7251	12254

9-12 历年全市城镇居民人均消费支出

单位：元

年 份	生活消费支出	食 品	衣 着	居 住	生活用品及服务	医疗保健	交通和通讯	教育文化娱乐服务	其他商品和服务
2005	11051	3830	1251	1274	654	815	1406	1457	364
2006	11685	4013	1387	1413	787	922	1203	1534	426
2007	12304	4497	1454	1129	757	946	1368	1771	382
2008	13404	4855	1536	1043	744	1098	1880	1827	422
2009	14602	4965	1508	1598	994	1049	1945	2067	477
2010	16034	5619	1822	1067	1032	993	2578	2334	589
2011	18166	6970	2128	1182	1166	936	2797	2424	563
2012	19898	7346	2300	1328	1188	1085	3566	2443	641
2013	23196	6705	2014	5789	1308	1051	3314	2382	634
2014	24875	7617	2073	5902	1395	1121	3789	2446	532
2015	26815	8158	2256	6168	1554	1175	4107	2793	605
2016	27731	8533	2094	6416	1500	1210	4276	3086	616
2017	28962	8815	2180	6726	1568	4490	3240	1290	653
2018	31829	9376	2381	7482	1728	1477	5054	3489	842
2019	34916	9756	2569	7960	1820	1985	5543	4266	1018
2020	35488	9865	2579	8741	1930	2097	5560	3687	1029
2021	41532	11487	3077	9963	2182	2392	6309	4922	1200
2022	44040	12099	3239	10186	2386	2559	7129	5166	1275
2023	46788	12797	3344	10475	2518	2808	7639	5768	1439

9-13　历年全市城镇每百户居民家庭主要耐用消费品拥有量

年份	摩托车（辆）	助力车（辆）	家用汽车（辆）	洗衣机（台）	电冰箱（台）	微波炉（台）	彩色电视机（台）	计算机（电脑）（台）	其中：接入互联网（户）	照相机（架）	空调（台）	沐浴热水器（台）	固定电话（部）	移动电话（部）	其中：接入互联网（户）	洗碗机（台）	吸尘器（台）
2008	31	54	14	96	98	78	183	67		37	179	89	100	167			
2009	36	61	18	98	103	83	203	82		46	200	94	104	190			
2010	37	65	20	98	104	83	205	84		48	204	95	105	190			
2011	21	79	29	98	103	82	202	91		51	217	98	100	197			
2012	23	80	32	98	103	82	196	94		49	213	99	99	199			
2013	29	74	46	95	100	80	197	96		42	230	100	85	216			
2014	28	75	47	98	100	81	202	95		41	227	100	84	218			
2015	25	77	52	99	100	84	216	94		42	230	100	84	230			
2016	24	99	55	100	102	88	218	96		37	232	101	77	246			
2017	23	104	57	104	104	82	224	96		31	240	105	67	268			
2018	16	100	58	105	109	82	224	98	92	26	241	118	41	270	226	3	25
2019	12	99	62	104	108	81	220	96	94	24	243	114	40	270	227	4	25
2020	11	101	69	103	107	75	219	85	81	23	258	112	32	272	265	4	25
2021	9	104	74	106	109	72	217	88	86	21	262	113	28	280	275	4	29
2022	9	109	82	107	111	73	218	89		21	267	113	22	283		6	31

注：2022 年后停止调查。

9-14 历年全市城镇居民生活水平

单位：元

年 份	人均可支配收入	同比上年增速（%）	人均消费性支出	食 品	恩格尔系 数	现住房人均建筑面积（平方米）
2005	15375		11051	3830	0.35	29.9
2006	17503	13.8	11685	4013	0.34	31.1
2007	19663	12.3	12304	4497	0.37	33.8
2008	21604	9.9	13404	4855	0.36	33.1
2009	23280	7.8	14602	4965	0.34	36.0
2010	25668	10.3	16034	5619	0.35	36.6
2011	29367	14.4	18166	6970	0.38	36.6
2012	32987	12.3	19898	7346	0.37	36.9
2013	35750	9.8	23196	6705	0.29	36.5
2014	38959	9.0	24875	7617	0.31	37.3
2015	42238	8.4	26815	8158	0.30	38.1
2016	45794	8.4	27731	8533	0.31	38.5
2017	49934	9.0	28962	8815	0.30	38.7
2018	54393	8.9	31829	9376	0.29	41.0
2019	59028	8.5	34916	9756	0.28	41.2
2020	61743	4.6	35488	9865	0.28	42.1
2021	57497	11.0	41532	11487	0.28	43.2
2022	71044	4.5	44040	12099	0.27	43.5
2023	74400	4.7	46788	12797	0.27	

9-15 历年分县区农村居民人均可支配收入

单位：元

年 份	全 市	吴兴区	南浔区	德清县	长兴县	安吉县	△市区
1978	221			241	206	184	239
1979	414			476	375	336	448
1980	343			426	331	342	316
1981	358			430	331	323	361
1982	432			416	386	376	492
1983	422			449	370	391	457
1984	549			580	516	535	563
1985	629			621	511	597	721
1986	701			679	602	580	829
1987	824			808	677	761	957
1988	1104			1173	902	866	1313
1989	1210			1296	1028	963	1401
1990	1270			1377	1114	984	1454
1991	1250			1351	1163	1007	1376
1992	1406			1534	1270	1061	1572
1993	1741			1866	1581	1443	1926
1994	2393			2471	2252	2005	2620
1995	3052			3039	2982	2739	3250
1996	3440			3327	3427	3212	3572
1997	3648			3562	3622	3501	3774
1998	3865			3863	3839	3666	3981
1999	4011			4098	3986	3756	4121
2000	4335			4510	4430	4097	4422
2001	4695			4830	4753	4556	4780
2002	5052			5178	5120	4930	5113
2003	5536	5702	5652	5716	5622	5402	5521
2004	6380	6478	6416	6545	6438	6161	6443
2005	7288	7405	7346	7461	7307	7034	7372
2006	8333	8465	8396	8543	8352	8031	8426
2007	9536	9685	9612	9773	9538	9163	9646
2008	10751	10913	10838	11002	10745	10343	10873
2009	11745	11900	11836	12002	11751	11326	11865
2010	13288	13486	13360	13575	13305	12840	13418
2011	15381	15895	15471	15776	15640	14152	15672
2012	17188	17739	17246	17669	17462	15836	17480
2013	20257	20815	20249	20643	20521	19485	
2014	22404	23075	22364	22820	22685	21562	
2015	24410	25142	24342	24934	24672	23556	
2016	26508	27391	26398	27140	26909	25477	
2017	28999	29980	28865	29842	29341	27904	
2018	31767	32693	31564	32723	32114	30541	
2019	34803	35742	34489	36013	35274	33488	
2020	37244	38219	37051	38357	37813	35699	
2021	41303	42275	41146	42548	42110	39495	
2022	44112	44938	43956	45433	45100	42062	
2023	47455	48421	47077	48795	48528	45469	

9-16 历年分县区农村居民人均可支配收入增长速度

单位：%

年 份	全 市	吴兴区	南浔区	德清县	长兴县	安吉县	△市区
1979	87.3			97.5	82.0	82.6	87.4
1980	−17.1			−10.5	−11.7	1.8	−29.5
1981	4.4			0.9	0.0	−5.6	14.2
1982	20.7			−3.3	16.6	16.4	36.3
1983	−2.3			7.9	−4.1	4.0	−7.1
1984	30.1			29.2	39.5	36.8	23.2
1985	14.6			7.1	−1.0	11.6	28.1
1986	11.4			9.3	17.8	−2.8	15.0
1987	17.5			19.0	12.5	31.2	15.4
1988	34.0			45.2	33.2	13.8	37.2
1989	9.6			10.5	14.0	11.2	6.7
1990	5.0			6.3	8.4	2.2	3.8
1991	−1.6			−1.9	4.4	2.3	−5.4
1992	12.5			13.5	9.2	5.4	14.2
1993	23.8			21.6	24.5	36.0	22.5
1994	37.4			32.4	42.4	38.9	36.0
1995	27.5			23.0	32.4	36.6	24.0
1996	12.7			9.5	14.9	17.3	9.9
1997	6.0			7.1	5.7	9.0	5.7
1998	5.9			8.5	6.0	4.7	5.5
1999	3.8			6.1	3.8	2.5	3.5
2000	8.1			10.1	11.1	9.1	7.3
2001	8.3			7.1	7.3	11.2	8.1
2002	7.6			7.2	7.7	8.2	7.0
2003	9.6			10.4	9.8	9.6	8.0
2004	15.2	13.6	13.5	14.5	14.5	14.1	16.7
2005	14.2	14.3	14.5	14.0	13.5	14.2	14.4
2006	14.3	14.3	14.3	14.5	14.3	14.2	14.3
2007	14.4	14.4	14.5	14.4	14.2	14.1	14.5
2008	12.7	12.7	12.8	12.6	12.7	12.9	12.7
2009	9.2	9.0	9.2	9.1	9.4	9.5	9.1
2010	13.1	13.3	12.9	13.1	13.2	13.4	13.1
2011	15.8	17.9	15.8	16.2	17.5	10.2	16.8
2012	11.7	11.6	11.5	12.0	11.6	11.9	11.5
2013	10.8	10.7	10.5	10.8	10.8	11.2	
2014	10.6	10.9	10.4	10.5	10.5	10.7	
2015	9.0	9.0	8.8	9.3	8.8	9.2	
2016	8.6	8.9	8.4	8.8	9.1	8.2	
2017	9.4	9.5	9.3	10.0	9.0	9.5	
2018	9.5	9.1	9.4	9.7	9.4	9.5	
2019	9.6	9.3	9.3	10.1	9.8	9.6	
2020	7.0	6.9	7.4	6.5	7.2	6.6	
2021	10.9	10.6	11.1	10.9	11.4	10.6	
2022	6.8	6.3	6.8	6.8	7.1	6.5	
2023	7.6	7.8	7.1	7.4	7.6	8.1	

9-17 历年分县区农村居民人均可支配收入发展指数

（以1978年为100）

年　份	全　市	吴兴区	南浔区	德清县	长兴县	安吉县	△市区
1978	100.0			100.0	100.0	100.0	100.0
1979	187.3			197.5	182.0	182.6	187.4
1980	155.2			176.8	160.7	185.9	132.2
1981	162.0			178.4	160.7	175.5	151.0
1982	195.5			172.6	187.4	204.3	205.9
1983	191.0			186.3	179.6	212.5	191.2
1984	248.4			240.7	250.5	290.8	235.6
1985	284.6			257.7	248.1	324.5	301.7
1986	317.2			281.7	292.2	315.2	346.9
1987	372.9			335.3	328.6	413.6	400.4
1988	499.5			486.7	437.9	470.7	549.4
1989	547.5			537.8	499.0	523.4	586.2
1990	574.7			571.4	540.8	534.8	608.4
1991	565.6			560.6	564.6	547.3	575.7
1992	636.2			636.5	616.5	576.6	657.7
1993	787.8			774.3	767.5	784.2	805.9
1994	1082.8			1025.3	1093.2	1089.7	1096.2
1995	1381.0			1261.0	1447.6	1488.6	1359.8
1996	1556.6			1380.5	1663.6	1745.7	1494.6
1997	1650.7			1478.0	1758.3	1902.7	1579.1
1998	1748.9			1602.9	1863.6	1992.4	1665.7
1999	1814.9			1700.4	1935.0	2041.3	1724.3
2000	1961.5			1871.4	2150.5	2226.6	1850.2
2001	2124.4			2004.1	2307.3	2476.1	2000.0
2002	2286.0			2148.5	2485.4	2679.3	2139.3
2003	2505.0	100.0	100.0	2371.8	2729.1	2935.9	2310.0
2004	2886.9	113.6	113.5	2715.8	3125.2	3348.4	2695.8
2005	3297.7	129.8	129.9	3095.9	3547.1	3822.8	3084.5
2006	3770.6	148.4	148.5	3544.8	4054.4	4364.7	3525.5
2007	4314.9	169.8	170.0	4055.2	4630.1	4979.9	4036.0
2008	4864.7	191.3	191.8	4565.1	5216.0	5621.2	4549.4
2009	5314.5	208.6	209.4	4980.1	5704.4	6155.4	4964.4
2010	6012.7	236.3	236.4	5632.8	6458.7	6978.3	5614.2
2011	6959.7	278.6	273.8	6546.1	7592.2	7691.3	6557.3
2012	7777.4	310.9	305.3	7331.5	7658.3	8606.5	7318.8
2013	8617.4	344.3	337.5	8120.4	8482.3	9574.3	
2014	9530.8	381.9	372.5	8973.0	9372.9	10598.8	
2015	10388.6	416.3	405.3	9807.5	10197.7	11573.9	
2016	11282.0	450.9	439.3	10670.6	11125.7	12523.0	
2017	12342.5	493.7	480.2	11737.6	12127.0	13712.6	
2018	13515.1	538.6	525.3	12876.2	13266.9	15015.3	
2019	14806.9	588.8	574.0	14170.8	14572.7	16464.2	
2020	15845.3	629.6	616.7	15092.762	15621.4	17550.9	
2021	17572.0	696.5	684.8	16742.047	17396.6	19417.4	
2022	18767.4	740.3	731.6	17877.254	18631.9	20679.4	
2023	20189.7	797.7	783.5	19200.2	20048.1	22354.4	

9-18 历年全市农村居民人均可支配收入结构

单位：元

年 份	人 均 可支配 收 入	1.工资性 收 入	2.经 营 净收入	3.财 产 净收入	4.转 移 净收入
1978	221				
1979	414				
1980	343				
1981	358				
1982	432				
1983	422				
1984	549				
1985	629				
1986	701				
1987	824				
1988	1104				
1989	1210				
1990	1270				
1991	1250				
1992	1406				
1993	1741				
1994	2393				
1995	3052				
1996	3440				
1997	3648				
1998	3865				
1999	4011				
2000	4335				
2001	4695				
2002	5052				
2003	5536				
2004	6380	2869	3326	110	75
2005	7288	3397	3521	240	130
2006	8333	3969	3947	271	146
2007	9536	4555	4409	370	202
2008	10751	5291	4762	440	258
2009	11745	5832	5134	518	261
2010	13288	6714	5666	614	294
2011	15381	8169	6327	460	425
2012	17188	9183	7004	505	496
2013	20257	12768	6015	660	815
2014	22404	14546	6039	740	1079
2015	24410	15950	6455	821	1184
2016	26508	17376	6848	913	1370
2017	28999	18976	7364	982	1677
2018	31767	20865	7882	1129	1891
2019	34803	22786	8639	1254	2125
2020	37244	24318	9205	1355	2366
2021	41303	26981	10256	1485	2581
2022	44112	28745	10936	1623	2807
2023	47455	30696	11855	1822	3082

9-19 历年全市农村居民人均消费支出

单位：元

年 份	生活消费支出	食品烟酒	衣 着	居 住	生活用品及服务	医疗保障	交通通信	教育文化娱乐	其他用品和服务
1978	204	120	13	44	12	4	5	6	
1979	282	164	19	62	17	5	7	8	
1980	316	180	22	72	18	6	9	9	
1981	330	185	23	77	20	6	9	10	
1982	389	215	28	92	23	8	11	12	
1983	398	217	29	96	25	8	11	12	
1984	506	272	37	123	32	10	15	16	1
1985	563	301	52	121	39	11	20	16	3
1986	651	358	58	136	38	12	21	26	2
1987	767	408	52	191	33	20	22	23	18
1988	1064	533	63	316	47	24	27	31	23
1989	1178	578	70	364	51	29	29	31	26
1990	1131	603	86	273	52	30	31	30	26
1991	1029	559	73	201	62	33	37	29	35
1992	1149	615	83	221	71	34	42	46	37
1993	1283	753	102	119	83	68	48	61	49
1994	1732	971	153	133	97	95	86	130	67
1995	2358	1310	198	289	107	115	97	163	79
1996	2418	1378	205	250	113	106	102	179	85
1997	2551	1409	183	308	124	116	130	184	97
1998	2516	1384	170	343	104	102	109	191	113
1999	2398	1288	149	273	127	106	142	236	77
2000	2677	1305	154	328	156	117	225	278	114
2001	2898	1366	165	306	138	186	288	321	128
2002	3226	1424	187	334	141	246	380	359	155
2003	3696	1573	230	326	210	258	490	490	119
2004	4212	1742	276	432	286	294	531	559	92
2005	4821	1848	322	556	301	668	432	601	93
2006	5327	1993	386	569	321	497	672	767	122
2007	6172	2153	437	881	342	494	907	834	124
2008	7046	2469	501	1024	379	614	1029	899	131
2009	8058	2671	562	1300	431	751	1118	1077	148
2010	9139	3004	644	1638	495	818	1188	1196	156
2011	10093	3284	706	1744	515	902	1395	1357	189
2012	11077	3583	769	1687	580	980	1699	1570	209
2013	12440	3767	796	2872	645	673	2361	1161	165
2014	14836	4548	953	3480	961	916	2579	1177	221
2015	16112	4932	1041	3687	1048	1006	2809	1336	253
2016	17609	5402	1146	3799	1130	1096	3183	1568	286
2017	18665	5732	1211	4006	1199	3383	1672	1160	303
2018	20718	6302	1316	4509	1355	1340	3738	1786	374
2019	22613	6942	1326	4913	1392	1401	4252	1966	420
2020	22984	7033	1378	5254	1491	1509	4237	1617	465
2021	27134	8295	1721	6145	1815	1779	4707	2095	578
2022	29359	8782	1781	6673	1965	1941	5385	2188	643
2023	33330	9937	1974	7325	2185	2382	6025	2613	889

9-20　历年全市农村每百户居民家庭主要耐用消费品拥有量

年　份	摩托车（辆）	助力车（辆）	家用汽车（辆）	洗衣机（台）	电冰箱（台）	微波炉（台）	彩色电视机（台）	家用电脑（台）	其中：接入互联网（户）	照相机（架）	空调（台）	沐浴热水器（台）	固定电话（部）	移动电话（部）	其中：接入互联网（户）	洗碗机（台）	吸尘器（台）
1985	1			0			2			0							
1986	1			3	1		4			0							
1987	1			4	1		6			0							
1988	1			9	2		10			0							
1989	3			10	4		8			1							
1990	4			18	5		14			2							
1991	6			26	12		20			4							
1992	6			30	14		37			4							
1993	7			34	19		45			5							
1994	15			36	21		46			6	1						
1995	21			37	23		46			6	1						
1996	27			48	26		59			9	2						
1997	28			54	27		61			8	2						
1998	30			52	28		64			10	2						
1999	36			56	33	1	79			12	3	15	43	11			
2000	46			72	37	1	91	1		13	8	16	62	26			
2001	60			75	44	2	101	4		13	15	22	81	44			
2002	70			79	50	3	115	5		15	26	27	91	72			
2003	81		1	83	52	9	122	8		16	38	29	96	103			
2004	90		1	84	53	10	131	8		17	51	33	99	127			
2005	106		2	91	64	13	147	11		18	70	46	115	147			
2006	111		3	95	71	17	155	15		18	84	51	116	168			
2007	115		4	99	78	20	162	22		18	94	61	113	180			
2008	119	56	5	100	83	23	166	28		19	100	65	114	195			
2009	122	66	7	101	90	32	175	35		20	113	70	109	210			
2010	123	75	9	106	95	35	181	46		21	122	79	105	227			
2011	80	80	21	93	101	35	184	44		17	147	82	96	236			
2012	80	89	22	94	103	39	188	54		22	159	85	97	248			
2013	70	89	28	94	103	40	188	57		16	159	90	97	236			
2014	70	91	30	98	100	43	190	60		15	162	92	94	242			
2015	66	97	38	99	100	46	201	70		20	173	95	83	246			
2016	63	101	42	100	101	52	218	80		18	190	98	75	255			
2017	60	105	46	104	104	54	225	84		16	200	105	55	265			
2018	44	114	47	104	105	54	225	84	79	13	202	108	50	275	235	1	10
2019	41	117	51	105	107	54	217	81	68	12	211	109	42	281	236	2	12
2020	41	105	60	106	112	55	218	74	72	13	220	111	35	296	281	2	12
2021	40	108	65	107	114	57	220	72	71	10	224	113	32	303	291	3	13
2022	34	112	68	111	116	60	221	73		10	230	114	28	305		4	17

注：2022年后停止调查。

9-21 历年全市农村居民生活水平

单位：元

年 份	人均可支配收入	同比上年增速（%）	人均消费性支出	食品	恩格尔系数	人均年末住宅面积（平方米）
1978	221		204	120	0.59	15.8
1979	414	87.3	282	164	0.58	16.9
1980	343	-17.1	316	180	0.57	18.1
1981	358	4.4	330	185	0.56	19.1
1982	432	20.7	389	215	0.55	20.3
1983	422	-2.3	398	217	0.55	21.3
1984	549	30.1	506	272	0.54	22.4
1985	629	14.6	563	301	0.53	23.5
1986	701	11.4	651	358	0.55	23.5
1987	824	17.5	767	408	0.53	24.6
1988	1104	34.0	1064	533	0.50	26.4
1989	1210	9.6	1178	578	0.49	28.8
1990	1270	5.0	1131	603	0.53	29.2
1991	1250	-1.6	1029	559	0.54	30.5
1992	1406	12.5	1149	615	0.54	30.6
1993	1741	23.8	1283	753	0.59	30.7
1994	2393	37.4	1732	971	0.56	28.4
1995	3052	27.5	2358	1310	0.56	28.2
1996	3440	12.7	2418	1378	0.57	33.2
1997	3648	6.0	2551	1409	0.55	38.1
1998	3865	5.9	2516	1384	0.55	38.9
1999	4011	3.8	2398	1288	0.54	39.6
2000	4335	8.1	2677	1305	0.49	39.8
2001	4695	8.3	2898	1366	0.47	40.3
2002	5052	7.6	3226	1424	0.44	45.0
2003	5536	9.6	3696	1573	0.43	45.7
2004	6380	15.2	4212	1742	0.41	48.2
2005	7288	14.2	4821	1848	0.38	49.8
2006	8333	14.3	5327	1993	0.37	50.6
2007	9536	14.4	6172	2153	0.35	51.8
2008	10751	12.7	7046	2469	0.35	52.1
2009	11745	9.2	8058	2671	0.33	53.9
2010	13288	13.1	9139	3004	0.33	58.0
2011	15381	15.8	10093	3284	0.33	64.0
2012	17188	11.7	11077	3583	0.32	67.9
2013	20257	10.8	12440	3767	0.30	67.9
2014	22404	10.6	14836	4548	0.31	68.1
2015	24410	9.0	16112	4932	0.31	68.7
2016	26508	8.6	17609	5402	0.31	69.0
2017	28999	9.4	18665	5732	0.31	69.0
2018	31767	9.5	20718	6302	0.30	69.0
2019	34803	9.6	22613	6942	0.31	69.0
2020	37244	7.0	22984	7033	0.31	68.5
2021	41303	10.9	27134	8295	0.31	69.2
2022	44112	6.8	29359	8782	0.30	68.2
2023	47455	7.6	33330	9937	0.30	

9-22　历年市区价格指数

（以上年为 100）

年　份	居民消费价格总指数	商品零售价格总指数
1985	114.9	115.2
1986	106.1	106.1
1987	109.0	109.4
1988	125.1	125.8
1989	115.7	115.7
1990	102.9	102.4
1991	106.8	106.4
1992	109.1	109.2
1993	119.2	118.6
1994	126.7	121.8
1995	116.4	112.6
1996	107.7	104.9
1997	100.3	99.2
1998	100.2	99.4
1999	99.1	98.3
2000	101.4	99.7
2001	100.8	100.3
2002	99.4	99.7
2003	100.0	100.0
2004	104.8	104.4
2005	101.2	101.4
2006	100.0	100.2
2007	104.0	103.8
2008	105.1	106.5
2009	99.2	100.2
2010	104.0	104.1
2011	104.8	105.1
2012	102.0	101.8
2013	102.1	101.7
2014	102.3	100.8
2015	101.0	99.6
2016	101.6	100.5
2017	101.8	101.4
2018	102.2	102.3
2019	103.0	102.9
2020	102.3	101.4
2021	102.1	103.2
2022	102.3	103.7
2023	100.5	

9-23 主要年份市区居民消费价格指数

（以上年为 100）

项目名称	1985 年	1990 年	1995 年	2000 年	2005 年	2010 年	2011 年	2012 年	2013 年	2014 年	2015 年
居民消费价格总指数	114.9	102.9	116.4	101.4	101.2	104.0	104.8	102.0	102.1	102.3	101.0
一、食品	123.1	101.8	117.9	98.7	104.0	105.6	109.1	105.2	103.7	101.5	101.7
1.粮食		101.1	114.6	77.1	91.2	114.9	113.1	104.5	103.6	100.9	103.6
#大米（粳米）		100.0	114.0	75.9	89.7	116.4	113.5	106.7	102.9	100.5	103.8
面粉		124.4	118.9	100.0	100.8	113.7	108.5	101.7	109.9	101.3	104.9
2.油脂		107.8	108.4	76.4	93.1	102.6	111.9	104.7	98.1	93.6	94.8
#食用植物油		105.5	107.6	75.3	94.9	100.2	114.3	105.3	100.2	92.0	94.1
3.肉禽及其制品		98.4	122.6	98.9	105.0	101.9	117.6	102.9	105.1	101.1	104.7
#猪肉		94.2	128.8	98.1	102.3	101.8	128.1	97.4	99.7	97.5	107.7
鸡		104.8	111.9	100.3	104.9	103.3	108.9	102.4	111.8	105.1	109.2
4.蛋			114.1	84.2	109.2	107.7	112.5	99.5	102.8	111.1	99.4
5.水产品	155.6	106.6	110.8	110.7	111.9	107.0	108.3	110.8	103.2	100.0	98.6
#淡水鱼					104.8	106.5	115.4	110.8	103.0	96.9	98.3
6.鲜菜	180.1	97.4	125.9	109.3	105.0	112.1	106.8	115.7	108.7	96.4	110.8
7.干菜及菜制品					102.5	106.1	103.3	99.9	107.8	104.4	101.4
8.调味品		128.0	114.8	100.1	104.2	102.4	102.6	101.6	103.2	100.5	100.7
9.糖			128.8	100.9	102.3	112.3	107.7	102.4	101.6	101.9	101.2
#食糖		106.5	127.5	101.6	108.4	142.2	115.2	103.8	100.5	104.3	100.0
糖果		114.0	129.5	100.5	100.0	104.8	105.0	101.4	100.0	100.0	102.3
10.茶及饮料					100.5	102.5	99.9	104.7	100.7	101.2	99.8
#饮料					100.6	102.7	99.6	106.1	100.9	103.2	100.1
11.鲜瓜果		98.5	131.6	85.5	115.0	112.2	121.0	105.1	104.9	115.8	97.0
12.干果		103.6	133.9	101.1	91.0	102.2	112.3	104.8	107.0	103.5	103.3
13.糕点饼干面包		117.0	106.4	103.3	97.0	103.9	106.0	100.5	100.8	103.7	100.4
14.液体乳及乳制品		103.0	135.1	100.7	98.1	101.7	104.4	100.8	101.8	102.8	98.2
15.在外用膳食品			132.9	105.5	104.5	101.5	103.0	101.2	102.0	100.4	101.1
二、烟酒及用品					98.3	101.0	102.4	101.8	99.8	100.2	102.5
#烟草		100.4	89.7	94.9	96.9	100.1	100.0	100.0	100.0	100.0	103.4
酒					101.5	103.4	109.6	106.7	99.4	100.7	100.3
三、衣着	102.4	106.7	119.8	100.8	96.9	101.3	103.3	100.0	108.1	106.2	101.0
1.服装			127.9	100.3	94.9	103.1	104.0	100.5	110.1	105.3	100.8

9-23 主要年份市区居民消费价格指数（续表 1）

（以上年为 100）

项目名称	1985 年	1990 年	1995 年	2000 年	2005 年	2010 年	2011 年	2012 年	2013 年	2014 年	2015 年
2.衣着材料			104.7	106.9	103.7	112.8	114.1	100.8	104.4	105.7	99.1
3.鞋袜帽			109.2	99.2	100.0	95.0	99.9	98.0	101.3	109.5	101.9
#鞋		112.5	106.3	98.9	100.0	94.1	99.1	97.8	101.3	109.7	101.9
4.衣着加工服务					100.0	100.0	103.7	101.8	102.5	115.8	105.6
四、家庭设备用品及维修服务		104.2	103.4	100.2	98.0	101.1	103.0	102.1	103.1	102.9	101.4
#1.耐用消费品			101.2	99.8	95.7	99.3	100.3	101.3	103.4	101.9	100.4
2.床上用品			117.8	101.0	100.0	102.6	107.2	104.7	105.2	100.2	99.8
3.家庭日用杂品	105.0	124.4	115.7	100.1	100.2	103.1	101.3	100.2	102.2	100.2	102.9
4.家庭服务及加工维修服务					100.0	105.0	115.1	107.0	102.3	114.2	103.3
五、医疗保健及个人用品					99.4	105.4	105.0	102.1	101.4	102.0	102.1
1.医疗保健		98.5	119.9	101.8	98.9	106.9	105.3	102.6	101.9	102.7	103.3
#医疗保健服务		109.4	100.0	100.0	110.3	101.8	100.0	100.3	100.7	113.1	100.0
2.个人用品及服务					100.6	101.6	103.9	100.1	99.9	99.8	97.9
六、交通及通信					98.1	102.4	101.2	99.0	98.7	101.1	98.6
1.交通					100.9	103.6	101.8	98.7	98.3	101.6	98.4
#交通工具			99.9	98.9	97.8	100.7	97.9	96.1	97.7	102.1	104.9
2.通信					95.6	100.9	99.5	99.6	99.7	99.7	99.3
#通信工具			96.3	98.6	83.5	102.4	92.4	96.1	97.5	97.2	93.4
通信服务					100.1	100.6	100.5	100.0	100.0	100.0	100.0
七、娱乐教育和文化用品及服务		94.9	118.1	97.3	98.9	102.3	100.1	99.4	100.4	100.7	102.4
1.文娱用耐用消费品及服务		92.4	101.5	93.4	97.5	101.3	97.0	93.6	95.2	93.3	103.0
2.教育					100.0	100.0	100.0	100.1	100.8	102.4	104.1
#教材及参考书			106.0	107.3	100.2	100.3	100.9	101.3	100.5	99.9	97.9
学杂托幼费		119.3	131.1	139.8	100.0	100.0	100.0	100.1	100.9	102.5	104.4
3.文化娱乐类	100.7	94.9	139.5	99.9	100.0	103.1	101.9	100.9	100.4	99.9	101.2
#文娱费		116.6	133.8	105.5	100.0	104.9	100.0	100.1	100.6	100.0	100.0
4.旅游及外出					96.3	108.5	101.7	100.2	102.3	100.2	96.8
八、居住			123.4	109.6	107.5	106.8	105.9	102.1	101.0	104.0	99.7
#建筑及装修材料		95.5	96.3	99.5	99.9	103.0	102.3	100.3	100.9	100.4	98.7
房租		100.0	192.2	100.0	100.0	106.7	110.3	103.9	101.4	106.1	103.1
水、电、燃料		101.6	110.8	114.0	113.7	109.2	104.3	100.6	100.1	102.7	96.1

9-23 主要年份市区居民消费价格指数（续表 2）

（以上年为 100）

项目名称	2016 年	2017 年	2018 年	2019 年	2020 年	2021 年	2022 年	2023 年
居民消费价格总指数	101.6	101.8	102.2	103.0	102.3	102.1	102.3	100.5
一、食品烟酒	103.5	100.3	101.8	105.7	107.8	102.4	103.6	100.8
1.食品	103.8	99.7	101.9	107.3	109.4	102.5	103.8	99.5
(1)粮食	101.8	99.9	102.3	99.6	99.4	102.1	102.2	99.0
大米	101.3	100.0	100.0	100.0	100.0	100.6	100.1	100.1
面粉	101.5	104.2	112.8	100.2	100.0	102.0	114.0	100.1
其他粮食	113.5	99.7	97.9	97.2	104.4	102.8	100.4	100.0
粮食制品	101.1	99.2	109.8	98.7	96.5	107.0	107.6	95.6
(2)薯类	104.0	101.6	102.8	102.2	105.5	102.4	107.6	99.8
薯类	104.0	101.6	102.8	102.2	105.5	102.4	107.6	99.8
(3)豆类	99.5	102.9	104.5	107.3	110.3	104.7	100.8	100.7
干豆	101.5	100.0	100.0	100.0	102.4	105.7	104.5	101.3
豆制品	99.1	103.5	105.4	108.7	111.7	104.6	100.2	100.5
(4)食用油	100.4	102.5	100.8	101.4	103.8	109.5	100.6	99.6
食用植物油	99.6	102.7	101.2	100.2	100.6	110.7	101.4	99.5
食用动物油	122.2	98.4	92.6	129.0	159.8	85.2	80.2	104.7
(5)菜	116.6	93.5	106.7	101.4	107.9	106.3	105.0	102.9
鲜菜	118.6	92.2	107.4	101.7	109.4	108.1	105.1	102.0
干菜及菜制品	102.0	104.1	101.2	99.0	96.0	92.6	102.9	117.4
(6)畜肉类	109.4	97.4	97.1	123.9	139.9	82.8	96.6	106.6
猪肉	113.4	96.0	95.4	130.9	150.7	73.3	95.2	93.8
牛肉	101.3	99.8	100.2	109.2	111.7	104.1	102.0	88.5
羊肉	95.6	100.3	103.8	125.3	97.4	106.3	95.6	97.5
畜肉副产品	109.8	100.4	95.4	126.4	158.1	80.3	87.1	99.3
其他畜肉及制品	104.1	98.7	101.4	103.9	106.9	98.7	104.2	96.1
(7)禽肉类	97.1	97.9	104.2	108.4	104.6	95.5	104.7	102.8
鸡	97.7	97.5	101.3	109.6	106.5	91.2	103.0	104.6
鸭	96.7	95.0	110.3	107.6	94.3	97.6	110.3	100.1
其他禽肉及制品	96.4	102.0	103.2	107.2	112.3	100.9	101.8	109.6
(8)水产品	103.9	107.3	101.8	97.2	102.4	118.3	102.6	106.4
淡水鱼	103.9	108.7	101.3	97.4	108.6	135.1	99.5	96.5
海水鱼	108.5	100.7	98.8	103.4	103.4	98.9	103.8	97.0
虾蟹类	104.9	109.7	101.3	92.0	94.7	118.4	99.5	103.4
其他水产品及制品	98.7	103.7	106.7	103.3	102.9	106.6	116.1	89.1
(9)蛋类	97.8	97.4	107.6	103.9	93.4	107.4	103.5	105.1
鸡蛋	98.2	97.8	106.3	104.2	91.8	109.1	103.6	99.4
其他蛋及制品	96.8	96.7	110.7	103.2	97.2	103.2	103.4	97.3
(10)奶类	98.2	100.2	102.9	102.4	104.0	104.0	103.4	105.0
鲜奶	95.9	99.5	104.5	101.7	99.4	105.7	103.6	99.2
酸奶	100.7	93.6	97.3	105.7	102.0	99.6	103.6	100.7
奶粉	100.0	103.2	102.6	99.6	111.9	103.6	103.7	98.1
其他奶制品	99.0	103.1	104.1	108.2	102.4	103.8	100.1	97.2
(11)干鲜瓜果类	95.3	101.0	101.4	117.2	91.6	111.3	113.6	101.5
鲜瓜果	94.8	101.1	100.3	121.5	90.7	114.5	115.9	103.2
坚果	96.7	100.8	107.5	103.1	95.6	97.8	103.3	103.5
瓜果制品	97.9	100.4	100.2	104.3	94.2	107.6	108.0	103.4

9-23 主要年份市区居民消费价格指数（续表 3）

（以上年为 100）

项目名称	2016 年	2017 年	2018 年	2019 年	2020 年	2021 年	2022 年	2023 年
(12)糖果糕点类	99.2	101.0	99.5	100.7	100.7	100.4	104.6	99.1
食糖	92.6	114.0	109.3	99.9	99.3	93.0	110.7	98.8
糖果	102.4	101.2	100.8	103.6	99.9	102.2	102.9	107.0
糕点	97.3	99.2	97.5	100.9	99.7	101.2	105.1	97.2
其他糖果糕点	103.0	100.7	99.0	98.4	103.9	99.0	100.9	97.7
(13)调味品	101.4	102.7	102.9	100.8	98.5	103.8	104.0	101.4
食用盐	100.1	100.3	100.0	100.0	96.5	102.6	102.0	99.9
酱油	100.9	113.9	107.8	99.9	99.6	104.3	108.3	101.2
食醋	102.9	87.6	102.0	100.0	95.0	101.9	101.4	100.4
调味酱	95.2	98.4	96.8	101.0	95.6	102.2	101.5	96.2
味精	105.5	99.6	100.0	99.7	99.2			100.9
其他调味品	104.0	104.7	104.2	104.8	101.7	105.2	102.7	99.9
(14)其他食品类	102.6	99.4	103.9	100.9	99.9	98.4	105.3	104.0
方便食品	102.7	100.3	105.7	100.3	100.1	97.6	104.0	106.5
淀粉及制品	102.2	101.7	100.4	100.3	101.8	100.8	107.1	101.0
膨化食品	102.5	96.0	100.9	103.0	98.3			99.6
2.茶及饮料	100.6	100.1	102.6	99.3	100.8	102.3	103.2	100.0
茶叶	100.2	100.2	101.5	100.4	105.4	104.5	101.4	99.7
固体咖啡	95.4	93.7	99.9	100.5	99.9	99.9	101.8	101.2
其他固体饮料	102.3	108.4	108.7	94.8	91.6	115.2	103.9	100.6
饮用水	104.4	96.1	101.0	97.8	99.6	100.1	109.4	97.3
果汁饮料	102.1	97.5	105.4	103.6	105.4	98.0	103.0	107.3
其他液体饮料	99.4	101.8	102.0	98.3	97.8	99.9	102.6	98.6
3.烟酒	100.6	99.8	100.2	100.2	101.4	100.0	105.6	101.3
(1)烟草	101.6	100.0	100.0	100.0	100.2	100.4	107.9	101.3
烟草	101.6	100.0	100.0	100.0	100.2	100.4	107.9	101.3
(2)酒类	98.5	99.2	100.7	100.7	104.0	99.2	100.2	101.2
白酒	97.3	100.1	99.8	103.2	103.3	98.9	100.1	98.8
葡萄酒	100.8	95.3	104.2	96.2	114.6	102.0	104.2	98.3
啤酒	97.1	100.4	100.2	100.0	95.9	100.0	97.0	104.6
其他酒类	100.0	100.0	100.0	100.0	103.1	96.8	100.1	108.0
4.在外餐饮	103.9	102.2	101.9	104.1	106.2	103.2	102.4	104.1
正餐	102.8	102.5	104.1	105.1	108.0	103.9	104.6	106.3
快餐	104.1	101.9	99.0	101.2	103.9	100.1	94.1	98.7
地方小吃	112.0	106.4	102.9	109.2	111.0	102.6	99.6	102.4
其他在外餐饮	101.9	98.5	101.6	105.4	101.1	103.5	104.0	100.7
二、衣着	102.5	101.1	101.6	102.2	99.5	102.2	100.9	99.8
1.服装	102.9	101.1	102.3	102.5	98.9	101.2	100.3	100.0
(1)男式服装	105.0	105.7	102.7	103.1	101.1	101.8	100.8	99.8
男式西服	107.8	108.5	101.8	101.0	99.7		104.8	98.5
男式冬衣	102.6	118.8	112.7	103.3	99.5			100.1
男式夹克衫	99.1	110.6	99.4	102.1	105.4			100.0
男式毛线衣	121.7	98.1	107.0	101.9	98.8	103.7	101.4	102.1
男式运动装	99.5	90.9	89.2	100.7	102.3			96.9
男式衬衫 T 恤	106.4	103.4	100.0	105.8	100.0	98.0	97.4	100.9
男式裤子	105.4	110.8	108.0	102.5	101.2	104.2	97.7	100.3
男式内衣	105.4	101.4	108.4	105.6	103.1	101.8	98.2	102.1

9-23　主要年份市区居民消费价格指数（续表 4）

（以上年为 100）

项目名称	2016 年	2017 年	2018 年	2019 年	2020 年	2021 年	2022 年	2023 年
(2)女式服装	102.1	98.8	100.6	102.6	97.1	100.7	99.3	103.3
女式外套	101.5	99.1	98.3	104.5	94.8	101.0	98.0	102.6
女式冬衣	104.1	105.7	102.7	103.4	96.0			98.6
女式毛线衣	105.7	107.0	103.6	100.9	103.1	107.6	98.6	98.7
女式运动装	99.6	92.7	90.0	98.9	99.8			95.8
女式衬衫 T 恤	100.6	93.6	102.6	101.4	98.4	97.4	99.5	98.4
女式裤子	102.7	101.9	101.3	103.5	91.5	100.2	100.3	94.2
女式裙子	101.6	86.5	95.2	99.1	101.9	99.6	103.4	92.0
女式内衣	101.5	103.4	108.9	104.5	97.3	96.7	97.1	103.7
(3)儿童服装	99.6	95.4	109.0	99.5	98.1	101.2	102.1	96.7
婴幼服装	116.9	103.6	110.4	98.6	105.8	102.5	104.2	100.7
儿童上衣	94.3	94.7	108.4	97.9	95.7	104.3	104.4	101.2
儿童裤子	96.5	88.3	108.5	104.4	96.0	98.3	98.7	100.0
儿童裙子	91.7	93.8	108.2	97.6	91.3	96.0	98.9	100.3
2.服装材料	100.9	99.4	102.1	118.6	100.0		101.4	103.9
服装材料	100.9	99.4	102.1	118.6	100.0			105.4
3.其他衣着及配件	101.2	99.7	98.7	100.6	100.0	100.6	101.4	99.3
袜子	100.8	100.1	100.0	100.0	100.3	100.4	101.9	98.9
帽子	97.3	107.9	103.4	99.9	99.8	98.6	100.0	98.8
其他衣着配件	102.3	97.7	96.6	101.2	99.8	101.4	101.5	101.0
4.衣着加工服务费	103.6	104.5	101.9	103.5	100.1	104.2	101.1	97.4
衣着洗涤保养	100.5	105.9	100.5	100.0	100.0	104.4	102.1	99.7
衣着加工	112.3	101.0	105.8	112.3	100.2			100.0
5.鞋类	101.0	100.9	99.1	100.5	101.7	106.5	103.2	100.0
(1)鞋	101.0	100.9	99.1	100.4	101.4	106.7	103.2	100.2
男鞋	96.7	106.0	102.0	102.0	103.1	112.4	103.3	99.5
女鞋	103.2	97.4	97.1	98.8	100.0	103.4	103.4	100.0
童鞋	102.8	107.9	101.7	105.1	104.0	106.9	101.8	99.5
(2)鞋类加工服务	100.0	100.0	100.0	106.6	118.6	100.0	105.7	102.6
鞋类加工服务	100.0	100.0	100.0	106.6	118.6	100.0	105.7	100.0
三、居住	101.1	105.1	104.0	100.9	100.0	100.1	100.7	97.2
1.租赁房房租	102.6	106.3	104.9	100.0	99.3	99.9	100.0	100.0
公房房租	100.0	100.0	100.0	100.0	100.0	100.0	100.0	95.9
私房房租	102.7	106.6	105.1	100.0	99.2	99.9	100.0	100.0
2.住房保养维修及管理	99.9	102.7	103.5	105.9	103.5	101.6	103.2	100.8
(1)住房装潢材料	99.8	103.6	105.9	103.8	100.1	102.3	103.6	102.6
木地板	95.5	103.7	111.2	103.9	101.5	103.3	105.6	101.4
瓷砖	98.9	98.1	100.5	106.5	100.0	102.5	100.5	100.0
水泥	97.7	114.0	119.0	99.8	95.1	106.6	91.7	100.1
涂料	100.0	100.1	100.0	100.0	100.0	102.8	107.9	105.2
板材	100.0	102.4	112.5	108.3	100.0	101.5	103.7	100.0
管材	100.0	102.6	109.3	100.0	100.0	105.9	110.8	108.8
厨卫设备	99.5	104.0	101.2	102.9	100.0	100.0	100.5	100.0
门窗	104.6	108.4	98.8	100.0	99.9	101.3	103.1	100.6
其他住房装潢材料	100.7	102.5	111.5	108.7	100.4	103.3	108.6	100.0
(2)物业管理费	100.0	100.0	100.0	100.0	113.0	100.0	100.0	100.0
物业管理费	100.0	100.0	100.0	100.0	113.0	100.0	100.0	100.0

9-23 主要年份市区居民消费价格指数（续表5）

（以上年为100）

项目名称	2016年	2017年	2018年	2019年	2020年	2021年	2022年	2023年
(3)住房装潢维修	100.0	102.7	101.7	113.0	103.9	101.6	102.8	100.0
装潢维修费	100.0	103.3	102.0	115.8	104.7	100.9	104.8	102.4
其他住房费用	100.0	100.0	100.0	100.0	100.0	100.0	100.0	100.0
3.水电燃料	98.6	103.8	101.9	100.5	99.0	100.6	101.8	105.6
(1)水	102.5	113.1	105.0	100.0	100.0	100.0	100.0	100.0
水	102.5	113.1	105.0	100.0	100.0	100.0	100.0	100.0
(2)电	100.0	100.0	100.0	100.0	100.0	100.0	100.0	99.6
电	100.0	100.0	100.0	100.0	100.0	100.0	100.0	99.6
(3)燃气	92.9	107.5	104.3	102.0	96.2	102.1	107.9	100.7
管道燃气	100.0	100.0	100.0	100.0	100.0	100.0	100.0	100.1
液化石油气	86.7	115.0	108.1	103.5	93.3	105.7	121.0	99.9
(4)取暖费	100.0	100.0	100.0	100.0	100.0			101.6
取 暖 费	100.0	100.0	100.0	100.0	100.0			100.0
(5)其他燃料	100.0	101.2	101.6	100.0	100.0	101.4	100.0	101.2
其他燃料	100.0	101.2	101.6	100.0	100.0	101.4	100.0	97.4
4.自有住房	101.9	105.9	104.5	100.0	99.6	99.7	99.9	98.8
自有住房	101.9	105.9	104.5	100.0	99.6	99.7	99.9	99.6
四、生活用品及服务	100.0	100.5	101.3	102.1	101.9	102.6	102.3	102.0
1.家具及室内装饰品	100.3	99.8	100.4	101.0	99.9	100.2	102.2	101.6
(1)家具	100.3	100.2	100.5	100.8	99.9	100.1	102.7	102.3
柜	103.0	101.2	101.6	100.4	99.5	99.8	100.0	100.0
床	100.0	100.0	99.9	100.0	100.2	101.3	102.5	100.4
桌	100.2	100.5	102.9	100.6	100.0	100.0	102.7	99.6
椅	98.3	100.1	99.8	100.0	99.8	96.5	99.4	97.3
沙发	99.2	99.7	99.1	101.6	99.7	100.4	105.3	100.2
其他家具	101.3	99.6	100.0	102.8	100.5	100.6	104.7	101.5
(2)室内装饰品	99.8	97.0	100.1	102.6	100.2	101.0	98.8	98.0
灯具	101.1	98.9	98.6	99.1	102.8	101.5	98.4	103.5
其他室内装饰品	99.1	95.9	100.9	104.6	98.8	100.6	99.1	104.1
2.家用器具	100.0	100.6	100.7	100.8	99.9	104.3	102.7	103.6
(1)大型家用器具	100.0	100.5	101.1	100.6	99.7	104.8	102.8	99.9
洗衣机	99.6	101.3	100.1	105.2	103.5	106.7	99.7	102.8
电冰箱(柜)	98.7	100.6	100.8	101.4	101.1	108.3	99.0	98.6
抽油烟机	97.8	101.0	102.7	101.7	100.3	103.8	101.5	98.2
空调器	102.5	100.8	102.1	100.9	97.4	104.4	106.3	99.1
热水器	105.9	103.5	98.1	98.2	101.0	106.0	108.4	101.8
炉具灶具	95.7	103.9	104.6	100.7	100.2	101.9	99.9	101.6
微波炉	101.4	100.8	100.5	99.9	103.4			100.5
其他大型家用器具	94.5	96.0	99.8	95.7	99.2	100.6	101.2	103.5
(2)小家电	99.9	101.0	99.0	101.7	101.0	102.3	102.5	100.0
厨房小家电	100.3	103.2	99.5	101.0	101.7	103.2	101.8	100.0
生活小家电	99.4	98.3	98.3	102.7	100.1	101.0	103.4	100.0
3.家用纺织品	96.4	95.3	101.7	107.2	108.3	102.7	102.2	105.5
(1)床上用品	96.9	94.3	101.6	108.4	110.6	103.1	102.9	105.5
被子	95.1	93.4	102.4	116.6	114.8	100.0	99.9	100.6
床单被套	97.4	94.0	101.1	100.5	104.7	111.0	106.5	100.8
其他床上用品	101.9	97.6	100.0	100.6	109.0	95.4	103.8	99.1

9-23 主要年份市区居民消费价格指数（续表 6）

（以上年为 100）

项目名称	2016 年	2017 年	2018 年	2019 年	2020 年	2021 年	2022 年	2023 年
(2)窗帘门帘	94.5	98.1	100.1	101.1	100.7	98.9	100.0	98.5
窗帘门帘	94.5	98.1	100.1	101.1	100.7	98.9	100.0	103.4
(3)其他家用纺织品	93.4	103.8	105.4	103.4	92.8	102.2	98.8	101.2
其他家用纺织品	93.4	103.8	105.4	103.4	92.8	102.2	98.8	100.4
4.家庭日用杂品	101.4	102.1	102.0	101.6	101.4	102.9	101.7	103.0
(1)洗涤卫生用品	102.3	104.9	102.6	101.3	101.7	102.6	101.9	100.5
清洗用品	99.2	104.3	101.3	103.9	108.3	100.3	99.0	100.1
清洁用具	99.1	99.2	96.3	98.7	98.8	101.1	98.3	98.7
清洁用纸	109.3	109.0	107.5	98.8	93.3	105.9	106.9	101.1
(2)厨具餐具茶具	101.0	102.2	103.2	101.4	101.1	100.3	99.8	100.9
厨具	101.2	104.5	105.7	100.5	102.8	102.7	101.9	102.3
餐具	101.4	99.3	100.0	101.4	99.8	96.1	96.9	102.1
茶具	98.4	101.8	102.5	105.1	97.7	101.6	99.4	101.0
(3)家用手工工具	100.8	102.4	110.2	102.4	100.4			103.0
家用手工工具	100.8	102.4	110.2	102.4	100.4			101.3
(4)其他家庭日用杂品	100.5	98.6	100.2	102.1	101.3	104.5	102.3	100.6
配电附件	98.2	103.8	106.4	100.4	101.2	109.9	105.4	102.7
雨具	100.0	96.3	98.4	100.0	97.6	98.5	103.5	106.3
其他日用杂品	102.1	95.9	96.5	103.9	102.3	103.1	99.5	99.6
5.个人护理用品	98.7	97.2	97.7	101.6	101.7	99.6	102.8	97.4
(1)化妆品	99.2	98.5	96.7	100.0	102.0	99.7	102.4	102.2
清洁化妆品	97.4	99.2	100.3	101.2	100.7	96.8	103.6	100.5
护肤化妆品	99.5	98.0	94.4	99.4	102.7	101.9	101.6	101.0
彩妆化妆品	100.0	99.8	99.9	100.5	101.2	96.7	103.1	100.0
化妆器具	100.0	95.5	97.8	99.1	101.3	100.0	102.8	100.0
(2)其他护理用品类	98.0	95.5	99.0	103.9	101.4	99.3	103.8	100.2
清洁类护理用品	95.7	99.3	100.5	108.6	106.1	104.5	104.5	98.2
护发美发用品	100.2	100.7	100.5	100.4	98.6	100.8	100.8	97.7
护理器具	100.8	101.3	99.8	100.0	100.9	99.1	101.7	96.5
其他护理用品	98.8	82.2	94.4	99.6	93.6	90.4	106.3	95.2
6.家庭服务	103.2	109.5	107.9	104.4	104.8	105.1	101.7	99.5
家政服务	104.4	112.8	110.4	105.6	106.1	107.6	102.1	99.0
家庭维修服务	100.0	100.0	100.0	100.0	100.1	107.3	104.7	100.9
五、交通和通信	98.1	100.1	101.9	99.9	96.7	104.7	104.8	100.3
1.交通	98.1	101.9	104.3	99.5	96.2	105.1	106.3	94.5
(1)交通工具	96.3	99.4	100.4	100.7	98.8	100.0	100.3	94.4
小型汽车	96.1	99.3	100.4	100.4	98.7	100.2	99.7	94.0
新能源小汽车							103.0	99.2
电动自行车	99.2	101.7	102.0	110.0	101.7	100.5	99.7	100.3
自 行 车	100.0	98.3	99.7	103.1	104.8	102.2	100.8	100.0
其他交通工具	100.0	100.0	100.0	100.0	97.1	98.4	100.4	100.0
(2)交通工具用燃料	95.8	109.0	112.3	94.2	86.2	116.9	120.7	100.0
汽油	95.5	109.3	112.8	94.0	85.8	117.5	121.3	100.7
柴油	98.8	108.5	114.1	93.7	84.5	119.4	123.2	105.9
其他车用能源	100.0	100.0	100.0	100.0	100.0	100.0	100.5	100.0

9-23　主要年份市区居民消费价格指数（续表 7）

（以上年为 100）

项目名称	2016 年	2017 年	2018 年	2019 年	2020 年	2021 年	2022 年	2023 年
(3)交通工具使用和维修	102.4	99.8	108.5	105.8	102.3	100.9	102.7	100.0
停车费	100.0	100.0	113.1	112.1	102.4	100.0	100.0	129.1
车辆使用费	100.0	100.0	100.0	100.0	109.8	102.9	103.0	100.7
交通工具零配件	100.0	97.3	99.5	103.5	99.8	101.8	101.4	102.5
车辆修理与保养	106.4	101.3	117.0	107.4	100.7	99.6	104.6	99.8
(4)交通费	102.7	101.1	100.4	99.5	98.1	103.9	98.9	100.6
市内公共交通	100.0	100.0	100.0	100.0	100.0	100.0	100.0	98.1
出租汽车	100.0	100.0	100.0	100.0	100.0	100.0	100.0	100.3
飞机票	111.9	104.1	99.0	95.4	91.9	112.4	91.9	101.1
火车票	100.5	100.0	103.3	103.2	100.3	103.1	100.0	101.2
长途汽车	100.0	100.4	100.0	100.0	100.1	106.7	106.7	98.5
其他交通费	98.2	100.0	100.0	100.0	100.0	101.2	99.4	100.0
2.通信	98.1	96.8	97.2	100.8	97.8	102.9	99.4	100.0
(1)通信工具	93.2	93.6	98.3	104.3	100.3	110.4	97.8	100.0
固定电话机	98.8	99.1	97.0	101.5	100.4		97.8	100.0
移动电话机	92.9	93.2	98.3	104.5	100.5			99.5
通信工具零配件	100.1	100.2	100.0	100.0	94.9	98.2	97.9	99.5
(2)通信服务	99.7	97.8	96.2	99.7	97.0	100.0	100.0	102.0
固定电话费	97.7	99.2	100.0	100.0	100.0		100.0	99.5
移动通信费	100.0	100.0	94.7	100.0	100.0			105.0
上 网 费	100.0	90.6	98.7	98.6	85.7	100.0	100.0	99.3
其他通信服务	100.0	100.0	100.0	100.0	100.0	100.0	100.0	100.0
(3)邮递服务	99.9	100.0	115.1	100.0	98.2	99.4	100.3	111.0
邮政邮寄	100.0	100.0	100.0	100.0	100.0		100.3	97.0
快递服务	99.8	100.0	118.8	100.0	97.8			99.3
六、教育文化和娱乐	102.2	101.8	101.9	104.1	102.0	103.9	101.0	100.0
1.教育	103.1	102.0	102.4	104.9	103.3	103.8	101.2	100.0
(1)教育用品	99.7	99.2	100.7	100.8	99.6	101.8	105.8	98.3
工具书	100.0	100.0	101.4	102.0	100.0	100.4	100.0	95.9
教材	100.0	100.0	100.9	102.2	100.7	101.1	102.2	100.0
参考资料	100.0	100.0	101.4	103.7	100.1	102.9	111.9	100.0
其他教育用品	98.1	95.1	97.8	90.1	95.4	100.8	96.7	100.0
(2)教育服务	103.2	102.1	102.5	105.1	103.4	103.8	101.0	100.0
学前教育	108.2	108.1	106.4	104.8	110.3	111.1	100.0	106.3
小学初中教育	100.0	101.7	104.5	104.3	105.7	104.7	100.0	100.8
高中中职教育	100.0	101.9	103.7	102.6	105.6	102.2	103.1	105.2
高等教育	102.6	100.0	100.0	100.0	100.0	100.0	99.6	101.8
课外教育	104.0	101.3	102.0	114.1	100.9	106.9	103.4	101.2
专业技能培训	105.1	101.4	100.0	105.9	101.1	100.0	100.0	96.7
2.文化娱乐	101.1	101.5	101.3	102.9	100.2	104.2	100.8	100.6
(1)文娱耐用消费品	98.6	98.3	101.7	99.4	100.4	109.1	99.5	100.4
电视机	109.1	93.0	104.8	101.1	101.5	117.8	97.5	100.1
照相机	92.4	100.2	91.1	103.1	101.3	99.0	103.7	98.6
台式计算机	98.5	98.3	95.9	98.5	99.3	100.2	101.0	98.0
笔记本平板	94.8	103.1	105.7	96.3	99.9	98.5	99.2	99.7
乐器	100.0	100.0	100.6	106.5	94.7	112.0	104.2	103.6
音响	100.4	99.6	97.2	93.6	106.1	100.6	100.8	95.7

9-23 主要年份市区居民消费价格指数（续表 8）

（以上年为 100）

项目名称	2016 年	2017 年	2018 年	2019 年	2020 年	2021 年	2022 年	2023 年
可穿戴智能设备						98.8	105.3	102.5
其他文娱耐用消费品	85.5	98.1	101.2	101.0	100.3	102.7	95.1	99.6
(2)其他文娱用品	98.7	99.6	102.8	102.5	99.3	99.7	100.9	97.2
书报杂志	100.0	102.6	109.9	110.1	101.0	100.0	101.9	98.0
纸张文具	99.8	97.1	102.3	100.2	98.7	96.9	105.5	98.8
体育户外用品	99.7	100.0	100.1	100.0	99.7	99.6	102.4	100.8
游戏用品和玩具	100.0	99.6	99.6	100.0	100.0	100.2	99.7	99.3
园艺花卉及用品	93.5	90.8	100.0	100.0	97.5	98.1	100.6	101.3
宠物及用品	90.4	105.8	102.6	95.4	99.3	101.7	101.6	100.0
其他文化娱乐用品	100.1	99.9	101.2	101.7	94.1	101.9	94.9	100.0
(3)文化娱乐服务	100.6	103.7	100.7	100.0	100.2	101.1	99.5	100.0
电影票	100.0	100.0	100.0	100.0	102.4	105.5	92.5	102.1
景点门票	102.6	112.6	100.0	100.0	100.0	100.0	100.0	100.0
有线电视	100.0	100.0	100.0	100.0	100.0	100.0	100.0	104.0
健身活动	100.4	100.1	100.0	100.0	99.8	99.8	100.0	114.9
其他文娱服务	99.5	104.1	105.4	99.9	99.7	100.0	102.0	115.4
(4)旅游	103.4	102.6	100.9	105.8	100.3	105.5	102.4	109.3
旅行社收费	103.7	102.9	101.0	106.3	100.3	105.3	101.6	102.4
其他旅游	100.0	100.0	100.0	100.0	100.0	108.2	111.4	102.0
七、医疗保健	101.2	102.8	101.5	104.9	99.1	102.6	101.6	114.9
1.药品及医疗器具	103.0	106.9	103.0	106.8	97.9	100.8	104.1	132.7
(1)中药	103.9	106.6	102.5	101.2	100.4	101.2	100.8	106.9
中药材	99.5	100.0	100.0	100.0	105.6	104.2	94.7	98.1
中成药	105.7	109.3	103.4	101.6	98.6	99.9	103.8	101.3
(2)西药	99.6	104.1	102.3	100.4	94.7	103.0	110.7	102.9
抗微生物药	90.4	100.0	93.4	94.2	94.1		150.5	77.0
消化系统用药	113.8	107.8	93.1	97.7	97.8	98.9	103.6	95.2
呼吸系统用药	100.0	110.0	120.7	101.1	93.1	99.0	92.9	99.3
解热镇痛药	99.3	100.8	100.3	102.4	100.3	98.5	95.6	91.9
抗肿瘤药	95.4	118.6	109.7	106.8	100.4	98.6	103.2	92.9
激素及影响内分泌药	109.9	103.9	105.3	99.6	100.3	100.2	88.8	97.4
心血管系统用药	107.2	102.0	94.2	96.9	65.0	99.1	97.9	103.4
血液系统用药	75.8	100.0	157.1	112.2	101.7	108.4	100.0	103.3
治疗精神障碍药	97.9	108.5	117.6	114.2	104.8	112.7	100.3	99.8
神经系统用药	129.1	99.9	99.9	100.2	102.9	103.8	112.4	98.9
消毒防腐及创伤外科用药	100.8	100.0	98.3	99.6	101.9	87.8	99.6	99.8
泌尿系统用药	98.6	100.4	94.3	97.7	97.2	103.1	93.5	102.6
维生素、矿物质类药	100.6	103.6	112.7	110.7	107.9	99.6	99.7	100.0
调节水、电解质及酸碱平衡药	88.6	100.3	100.0	99.8	99.8	103.8	101.9	100.0
(3)滋补保健品	111.9	115.5	105.5	122.1	99.7	94.6	94.7	100.0
滋补保健品	111.9	115.5	105.5	122.1	99.7	94.6	94.7	100.0
(4)医疗卫生器具	99.8	99.9	101.1	103.4	103.3	102.6	99.9	100.0
医疗卫生器具	99.8	99.9	101.1	103.4	103.3	102.6	99.9	100.0
(5)保健器具	94.7	100.3	100.0	100.0	96.0	99.5	100.2	102.5
保健器具	94.7	100.3	100.0	100.0	96.0	99.5	100.2	107.7
2.医疗服务	100.0	100.2	100.5	103.5	100.0	103.4	100.5	100.0
(1)综合医疗类	100.0	100.8	101.4	106.2	100.0	116.0	103.0	119.0

9-23 主要年份市区居民消费价格指数（续表 9）

（以上年为 100）

项目名称	2016 年	2017 年	2018 年	2019 年	2020 年	2021 年	2022 年	2023 年
一般医疗服务	100.0	101.1	102.4	114.1	100.0	100.0	107.0	105.7
一般治疗操作	100.0	100.4	100.4	100.0	100.0	149.6	100.0	100.0
护理	100.0	100.7	100.7	100.0	100.0	110.4	100.0	100.9
其他综合医疗服务	100.0	100.0	100.0	100.0	100.0	100.0	100.0	100.0
(2)诊断类	100.0	100.0	100.2	102.7	100.1	100.0	100.0	100.0
病理学诊断	100.0	100.0	100.0	100.0	100.0	118.3	100.0	102.4
实验室诊断	100.0	100.0	99.7	96.6	100.2	94.9	100.0	100.0
影像学诊断	100.0	100.0	99.6	95.7	100.0	96.8	100.0	100.0
临床诊断	100.0	100.0	103.6	138.5	100.0	121.6	100.0	100.0
(3)治疗类	100.0	100.0	100.4	104.0	100.0	100.0	98.3	100.0
临床手术治疗	100.0	100.0	100.9	110.0	100.0	100.0	96.4	108.7
临床非手术治疗	100.0	100.0	100.0	100.0	100.0	100.0	100.0	108.7
(4)康复类	100.0	100.0	100.0	100.0	100.0	100.0	100.0	100.0
康复医疗	100.0	100.0	100.0	100.0	100.0	100.0	100.0	100.0
(5)中医医疗服务类	100.0	100.3	100.3	100.0	100.0	102.2	100.0	100.0
中医治疗	100.0	100.3	100.3	100.0	100.0	102.2	100.0	100.0
(6)其他医疗服务	100.0	100.0	100.0	100.0	100.0	100.0	107.1	104.4
其他医疗服务	100.0	100.0	100.0	100.0	100.0	100.0	107.1	106.6
八、其他用品和服务	101.4	100.6	99.3	102.3	103.9	96.2	101.2	111.0
1.其他用品类	102.6	100.5	99.3	104.7	108.8	97.9	102.1	116.2
(1)首饰手表	104.8	100.2	98.4	107.5	114.3	96.4	101.9	107.1
金饰品	109.9	100.8	95.9	112.9	122.3	92.9	102.6	100.8
银饰品	106.5	100.6	106.9	100.4	100.2	100.2	103.4	102.9
铂金饰品	93.3	100.9	102.2	97.5	99.7	104.2	98.9	101.9
手表	100.0	95.3	101.3	100.8	100.4	101.7	101.7	102.3
(2)其他杂项用品	99.4	101.1	100.7	100.6	100.2	100.0	101.0	100.2
箱包	100.0	100.8	101.1	100.7	99.1	101.0	101.4	100.4
母婴用品	98.7	102.3	100.5	101.0	102.0	99.6	105.1	98.4
眼镜	99.1	100.0	100.1	99.8	100.0	97.8	100.0	105.3
2.其他服务类	100.6	100.6	99.2	100.7	100.3	94.7	100.4	102.4
(1)旅馆住宿	100.2	100.7	100.4	100.1	104.2	101.9	101.2	115.1
宾馆住宿	99.8	97.1	100.0	102.0	103.5	101.4	103.3	113.0
其他住宿	100.9	105.9	101.0	97.4	105.1	104.3	92.1	124.9
(2)美容美发洗浴	101.6	102.7	99.0	102.3	105.2	101.1	101.5	102.6
美容	100.0	102.3	97.8	100.0	100.0	100.0	100.0	100.0
美发	100.4	101.5	100.7	104.7	108.9	101.8	102.5	104.2
洗浴	112.5	109.1	95.7	99.3	105.3	101.9	101.9	103.7
(3)养老服务	100.0	100.0	100.0	100.0	100.0	100.0	100.0	100.0
养老服务	100.0	100.0	100.0	100.0	100.0	100.0	100.0	100.0
(4)金融保险	100.0	98.6	98.0	100.0	96.2	87.6	99.6	100.0
金融服务	100.0	100.0	100.0	100.0	100.0	97.3	96.1	100.0
车辆保险	100.0	97.7	96.8	100.0	93.8	80.2	100.0	100.0
旅行保险	100.0	100.0	100.0	100.0	100.0	100.0	100.0	100.0
其他保险	100.0	100.0	100.0	100.0	100.0	100.0	100.0	100.0
(5)中介法律及其他服务	101.9	105.3	104.1	100.0	99.7	99.7	100.0	99.8
中介服务	102.3	106.4	104.9	100.0	99.6	99.6	100.0	99.7
法律服务							100.0	100.0
其他服务	100.0	100.0	100.0	100.0	100.0	100.0	100.0	100.0

9-24 主要年份市区商品零售价格指数

（以上年为 100）

指标名称	1985年	1990年	1995年	2000年	2005年	2010年	2011年	2012年	2013年	2014年	2015年
商品零售价格总指数	115.2	102.4	112.6	99.7	101.4	104.1	105.1	101.8	101.7	100.8	99.6
一、食品	123.1	101.8	119.9	97.4	104.2	105.5	108.9	105.1	103.8	101.4	101.6
#1.粮食		101.1	114.6	77.8	91.1	114.9	113.1	104.5	103.7	100.9	103.6
2.油脂		107.8	108.4	76.4	93.1	102.6	111.9	104.7	98.1	93.6	94.8
3.肉禽及其制品					104.9	101.9	117.6	102.8	105.1	101.1	104.7
4.蛋					109.2	107.7	112.5	99.5	102.8	111.1	99.4
5.水产品	155.6	106.6	110.8	110.7	109.5	106.4	106.3	110.7	103.3	99.7	98.3
6.鲜菜	180.1	97.4	126.5	108.7	105.0	112.1	106.8	115.7	108.7	96.4	110.8
7.干菜及菜制品		99.5	104.5	101.8	102.5	106.1	103.3	99.9	107.8	104.4	101.4
8.鲜瓜果		98.5	132.4	88.1	115.0	112.2	121.0	105.1	104.9	115.8	97.0
9.干果		103.6	133.9	101.1	91.0	102.2	112.3	104.8	107.0	103.5	103.3
10.其他食品			120.4	101.1	99.3	101.2	109.8	104.6	101.5	101.0	94.8
11.在外用膳食品			132.9	105.5	104.5	101.3	103.1	101.2	102.0	100.4	101.1
(1)主食			131.4	100.0	100.2	100.5	105.8	101.8	101.4	100.2	101.0
(2)炒菜			131.4	109.1	103.6	100.2	100.1	98.8	101.5	98.6	100.4
(3)地方小吃			137.5	100.0	109.0	107.2	113.0	105.3	101.7	105.2	103.9
二、饮料、烟酒			97.1	96.5	98.1	101.4	102.6	102.7	100.1	100.4	101.7
1.茶及饮料					100.2	102.5	99.8	104.7	100.7	101.3	99.8
#饮料			115.5	98.1	100.7	102.6	99.6	106.1	100.9	103.2	100.1
2.烟草					96.5	100.1	100.0	100.0	100.0	100.0	103.1
3.酒					101.6	103.3	109.2	106.6	99.9	100.7	100.3
三、服装、鞋帽			123.8	99.9	96.6	101.0	103.1	99.9	108.0	106.1	101.0
1.服装			128.7	100.3	94.9	103.0	104.0	100.5	110.1	105.3	100.8
2.鞋袜帽					100.0	95.9	100.0	98.1	101.3	109.4	101.9
#鞋		112.5	106.2	98.9	100.0	94.9	99.1	97.8	101.3	109.7	101.9
3.其他衣着		98.0	144.1	100.3	98.7	100.0	102.7	99.2	97.5	100.4	100.0
四、纺织品			109.6	105.5	101.5	107.3	109.4	103.6	105.1	101.9	99.8
#1.棉布		113.5	135.6	106.2	102.2	113.3	129.4	103.8	100.0	122.1	100.0
2.棉花化纤混纺布		118.5	122.1	141.0	103.4	106.1					
3.化纤布		107.7	99.8	110.0	104.0	121.1	112.2	97.3	104.2	100.5	98.0
4.毛织品		104.2	107.7	91.0	99.7						
5.丝织品		99.8	105.7	101.8	109.8						

9–24　主要年份市区商品零售价格指数（续表 1）

（以上年为 100）

指标名称	1985 年	1990 年	1995 年	2000 年	2005 年	2010 年	2011 年	2012 年	2013 年	2014 年	2015 年
五、家用电器及音像器材					95.4	98.9	99.2	99.2	101.3	99.4	100.7
# 1.家庭设备					92.9	99.3	100.5	101.2	103.1	101.5	100.6
# 洗衣机		96.3	101.2	100.0	93.4	101.5	101.7	101.5	98.5	98.0	99.6
电冰箱（柜）		78.1	96.5	100.0	93.5	100.0	99.8	101.9	105.0	101.8	101.1
抽排油烟机			133.1	97.9	100.5	107.3	99.7	102.5	103.6	104.2	103.3
空调器			94.3	100.4	92.1	95.4	99.5	98.0	102.6	102.2	98.9
热水器					88.0	95.6	100.5	101.8	107.3	102.9	101.4
2.文娱用耐用消费品					98.6	97.5	96.2	95.1	97.9	93.7	103.8
# 彩电		86.8	97.7	86.0	99.8	98.1	95.2	92.2	97.0	84.8	102.9
六、文化办公用品					98.4	100.9	99.0	97.6	98.1	99.4	102.1
七、日用品	105.0	104.2	113.6	100.2	99.2	103.0	103.7	101.4	101.1	100.4	101.2
# 1.日用百货		107.1	115.2	99.9	98.6	100.3	106.3	101.3	101.0	100.6	100.8
2.日用杂品		124.4	114.1	101.3	100.0	110.8	100.9	100.4	102.7	100.6	104.3
八、体育娱乐用品					98.7	97.9	101.6	100.5	100.8	99.8	98.9
九、交通、通信用品					97.0	101.0	98.1	97.6	98.7	100.9	101.5
# 1.交通运输机械					98.3	100.9	98.7	97.6	98.7	101.3	102.5
2.通信器材					84.9	101.7	94.5	97.4	98.4	98.3	95.5
十、家具		99.6	103.8	99.8	99.7	99.4	98.9	100.6	104.0	102.8	99.1
十一、化妆品			101.9	100.3	100.0	100.7	104.8	101.2	102.6	101.1	100.0
十二、金银珠宝			97.0	104.3	101.9	108.7	114.9	96.8	88.9	91.2	92.4
十三、中西药品及医疗保健用品	97.6	98.5	120.2	102.2	97.1	108.3	106.7	103.1	101.6	98.8	103.1
# 1.医疗器具及用品			134.4	100.0	103.3	102.1	102.9	102.9	100.0	100.0	100.0
2.中药材及中成药		95.6	127.9	105.5	97.7	125.7	114.8	106.4	100.0	97.0	100.0
3.西药		110.1	111.7	98.6	92.4	100.3	99.3	98.4	101.4	96.4	102.3
十四、书报杂志及电子出版物					100.1	100.1	103.8	100.4	100.1	100.2	102.6
# 1.教材及参考书					100.2	100.3	100.9	101.3	100.5	100.0	98.1
2.书报杂志	110.3	100.0	109.7	101.6	100.0	100.0	107.9	100.0	100.0	100.4	107.0
十五、燃料	106.0	124.4	113.0	122.8	120.7	114.1	111.8	103.8	99.6	99.5	84.4
十六、建筑材料及五金电料		95.5	101.0	100.3	101.8	104.3	103.7	98.5	99.9	100.9	97.3

9–24 主要年份市区商品零售价格指数（续表 2）

（以上年为 100）

指标名称	2016 年	2017 年	2018 年	2019 年	2020 年	2021 年	2022 年
商品零售价格指数	100.5	101.4	102.3	102.9	101.4	103.2	103.7
一、食品	103.8	100.3	101.9	106.4	108.4	102.7	103.4
二、饮料、烟酒	100.6	99.9	100.8	100.0	101.2	100.5	105.1
三、服装、鞋帽	102.5	101.0	101.5	102.0	99.4	102.2	100.8
四、纺织品	97.8	95.4	101.7	110.8	108.0	102.4	102.2
五、家用电器及音像器材	100.2	98.7	100.8	100.2	100.4	106.2	101.4
六、文化办公用品	97.2	100.0	101.7	98.8	99.0	104.1	102.2
七、日用品	100.5	101.8	101.6	103.1	102.2	100.6	100.8
八、体育娱乐用品	98.4	99.4	100.4	100.8	98.1	99.9	100.6
九、交通、通信用品	96.5	98.3	99.8	101.4	99.5	102.2	99.9
十、家具	100.3	100.2	100.5	100.8	99.9	100.1	102.7
十一、化妆品	98.6	99.0	97.9	101.8	102.5	100.6	102.6
十二、金银饰品	105.8	100.8	97.9	108.7	116.5	95.3	101.9
十三、中西药品及医疗保健用品	103.4	107.4	103.2	107.1	97.8	100.8	104.2
十四、书报杂志及电子出版物	105.4	100.9	103.9	103.9	100.1	100.5	102.8
十五、燃料	96.0	108.8	109.3	96.7	90.1	113.8	118.2
十六、建筑材料及五金电料	99.7	103.5	106.4	102.9	100.2	103.6	103.6

注：2022 年后停止调查。

9-25 主要年份市区居民消费价格分月指数

（以上年为 100）

月 份	1990 年	1995 年	2000 年	2005 年	2010 年	2011 年	2012 年	2013 年	2014 年	2015 年
一 月	103.4	120.8	102.2	100.6	103.3	104.3	104.9	101.5	102.2	100.5
二 月	108.6	121.0	103.9	103.1	103.6	104.7	103.4	102.1	102.1	101.0
三 月	104.2	119.2	103.0	101.6	103.6	104.5	103.9	101.5	102.3	101.0
四 月	101.3	118.0	103.8	101.0	103.9	104.6	102.6	102.3	101.6	101.2
五 月	101.7	118.1	102.0	101.0	104.8	106.5	102.9	102.8	101.9	101.2
六 月	98.8	118.9	102.0	99.9	104.3	105.0	101.4	103.2	102.0	101.2
七 月	98.1	117.7	101.6	100.3	104.5	105.0	100.8	102.8	102.7	100.8
八 月	102.8	113.7	100.1	100.7	104.2	104.8	101.0	101.7	102.9	101.1
九 月	103.1	110.5	97.7	101.8	103.8	105.6	100.3	101.9	102.5	100.9
十 月	102.2	112.6	99.0	102.7	104.4	104.9	100.2	102.2	102.5	100.6
十一月	103.7	111.2	99.9	102.2	105.4	103.6	101.2	101.7	102.6	100.9
十二月	105.5	115.2	101.8	101.9	102.7	104.5	102.0	101.3	102.4	101.3
全 年	102.9	116.4	101.4	101.4	104.0	104.8	102.0	102.1	102.3	101.0

9-25 主要年份市区居民消费价格分月指数（续表）

（以上年为100）

月 份	2016年	2017年	2018年	2019年	2020年	2021年	2022年	2023年
一 月	101.2	102.9	101.2	102.3	103.9	101.7	101.1	102.5
二 月	101.8	101.5	103.0	101.7	104.0	101.3	101.6	101.3
三 月	101.4	101.4	102.1	102.6	103.3	102.1	101.7	101.2
四 月	101.1	101.7	102.4	102.5	102.3	102.8	102.5	100.4
五 月	100.9	102.1	102.1	103.4	101.2	103.0	102.1	100.8
六 月	101.0	101.5	102.5	103.0	101.8	102.7	102.8	100.1
七 月	101.3	101.6	102.2	103.2	102.1	102.4	103.0	100.3
八 月	101.4	101.6	102.2	103.5	101.9	101.9	102.8	100.3
九 月	101.8	101.8	102.3	103.3	102.2	101.5	103.3	100.3
十 月	102.3	101.8	102.0	103.6	101.5	102.2	102.6	100.0
十一月	102.5	101.7	101.9	104.0	100.9	102.8	102.1	99.6
十二月	102.2	101.8	102.1	103.4	102.2	101.7	102.1	100.2
全 年	101.6	101.8	102.2	103.0	102.3	102.1	102.3	100.5

9-26 主要年份市区商品零售价格分月指数

（以上年为100）

月 份	1990年	1995年	2000年	2005年	2010年	2011年	2012年	2013年	2014年	2015年
一 月	102.9	116.5	100.0	100.8	105.1	103.4	104.3	102.1	100.7	99.2
二 月	108.4	116.3	102.2	103.3	105.0	103.9	103.9	101.9	100.9	99.1
三 月	103.7	115.6	101.3	101.2	104.4	104.0	104.7	101.3	101.0	99.2
四 月	100.6	114.1	101.1	100.7	104.4	104.5	103.2	101.9	100.2	99.6
五 月	101.0	114.1	99.4	100.4	104.9	104.6	102.1	102.4	100.5	99.9
六 月	97.9	115.7	99.2	99.9	103.9	106.2	100.5	103.0	100.4	100.2
七 月	97.1	114.6	98.7	100.2	103.5	106.4	100.0	102.8	101.5	99.6
八 月	102.3	110.3	98.2	100.6	103.2	106.7	100.3	101.5	101.3	99.9
九 月	102.6	109.3	97.5	101.7	103.4	106.8	100.1	101.0	101.1	99.4
十 月	101.7	110.0	98.5	102.4	104.1	105.8	100.2	101.4	101.0	99.4
十一月	103.4	108.7	99.3	102.0	105.1	104.3	101.0	100.9	100.9	99.9
十二月	105.3	111.5	100.5	101.7	102.8	104.2	102.0	100.4	100.4	100.3
全 年	102.4	112.6	99.7	101.2	104.1	105.1	101.8	101.7	100.8	99.6

9-26 主要年份市区商品零售价格分月指数（续表）

（以上年为 100）

月 份	2016 年	2017 年	2018 年	2019 年	2020 年	2021 年	2022 年
一 月	99.5	102.3	101.5	101.8	103.9	101.6	102.3
二 月	100.5	101.4	101.8	101.9	103.9	101.7	102.8
三 月	99.8	101.6	101.4	103.0	102.2	102.9	103.1
四 月	99.6	101.9	101.7	102.9	100.9	103.7	104.2
五 月	99.2	102.3	101.7	103.6	99.7	103.8	103.9
六 月	99.6	101.3	102.6	102.8	100.8	103.7	104.8
七 月	100.1	100.7	103.2	102.7	101.2	103.5	104.7
八 月	100.5	100.9	103.1	103.1	101.2	102.6	104.7
九 月	101.2	100.9	103.2	103.0	101.1	102.7	105.0
十 月	101.7	101.3	103.3	102.8	100.5	103.8	103.6
十一月	101.8	101.1	102.8	103.3	99.9	104.7	102.9
十二月	101.9	101.5	101.7	104.0	101.2	103.2	102.8
全 年	100.5	101.4	102.3	102.9	101.4	103.2	103.7

注：2022 年后停止调查。

9-27 工业品出厂价格指数

（以上年为 100）

项目名称	2005 年	2007 年	2008 年	2010 年	2011 年	2012 年	2013 年	2014 年	2015 年
全部工业品	**102.5**	**101.8**	**104.9**	**105.1**	**104.1**	**98.1**	**98.5**	**99.0**	**96.6**
1. 按轻重工业分									
#轻工业	102.0	100.7	104.5	103.7	103.7	99.1	98.9	99.6	97.9
以农产品为原料	102.7	98.6	102.2	105.0	104.0	99.5	99.5	100.9	98.6
以非农产品为原料	101.0	105.1	109.1	102.6	103.0	98.4	97.9	97.2	96.5
#重工业	103.2	103.7	105.5	107.3	104.4	97.3	98.1	98.5	95.6
采掘	118.9	101.2	112.1	101.9	106.8	107.2	104.0	109.0	97.9
原料	98.8	105.1	105.2	103.9	102.8	100.4	99.5	99.7	98.8
加工	104.8	103.0	102.7	109.4	104.8	96.1	97.6	97.8	94.5
2. 按生产生活资料分									
#生产资料	103.2	101.4	104.6	106.3	104.5	96.9	98.0	98.2	95.9
采掘	118.9	101.2	112.1	101.9	106.8	107.2	104.0	109.0	97.9
原料	109.3	102.8	101.1	104.6	103.4	98.2	98.3	98.2	97.7
加工	100.8	101.1	104.7	107.0	104.8	96.3	97.8	98.0	95.2
#生活资料	100.5	104.2	106.8	101.8	102.9	101.4	99.9	101.1	98.6
食品	99.2	113.8	113.2	103.3	104.7	102.1	100.8	102.0	98.5
衣着	102.3	100.6	108.3	101.8	102.7	99.8	99.4	102.1	96.9
一般日用品	98.9	100.9	103.2	101.4	102.1	101.6	100.6	101.1	100.1
耐用消费品	103.1	102.5	100.5	101.1	103.1	103.4	98.8	99.0	99.1
3. 按工业部门分									
冶金工业	104.8	108.2	86.1	105.6	104.0	93.3	95.6	96.8	90.6
电力工业	113.6	100.9	105.1	101.2	100.5	100.6	100.6	98.5	98.8
煤炭及炼焦工业	138.2	102.7	103.2	109.6	106.5	101.7	90.4	85.5	84.0
石油工业	112.2		110.4	112.2	106.2	99.5	95.8	102.0	99.6
化学工业	102.5	102.5	105.3	102.5	101.6	98.2	98.5	97.4	96.0
机械工业	103.4	118.9	81.4	106.6	105.0	96.5	97.3	97.1	94.9
建筑材料工业	88.5	106.6	119.6	107.9	108.5	97.3	99.6	100.9	93.9
森林工业	101.1	107.0	99.4	103.0	104.4	102.6	101.0	101.8	101.0
食品工业	97.2	116.4	94.5	104.1	103.5	102.7	101.4	101.9	98.0
纺织工业	103.8	103.7	100.8	109.8	106.3	95.8	99.1	98.9	97.8
缝纫工业	102.3	99.7	104.6	101.9	102.3	99.7	99.4	102.0	96.8
皮革工业	103.3	103.5	110.4	100.2	104.1	101.3	97.9	102.0	103.6
造纸工业	98.7	102.4	94.3	102.8	103.3	100.0	97.0	99.3	99.6
文教艺术用品工业	99.0	100.8	100.3	100.9	100.7	100.9	100.3	100.7	100.1
其他工业	109.2	104.0	104.9	102.1	106.8	100.7	99.7	102.2	100.8
4. 按工业行业大类分									
煤炭开采和洗选业	138.2	104.6	106.4	109.6	106.5	101.7	90.4	85.5	84.0
石油和天然气开采业									

9-27 工业品出厂价格指数（续表 1）

（以上年为 100）

项目名称	2005 年	2007 年	2008 年	2010 年	2011 年	2012 年	2013 年	2014 年	2015 年
黑色金属矿采选业									
有色金属矿采选业									
非金属矿采选业	96.9	101.0	112.4	100.6	106.8	108.2	106.3	112.7	100.2
其他采矿业									
农副食品加工业	90.7	123.1	123.9	108.2	105.3	103.9	101.8	102.5	96.1
食品制造业	105.0	98.4	98.4	101.5	102.0	100.8	101.2	99.9	100.7
饮料制造业	104.3	104.0	104.1	100.1	100.6	101.8	100.5	103.4	99.4
烟草制品业									
纺织业	103.3	94.6	99.3	108.8	106.2	96.8	99.8	99.7	97.9
纺织服装、鞋、帽制造业	104.4	99.2	112.5	100.7	99.8	99.9	98.0	102.1	95.8
皮革、毛皮、羽毛（绒）及其制品业	103.5	103.6	105.2	100.0	104.1	101.3	97.9	102.0	103.6
木材加工及木、竹、藤、棕、草制品业	101.1	103.5	104.1	103.1	104.4	102.6	101.0	101.8	101.1
家具制造业	103.7	103.2	100.3	101.3	100.4	100.4	101.2	99.8	100.0
造纸及纸制品业	98.7	102.3	102.8	102.8	103.3	100.0	97.0	99.3	99.6
印刷业和记录媒介的复制	99.4	100.0	99.7	100.0		98.5	100.0	100.0	100.0
文教体育用品制造业	98.0	102.7	98.8	101.5	100.7	100.9	100.3	100.7	100.1
石油加工、炼焦及核燃料加工业	112.2	111.3	101.4	115.5	108.6	99.1	90.8	99.1	99.9
化学原料及化学制品制造业	107.2	102.1	120.7	100.3	98.6	100.1	100.4	100.6	97.1
医药制造业	99.9	96.4	99.0	99.0	100.4	98.9	99.8	100.1	100.1
化学纤维制造业	94.9	101.6	96.7	109.2	103.4	90.3	95.6	91.2	88.7
橡胶制品业	100.4	102.1	103.7	99.0	104.2	102.3	98.8	96.8	97.1
塑料制品业	109.4	104.5	102.8	101.0	102.1	102.5	98.9	99.3	99.9
非金属矿物制品业	87.4	105.2	115.7	108.4	109.3	95.0	98.3	98.8	93.4
黑色金属冶炼及压延加工业	101.5	115.6	116.4	106.2	102.4	88.3	87.7	95.8	87.5
有色金属冶炼及压延加工业	112.6	99.1	93.5	109.7	106.0	99.1	99.5	98.4	95.2
金属制品业	105.3	105.3	116.8	100.9	102.2	91.6	96.3	95.3	87.9
通用设备制造业	100.0	101.2	115.4	102.8	103.9	98.8	98.4	99.3	97.5
专用设备制造业	102.0	100.4	103.9	100.5	100.6	100.1	98.5	102.5	96.3
交通运输设备制造业	99.8	99.7	111.0	104.3	105.5	101.5	97.5	97.6	98.0
电气机械及器材制造业	105.1	104.0	99.2	114.0	108.0	89.7	95.2	94.1	89.0
通信设备、计算机及其他电子设备制造业	97.4	101.0	107.3	106.9	100.3	98.8	99.1	95.7	100.6
仪器仪表及文化、办公用机械制造业	97.1	98.6	98.8	100.1	102.0	100.8	99.5	104.4	102.9
工艺品及其他制造业	102.2	104.4	102.2	101.0	108.9	104.2	100.0	101.4	100.5
废弃资源和废旧材料回收加工业				103.4	114.1	82.7	95.8	99.0	91.0
电力、热力的生产和供应业	113.6	102.1	99.6	101.2	100.5	100.6	100.6	98.5	98.8
燃气生产和供应业				102.9	101.1	100.0	106.7	107.4	99.0
水的生产和供应业	118.0	102.8	100.3	113.2	111.8	94.7	98.6	106.0	104.5

9–27 工业品出厂价格指数（续表 2）

（以上年为 100）

项目名称	2016 年	2017 年	2018 年	2019	2020 年	2021 年	2022 年	2023 年
全部工业品	**98.7**	**105.2**	**103.9**	**99.2**	**97.7**	**105.0**	**102.5**	**96.7**
1.按轻重工业分								
#轻工业	99.4	105.3	102.2	97.3	95.3	102.7	102.8	96.7
以农产品为原料	99.8	104.8	102.7	99.4	97.6	104.0	102.2	94.9
以非农产品为原料	99.1	105.9	101.8	95.1	92.9	101.9	103.1	97.8
#重工业	98.1	105.1	105.2	100.8	99.5	106.6	102.3	96.7
采掘	97.6	102.5	110.7	111.4	106.5	109.1	105.9	95.7
原料	98.4	100.5	103.0	101.1	98.5	100.4	108.7	97.9
加工	98.0	106.9	105.6	99.9	99.4	108.6	100.0	96.2
2.按生产生活资料分								
#生产资料	97.8	106.2	104.9	98.7	96.8	105.8	102.5	96.2
采掘	97.6	102.5	110.7	111.4	106.5	109.1	105.9	95.7
原料	97.9	104.6	103.3	97.1	93.9	101.9	105.9	97.6
加工	97.8	106.9	105.1	98.5	97.2	107.1	101.3	95.7
#生活资料	101.1	102.2	100.9	100.7	100.1	101.8	102.5	98.7
食品	102.3	102.3	100.8	101.2	100.1	101.2	106.5	97.6
衣着	100.3	104.2	100.6	100.1	97.7	100.9	103.5	96.6
一般日用品	99.8	100.3	103.2	99.0	100.3	101.7	100.4	94.9
耐用消费品	101.2	102.2	100.1	101.5	101.0	102.4	101.6	101.5
3.按工业部门分								
冶金工业	96.1	116.3	105.3	98.4	99.4	115.5	102.7	95.1
电力工业	99.0	100.4	99.5	99.5	98.8	99.0	106.7	98.4
煤炭及炼焦工业								
石油工业	84.8	98.6	102.0	108.0	91.7	97.8	134.4	95.8
化学工业	97.0	105.3	106.8	94.6	91.5	103.9	104.3	95.7
机械工业	98.9	104.3	101.9	98.0	97.8	106.6	103.0	98.1
建筑材料工业	98.8	109.8	118.0	106.8	101.8	104.5	92.9	91.9
森林工业	100.1	99.3	99.5	101.0	99.3	101.1	103.5	99.7
食品工业	101.7	102.4	100.9	102.1	100.8	101.1	106.7	97.5
纺织工业	97.6	106.5	105.7	98.6	95.0	105.7	100.6	94.7
缝纫工业	100.0	104.3	101.5	100.5	97.6	101.3	103.7	97.3
皮革工业	103.6	103.0	92.5	95.6	100.1	96.8	100.5	91.9
造纸工业	102.8	111.7	103.2	91.3	98.2	104.9	98.3	87.3
文教艺术用品工业	100.8	102.4	102.2	102.9	100.0	99.8	100.1	102.6
其他工业	101.5	102.4	100.6	99.8	99.3	102.1	103.0	100.8
4.按工业行业大类分								
煤炭开采和洗选业								
石油和天然气开采业								

9-27 工业品出厂价格指数（续表 3）

（以上年为 100）

项目名称	2016 年	2017 年	2018 年	2019	2020 年	2021 年	2022 年	2023 年
黑色金属矿采选业								
有色金属矿采选业								
非金属矿采选业	97.6	102.5	110.7	111.4	106.5	109.1	105.9	95.7
其他采矿业								
农副食品加工业	99.2	102.8	100.9	103.3	104.4	103.5	107.3	90.4
食品制造业	103.3	102.7	101.4	101.7	98.8	98.8	109.4	103.8
酒、饮料和精制茶制造业	101.8	101.3	99.7	100.8	99.6	100.3	105.8	101.4
烟草制品业								
纺织业	97.6	106.9	105.4	98.0	94.7	105.5	101.1	94.4
纺织服装、服饰业	101.2	101.7	100.6	103.6	100.0	100.0	100.7	101.2
皮革、毛皮、羽毛及其制品和制鞋业	102.8	102.6	93.5	96.8	100.0	96.8	100.5	91.9
木材加工和木、竹、藤、棕、草制品业	100.4	98.9	99.3	101.1	99.2	101.1	103.5	99.7
家具制造业	100.4	101.7	98.5	101.1	101.8	102.2	102.5	101.2
造纸和纸制品业	102.8	111.7	103.2	91.3	98.2	104.9	98.3	87.3
印刷和记录媒介复制业	98.7	100.3	100.6	101.6	96.8	102.3	100.0	100.0
文教、工美、体育和娱乐用品制造业	101.2	102.7	102.5	103.1	100.5	99.3	100.1	103.0
石油加工、炼焦及核燃料加工业			102.0	108.0	91.7			
化学原料和化学制品制造业	97.0	104.0	106.9	93.6	94.0	102.0	105.8	98.3
医药制造业	101.1	97.7	106.4	101.4	102.6	99.7	102.2	96.3
化学纤维制造业	95.7	115.7	107.9	89.5	79.1	104.2	102.9	91.1
橡胶和塑料制品业	93.6	94.8	104.6	98.3	96.8	109.3	106.1	91.9
塑料制品业								
非金属矿物制品业	99.5	113.2	121.0	103.7	99.2	103.9	92.7	96.8
黑色金属冶炼和压延加工业	96.2	120.1	108.5	99.4	98.4	116.1	107.7	94.4
有色金属冶炼和压延加工业	95.7	108.3	101.3	97.5	100.3	118.3	96.4	93.9
金属制品业	96.4	109.8	109.5	100.3	99.9	111.2	100.3	98.3
通用设备制造业	98.4	100.2	100.6	100.8	99.7	101.7	100.3	101.5
专用设备制造业	102.2	99.8	101.1	101.7	99.4	99.8	109.6	94.6
汽车制造业	100.4	100.0	100.3	100.6	98.0	100.0	99.4	103.9
铁路、船舶、航空航天和其他运输设备制造业	101.6	101.6	104.6	104.4	101.2	96.6	101.9	97.5
电气机械和器材制造业	97.4	109.8	101.9	91.2	93.6	112.7	103.8	99.5
计算机、通信和其他电子设备制造业	98.8	102.9	101.5	100.8	99.7	105.2	103.8	99.3
仪器仪表制造业	104.4	99.9	102.2	102.0				
其他制造业	99.8	102.7	101.3	99.0	102.1	100.6	92.8	
电力、热力生产和供应业	99.5	100.2	99.6	100.6	98.6	99.0	106.7	98.4
燃气生产和供应业	84.8	98.6	102.0	108.0	91.7	97.8	134.4	95.8
水的生产和供应业	100.4	108.6	105.0	100.2	96.3	102.7	102.1	101.1

9-28 工业品出厂价格分月指数

（以上年为100）

月份	2005年		2008年		2010年		2011年		2012年		2013年		2014年		2015年	
	当月	累计	当月	累计	当月	累计	当月	累计	当月	累计	当月	累计	当月	累计	当月	累计
一　月	103.3	103.3	102.7	102.7	104.8	104.8	104.2	104.2	100.0	100.0	98.7	98.7	98.9	98.9	97.4	97.4
二　月	102.2	102.7	104.9	103.8	105.2	105.0	105.4	104.8	99.6	99.8	98.5	98.6	98.3	98.6	97.3	97.3
三　月	101.4	102.3	107.0	104.9	106.6	105.6	105.6	105.1	98.8	99.4	98.2	98.4	98.2	98.5	97.6	97.4
四　月	101.9	102.2	105.5	105.0	106.6	105.8	105.3	105.1	98.1	99.1	98.0	98.3	98.8	98.6	97.6	97.5
五　月	102.7	102.3	105.8	105.2	106.8	106.0	105.6	105.2	97.6	98.8	98.0	98.3	99.3	98.7	97.3	97.4
六　月	103.6	102.5	106.2	105.4	105.8	106.0	105.8	105.3	97.0	98.5	98.4	98.3	99.6	98.9	96.8	97.3
七　月	103.2	102.6	107.5	105.7	105.4	105.9	105.7	105.4	96.6	98.2	98.5	98.3	100.1	99.0	96.1	97.2
八　月	102.8	102.6	106.8	105.8	104.1	105.7	104.7	105.3	96.8	98.1	98.9	98.4	99.5	99.1	95.9	97.0
九　月	101.6	102.5	106.9	105.9	103.9	105.5	103.8	105.1	97.3	98.0	98.8	98.4	99.1	99.1	95.9	96.9
十　月	102.3	102.5	104.5	105.8	103.7	105.3	102.0	104.8	98.5	98.0	98.6	98.5	98.7	99.1	95.9	96.8
十一月	102.6	102.5	101.6	105.4	105.0	105.3	100.8	104.4	98.2	98.0	98.6	98.5	98.8	99.0	95.8	96.7
十二月	103.3	107.6	99.0	104.9	103.7	105.1	100.0	104.1	98.7	98.1	98.7	98.5	98.4	99.0	95.5	96.6

9-28 工业品出厂价格分月指数（续表）

（以上年为 100）

月 份	2016 年		2017 年		2018 年		2019 年		2020 年		2021 年		2022 年		2023 年	
	当月	累计	当月	累计	当月	累计	当月	累计	当月	累计	当月	累计	当月	累计	当月	累计
一 月	96.3	96.3	103.9	103.9	105.6	105.6	100.5	100.5	98.2	98.2	99.7	99.7	106.5	106.5	98.2	98.2
二 月	96.8	96.5	104.6	104.3	104.6	105.1	100.2	100.4	98.7	98.4	99.9	99.8	105.8	106.1	98.3	98.3
三 月	97.4	96.8	104.7	104.4	103.6	104.6	100.3	100.3	98.1	98.3	102.1	100.6	105.7	106.0	96.7	97.8
四 月	97.5	97.0	104.1	104.3	104.0	104.4	100.8	100.5	96.5	97.9	104.8	101.6	105.0	105.7	96.3	97.4
五 月	97.4	97.1	104.1	104.3	104.9	104.5	100.5	100.5	95.8	97.5	106.3	102.5	104.1	105.4	95.6	97.0
六 月	97.7	97.2	104.4	104.3	105.3	104.7	99.4	100.3	96.4	97.3	105.9	103.1	103.8	105.1	95.3	96.7
七 月	98.1	97.3	104.9	104.4	104.8	104.7	99.1	100.1	96.9	97.2	106.2	103.5	102.6	104.7	96.1	96.7
八 月	99.0	97.5	105.7	104.6	104.2	104.6	98.3	99.9	98.1	97.3	106.1	103.8	101.1	104.3	96.7	96.7
九 月	99.2	97.7	106.9	104.8	103.5	104.5	97.9	99.7	97.8	97.4	106.6	104.1	100.4	103.8	96.9	96.7
十 月	100.3	98.0	106.8	105.0	103.2	104.4	97.5	99.5	97.9	97.4	107.6	104.5	99.4	103.4	96.6	96.7
十一月	101.4	98.3	106.5	105.2	102.1	104.1	97.8	99.3	98.3	97.5	108.2	104.8	98.3	102.9	96.8	96.7
十二月	103.4	98.7	105.4	105.2	101.2	103.9	98.3	99.2	99.3	97.7	106.9	105.0	98.3	102.5	96.8	96.7

9-29 原材料、燃料、动力购进价格指数

（以上年为100）

行业分类	2005年	2007年	2008年	2010年	2011年	2012年	2013年	2014年	2015年
全部原材料	**106.0**	**104.4**	**111.0**	**108.6**	**108.5**	**97.8**	**98.1**	**97.9**	**91.7**
1. 按类别分									
燃料、动力类	107.9	104.2	113.0	109.1	103.3	101.2	99.6	100.3	97.2
黑色金属材料类	109.5	106.8	125.6	105.2	105.8	98.0	98.0	95.0	87.7
#钢材	102.7	106.1	122.8	105.2	105.8	97.8	98.0	95.0	87.7
其他	123.8	115.0	133.6	105.4	108.5	105.1	95.9	96.7	88.8
有色金属材料和电线类	114.2	107.4	85.8	124.7	109.6	92.6	94.2	94.6	91.1
化工原料类	108.0	108.8	110.2	107.4	106.8	94.1	100.8	97.6	91.2
木材及纸浆类	101.1	101.2	104.4	106.9	108.6	105.8	102.1	101.7	102.9
建筑材料及非金属矿类	90.8	104.7	105.7	101.4	107.3	93.8	97.0	103.4	83.3
其他工业原材料及半成品类	104.7	102.8	104.0	107.5	114.6	96.9	96.1	97.1	90.3
农副产品类	103.5	103.1	110.3	110.5	109.4	101.0	99.5	98.3	98.7
纺织原料类	102.1	100.4	102.3	110.2	112.7	98.3	100.8	99.3	96.5
2. 按行业分									
农业					106.1	101.6	100.0	100.8	100.3
林业					108.3	107.0	103.5	102.4	99.7
畜牧业					114.3	102.5	102.6	95.5	97.2
煤炭开采和洗选业	101.8	100.0	115.9	103.0	106.6	100.3	90.6	94.8	90.0
石油和天然气开采业									
黑色金属矿采选业									
有色金属矿采选业	100.3				101.5	92.6	96.3	91.2	87.6
非金属矿采选业	109.5	103.1	114.3	108.4	113.8	102.1	95.6	101.1	101.7
其他采矿业	100.0								
农副食品加工业	101.2	106.7	119.7	108.8	104.7	100.9	101.0	98.5	98.0
食品制造业	104.4	105.2	108.4	108.8					
饮料制造业	105.3	98.5	106.2	107.0					
纺织业	102.6	102.2	104.1	111.4	112.7	98.3	100.8	99.3	96.5
纺织服装、鞋、帽制造业	107.7								

9-29 原材料、燃料、动力购进价格指数（续表1）

（以上年为100）

行业分类	2005年	2007年	2008年	2010年	2011年	2012年	2013年	2014年	2015年
皮革、毛皮、羽毛（绒）及其制品业	109.0	102.7	105.6	103.4	112.5	101.8	101.3	102.4	94.3
木材加工及木、竹、藤、棕、草制品业	111.5	102.9	107.9	103.9	110.1	105.4	101.0	101.3	105.4
家具制造业	102.1								
造纸及纸制品业	104.1	106.5	111.8	110.8	104.4	99.7	98.1	98.7	99.7
印刷业和记录媒介的复制	105.5	101.2	99.9	104.9					
文教体育用品制造业	106.5	99.5	96.7	109.2					
石油加工、炼焦及核燃料加工业	112.5	107.6	106.7	121.7	112.5	103.3	100.6	96.0	77.6
化学原料及化学制品制造业	110.9	114.4	113.4	107.7	106.1	95.6	102.3	98.3	91.3
医药制造业	105.8	103.0	109.0	115.9					
化学纤维制造业	100.6	99.1	98.3	115.8	110.3	87.0	93.4	93.7	90.6
橡胶制品业	104.0	99.4	103.9	111.7					
塑料制品业	102.6	106.1	101.8	105.7	106.9	100.6	100.0	100.0	100.0
非金属矿物制品业	106.1	102.2	111.3	106.3	104.7	90.4	97.6	104.2	75.9
黑色金属冶炼及压延加工业	114.3	113.1	97.6	111.2	105.8	98.0	98.0	95.0	87.7
有色金属冶炼及压延加工业	110.2	99.6	89.8	117.3	110.7	92.6	93.9	95.0	91.5
金属制品业	109.0	103.6	115.2	113.9	108.9	87.6	92.1	91.7	85.1
通用设备制造业	102.6	104.7	106.8	105.5	108.8	98.4	98.3	98.2	94.2
专用设备制造业	103.0								
交通运输设备制造业	106.8	106.3	126.1	107.8					
电气机械及器材制造业	111.7	103.3	102.0	107.7	112.8	89.2	95.9	93.5	87.9
通信设备、计算机及其他电子设备制造业	102.3	110.6	114.6	103.6	103.2	100.7	101.5	99.0	98.8
仪器仪表及文化、办公用机械制造业	111.9	105.5	101.9	102.8					
工艺品及其他制造业	102.3								
废弃资源和废旧材料回收加工业				112.2	110.5	85.6	89.2	93.4	77.2
电力、热力的生产和供应业	107.7	105.5	125.7	116.6	101.3	101.4	100.9	100.6	100.6
燃气生产和供应业				107.9	105.3	100.9	107.2	108.4	97.6
水的生产和供应业	108.0	101.8	100.8	109.6	120.8	106.7	100.0	100.1	100.1

9–29 原材料、燃料、动力购进价格指数（续表 2）

（以上年为 100）

行业分类	2016 年	2017 年	2018 年	2019 年	2021 年	2021 年	2022 年	2023 年
全部原材料	**99.2**	**115.0**	**106.6**	**94.5**	**95.2**	**115.4**	**104.8**	**95.1**
1. 按类别分								
燃料、动力类	98.1	98.5	100.3	101.5	98.4	104.4	111.5	91.8
黑色金属材料类	109.6	136.8	110.5	94.5	95.6	122.2	94.6	89.8
#钢材	110.0	137.2	110.6	94.5	95.5	122.1	94.6	89.9
其他	85.5	113.9	104.7	99.8	99.8	129.6	92.7	88.0
有色金属材料和电线类	96.8	121.0	102.8	92.6	96.8	120.8	99.6	99.9
化工原料类	96.4	119.5	109.7	82.8	85.9	129.1	113.6	94.3
木材及纸浆类	97.9	104.0	101.7	96.6	99.7	102.5	100.7	94.8
建筑材料及非金属矿类	100.6	117.8	127.3	109.5	101.8	102.3	87.3	83.3
其他工业原材料及半成品类	98.0	105.3	106.8	99.6	97.5	110.2	105.2	96.9
农副产品类	99.6	99.0	105.0	136.4	101.2	102.9	110.5	95.2
纺织原料类	99.0	104.2	102.1	98.8	97.2	103.2	102.8	99.1
2. 按行业分								
农业	99.6	99.0	105.0	136.4	101.2	103.7	114.8	93.1
林业								99.1
畜牧业								
煤炭开采和洗选业						139.16	110.19	81.40
石油和天然气开采业								
黑色金属矿采选业								
有色金属矿采选业						115.4	105.7	86.0
非金属矿采选业	100.0	105.7	109.9	110.6	104.1	106.1	99.0	95.6
其他采矿业								
农副食品加工业	101.0	100.6	97.8	91.8	104.0	100.7	98.0	101.6
食品制造业						101.3	110.7	104.3
饮料制造业								
纺织业	99.0	104.2	102.1	98.8	97.2	103.2	102.8	99.1
纺织服装、鞋、帽制造业								

9-29 原材料、燃料、动力购进价格指数（续表 3）

（以上年为 100）

行业分类	2016 年	2017 年	2018 年	2019 年	2021 年	2021 年	2022 年	2023 年
皮革、毛皮、羽毛及其制品和制鞋业	94.8	101.7	90.3	86.8	97.7			
木材加工和木、竹、藤、棕、草制品业	97.9	101.6	100.9	99.5	99.2	100.1	100.8	97.3
家具制造业								
造纸和纸制品业	97.9	111.4	103.9	87.9	101.0	108.0	100.7	88.8
印刷业和记录媒介的复制								
文教体育用品制造业								
石油加工、炼焦及核燃料加工业	93.9	102.6	117.1	91.7	83.6			
化学原料和化学制品制造业	96.6	122.8	110.9	81.2	87.9	131.2	114.9	93.8
医药制造业								
化学纤维制造业	96.3	113.2	106.1	84.9	79.1	120.4	107.5	96.7
橡胶和塑料制品业	95.1	103.8	107.6	97.7	94.6	100.8	100.4	98.7
塑料制品业								
非金属矿物制品业	101.1	126.4	138.6	107.5	98.7	101.4	84.5	80.2
黑色金属冶炼及压延加工业	109.5	136.4	110.4	94.6	95.7	122.1	94.3	89.4
有色金属冶炼及压延加工业	96.8	121.0	102.8	92.6	96.8	120.8	99.6	100.0
金属制品业	100.4	117.8	105.4	94.1	100.6	121.0	99.9	98.3
通用设备制造业	96.1	101.1	104.3	94.7	99.3	101.6	102.9	97.2
专用设备制造业								
交通运输设备制造业								
电气机械及器材制造业	98.3	102.7	101.0	98.3	98.5	103.5	103.5	97.5
计算机、通信和其他电子设备制造业	99.1	99.3	120.4	108.8	90.1	99.6	111.8	93.8
仪器仪表及文化、办公用机械制造业								
工艺品及其他制造业								
废弃资源综合利用业	84.5	115.0	122.2	103.8	101.6	123.9	116.6	93.9
电力、热力的生产和供应业	99.1	98.5	99.9	100.8	99.1	100.4	106.1	92.9
燃气生产和供应业	85.2	97.9	101.7	112.2	92.5	97.2	143.3	92.2
水的生产和供应业	101.7	101.5	102.5	102.3	96.0	98.9	100.0	100.0

主要统计指标解释

从业人员劳动报酬 指各单位在一定时期内直接支付给本单位全部从业人员的劳动报酬总额。包括在岗职工工资总额、劳务派遣人员劳动报酬总额和其他从业人员劳动报酬总额。

在岗职工工资总额 指各单位在一定时期内直接支付给本单位全部在岗职工的劳动报酬总额。工资总额的计算应以直接支付给职工的全部劳动报酬为根据。各单位支付给职工的劳动报酬以及其他根据有关规定支付的工资，不论是计入成本的还是不计入成本的，不论是以货币形式支付的还是以实物形式支付的，均应列入工资总额的计算范围。工资总额包括计时工资、计件工资、奖金、津贴和补贴、加班加点工资、特殊情况下支付的工资。在岗职工工资总额从构成角度分解 为四部分：基本工资、绩效工资、工资性津贴和补贴、其他工资。工资总额不包括人员的病假、事假等情况扣款，单位在填报在岗职工工资总额四项构成时，应根据实际情况调整对应项目；如不能确定调整项，可扣减基本工资项。

保险福利费总额 指各单位在工资以外实际支付给在职职工和非在职职工个人以及用于集体的劳动保护和职工福利的费用总额。不包括用于职工的劳动保护费用。从企业来讲，不仅包括由职工福利基金支出的部分，而且还包括由企业营业外支出，企业基金或利润留成，工会文教费，企业管理费支出的部分。预算单位包括由职工福利费、公务费、差额补助费等支出的部分。

非私营单位 指中央和地方各级国家机关、政党机关和社会团体，以及中央和地方所属的各级企业、事业单位。包括国有经济、城镇集体经济、联营经济、股份制经济、外商和港、澳、台投资经济、其他经济单位。不包括个体和私营经济单位。具体鉴定口径为在法人单位基本情况库中同时满足下列条件：①登记注册类型除了私营独资（代码 171）、私营合伙（代码 172）、私营有限责任公司（代码 173）和私营股份有限公司（代码 174）；②行业中不包括寺庙等宗教场所；③从业人员大于 3 人。

可支配收入 指调查户在调查期内获得的、用于支付最终消费支出和储蓄的总和，即调查户可以用来自由支配的收入。

可支配收入 = 工资性收入 + 经营净收入 + 财产净收入 + 转移净收入。其中：

经营净收入 = 经营收入 – 经营费用 – 生产性固定资产折旧 – 生产税

财产净收入 = 财产性收入 – 财产性支出

转移净收入 = 转移性收入 – 转移性支出

工资性收入 指就业人员通过各种途径得到的全部劳动报酬和各种福利，包括受雇于单位或个人、从事各种自由职业、兼职和零星劳动得到的全部劳动报酬和福利。

经营净收入 指住户或住户成员从事生产经营活动所获得的净收入，是全部经营收入中扣除经营费用、生产性固定资产折旧和生产税之后得到的净收入（包括一、二、三产净收入）。

财产净收入 指住户或住户成员将其所拥有的金融资产、住房等非金融资产和自然资源交由其他机构单位、住户或个人支配而获得的回报并扣除相关的费用之后得到的净收入。财产净收入包括利息净收入、红利收入、储蓄性保险净收益、转让承包土地经营权租金净收入、出租房屋净收入、出租其他资产净收入和自有住房折算净租金等。

转移净收入 指国家、单位、社会团体对住户的各种经常性转移支付和住户之间的经常性收入转移等费用后扣除相关费用得到的净收入。转移性收入包括养老金或退休金、社会救济和补助、政策性生产补贴、政策性生活补贴、救灾款、经常性捐赠和赔偿、报销医疗费、住户之间的赡养收入，以及本住户非常住成员寄回带回收入等。

消费支出 指住户用于满足家庭日常生活消费需要的全部支出，包括用于消费品的支出和用于服务性消费支出和用于服务型消费的支出。根据用途不同，消费支出可划分为食品烟酒、衣着、居住、生活用品及服务、交通通信、教育文化娱乐、医疗保健、其他用品及服务八大类。

居民消费价格指数 是反映一定时期内城乡居民所购买的生活消费品价格和服务项目价格变动趋势和程度的相对数。是综合了城市居民消费价格指数和农民消费价格指数计算取得。利用居民消费价格指数，可以观察和分析消费品的零售价格和服务价格变动对城乡居民实际生活支出的影响程度。

商品零售价格指数 是反映城乡商品零售价格变动趋势的一种经济指数。零售物价的调整变动直接影响到城乡居民的生活支出和国家的财政收入，影响居民购买力和市场供需平衡，影响消费与积累的比例。因此，计算零售价格指数，可以从一个侧面对上述经济活动进行观察和分析。

工业品出厂价格指数 是反映全部工业产品出厂价格总水平的变动趋势和程度的相对数。其中除包括工业企业售给商业、外贸、物资部门的产品外，还包括售给工业和其他部门的生产资料以及直接售给居民的生活消费品。通过工业生产价格指数能观察出厂价格变动对工业总产值的影响。

十、科技、教育、文艺、体育、卫生、广电

10-1　主要年份科技事业基本情况

项　目	单位	2005 年	2009 年	2010 年	2014 年	2015 年	2016 年	2017 年
1. 本年获市级以上政府奖的科技成果	项	37	61	72	100	67	76	79
#省级奖	项	6	17	30	18	22	23	27
市级奖	项	31	43	41	82	45	51	50
2. 年末拥有省级以上高新技术企业	家	110	132	160	377	450	683	969
#国家级	家	24	132	160	377	450	683	969
年末拥有省级高新技术研发中心	家	26	73	88	188	223	258	297
3. 本年列入国家级火炬项目	项	24		42	38	45		
#重点火炬项目	项							
4. 本年经认定登记的技术成交项目	项	778	338	9761	389	240	197	877
经认定登记的技术成交金额	万元	4914	4059	3231	19804	28394	180000	417734
5. 本年新增专利申请受理量	项	1774	6030	7221	19886	21822	23271	28808
#发明	项	161	867	1254	5705	6193	6662	10662
实用新型	项	467	1682	2185	7767	10232	12424	14280
外观设计	项	1146	3481	3782	6414	5397	4185	3866
本年新增专利申请授权量	项	482	5165	6630	12679	16653	13695	12025
#发明	项	8	92	214	700	1647	2544	2190
实用新型	项	130	1042	2093	6645	9064	8350	7155
外观设计	项	344	4031	4323	5334	5942	2801	2680
6. 县级以上政府部门所属研究与开发机构								
年末机构数	个		6	10	15	15	15	13
年末职工总数	人		157	209	327	339	437	420
#科学家和工程师	人		103	126	231	260	255	244
本年经费收入	万元		2885	4563	7845	9098	8911	7953
#政府拨款	万元		1621	3226	3459	6310	4155	5522

10-1 主要年份科技事业基本情况（续表）

项　目	单位	2018 年	2019 年	2020 年	2021 年	2022 年	2023 年
1. 本年获市级以上政府奖的科技成果	项	27		24		18	19
#省级奖	项	27		24			19
市级奖	项						
2. 年末拥有省级以上高新技术企业	家	758	938	1144	1379	1615	1848
#国家级	家	758	938	1144	1379	1611	1848
年末拥有省级高新技术研发中心	家	352	419	485	485	627	722
3. 本年列入国家级火炬项目	项						
#重点火炬项目	项						
4. 本年经认定登记的技术成交项目	项	847	810	1319	1906	1037	
经认定登记的技术成交金额	万元	659693	739762	772822	1331319	1849660	2526700
5. 本年新增专利申请受理量	项	37284	23359	29288			
#发明	项	15725	6821	10057			
实用新型	项	18039	13431	16294			
外观设计	项	3520	3107	2939			
本年新增专利申请授权量	项	18672	16419	17711	20254	18954	16330
#发明	项	1831	1256	1352	2041	2232	2985
实用新型	项	13688	12322	12990	15377	13656	10586
外观设计	项	3153	2841	3370	2836	3066	
6. 县级以上政府部门所属研究与开发机构							
年末机构数	个	14		15	21	22	23
年末职工总数	人	352		669	1116	1343	1541
#科学家和工程师	人	232		557	986		
本年经费收入	万元	9850		19264	37171	44036	63151
#政府拨款	万元	9315		15436	28888	30090	16905

10–2　分县区科技事业基本情况

项　目	单位	全 市	吴兴区	南浔区	德清县	长兴县	安吉县	南太湖新 区	△市区
1. 本年获市级以上政府奖的科技成果	项	19	5	3	3	4	2	3	11
#省级奖	项	19	5	3	3	4	2	3	11
市级奖	项								
2. 年末拥有省级以上高新技术企业	家	1848	242	240	442	447	352	125	607
#国家级	家	1848	242	240	442	447	352	125	607
年末拥有省级高新技术研发中心	家	722	116	98	160	149	141	58	272
3. 本年列入国家级火炬项目	项								
#重点火炬项目	项								
4. 本年经认定登记的技术成交项目	项								
经认定登记的技术成交金额	万元	2526700	575200	587500	69800	1103600	190600		1162700
5. 本年新增专利申请授权量	项	16330	2829	2829	3015	3085	3779	1282	6940
#发明	项	2985	509	509	699	660	422	401	1419
实用新型	项	10586	2041	2041	1858	2176	1964	793	4875
外观设计	项								
6. 县级以上政府部门所属研究与开发机构									
年末机构数	个	23	9		7	1		6	15
年末职工总数	人	1541	215		349	83		842	1057
#科学家和工程师	人								0
本年经费收入	万元	63151	10542		15920	302		36388	46929
#政府拨款	万元	16905	1660		8405			6840	8500

10-3 主要年份规上企业科技活动情况

项 目	单位	2010年	2012年	2013年	2014年	2015年	2016年	2017年
一、研究机构和R&D活动人员情况								
研究机构	个	338	447	474	518	649	749	751
研究与试验发展人员	人	8666	14681	16327	17529	21872	23721	24168
研究与试验发展人员折合全时当量	人年	6812	10553	12941	14057	16982	18963	18807
二、研究与试验发展经费情况								
研究与试验发展经费内部支出	亿元	21.35	36.53	43.64	48.22	53.20	59.18	65.57
#规上工业企业	亿元	20.66	35.89	42.96	47.29	52.37	57.45	63.23
#企业资金	亿元	19.88	34.44	41.57	45.41	51.07	56.27	62.15
三、委托外单位研究开发经费情况								
委托外单位研究开发经费支出	万元	7106	6216	6782	11050	9349	9706	12236
#对境内高等院校支出	万元	3240	2668	2355	3304	2752	2275	2436
对境内研究机构支出	万元	2230	2628	2665	3455	1830	5314	5954
对境外支出	万元	200	312	773	2123	2166	430	541
四、本年度工业企业R&D项目情况								
#研究与试验发展项目数	项	1026	2113	2465	2691	3275	4131	4672
五、科技活动成果情况								
专利申请量	件	2873	4203	5492	5814	6603	5553	5678
发明专利授权量	件	214	506	521	700	1647	2544	2190
六、技术改造与技术获取情况								
技术改造经费支出	万元	112038	84033	69728	62831	61134	81245	63114
引进境外技术经费支出	万元	9467	285	724	3122	1106	1111	1485
消化吸收经费支出	万元	7264	1446	845	1992	2173	3275	3479
购买境内技术经费支出	万元	5906	1813	3490	3193	1717	2024	2915

10-3 主要年份规上企业科技活动情况（续表）

项 目	单位	2018年	2019年	2020年	2021年	2022年	2023年
一、研究机构和R&D活动人员情况							
研究机构	个	821	904	1318	1524	1730	1691
研究与试验发展人员	人	29004	32952	39316	39535	41999	49112
研究与试验发展人员折合全时当量	人年	23470	27053	31085	29986	33329	40151
二、研究与试验发展经费情况							
研究与试验发展经费内部支出	亿元	76.14	87.01	91.82	106.05	117.61	124.96
#规上工业企业	亿元	74.51	80.98	91.95	103.87	115.11	118.24
#企业资金	亿元	73.66	80.46	93.03	102.76	116.73	124.13
三、委托外单位研究开发经费情况							
委托外单位研究开发经费支出	万元	10276	12154	24746	82752	162310	41401
#对境内高等院校支出	万元	2394	4244	4101	4452	4615	4980
对境内研究机构支出	万元	1153	1075	6012	4166	112422	10402
对境外支出	万元	704	975	1756	5602	26323	5279
四、本年度工业企业R&D项目情况							
#研究与试验发展项目数	项	5567				8139	
五、科技活动成果情况							
专利申请量	件	7081	7286	8957	9581	11212	11395
发明专利授权量	件	1831				2755	
六、技术改造与技术获取情况							
技术改造经费支出	万元	45102	45709	97601	74088	56983	105934
引进境外技术经费支出	万元	561	17	2300	173	133	60
消化吸收经费支出	万元	1459	23	82			
购买境内技术经费支出	万元	4129	2814	3268	4223	4867	6847

10-4 规上工业企业办研发机构人员情况

单位：人

行业分类	机构人员合计	#博士毕业	硕士毕业
总　计	42493	505	1967
一、按登记注册类型分组			
内资企业	36327	409	1652
有限责任公司	7944	80	343
股份有限公司	4405	99	296
私营企业	23940	230	1011
港、澳、台商投资企业	2874	83	196
外商投资企业	3292	13	119
二、按国民经济行业大类分组			
采矿业	190	5	11
非金属矿采选业	190	5	11
制造业	41908	497	1949
农副食品加工业	203	11	16
食品制造业	447	9	21
酒、饮料和精制茶制造业	237	2	30
纺织业	2890	10	157
纺织服装、服饰业	635	1	26
皮革、毛皮、羽毛及其制品和制鞋业	19		
木材加工和木、竹、藤、棕、草制品业	844	40	28
家具制造业	2317	6	45
造纸和纸制品业	337		16
印刷和记录媒介复制业	318	1	10
文教、工美、体育和娱乐用品制造业	790	3	26

10-4 规上工业企业办研发机构人员情况（续表）

单位：人

行业分类	机构人员合计	#博士毕业	硕士毕业
石油加工、炼焦和核燃料加工业	5		
化学原料和化学制品制造业	2405	49	178
医药制造业	1347	49	237
化学纤维制造业	2539	4	10
橡胶和塑料制品业	1240	8	44
非金属矿物制品业	3589	53	129
黑色金属冶炼和压延加工业	1068	10	26
有色金属冶炼和压延加工业	435	3	8
金属制品业	1654	24	53
通用设备制造业	5697	33	229
专用设备制造业	1850	15	123
汽车制造业	2207	10	73
铁路、船舶、航空航天和其他运输设备制造业	134		4
电气机械和器材制造业	4989	92	256
计算机、通信和其他电子设备制造业	2876	58	170
仪器仪表制造业	526	6	27
其他制造业	104		2
废弃资源综合利用业	185		5
金属制品、机械和设备修理业	21		
电力、热力、燃气及水生产和供应业	395	3	7
电力、热力生产和供应业	319	2	5
燃气生产和供应业	42		1
水的生产和供应业	34	1	1

10-5 规上工业企业研究与试验发展人员和经费支出情况

行业分类	R&D 人员合计（人）	R&D 人员折合全时当量合计（人年）	R&D 经费内部支出合计（万元）
总　计	**48561**	**39663**	**1182395**
一、按登记注册类型分组			
内资企业	41868	34211	998220
国有企业			
有限责任公司	9241	7293	238912
股份有限公司	5276	4420	157962
私营企业	27228	22401	601028
港、澳、台商投资企业	2667	2331	80169
外商投资企业	4026	3121	104005
二、按国民经济行业大类分组			
采矿业	229	194	4688
非金属矿采选业	229	194	4688
制造业	47793	39122	1161552
农副食品加工业	284	236	11738
食品制造业	466	416	6661
酒、饮料和精制茶制造业	233	194	4539
纺织业	2905	2320	45740
纺织服装、服饰业	658	548	9198
皮革、毛皮、羽毛及其制品和制鞋业	21	15	66
木材加工和木、竹、藤、棕、草制品业	1142	948	23182
家具制造业	4306	3543	58026
造纸和纸制品业	449	384	11723
印刷和记录媒介复制业	272	216	4150
文教、工美、体育和娱乐用品制造业	867	736	13597

10-5 规上工业企业研究与试验发展人员和经费支出情况（续表）

行业分类	R&D 人员合计（人）	R&D 人员折合全时当量合计（人年）	R&D 经费内部支出合计（万元）
石油加工、炼焦和核燃料加工业	25	17	1011
化学原料和化学制品制造业	2576	2243	71443
医药制造业	1594	1380	41929
化学纤维制造业	2511	1735	86312
橡胶和塑料制品业	1753	1296	29592
非金属矿物制品业	4272	3355	89823
黑色金属冶炼和压延加工业	1073	934	38595
有色金属冶炼和压延加工业	758	628	18024
金属制品业	1719	1414	43061
通用设备制造业	6084	5022	149546
专用设备制造业	1839	1535	49446
汽车制造业	2815	2480	71047
铁路、船舶、航空航天和其他运输设备制造业	179	150	5044
电气机械和器材制造业	5481	4498	192364
计算机、通信和其他电子设备制造业	2634	2133	63729
仪器仪表制造业	501	444	10998
其他制造业	87	70	1434
废弃资源综合利用业	289	233	9535
金属制品、机械和设备修理业			
电力、热力、燃气及水生产和供应业	539	347	16155
电力、热力生产和供应业	420	291	13081
燃气生产和供应业	76	33	2488
水的生产和供应业	43	24	586

10-6 历年各类学校数

单位：个

年份	普通高校	普通中专	中等技工学校	职业中学	普通中学	小学	幼儿园	特殊教育
1978	1				364	2147		
1979	1				275	2071		
1980	1				246	2027	497	
1981	1				226	2024	312	
1982	1	4			205	1964		
1983	1	5	10		208	1902		
1984	1				191	1831		
1985	1	8	8	9	188	1798	1094	
1986	1	8	8	11	183	1767	769	
1987	1	8	8	9	181	1753	807	
1988	1	7	8	10	180	1755	791	1
1989	1	7	8	10	180	1759	684	1
1990	1	7	8	9	179	1740	279	3
1991	1	7	8	11	175	1717	431	3
1992	1	7	8	11	175	1687	451	3
1993	1	8	7	14	176	1665	407	3
1994	1	8	7	14	178	1639	479	3
1995	1	8	7	19	176	1618	467	3
1996	1	8	7	21	175	1582	130	4
1997	1	8	7	22	177	1526	146	4
1998	1	8	7	23	173	1106	155	4
1999	1	8	7	27	166	827	230	3
2000	2	7	4	26	163	678	171	2
2001	2	6	2	19	155	515	189	2
2002	2	7	2	17	153	392	193	2
2003	4	3	4	17	151	343	180	2
2004	3	3	4	19	141	290	171	2
2005	3	3	2	21	141	262	163	2
2006	3	3	2	22	142	223	174	2
2007	3	3	2	18	134	185	176	2
2008	3	3	2	18	133	167	173	2
2009	3	4	2	14	130	150	175	2
2010	3	4	2	14	130	141	175	5
2011	3	4	2	10	126	133	176	5
2012	3	4	2	8	125	136	180	5
2013	3	4	2	8	125	130	175	5
2014	3	4	2	8	123	128	184	5
2015	3	4	1	8	118	129	185	5
2016	3	4	1	8	120	126	193	5
2017	3	4	1	8	124	127	207	5
2018	3	4	1	8	120	128	216	5
2019	3	4	1	9	119	128	229	5
2020	4	4	1	9	117	131	237	5
2021	4	4	1	9	117	126	252	5
2022	4	4	1	13	117	129	247	5
2023	4	4	1	13	114	129	244	5

10-7 历年各级学校在校学生数

单位：人

年 份	普通高校	普通中专	中等技工学校	职业中学	普通中学	小 学	幼儿园	特殊教育
1978		453	367		129242	298176		
1979	922	668	1211	97	102944	282866		
1980	1067	750	1551	233	95445	271836		
1981	999	850	1149	189	85594	246629		
1982	972	872	725	65	80855	219748		
1983	971	769	552	658	83516	197654		
1984	1027	901	1177	1311	90328	181583		
1985	1100	1477	1347	3332	97455	168785		
1986	1126	2160	1622	4399	98505	163560	47439	
1987	1105	2485	1565	5428	95127	161059	55625	15
1988	878	2816	1534	4751	83967	173503	49461	30
1989	974	2837	1589	4176	70725	193393	41486	48
1990	956	3040	1545	4315	71502	194444	43085	80
1991	921	3091	1781	3348	79648	187778	55826	122
1992	977	3284	2061	3571	90880	184058	65808	490
1993	1240	3894	2216	4626	92593	192781	67031	697
1994	1587	4700	2487	5743	99514	199783	61945	1164
1995	1559	7854	2670	7065	109705	202101	63912	1389
1996	1379	7922	2998	6252	113130	212146	60346	1711
1997	1396	9400	3853	11534	104259	228050	57534	1833
1998	1633	9942	3401	13323	97927	231334	59457	1853
1999	2373	9671	2824	12734	109511	225224	62408	1898
2000	3991	7759	2010	12101	129171	216005	61934	1569
2001	6723	7112	1908	15409	142434	207078	64804	1412
2002	9975	6588	2530	21137	149729	201540	60122	1226
2003	12051	7556	2258	27201	155774	192462	56612	850
2004	14269	9077	2466	29122	155353	190770	57572	703
2005	16406	10770	3005	29346	152551	182604	58503	591
2006	18795	10644	2815	29814	149561	183458	60217	475
2007	21096	10857	2647	28364	149587	178962	61775	470
2008	23468	10372	2726	24489	152523	172028	64946	497
2009	24409	10543	2897	21712	149313	163058	66946	484
2010	24768	11886	2694	19691	146311	160116	72369	519
2011	25329	13332	4055	19390	137321	161634	73316	346
2012	26153	14121	3627	17633	131374	156915	74654	381
2013	26673	13345	2143	18994	125947	156668	75051	686
2014	26988	12249	1794	19538	122014	156102	76658	382
2015	26947	11726	1658	19758	116360	155762	80198	397
2016	26668	11894	1211	16096	110937	157896	82285	415
2017	26383	11880	1515	28732	112452	160299	88878	415
2018	26941	11496	1265	28306	114295	166550	90134	415
2019	28834	10639	1384	17444	116167	172757	89975	428
2020	33770	10973	1564	18860	116898	180744	93131	424
2021	37405	11383	1751	20907	119544	188779	95885	442
2022	40887	12157	2545	32143	123317	193448	97759	484
2023	43267	11660	3401	29759	127592	205834	90291	662

10-8　历年各级学校专任教师数

单位：人

年份	普通高校	普通中专	中等技工学校	职业中学	普通中学	小学	幼儿园	特殊教育
1978					6326	10215	557	
1979					5348	9844	519	
1980					4905	9489	994	
1981					4623	8942	940	
1982					4512	8740	1014	
1983					4666	8332	1099	
1984					4709	7875	1399	
1985	178	163	144	146	4685	7611	1781	
1986	175	207	152	183	4780	7398	1900	
1987	182	243	171	245	4960	7508	2099	
1988	169	296	174	260	5059	7772	2156	8
1989	167	280	180	240	4955	8271	2144	11
1990	165	258	185	222	4661	7290	2195	15
1991	146	278	194	204	4742	7378	2288	26
1992	140	270	208	211	4880	7301	2453	32
1993	135	304	216	231	4952	7306	2520	37
1994	136	341	221	250	5067	7338	2452	41
1995	138	321	203	309	5431	7459	2540	42
1996	145	334	205	344	5980	7815	2579	53
1997	152	361	221	438	6197	8168	2623	57
1998	177	383	194	516	6266	8343	2887	62
1999	274	344	149	491	6646	8699	2859	46
2000	333	271	145	496	7122	8759	3014	38
2001	524	176	84	631	7544	8530	2537	33
2002	569	179	92	899	8012	8498	2240	35
2003	724	264	76	825	8435	8284	2134	32
2004	819	305	76	1070	8895	8744	2217	36
2005	943	322	96	1189	9173	8654	2241	36
2006	1052	338	113	1291	9371	8935	2381	37
2007	1102	337	97	1231	9401	8914	2442	39
2008	1526	347	96	1115	9591	8860	3328	40
2009	1583	387	111	1019	9755	8874	3508	42
2010	1224	409	116	967	9894	8752	3747	64
2011	1258	540	132	1024	9937	8543	3943	78
2012	1354	735	188	1014	10040	8533	4368	97
2013	1422	772	109	1116	10101	8558	4506	97
2014	1466	779	118	1314	10078	8556	4717	112
2015	1483	772	105	1412	10083	8607	3466	119
2016	1511	780	105	1307	10097	8800	5236	124
2017	1628	784	101	2109	10141	9079	5758	136
2018	1653	778	104	2077	10133	9248	5991	136
2019	1778	772	105	1345	10175	9562	6378	148
2020	1920	774	103	1450	10306	10047	6657	154
2021	1918	795	112	1550	10521	10430	7347	138
2022	2170	804	108	2289	10589	10781	7883	141
2023	2322	818	189	2203	10758	11280	7856	158

10-9 历年各级学校招生数

单位：人

年 份	普通高校	普通中专	中等技工学校	职业中学	普通中学	小 学	幼儿园	特殊教育
1978					50423	55395		
1979					40043	41695		
1980					37297	38366	14941	
1981					33367	29599	13846	
1982					31211	27420		
1983	364	252		113	33399	29712	14733	
1984					32236	29822		
1985	450	912	561	2170	33427	27925		
1986	343	901	474	2235	33575	30835		
1987	384	858	601	2901	30867	27279	23515	
1988	494	1028	501	2126	23812	35100	13611	16
1989	471	996	546	1894	19762	35713	19438	19
1990	480	1048	560	2047	29496	27712	21863	34
1991	440	1129	749	1443	32379	23042	29379	43
1992	503	1191	814	1428	33189	27611	32793	32
1993	599	1742	808	2628	31535	37629	33299	50
1994	640	2125	1043	2798	39055	41948		134
1995	616	3536	1248	2966	42615	38842	31689	92
1996	578	3267	1351	1760	34439	39165	30405	141
1997	588	3568	1465	5425	30159	38926	28734	102
1998	527	3090	1051	5466	35935	31267	29207	129
1999	1321	3017	773	4209	46490	32133	28535	85
2000	2227	1562	706	4619	49928	32395	27563	107
2001	3312	1751	811	7728	48802	31192	28971	222
2002	4100	2070	1118	11060	53108	33241	26212	134
2003	4147	3764	1667	11057	55447	29604	24348	109
2004	5175	3729	1259	10230	47933	27325	23600	74
2005	5462	3981	1191	11275	50303	23816	22047	57
2006	6222	3967	1225	10974	51505	25792	20333	38
2007	6968	3724	1036	9102	49124	27099	22131	34
2008	7688	3517	932	7824	53436	26776	23024	65
2009	7070	4192	1220	7565	49097	24944	22141	52
2010	7088	4687	416	6773	46605	25359	24344	81
2011	7591	5250	1087	7311	44167	28287	25466	60
2012	7869	4713	1154	6241	42822	25936	25412	64
2013	7617	4366	645	7070	40983	26332	24350	103
2014	7740	3924	448	6785	38906	26548	25752	54
2015	7816	4069	532	6633	37376	26393	26872	104
2016	7301	4420	504	5849	36493	27859	29371	66
2017	7757	3930	434	9737	38974	28623	32322	167
2018	8493	3531	459	9024	38206	32053	31028	60
2019	9737	3594	571	6424	39193	32154	26716	56
2020	12338	4511	659	7398	40193	33672	32823	51
2021	12593	4044	456	7551	40670	32378	30432	35
2022	13465	4125	1378	10050	43041	31316	28497	64
2023	14677	3914	1661	9576	44673	39573	26453	145

10-10　历年各级学校毕业生数

单位：人

年 份	普 通 高 校	普 通 中 专	中等技 工学校	职 业 中 学	普 通 中 学	小 学	幼儿园	特 殊 教 育
1978					47921	48122		
1979					45295	43351		
1980					26767	43116		
1981					27635	48255		
1982					22852	47373		
1983					20484	49169		
1984					20083	44892		
1985					20811	40811		
1986					26516	36230		
1987					27499	29629		
1988					28039	22418		
1989					27412	15947		
1990	494	831	567	1746	25351	27558	20817	
1991	475	1066	517	1520	21533	29978	17543	
1992	430	982	520	942	18197	30991	23510	
1993	330	1123	621	1120	25350	28648	31778	31
1994	485	1201	822	1342	28064	35067		45
1995	719	1247	935	1225	29887	37205		128
1996	589	1576	765	2309	28335	29417		49
1997	555	2077	856	3030	36175	23214		89
1998	274	2521	1207	3204	39780	27787		214
1999	576	3176	1350	3950	31500	38070		221
2000	593	3360	1261	4442	27617	41990		228
2001	483	2433	841	3864	33462	39352		258
2002	986	2556	619	3861	44134	39467	31097	254
2003	2037	2603	776	3950	47762	39348	27951	245
2004	2802	1936	998	6008	46953	31804	26535	130
2005	3309	1806	623	9732	51785	32887	22971	115
2006	3568	3374	887	9190	53820	33415	22978	53
2007	4574	3147	841	8883	47143	34018	23352	40
2008	5291	3353	849	10034	48314	36164	22810	52
2009	5983	3661	939	8928	49465	32739	22478	54
2010	6544	2858	879	7330	47033	29867	21958	55
2011	6912	3279	1180	6188	50291	26849	25086	44
2012	6825	3545	1229	5592	46764	27149	24240	42
2013	6909	4825	992	6251	44205	27477	25132	90
2014	7193	4654	725	6572	42132	26435	24592	62
2015	7703	4186	651	6604	40836	24718	26096	89
2016	7374	3892	475	6020	39314	24054	26261	58
2017	7782	3678	343	8816	36602	26449	26544	106
2018	7728	3631	377	9119	35589	25049	29617	45
2019	7675	3951	409	5529	35957	25150	30233	48
2020	7470	3582	388	5558	38642	25461	32003	69
2021	8354	3201	304	5136	37156	26418	29816	37
2022	9621	3158	219	9201	38533	28084	29213	44
2023	12889	3158	464	10638	40113	33013		93

10-11 全市教育事业基本情况

项目	学校数(所)	招生数(人)	毕业生数(人)	在校学生数(人)	教职工人数(人)	#专任教师
合计	**511**	**144973**	**104103**	**521857**	**42966**	**34866**
1.高等教育	5	22892	19875	64318	3364	2422
普通高校	4	14677	12889	43267	3238	2322
成人高校	1	5118	4231	11164	0	0
网络教育		3097	2755	9887	126	100
2.普通中学	114	44673	40113	127592	13019	10758
初中	85	29562	26298	84159		6586
高中	29	15111	13815	43433		4172
3.中等职业学校	13	9576	10638	29759	2387	2203
4.小学	129	39573	33013	205834	10002	11280
5.幼儿园	244	26453		90291	13813	7856
6.特殊教育	5	145		662	175	158
7.技工学校	1	1661	464	3401	206	189

10-12　市区教育事业基本情况

项　目	学校数(所)	招生数(人)	毕业生数(人)	在校学生数(人)	教职工人数(人)	#专任教师
合　计	**223**	**73750**	**52713**	**258872**	**20978**	**16698**
1.高等教育	5	20833	17908	57805	3238	2322
普通高校	4	14677	12889	43267	3238	2322
成人高校	1	5118	4231	11164		
网络教育		1038	788	3374		
2.普通中学	51	18604	16139	52751	5831	4542
初中	39	13208	11375	37352		2912
高中	12	5396	4764	15399		1630
3.中等职业学校	4	3550	3482	10634	843	780
4.小学	46	18392	15184	95254	4522	5368
5.幼儿园	115	12074		41786	6458	3613
6.特殊教育	2	35		291	86	73
7.技工学校		262		351		

10-13 分县区基础教育普及情况

指 标	单位	全 市	市直属	吴兴区	南浔区	德清县	长兴县	安吉县	△市区
1.小学情况									
入学率	%	100	100	100	100	100	100	100	100
#女	%	100	100	100	100	100	100	100	100
巩固率	%	100	100	100	100	100	100	100	100
#女	%	100	100	100	100	100	100	100	100
小学升初中比例	%	100	100	100	100	100	100	100	100
2.初中情况									
入学率	%	100	100	100	100	100	100	100	100
#女	%	100	100	100	100	100	100	100	100
巩固率	%	100	100	100	100	100	100	100	100
#女	%	100	100	100	100	100	100	100	100
3.高中情况									
初中毕业生人数	人	24929	294	6854	3360	3903	5768	4750	10508
#升学人数	人	24794	293	6817	3340	3888	5731	4725	10450
普通中学	人	14348	202	4075	1598	2410	3352	2711	5875
中等职业技术学校	人	10446	91	2742	1742	1478	2379	2014	4575
职业高中	人	8380	30	2293	1663	1217	2007	1170	3986
普通中专	人	861	51	342	40	57	371	0	433
技工学校	人	1193	10	107	30	202	0	844	147
其他	人	12			9	2	1		9
升学比例	%	99.46	99.66	99.46	99.40	99.62	99.36	99.47	99.45
#普通高中	%	57.56	68.71	59.45	47.56	61.75	58.11	57.07	55.91
职业类学校	%	41.90	30.95	40.01	51.85	37.87	41.24	42.40	43.54
职普比	%	0.73	0.45	0.67	1.09	0.61	0.71	0.74	0.78

10-14 分县区普通中学基本情况

项 目	单位	全 市	市直属	吴兴区	南浔区	德清县	长兴县	安吉县	△市区
学校数	所	111	11	21	18	21	20	20	39
完全中学	所	3	3			0	0	0	
高级中学	所	23	8			5	5	5	
初级中学	所	57	0	12	9	9	15	12	21
九年制	所	28	0	9	9	7	0	3	18
班级数	个	3012	395	534	307	506	676	594	879
初中	个	1972	38	534	307	305	426	362	879
高中	个	1040	357			201	250	232	
毕业生数	人	39134	5387	6854	3360	6602	9191	7740	10508
初中	人	24929	294	6854	3360	3903	5768	4750	10508
高中	人	14205	5093			2699	3423	2990	
招生数	人	44673	5703	8585	4316	7423	9778	8868	13208
初中	人	29562	307	8585	4316	4594	6253	5507	13208
高中	人	15111	5396			2829	3525	3361	
在校学生数	人	127592	16661	23637	12453	21259	28453	25129	37352
初中	人	84159	1262	23637	12453	12963	18158	15686	37352
一年级	人	29562	307	8585	4316	4594	6253	5507	13208
二年级	人	28299	401	8001	4367	4324	5976	5230	12769
三年级	人	26298	554	7051	3770	4045	5929	4949	11375
高中	人	43433	15399			8296	10295	9443	
一年级	人	15132	5417			2829	3525	3361	
二年级	人	14486	5218			2808	3467	2993	
三年级	人	13815	4764			2659	3303	3089	
毕业班学生数	人	40113	5318	7051	3770	6704	9232	8038	11375
初中	人	26298	554	7051	3770	4045	5929	4949	11375
高中	人	13815	4764			2659	3303	3089	
专任教师	人	127592	16661	23637	12453	21259	28453	25129	37352
初中	人	84159	1262	23637	12453	12963	18158	15686	37352
高中	人	43433	15399			8296	10295	9443	

10-15　分县区小学基本情况

项　目	单位	全　市	市直属	吴兴区	南浔区	德清县	长兴县	安吉县	△市区
学校数	所	129	0	25	21	22	33	28	46
班级数	个	5129	21	1542	765	801	1063	937	2328
招生数	人	39573	35	13210	5147	6035	7944	7202	18392
#受过学前教育	人	39573	35	13210	5147	6035	7944	7202	18392
在校学生数	人	205834	415	65320	29519	31970	41037	37573	95254
毕业生数	人	29026	77	8369	4487	4513	6112	5468	12933
专任教师	人	9775	0	3168	1277	1435	2123	1772	4445

10–16 分县区中等职业教育基本情况

项　目	单位	全　市	市直属	吴兴区	南浔区	德清县	长兴县	安吉县	△市区
学校数	所	13	4			1	4	4	
毕业生数	人	11074	3587			1384	3186	2917	
#获职业资格证	人	10539	3488			1289	3157	2605	
招生数	人	9576	3550			1174	2869	1983	
在校学生数	人	29759	10634			3686	8598	6841	
预计毕业生数	人	10638	3482			1363	2936	2857	
教职工数	人	2387	843			241	776	527	
#专任教师	人	2224	780			238	706	500	

10-17　分县区幼儿教育基本情况

项　目	单位	全 市	市直属	吴兴区	南浔区	德清县	长兴县	安吉县	△市区
园数	所	244	0	79	36	44	52	33	115
班级数	个	3502	3	1162	472	598	670	597	1637
入园幼儿数	个	26453	9	8464	3601	4632	5207	4540	12074
在园幼儿数	人	90291	22	28848	12916	15117	18263	15125	41786
离园幼儿数	人	36793	5	11738	5318	6046	7724	5962	17061
教职工数	人	13813		4718	1740	2302	2745	2308	6458
#园长	人	243	0	79	36	44	52	32	115
教师	人	7850	0	2563	1044	1286	1600	1357	3607
保育员	人	3520	0	1165	470	598	696	591	1635
其他	人	2200		911	190	374	397	328	1101
校舍面积	万平方米	151.9	0.0	50.4	20.8	25.0	31.9	23.8	71.2

10-18 分县区文化、艺术事业基本情况

项　目	单位	全　市	市　区	德清县	长兴县	安吉县
一、艺术事业						
剧院	个	6				
1.演出场次	场	1100				
2.观众人数	万人次	274				
3.总收入	千元	7570				
二、图书馆情况						
1.公共图书馆	个	6	3	1	1	1
2.总藏量	千册.件	4747	2684	660	772	642
三、文化馆(艺术馆)情况						
1.文化馆.艺术馆数	个	6	3	1	1	1
2.举办展览个数	个	966	589	33	146	169
四、博物馆情况						
1.博物馆数	个	37	18	6	6	7
2.人均接受文化场所服务次数	个	18		20	21	13

10-19 历年卫生事业基本情况

单位：人

年份	卫生机构数（个）	床位数（张）	#医院床位	卫生工作人员	#卫技人员	#医师	#医士	#护师护士
1978	398	6574	5883	6860	5572	1347	753	700
1979	429	6670	5944	7085	5674	1347	687	649
1980	432	6789	6080	7609	6074	1495	754	820
1981	443	6492	5260	7829	6250	1597	746	879
1982	455	6668	5431	7975	6431	1660	745	924
1983	459	6791	6040	8155	6589	1723	771	972
1984	467	6831	6312	8219	6668	1304	1132	1033
1985	472	6753	6380	8139	6438	1243	1117	1011
1986	471	6855	6493	8268	6499	1213	1208	1055
1987	489	7022	6671	8443	6651	1217	1266	1153
1988	493	7244	6858	8545	6728	1941	1143	1534
1989	491	7431	7041	8695	6876	2018	1067	1601
1990	492	7395	7005	9051	7201	2054	1038	1709
1991	491	7518	7128	9283	7412	2083	1087	1762
1992	489	7600	7207	9457	7516	2113	1065	1750
1993	489	7841	7361	9589	7678	2139	1157	1792
1994	486	7906	7462	9824	7915	2137	1252	1863
1995	491	7920	7512	9870	8014	2407	1258	1970
1996	490	7820	7710	10486	8654	2598	1391	2281
1997	482	8223	8103	10602	8759	2634	1474	2310
1998	405	8082	7962	10486	8536	2559	1371	2269
1999	410	7624	7514	10467	8493	2738	1301	2397
2000	392	7487	7377	10605	8634	2822	1284	2468
2001	385	7670	7560	10558	8747	2932	1244	2540
2002	364	7809	7809	10263	8620	2754	1048	2625
2003	704	8135	8055	11442	9617	3291	1090	2868
2004	718	8407	8327	11749	9737	3281	1121	3083
2005	819	8721	8641	12717	10859	3564	1140	3269
2006	1069	9005	9005	13763	12019	3659	1132	3386
2007	1288	8985	8985	14615	12703	3886	1171	3439
2008	1262	9294	8800	16040	13949	4000	1204	4052
2009	1284	9794	9304	17651	15199	4440	1250	4722
2010	1321	10129	9639	18510	15973	4683	1188	4966
2011	1359	10599	10337	19474	16240	4882	1060	5626
2012	1349	11265	10982	20613	17738	5079	1183	6148
2013	1335	12079	11694	21113	18216	5411	1158	6698
2014	1359	11632	10674	22079	19027	5665	1154	7319
2015	1377	13254	11896	23820	20556	6260	1110	8124
2016	1391	12836	12418	24932	21407	6510	1109	8657
2017	1393	15669	13962	26420	22762	6979	1101	9405
2018	1460	16873	15532	28677	24660	7573	1274	10452
2019	1506	18276	16925	30151	25830	8147	1275	10989
2020	1496	18420	17080	31484	27120	8504	1347	11685
2021	1596	20087	19258	29008	27120	9451	1537	12747
2022	1634	20159	20155	35460	30572	10029	1592	13551
2023	1678	21592	20378	35460	27556	11017	1695	14844

注：2002 年起按新口径统计，医师为执业医师，医士为执业助理医师，护师、护士为注册护士。

10-20　历年分县区卫生技术人员数

单位：人

年　份	全　市	吴兴区	南浔区	德清县	长兴县	安吉县	△市区
1978	5572			775	1262	927	2608
1979	5674			793	1262	928	2691
1980	6074			858	1359	100	2857
1981	6250			898	1364	1047	2941
1982	6431			914	1389	1104	3024
1983	6589			937	1423	1134	3095
1984	6668			935	1433	1122	3178
1985	6438			900	1326	1061	3151
1986	6499			903	1363	1080	3153
1987	6651			944	1383	1098	3226
1988	6728			956	1381	1133	3258
1989	6876			969	1460	1141	3306
1990	7201			1025	1495	1226	3455
1991	7412			1046	1550	1257	3559
1992	7516			1060	1573	1264	3619
1993	7678			1105	1616	1268	3689
1994	7915			1187	1663	1289	3776
1995	8014			1237	1572	1315	3890
1996	8654			1273	1974	1356	4051
1997	8759			1329	1945	1342	4143
1998	8536			1361	1859	1353	3963
1999	8493			1369	1789	1365	3970
2000	8634			1380	1767	1352	4135
2001	8747			1424	1782	1351	4190
2002	8620			1454	1632	1444	4090
2003	9617	964	1208	1546	2129	1513	4429
2004	9737	1129	1212	1587	2141	1464	4545
2005	10859	1656	1239	1677	2360	1536	5286
2006	12019	1644	1715	2021	2421	1708	5869
2007	12703	1884	1576	2043	2793	1826	6041
2008	13949	1663	1925	2101	2905	2125	6818
2009	15199	5436	2090	2231	3187	2255	7526
2010	15973	5646	2131	2374	3445	2377	7777
2011	16240	6054	2133	2525	3035	2493	8187
2012	17738	6570	2144	2606	3771	2647	8714
2013	18216	6689	2256	2816	3691	2764	8945
2014	19027	7046	2318	2975	3834	2854	9364
2015	20556	7735	2507	3028	4276	3010	10242
2016	21407	8184	2510	3176	4401	3136	10694
2017	22762	8853	2578	3335	4654	3342	11431
2018	24660	9640	2683	3513	5234	3590	12323
2019	25830	10058	2764	3579	5584	3845	12822
2020	27120	10975	2795	3695	5751	3904	13770
2021	29008	11962	3060	3984	5745	4257	15022
2022	30572	12768	3232	4179	5921	4472	16000
2023	32868	13913	3549	4407	6192	4807	17462

10–21 历年分县区医院床位数

单位：张

年份	全市	吴兴区	南浔区	德清县	长兴县	安吉县	△市区
1978	5883			1197	1104	858	2724
1979	5944			1213	1089	801	2841
1980	6080			1229	1147	878	2826
1981	5260			693	1182	827	2558
1982	5431			700	1222	787	2722
1983	6040			1265	1211	807	2757
1984	6312			1264	1156	841	3051
1985	6380			1281	1152	845	3102
1986	6493			1339	1199	834	3121
1987	6671			1276	1256	868	3271
1988	6858			1364	1258	917	3319
1989	7041			1364	1353	917	3407
1990	7005			1356	1352	964	3333
1991	7128			1402	1379	994	3353
1992	7207			1422	1395	1018	3372
1993	7361			1369	1453	1018	3521
1994	7462			1379	1520	1133	3430
1995	7512			1379	1525	1130	3478
1996	7710			1424	1543	1190	3553
1997	8103			1727	1575	1232	3569
1998	8082			1664	1506	1369	3543
1999	7514			1290	1567	1211	3446
2000	7377			1179	1604	1200	3394
2001	7670			1248	1577	1309	3536
2002	7809			1110	1613	1357	3729
2003	8055	580	927	1123	1819	1322	3791
2004	8327	714	977	1211	1862	1282	3972
2005	8641	758	917	1420	1881	1264	4076
2006	9005	753	814	1501	1963	1366	4175
2007	8985	797	853	1477	1913	1326	4269
2008	8800	779	836	1027	1990	1281	4502
2009	9304	3851	847	1096	2212	1298	4698
2010	9639	3832	874	1171	2372	1390	4706
2011	10337	3847	920	1737	2372	1461	4767
2012	10982	4425	866	1793	2399	1499	5291
2013	11694	4748	859	1796	2506	1785	5607
2014	11632	5081	859	1367	2504	1821	5940
2015	13254	5388	1027	1895	3167	1777	6415
2016	12836	5462	1155	1467	2926	1826	6617
2017	14370	5938	1273	1559	3547	2053	7211
2018	16873	6716	1503	2331	3821	2502	8219
2019	18276	7330	1549	2371	4102	2924	8879
2020	18420	7495	1531	2192	4268	2934	9026
2021	19258	8093	1671	2309	4253	2932	9764
2022	20159	8644	1796	2307	4527	2885	10440
2023	20378	9106	1755	2400	4295	2822	10861

10-22　分县区卫生机构与卫生技术人员

项　目	单位	全 市	吴兴区	南浔区	德清县	长兴县	安吉县	△市区
一、医疗卫生机构数	个	1678	483	280	307	374	234	763
其中：医院数	个	90	32	9	13	22	14	41
其中：三甲医院数	个	6	5			1		5
二、医疗卫生机构床位数	张	21592	9287	1963	2616	4595	3131	11250
其中：医院床位数	张	20378	9106	1755	2400	4295	2822	10861
其中：三甲医院床位数	张	5124	4444			680		4444
三、卫生技术人员数	人	32868	13913	3549	4407	6192	4807	17462
其中：执业（助理）医师数	人	12712	5294	1440	1708	2388	1882	6734
注册护士数	人	14844	6669	1353	1880	2901	2041	8022

10–23 历年体育运动情况

单位：人

年份	举办各级运动会（次）	参加比赛运动员	省以上运动会获奖数（枚）			发展等级运动员	发展等级裁判员
			金牌	银牌	铜牌		
1983	50	7461	13	9	4	202	68
1984	74	12163				123	74
1985	674	103667				166	124
1986	148	17603	27	19	19	519	94
1987	123	16522	41	32	37	425	141
1988	272	25920	30	26	38	333	66
1989	247	16901	35	33	35	458	181
1990	692	65588	24	35	40	549	145
1991	637	53197	30	21	29	266	110
1992	53	10087	18	26	20	150	153
1993	132	11705	30	24	26	111	93
1994	99	11694	17	28	25	195	77
1995	153	17664	22	21	24	201	77
1996	154	14169	25	21	28	106	124
1997	155	30746	57	44	41	214	112
1998	138	22164	30	40	43	56	48
1999	177	70751	73	75	78	223	75
2000	167	44036	61	43	48	17	47
2001	171	21787	45	44	44	43	44
2002	29	28750	24	21	30	21	17
2003	67	40400	33	43	34	28	6
2004	78	170000	79	73	38	20	31
2005	65	47168	29	25	45	88	13
2006	812	165562	61	19	42	29	69
2007	691	497210	39	49	68	63	41
2008	210	56472	37	35	43	121	247
2009	139	148952	22	32	43	90	311
2010	221	110687	65	15	46	32	143
2011	177	57297	36	48	47	28	277
2012	166	72000	40	49	68	35	54
2013	176	77151	50	60	67	46	62
2014	46	12670	94	38	48	52	72
2015	141	37270	129	69	98	45	158
2016	172	73456	183	212	158	50	264
2017	191	266302	178	167	153	24	135
2018	93	46335	703	506	525	56	12
2019	402	218267	230	198	197	61	145
2020	124	42188	162	169	177	69	39
2021	133	19595	67	64	68	86	109
2022	55	11797	158	80	139	161	255
2023	78	32480	65	73	85	92	245

注：1985 年、1990 年、1991 年运动会次数、参赛运动员范围为乡镇以上，其余年份为县以上。

10-24 分县区体育运动基本情况

项　目	单位	全　市	吴兴区	南浔区	德清县	长兴县	安吉县	市　区
一、县以上体委系统举办运动会	次	78	17	11	10	10	7	23
参加比赛的运动员人数	人	32480	5980	2000	5000	10000	3000	6500
二、省级以上运动会获奖牌数	枚	223	76	5	11	99	32	72
金牌	枚	65	20	0	1	33	11	19
银牌	枚	73	30	2	3	33	5	24
铜牌	枚	85	26	3	7	33	16	29
三、等级运动员发展人数	人	92	39	0	26	19	8	0
#二级	人	92	39	0	26	19	8	0
四、等级裁判员发展人数	人	245	127	6	61	36	15	0
#二级	人	245	127	6	61	36	15	0

主要统计指标解释

艺术表演团体 指从事戏曲、音乐、舞蹈、杂技等专业艺术表演，有独立账户，实行单独核算的团体。不包括半工半艺、半农半艺的业余剧团。

公共图书馆 指文化系统所属的独立举办的对社会开放的图书馆。不包括文化馆的图室，也不包括文化系统以外的图书馆。

博物馆 指搜集、保管、研究、陈列、展览有关革命、历史、文化、艺术、自然科学、技术等方面的文物或标本的机构。

艺术表演场所 指具有观众厅、舞厅、灯光设备、经常供专业艺术表演团体演出，公开售票营业的场所，但不包括茶馆、茶社等兼营艺术表演的场所。

艺术表演观众人数 指售票包场演出或民族地区免费演出的艺术表演观众人次数。不包括彩排审查和内部观摩演出的观众人次数。

等级运动员人数 指经考核正式批准授予等级运动员称号的人数。运动员等级分为国际级运动健将、运动健将、一级、二级、三级、少年级。

等级裁判员人数 指经考核正式批准授予等级裁判员称号的人数。裁判员等级分为国际裁判、国家级、一级、二级、三级。

医院 指名称为医院，设有固定床位能收容病人住院并能为病人提供医疗和护理服务的医疗机构。包括县及县以上医院、农村乡卫生院、其他医院三部分。

卫生技术人员 指卫生事业机构中现任职务为卫生技术工作的人员。包括中医师、西医师、中西医结合高级医师、护师、中药师、西药师、检验师、其他技题、中医士、西医士、护士、助产士、中药剂士、西药剂士、检验员、其他初级卫生技术人员。

医生 指经卫生部门审查合格，从事医疗工作的专业人员，分为中医医生和西医医生，包括中医师、西医师、中西医结合高级工程师医师、中医士、西医士和其他中医。

普通高等学校 指按照国家规定的审批程序批准举办，通过全国统一招生考试，招收高级中学学校毕业生和具有同等学历者，实施高等教育，培养高等专门人才的学校。包括大学、专门学院、专科学校和短期职业大学。

技工学校 指招收初中（或部分高中）毕业生或具有同等学历者，实施专业技术教育、培养中级技术工人的学校。包括中央在地方单位办、各级劳动部门办、各级其他部门办和厂矿企业办。其在校学生数不包括培训的在职职工人数。

招生数 指新学年开始时，按照国家招生计划实际招收入学的新生数。不包括留级学生和复读学生数。

在校学生数 指学年初开学以后，具有学籍的全部在校学习的学生总数。

毕业生数 指上学年度内，具有学籍的学生学完教学计划规定的全部课程，考试及格，获得毕业证书的学生数。不包括结业生和肄业生数。

教职员工数 指在学校中工作的固定教职工人数。包括校本部、科研机构、校办工厂、农（林）场和附属机构的人员。不包括下列人员：离休、退休、退职人员；学校办的集体所有制单位和学校附属机构中，属于集体所有制的职工；代课教师和各种临时工。

专任教师 指主要从事教育工作的人员。包括临时（一年以内）调去帮助做其他工作的教学人员。不包括调离教学岗位，担任行政领导工作或其他工作的原教学人员；不包括兼任教师和代课教师。

小学学龄儿童入学率 指调查范围内已入小学学习的学龄儿童占校内外学龄儿童总数（包括智力障碍儿童在内，但不包括盲聋哑儿童）的比重。计算公式是：

$$小学学龄儿童入学率=\frac{已入学的小学学龄儿童数}{校内外小学学龄儿童总数}\times 100\%$$

科技活动 指在自然科学、农业科学、医药科学、工程与技术科学、人文与社会科学领域（简称科学技术领域）中与科技知识的产生、发展、传播和应用密切相关的有组织的活动。为核算科技投入的需要，科技活动可分为科学研究与试验发展（R&D）、科学研究与试验发展成果应用及相关的科技服务三类活动。

科技经费投入 指科技内部支出、科研基建、外部支出、购买国内技术、引进专利、图纸、配方等经费支出；统计范围为：农业企事业单位、规模以上工业企业、民营科技企业、软件开发单位、普通高等院校、科研机构。

研究与试验发展（R&D） 指在科学技术领域，为增加知识总量，以及运用这些知识去创造新的应用而进行的系统的、创造性的活动，包括基础研究、应用研究、试验发展三类活动。

十一、城建、环保、水利、气象、林业、民政福利、社保、公积金、治安、档案、技术监督

11-1 分县区市政、公用事业情况

项　目	单位	全 市	市 区	德清县	长兴县	安吉县
一、建成区面积	平方公里	272.00	142.49	42.11	48	39.4
二、城市建设						
城市环境基础设施建设投资额	万元					
#燃气	万元	2911	2403	508	0	0
排水	万元	40694	3448	15006	22240	0
园林绿化	万元	11780	0	0	4166	7614
市容环境卫生	万元	146	0	0	0	146
三、园林绿化						
绿化覆盖面积	公顷	13855	6376.71	2599.10	2341.70	2537
#建成区	公顷	11995.97	6008.74	1943.80	2225.12	1818.31
建城区绿化覆盖率	%	44.10	42.17	46.16	46.36	46.15
公园个数	个	143	64	27	14	38
公园面积	公顷	1935.66	1126.15	250.51	181	378
公园绿地面积	公顷	3110.65	1863.24	303.35	468.86	475.20
人均公园绿地面积	平方米	20.36	23.86	16.96	15.06	18.49
四、供水和供气						
排水管道长度	公里	4214.47	2254.12	614	762.96	583.39
供水综合生产能力（包括自备水源）	万吨/日	112.45	70	12	15	15.45
供水总量	万吨	26334.64	13051.52	3990.11	3871.35	5421.66
售水量	万吨	26180.34	13051.52	3990.11	3871.35	5267.36
#居民家庭用水	万吨	11125.13	5118.85	2212.40	1604.51	2189.37
生产用水	万吨	5875.20	3044.55	783.10	945.14	1102.4
用水人口	万人	152.80	78.08	17.89	31.13	25.7
人均日生活用水量	升	286.92	283.76	398.42	216.72	303.92
用水普及率	%	100	100	100	100	100
供气总量(人工、天然气)	万立方米	88533.75	33499.49	4116.58	38667.83	12249.85
#家庭用量	万立方米	10744.54	6552.66	1228.93	1729.95	1233
液化石油气供气总量	吨	19803.24	10743.56	3650	610.10	4799.58
#家庭用量	吨	11191	6498	480	455	3758
用液化气人口	万人	12.93	5.94	0.74	0.95	5.30
城市燃气普及率	%	100	100	100	100	100
五、公共交通						
营运车辆	辆	4081	2375	557	518	631
公共汽车	辆	2032	1084	315	310	323
出租车	辆	1487	975	163	141	208
六、环境卫生						
垃圾处理站数	个	9	2	2	3	2
污水处理厂数	个	17	9	3	3	2
生活垃圾清运量	万吨	78.19	45.09	9.95	13.53	9.61
垃圾无害化处理量	万吨	78.19	45.09	9.95	13.53	9.61
城镇生活垃圾无害化处理率	%	100	100	100	100	100
城市污水排放量	万立方米	22336.75	10628.96	3192.09	3631.03	4884.67
城市污水处理量	万立方米	22111.45	10554.48	3157.30	3599	4800.67

11-2 主要年份

项 目	单位	2003 年	2005 年	2007 年	2008 年	2010 年	2014 年	2015 年
一、城市化水平								
市域	%	44.1	48.4	52.4	54.3	58.0	61.4	62.2
市本级	%	51.0	53.5	55.4	56.8	60.0	64.0	64.9
德清	%	42.9	48.0	52.0	53.7	57.4	61.4	62.2
长兴	%	40.0	44.0	50.0	52.1	55.8	58.5	59.3
安吉	%	39.5	42.0	48.6	50.4	52.9	58.0	59.2
二、建成区面积								
中心城市	平方公里	52.9	65.0	74.4	78.8	88.0	99.2	102.9
中心城区(含织里)	平方公里	43.9	53.2	61.6	65.5	72.5	80.5	83.4
织里	平方公里	7.7	10.7	11.7	11.7	13.7	14.9	15.5
南浔区	平方公里	9.0	11.8	12.8	13.3	15.5	18.7	19.5
三、城市人口								
中心城市	万人	51.5	57.6	63.9	71.9(43.3)	83.6(50)	88.5(52.3)	90.2(52.8)
中心城区(含织里)	万人	42.5	46.7	52.0	59.9(36.4)	70.1(42.2)	73.8(44.0)	75.1(44.3)
织里	万人	6.0	9.2	13.0	18.7(3.7)	21.3(5.5)	24.1(5.7)	24.6(5.8)
南浔区	万人	9.0	10.9	11.9	12(6.9)	13.5(7.8)	14.7(8.3)	15.1(8.4)
四、道路								
1.总面积								
中心城市	万平方米	587.60	876.40	1444.89	1573.60	1711.80	2172.65	2348.23
中心城区(含织里)	万平方米	472.20	761.00	1258.19	1314.80	1385.80	1749.57	1923.92
织里	万平方米	94.20	153.20	225.00	239.10	248.20	263.82	267.72
南浔区	万平方米	115.40	115.40	186.70	258.80	326.00	423.08	424.31
2.人均面积								
中心城市	平方米	11.4	15.2	22.6(34.1)	21.9(36.3)	20.5(34.2)	24.32	26.03
中心城区(含织里)	平方米	11.1	16.3	24.2(35.3)	22.0(37.5)	19.77(32.8)	23.71(39.76)	25.62(43.43)
织里	平方米	15.7	16.7	17.3(64.3)	12.8(64.6)	11.65(45.1)	17.71(46.28)	10.88(46.16)
南浔区	平方米	12.8	10.6	15.7(27.5)	21.6(37.5)	23.7(41.8)	28.78(50.97)	28.1(50.5)

中心城市建设情况

2016 年	2017 年	2018 年	2019 年	2020 年	2021 年	2022 年	2023 年
62.9	63.7						
65.8	66.8						
64.7							
60.9							
60.0							
106.0			125.15	126.38	131.62	134.92	142.49
85.8							
15.9							
20.3							27.88
91.5(53.5)	93.3(54.2)	95.1(55.52)	94.35(55.44)	99.74(55.42)	99.98(48.28)	99.72(48.31)	78.08（44.27）
76.2(44.9)	77.7(45.5)	70.04(37.0)					
25.0(6.0)	25.7(6.1)						
15.3(8.6)	15.6(8.7)	25.06(18.6)	14.5(8.37)	18.57(8.45)	18.59(8.46)	18.61(8.47)	16.09（9.23）
2462.19	2605.61	2675.56	2773.31	2852.18	2913.24	3021.88	3069.84
2014.29	2140.85	2194.99					
267.72	270.50	278.80					
447.90	464.76	480.49					674.52
26.91(46.02)	27.93	28.13	29.39	28.6	29.14	30.3	
26.43(44.86)	27.55	21.57					
10.71(44.62)	10.53						
29.27(52.08)	29.79	21.53					

11-2 主要年份

项　目	单位	2003 年	2005 年	2007 年	2008 年	2010 年	2014 年	2015 年
五、城市绿化								
1.绿化总面积								
中心城市	万平方米	1495.60	1843.80	2410.60	2684.80	3293.50	4188.44	4418.31
中心城区(含织里)	万平方米	1407.00	1710.00	2193.00	2441.20	3014.22	3836.63	4054.18
织里	万平方米	200.90	243.70	253.40	255.40	271.68	282.62	296.04
南浔区	万平方米	88.60	133.80	217.60	243.60	280.28	351.81	364.13
2.公共绿地								
中心城市	万平方米	359.20	438.20	541.15	610.90	980.47	1290.49	1345.32
中心城区(含织里)	万平方米	324.60	390.60	465.15	524.20	885.47	1165.08	1217.03
织里	万平方米	43.70	67.70	69.90	70.20	73.30	76.01	76.51
南浔区	万平方米	34.60	47.60	76.00	86.70	96.00	125.41	128.29
3.城市绿地率								
中心城市	%	28.3	28.2	32.4	34.1	37.4	42.23	42.94
中心城区	%	32.0	32.2	35.6	37.3	41.5	47.66	48.61
南浔区	%	9.9	11.3	17.0	18.3	18.1	18.81	18.67
4.绿化覆盖率								
中心城市	%	32.4	32.3	36.6	38.7	42.1	47.26	48.06
中心城区	%	37.0	37.2	40.2	42.8	47.1	53.57	54.57
南浔区	%	14.0	15.4	19.6	21.3	21.5	22.3	22.54
5.人均公共绿地								
中心城市	平方米	7.0	7.6	8.4(12.8)	8.5(14.1)	11.45(19.6)	14.58(24.67)	14.91(25.48)
中心城区	平方米	7.6	8.4	8.9(13.1)	8.8(14.4)	12.33(20.98)	15.79(26.5)	16.21(27.47)
南浔区	平方米	3.9	4.4	6.4(11.2)	7.2(12.6)	7.0(12.3)	8.53(15.11)	8.5(15.27)
六、城市供水								
1.供水能力								
中心城市	万吨/日	27	27	27	47	47	47	47
中心城区(含织里)	万吨/日	21	21	21	41	41	41	41
织里	万吨/日	5	5	5	5	5	5	5
南浔区	万吨/日	6	6	6	6	6	6	6

中心城市建设情况（续表1）

2016年	2017年	2018年	2019年	2020年	2021年	2022年	2023年
4684.17	4983.67	5317.89	5442.67	6223.17	6245.08	6280	6376
4227.28	4506.30	4676.37					
305.52	323.11	341.88					
456.89	477.37	642.48					1237
1500.28	1611.32	1686.41					
1298.53	1408.59	1458.35					
76.51	89.09	105.47					
201.75	202.73	208.43					
44.19	42.52	42.86	42.89	43.1	41.52	40.88	39.11
49.27	46.88	45.96					
22.62	22.66	28.78					
49.31	50.98	46.36	46.38	46.33	44.64	43.85	42.17
55.23	52.84	54.51					
26.49	26.53	33.92					
16.40(28.04)	50.98	17.73					
17.04(28.92)	52.84	20.82					
13.19(23.46)	26.53	8.32					
56	56	56	56	78.3	72	70	70
56	56						
56	56						
56	56						

11-2 主要年份

项 目	单位	2003 年	2005 年	2007 年	2008 年	2010 年	2014 年	2015 年
2.日均供水量								
中心城市	万吨/日	18.60	17.15	21.45	21.60	23.15	24.05	24.71
中心城区(含织里)	万吨/日	13.50	14.45	18.15	18.50	19.65	20.90	21.61
织里	万吨/日	2.50	3.00	3.00	3.00	5.00	4.38	4.80
南浔区	万吨/日	5.10	2.70	3.40	3.10	3.50	3.15	3.10
七、污水处理								
1.处理能力								
中心城市	万吨/日	10.0	14.0	23.5	24.5	24.5	27.5	27.5
中心城区	万吨/日	10.0	11.0	20.5	21.5	21.5	24.5	24.5
南浔区	万吨/日		3.0	3.0	3.0	3.0	3.0	3.0
2.实际处理率								
中心城市	%		51.56	79.70	82.50	85.10	93.66	93.80
中心城区	%		62.18	81.60	83.80	86.18	94.70	95.14
南浔区	%			67.20	73.80	77.90	86.50	89.56
3.日综合污水处理量								
中心城市	万吨		5.66	12.08	13.90	15.16	18.02	20.56
中心城区	万吨		5.66	10.48	12.10	13.04	15.84	18.20
南浔区	万吨			1.60	1.80	2.10	2.18	2.36
八、住宅面积								
1.总面积								
中心城市	万平方米	1272.00	1493.40	1687.50	1745.22	2070.16	2705.97	2891.80
中心城区(含织里)	万平方米	1006.00	1204.10	1356.40	1394.12	1673.53	2209.75	2368.69
织里	万平方米	70.30	96.50	136.50	152.50	235.74	316.38	343.53
南浔区	万平方米	203.00	284.80	331.10	351.10	396.63	496.22	535.11
2.人均面积								
中心城市	平方米	32.0	35.9	39.8	40.3	41.4	51.74	54.77
中心城区(含织里)	平方米	29.5	34.5	38.1	38.3	39.7	50.22	53.47
织里	平方米	29.3	37.1	39.0	41.2	42.9	54.55	59.23
南浔区	平方米	29.3	42.5	49.0	50.9	50.9	59.79	63.70

注：以上数据除人均住宅面积只以常住人口计算外，其余数据以总人口和常住人口两个口径统计，括号内为常住人

中心城市建设情况（续表 2）

2016 年	2017 年	2018 年	2019 年	2020 年	2021 年	2022 年	2023 年
26.29	26.66	28.87					
23.08	23.46	25.55					
5.98	5.50	4.56					
3.21	3.20	3.33					
27.5	27.5	27.0	29	37	37	37	43.5
24.5	24.5	24.0					
3.0	3.0	3.0					
94.25	94.66	96.66	97.91	98.3	98.4	98.5	99.3
95.66	95.35	96.66					
89.86	93.57	96.66					
22.30	21.94	23.53	24.55				
19.76	19.35	20.52					
2.54	2.59	3.01					
3025.30							
56.60							

口。2016 年起，由于口径调整，实际处理率调整为集中式处理率。

11-3 主要年份

指　标	单位	1990 年	1995 年	2000 年	2005 年	2008 年	2009 年
一、工业废水							
工业废水排放总量	万吨	8326	5519	8830	9518	10706	10518
二、工业废气							
工业废气排放总量	亿标立方米	264.00	316.00	458.00	1214.06	1398.56	1591.42
工业二氧化硫排放量	吨	53602	58813	58508	60688	48823	58695
工业烟（粉）尘排放量	万吨	94300	59600	151300	39500	33179	29290
三、工业固体废物							
工业固体废物产生量	万吨	79.90	109.02	87.19	203.01	232.61	225.62
工业固体废物综合利用量	万吨	33.45	51.74	81.95	199.70	227.90	225.30
工业固体废物利用率	%			93.99	98.37	99.00	96.86
四、工业锅炉、炉窑数							
工业锅炉数	台	1307	318	343	357	466	470
工业炉窑数	座	279	99	202	159	216	258
五、环境质量(市区)							
建成区区域环境噪声平均值	分贝			56.8	56.7	58.6	54.7
城市环境空气质量标准级别	级				2	2	2
城市水域功能区水质达标率	%				53.30	68.90	77.30
城市集中式饮用水源地水质达标率	%				96.20	97.50	98.30

环境保护情况

2010 年	2014 年	2015 年	2016 年	2017 年	2018 年	2019 年	2020 年	2021 年	2022 年	2023 年
10888	10020	8611	8532	8470	8280	7786	6069	5793	5479	6122
1647.91	1978.86	2100.89	1983.23	2497.12	2341.77	2163.86	2465.68	3324.60	3656.85	4175
50976	36521	38149	28298	22117	18757	15298	5575	4136	3768	3831
24082	31655	28855	19565	15039	14289	11223	8618	7566	7481	6508
210.94	185.93	191.50	174.01	212.43	246.04	249.59	268.20	272.46	288.57	310
211.28	179.60	187.44	172.70	211.35	245.32	248.91	268.18	272.64	288.61	310
96.49	96.59	97.87	99.25	99.25	99.64	99.69	99.97	100.00	99.99	100
459	552	511	518	471	439	438	368	295	310	307
288	389	408	361	338	339	553	411	474	442	503
54.3	53.2	53.0	52.9	53.7	51.5	55.3	54.8	55.8	53.6	55
2	未达到二级	未达到二级	未达到二级	劣二级	劣二级	二级	二级	二级	二级	二级
94.44	100.00	100.00	100.00	100.00	100.00	100.00	100.00	100.00	100.00	100
84.85	100.00	100.00	100.00	100.00	100.00	100.00	100.00	100.00	100.00	100

11-4 分县区

指　标	单位	全　市	吴兴区
一、水环境			
1.废水排放总量	万吨	21335.17	1067.44
工业废水排放量	万吨	6147.49	1067.44
城镇生活污水排放量	万吨	15187.68	
2.化学需氧量(COD)排放量	吨	8711.51	
工业废水中 COD 排放量	吨	1356.81	255.39
农业 COD 排放量	吨		
城镇生活污水中 COD 排放量	吨	7354.70	
3.氨氮排放量	吨	502.15	
工业废水中氨氮排放量	吨	21.87	8.08
农业废水中氨氮排放量	吨		
城镇生活污水中氨氮排放量	吨	480.28	
二、大气环境			
1.工业废气排放总量	亿标立方米	4174.71	414.67
2.二氧化硫(SO_2)排放量	吨	3832.51	97.11
工业 SO_2 排放量	吨	3830.89	97.11
城镇生活 SO_2 排放量	吨	0.06	
集中式治理设施 SO_2 排放量	吨	1.55	
3.氮氧化物排放量	吨	17791.47	431.50
工业氮氧化物排放量	吨	7438.10	431.50
城镇生活氮氧化物排放量	吨	123.21	
集中式治理设施氮氧化物排放量	吨	57.05	
机动车氮氧化物排放量	吨	10173.11	

南浔区	德清县	长兴县	安吉县	南太湖新区
842.09	1552.74	883.38	273.90	842.09
842.09	1552.74	883.38	273.90	842.09
205.55	245.51	146.27	55.47	205.55
2.65	5.25	2.20	0.33	2.65
436.72	1944.14	484.52	230.51	436.72
967.68	2064.62	258.75	39.70	967.68
967.68	2064.62	258.75	39.70	967.68
	0.90		0.65	
956.26	4601.52	394.34	94.69	956.26
956.26	4601.52	394.34	94.69	956.26
	12.13		44.92	

11-4 分县区

指 标	单位	全 市	吴兴区
4.颗粒物排放量	吨	6615.52	1261.93
工业颗粒物排放量	吨	6508.43	1261.93
城镇生活颗粒物排放量		11.29	
集中式治理设施颗粒物排放量	吨	1.53	
机动车颗粒物排放量	吨	94.3	
5.城市空气质量达到优良天数的比率	%	79.5	80.00
三、固体废物			
1.一般工业固体废物产生量	万吨	310.33	23.63
一般工业固体废物综合利用量	万吨	310.20	23.63
一般工业固体废物综合利用率	%	99.96	99.96
2.危险废物产生量	吨	356303.87	43353.21
危险废物利用处置量	吨	356153.45	43082.41
危险废物利用处置率	%	99.34	99.02
危险废物本年末贮存量	吨	2441.42	431.44
四、工业锅炉			
工业锅炉数	台	307	53
工业炉窑数	座	503	74
五、工业污染治理投资			
工业污染源治理投资	万元	8254	541
#治理废水	万元	6656	71
治理废气	万元	1598	470
治理其他	万元		
完成环保验收项目环保投资	万元	271991.68	32683.8

环境保护情况（续表）

南浔区	德清县	长兴县	安吉县	南太湖新区
744.20	2200.02	1820.94	234.39	248.47
744.20	2200.02	1819.78	234.39	248.10
0.00		1.16		0.37
78.30	86.60	86.30	91.00	78.60
55.19	42.89	162.28	9.61	16.73
55.16	42.89	162.26	9.56	16.72
99.94	99.21	100.00	99.98	99.99
42475.07	48209.17	190080.95	14511.69	17673.79
42319.11	48187.14	190518.01	14559.32	17487.46
98.95	96.71	99.94	99.46	99.96
510.37	27.73	1206.07	4.59	261.22
66	60	51	69	8
35	51	186	68	89
3895	316	502	3000	
3585			3000	
310	316	502		
34968.8	3216	65892.67	73601.23	61629.18

11-5 分县区水利情况

项　目	单位	全　市	吴兴区	南浔区	德清县	长兴县	安吉县	△市区
全年水资源总量	万立方米	389578	56587	45719	52701	98085	136486	102306
#地表水资源量	万立方米	377450	53716	39705	49458	98085	136486	93421
地下水资源量	万立方米	94559	14068	12421	14574	22237	31259	26489
地表水和地下水资源重复量	万立方米	82431	11197	6407	11331	22237	31259	17604
人均水资源	立方米	1133	539	831	946	1438	2275	639
供水总量	万立方米	127774	25576	24821	25397	31648	20332	50397
用水总量	万立方米	127774	25576	24821	25397	31648	20332	50397
#农田灌溉	万立方米	49526	7398	8973	10971	12925	9259	16371
林牧渔畜	万立方米	22495	4798	6494	4825	3941	2437	11292
工业	万立方米	23284	4002	3830	4345	7948	3159	7832
居民生活	万立方米	16916	4906	2602	2783	3687	2938	7508
城镇公共用水	万立方米	11274	3289	1569	1952	2465	1999	4858
生态环境补水	万立方米	4279	1183	1353	521	682	540	2536
水库数量	座	29	4		3	10	12	4
#大中型水库	座	4			1	1	2	
水库总库容	万立方米	21732	2441		2806	2910	13575	
水库蓄水量	万立方米	20323	1794		4505	4002	10022	1794
#大中型水库	万立方米	389578	56587	45719	52701	98085	136486	102306

11-6 历年气象资料

单位：摄氏度

年 份	平均气温	最低气温	最高气温	年降雨天数（天）	年降水总量（毫米）	年日照总时数（小时）
1978	16.2	-3.5	38.9	119	761.7	2137.6
1979	16.0	-9.3	36.6	125	985.5	2191.9
1980	15.1	-7.3	37.8	152	1529.4	1917.4
1981	15.4	-6.7	36.1	153	1555.3	1726.6
1982	15.7	-6.4	36.4	149	1150.0	1720.9
1983	15.7	-5.6	38.5	141	1708.4	1782.4
1984	15.3	-8.0	36.4	140	1313.3	1860.9
1985	15.7	-5.8	37.0	152	1411.5	1715.4
1986	15.7	-6.0	37.4	125	1205.1	1980.8
1987	15.9	-5.4	36.8	147	1491.2	1948.9
1988	16.0	-5.3	38.9	126	1075.7	1987.6
1989	15.9	-3.6	36.3	152	1471.5	1841.5
1990	16.7	-6.0	38.1	158	1365.1	1969.0
1991	15.8	-8.5	37.7	152	1345.2	1822.0
1992	15.9	-4.2	38.3	133	1113.0	2013.3
1993	15.7	-5.7	36.5	149	1637.5	1802.4
1994	17.1	-2.4	37.5	147	1055.1	1984.9
1995	16.1	-4.5	37.8	118	1168.7	1978.5
1996	15.9	-5.3	35.8	145	1422.1	1753.8
1997	16.6	-4.8	36.0	152	1064.3	1698.1
1998	17.3	-5.8	38.2	149	1557.3	1805.0
1999	16.3	-6.8	35.8	183	1780.6	1465.0
2000	16.9	-5.4	35.7	141	1023.3	1613.3
2001	16.9	-4.9	38.0	143	1267.4	1682.3
2002	17.0	-3.8	37.1	152	1514.3	1466.1
2003	16.8	-5.4	39.1	134	938.6	1741.8
2004	16.9	-5.7	37.7	116	1126.1	1859.0
2005	16.5	-6.6	37.7	124	1075.4	1788.3
2006	17.2	-5.7	37.5	127	1042.9	1735.8
2007	17.4	-3.9	37.9	131	1195.4	1827.6
2008	16.6	-6.5	37.8	142	1465.0	1865.6
2009	17.1	-7.1	39.2	136	1235.0	1918.1
2010	16.6	-5.5	38.9	143	1312.4	1975.3
2011	16.3	-6.9	37.8	134	930.4	1880.2
2012	16.3	-5.7	38.2	159	1608.6	1810.2
2013	17.3	-5.8	40.9	119	1075.8	2048.5
2014	16.8	-5.5	36.2	143	1443.6	1756.5
2015	16.8	-5.5	38.8	161	1548.8	1586.8
2016	17.5	-8.8	39.6	164	2115.6	1651.1
2017	17.6	-4.7	40.7	152	1267.3	1862.2
2018	17.6	-7.8	37.7	158	1496.8	1819.1
2019	17.5	-2.1	39.0	139	1448.2	1636.9
2020	17.7	-6.6	38.0	163	1798.5	1550.4
2021	18.2	-7.1	38.0	139	1348.8	1724.2
2022	18.0	-4.6	40.7	135	1236.4	1751.5
2023	18.0	-7.2	39.5	138	1302.5	1717.1

11-7 主要年份民

指 标	单位	2005年	2010年	2014年	2015年
一、婚姻登记情况					
结婚登记	对	16463	20927	22437	21112
内地居民准予登记结婚	对	16421	20904	22384	21068
#初婚人数	人	28438	24398	34891	34967
再婚人数	人	4488	6354	8257	9391
#恢复结婚	人	298	1276	2020	1136
涉外及华侨.港澳台居民登记结婚	对	42	23	53	44
离婚登记	对	3326	5209	6317	6353
#内地居民准予离婚	对	3323	5201	6317	6353
二、社会救济情况					
城镇居民最低生活保障家庭数	户	4210	5663	3735	3673
城镇居民最低生活保障人数	人	7637	10159	5931	5687
城镇临时救济人数	人	8281	5288	2256	4339
农村居民最低生活保障家庭数	户	15278	19454	16815	15137
农村居民最低生活保障人数	人	29386	35585	28076	25051
农村临时救济人数	人	44034	16152	8651	18422
三、社会福利事业					
社会福利机构数	个	79	82	98	53
福利机构床位数	张	4978	10052	12110	9030
1.国家办光荣院数	个	2	3	2	2
职工人数	人	3	14	5	4
床位数	张	20	81	48	36
年末收养人数	人	8	27	7	6
2.社会福利院数	个	4	5	12	11
职工人数	人	55	118	233	154
床位数	张	485	1782	2109	2511
年末收养人数	个	299	590	871	742
3.城镇收养性老年福利机构	个	10	12	14	19
职工人数	人	163	179	124	456
床位数	张	1170	2386	1976	3935
年末收养人数	人	575	1020	727	1227
4.农村收养性老年福利机构	个	63	62	85	94
职工人数	人	277	320	379	359
床位数	张	3303	5803	9643	11389
年末收养人数	人	2400	2715	2500	2070
5.社区服务设施数	个	153	966	4130	2042

政与社会福利事业

2016 年	2017 年	2018 年	2019 年	2020 年	2021 年	2022 年	2023 年
20326	20082	18479	16849	15622	14582	15578	15239
20287	20044	18426	16797	15593	14564	15553	15170
30944	29241	28624	23590	22168	20817	23862	22627
7430	7809	8227	7210	9076	6095	7294	5771
2843	3038	1544	2794	1274	2216	917	1942
39	38	53	52	29	18	25	69
7197	8096	7531	7751	7408	4527	5015	5669
7186	8093	7521	7739	7401	4521	5010	5659
4138	4190	3307	2707	2595	2754	2677	2573
6265	6449	5735	3621	3428	3513	3311	3103
5757	4327	1503	7144	4634	1067	3589	3161
18577	20475	15723	15543	13593	14152	13438	13506
30370	32884	24531	24601	22266	22067	20130	19809
14539	12364	1699					
100	129	138	167	181	174		
17348	20993	21957	28656	30570	30921		
3	3	3	1				0
4	2	2	2				0
39	39	37	36				0
6	11	11	1				0
12	11	4	3	2	2	3	3
193	222	112	89	78	91	141	141
2921	2975	1538	558	544	484	916	916
958	1050	533	238	214	194		295
25	24	30	40	62	61	67	80
537	704	797	993	1711	1542	1667	2181
5178	5955	6965	8423	12802	12738	9684	11855
1986	2107	2588	2967	3589	3339	3493	4621
72	69	71	88	116	112	31	48
448	509	643	514	3426	3371	485	745
10644	113423	11687	14068	17012	17699	3433	5712
3014	2370	2609	2574	4890	4655	1325	2138
2237	2294	2661					

11-8 分县区民政

指　标	单位	全　市	吴兴区
一、婚姻登记情况			
结婚登记	对	15239	4668
内地居民准予登记结婚	对	15170	4668
#初婚人数	人	22627	7143
再婚人数	人	5771	1613
#恢复结婚	人	1942	580
涉外及华侨.港澳台居民登记结婚	对	69	
离婚登记	对	5669	1688
#内地居民准予离婚	对	5659	1688
二、社会救济情况			
城镇居民最低生活保障家庭数	户	2573	860
城镇居民最低生活保障人数	人	3103	1022
城镇临时救济人数	人	3161	508
农村居民最低生活保障家庭数	户	13506	1342
农村居民最低生活保障人数	人	19809	2095
农村临时救济人数	人		
三、社会福利事业			
社会福利机构数	个		
福利机构床位数	张		
1.国家办光荣院数	个		
职工人数	人		
床位数	张		
年末收养人数	人		
2.社会福利院数	个	3	
职工人数	人	141	
床位数	张	916	
年末收养人数	个	295	
3.城镇收养性老年福利机构	个	80	12
职工人数	人	2181	491
床位数	张	11855	2091
年末收养人数	人	4621	1064
4.农村收养性老年福利机构	个	48	4
职工人数	人	745	66
床位数	张	5712	421
年末收养人数	人	2138	195
5.社区服务设施数	个	2977	516

与社会福利事业

南浔区	德清县	长兴县	安吉县	△市区
1816	2455	3573	2658	6553
1816	2455	3573	2658	6484
2647	3762	5338	3737	9885
789	792	1354	1223	2445
196	356	454	356	776
				69
740	823	1307	1101	2438
740	823	1307	1101	2428
436	268	408	295	306
488	319	505	371	395
425	480	787	817	144
3060	1372	4032	3466	234
4572	2111	5848	4848	335
				1
				26
				1
				1
	1		1	1
	50		50	26
	180		468	104
	109		147	39
1	13	20	17	17
23	237	408	299	723
80	2219	2187	1966	3312
64	794	625	305	1769
13	1	2	10	18
194	18	21	176	270
1858	158	230	693	2352
618	88	125	287	825
503	406	703	629	1239

11-9 主要年

指 标	单位	2005 年	2010 年	2014 年	2015 年	2016 年
一、基本养老保险						
基本养老保险参保人数	万人	47.37	74.10	127.39	133.33	135.55
#企业	万人	25.15	43.53	62.23	65.41	68.29
机关事业	万人	6.77	7.28	8.24	8.14	10.34
其他	万人	15.45	23.29	56.91	59.78	56.93
基本养老保险缴费人数	万人	33.67	56.40	99.19	90.78	94.45
#企业	万人	18.15	36.04	53.66	56.16	58.77
机关事业	万人	4.93	5.05	5.43	5.51	6.86
其他	万人	10.59	15.31	40.09	29.12	28.82
基本养老保险金发放额	亿元	10.20	22.00	68.62	88.97	110.01
二、农村养老保险						
年末在保人数	万人	9.14	7.92	3.09		
本年保险金收入	万元	69	148	43		
本年保险金支出	万元	33	435	166		
年末积累基金总额	万元	4654	3971	1881		
三、医疗保险						
城镇职工基本医疗保险参保人数	万人	30.37	60.08	104.14	111.01	116.95
城乡居民基本医疗保险参保人数	万人			160.32	151.95	147.52
四、工伤保险						
工伤保险参保人数	万人	17.57	59.33	75.53	75.88	78.33
五、生育保险						
生育保险参保人数	万人	13.83	40.75	60.28	62.85	66.33
六、失业保险						
失业保险参保人数	万人	22.21	40.84	61.62	64.49	65.61
发放失业保险金人次	万人次	6.71	4.88	9.63	9.50	5.55
发放失业保险金额	万元	2778	3154	12367	15812	6668

注：2015 年起，农村养老保险停止开展,已和城乡居民养老合并。

份社会保险

2017年	2018年	2019年	2020年	2021年	2022年	2023年
143.84	151.82	161.71	169.67	178.69	184.45	189.19
73.25	79.08	84.55	89.16	99.40	101.38	104.17
9.84	10.16	10.38	10.59	10.84	11.10	11.29
60.75	62.58	66.78	69.92	68.45	71.97	73.73
98.80	103.48	110.53	116.78	124.39	127.34	128.91
63.67	69.18	74.25	78.28	87.65	88.79	90.24
6.60	6.71	6.82	6.96	7.15	7.29	7.39
28.53	27.58	29.47	31.55	29.60	31.27	31.28
130.40	147.79	164.92	180.94	196.42	208.91	224.56
124.78	135.18	144.77	154.79	161.50	167.30	171.14
143.57	139.55	133.02	130.98	122.54	120.46	119.64
83.57	95.19	112.73	129.81	136.77	133.47	145.14
71.64	75.68	80.06	115.42	96.26	118.94	
72.32	77.17	82.70	87.97	93.40	95.02	97.00
4.87	8.40	9.03	8.64	11.62	16.17	21.33
5903	11590	12451	11910	17469	28281	39741

11-10　分县区社会保险

项　目	单位	全　市	市　区	德清县	长兴县	安吉县
一、基本养老保险						
年末参保人数（含离退休人员）	人	1891909	771784	358146	413139	348840
#企业	人	1041702	460078	187135	218314	176175
机关事业	人	112945	57729	16805	19856	18555
其他	人	737262	253977	154206	174969	154110
年末参保人数（不含离退休人员）	人	1310185	540534	234715	286629	248307
#企业	人	906500	387509	159161	194868	164962
机关事业	人	76443	39262	11234	13267	12680
其他	人	327242	113763	64320	78494	70665
年末缴费人数	人	1289118	532963	228383	282008	245764
#企业	人	902463	385988	158452	193478	164545
机关事业	人	73874	37813	10900	12926	12235
其他	人	312781	109162	59031	75604	68984
本年保险金发放额	万元	2245693	995009	442938	452513	355233
#企业	万元	623407	364548	117015	94241	47603
机关事业	万元	339869	172133	53541	62068	52127
其他	万元	1282417	458328	272382	296204	255503
二、城乡居民养老保险						
参保人数	万人	48.12	23.83	5.61	10.81	7.87
城乡居民基本养老保险人均养老金	元/人·月	467		504	428	421
三、城镇职工基本医疗保险						
年末参保人数	万人	171.14	70.58	33.22	39.72	27.62
四、工伤保险						
年末参保人数	人	145.14	62.07	26.11	28.07	28.89
五、城乡居民基本医疗保险						
年末参保人数	万人	119.64	55.29	15.78	24.87	23.70
六、失业保险						
失业保险参保人数	人	970118	421878	168063	205680	174497
发放失业保险金人次	人次	213316	83574	34655	50066	45021
发放失业保险金额	万元	39741	15570	6456	9327	8387

11-11 历年住房公积金情况

单位：亿元

年份	年末正常缴存人数（万人）	全年归集额	年末归集余额	全年贷款发放额	年末贷款余额
1998	15.94	0.95	2.16	0.13	0.12
1999	17.20	1.29	3.41	0.93	1.01
2000	14.90	1.75	4.59	1.69	2.48
2001	15.02	2.33	6.37	2.36	4.42
2002	11.59	2.98	8.45	3.06	6.66
2003	10.91	4.48	11.36	3.74	9.06
2004	11.59	6.07	14.70	5.50	12.60
2005	12.59	7.96	18.97	7.53	17.08
2006	13.63	10.12	23.95	8.29	21.28
2007	15.02	11.44	24.99	9.89	23.71
2008	16.32	13.88	33.30	9.47	28.61
2009	17.16	16.30	37.15	14.15	34.61
2010	18.65	19.65	45.77	15.00	42.10
2011	20.85	22.95	58.20	16.30	51.54
2012	22.86	27.23	70.80	16.33	60.02
2013	24.58	29.70	83.06	22.53	74.24
2014	26.38	33.36	97.64	25.79	92.98
2015	28.32	38.59	108.86	41.23	121.79
2016	30.47	43.22	121.55	57.84	142.01
2017	33.76	48.22	133.13	35.43	157.17
2018	37.79	55.37	148.40	24.32	163.66
2019	43.88	65.69	170.62	34.71	179.58
2020	47.82	83.10	198.67	51.04	197.04
2021	52.21	89.16	224.77	52.88	223.26
2022	63.39	96.98	253.72	56.16	252.39
2023	67.81	105.14	285.25	53.15	270.87

11-12 分县区住

指　标	单位	全　市	吴兴区
年末正常缴存人数	万人	67.81	21.81
本年归集额	亿元	105.14	43.22
年末归集余额	亿元	285.25	113.16
本年贷款发放额	亿元	53.15	24.65
年末贷款余额	亿元	270.87	123.88
本年末公积金运用率	%	94.96	0.00

房公积金情况

南浔区	德清县	长兴县	安吉县	△市区
7.86	12.84	14.05	11.25	29.67
10.09	15.98	19.68	16.17	53.31
28.67	47.72	53.95	41.75	141.83
4.30	7.07	9.77	7.36	28.95
18.21	41.04	48.02	39.72	142.09
0.00	86.01	89.00	95.13	100.18

11-13 主要年

项　目	单位	2005 年	2010 年	2014 年	2015 年	2016 年
一、一般以上道路交通事故						
事故次数	次	2847	1256	941	942	865
死亡人数	人	484	361	301	301	300
受伤人数	人	3296	1329	867	862	787
经济损失	万元	527	254	187	137	139
二、公安刑事案件						
立案件数	件	21391	19816	19063	24271	17894
补立年前案件数	件	702	681	951	684	508
破案	件	12170	11540	12144	11184	8142
破案年前案件	件	2361	4120	6464	5348	3467
破案外省区市案件	件	1594	782	862	480	202
直接受害人	人	19336	15259	11775	16245	12710
#死亡	人	283	213	195	195	237
受伤	人	479	494	364	429	411
财物损失价值	万元	8839	7788	9281	10597	11230
三、法院						
刑事案件立案数	件			4570	4669	4783
犯罪人数	人			5631	5613	6449
#青少年人数	人			1408	1212	1314
民事案件发案数	件			31430	36296	34832
四、消防						
大小火灾	起	293	116	2234	1155	719
火灾损失折款	万元	486	408	4615	2372	2107
火灾死亡人数	人	5	9	2		

注：2013 年起大小火灾为全口径统计数据，2023 年公安刑事案件数不对外公开使用。

份社会治安

2017 年	2018 年	2019 年	2020 年	2021 年	2022 年	2023 年
856	839	786	744	692	664	
284	272	258	242	220	215	197
781	719	655	616	608	658	
138	134	116	107	102	77	29
12277	11654	11576	11699	11715	10433	10151
397	543	901	726	821	785	
5329	5307	4420	4191	4363	3757	
1895	2117	1808	897	698	843	
315	632	55	60	4	3	
9161	9459	9239	8580	8713	8311	
217	205	201	201	199	206	
280	258	172	242	225	293	
8598	9017	10133	22703	26901	29863	
3757	4021	3879	3368	3317	2765	
5018	4674	5416	4294	4937	4257	
1018	808	846	750			
38696	34999	31398	30039	30170	31873	
709	607	367	285	228	2127	
1797	1389	1104	898	2289	3718	3738
4	1			1	3	

11-14 分县区

项　目	单位	全　市	吴兴区
一、一般以上道路交通事故			
死亡人数	人	197	48
经济损失	万元	29	3
二、公安刑事案件			
公安机关部门刑事案件立案数	件	10151	2892
抓获刑事案件作案成员	件	6603	1469
其中：青少年人数（年龄 14-25 周岁）	件	1282	363
三、消防			
火灾损失折款	万元	3718	306
火灾死亡人数	人		

注：大小火灾为全口径统计数据。

社会治安

南浔区	德清县	长兴县	安吉县	△市区
36	31	44	38	91
8	7	9	2	36
1504	1298	2067	1710	5076
1036	876	1188	1423	3116
160	233	254	223	572
375	478	1588	607	1045

11-15 主要年份

项　目	单位	2005 年	2008 年	2010 年	2014 年	2015 年
一、馆藏全部档案						
全宗	个	1093	890	912	1070	1089
案卷	卷	256132	544112	647051	846958	592557
案卷排架长度	米	4623	6206	6718	8483	7599
以件为单位档案	件	13490	97662	131608	656397	762973
以件为单位档案排架长度	米	49	194	270	1531	1727
录音.录像.影片档案	盘	1199	1432	1425	1164	1168
照片档案	张	16763	32206	43583	40738	42665
底图	张	322	322	322	322	322
微缩卷片	米	13	22	13	13	13
磁带	盘	46	47	57	98	101
光盘	盘	81	390	463	1219	1229
二、本年进馆档案						
案卷	卷	9510	14334	88416	110080	84923
以件为保管单位档案	件				165614	106093
照片档案	卷	3778	15221	5020	555	2127
征集档案	卷	160	871	1065	597	16
光盘	盘				7	3
接受寄存档案	卷	1292		16133	4441	12169
三、本年移出档案	卷				6	12
四、馆藏资料册数	册	70843	81773	92321	108981	110597
五、本年利用档案资料						
利用档案人次	人次	15231	10966	13522	22033	20849
利用档案卷次	卷次	30428	74744	37739	114576	51134
六、档案馆面积						
总建筑面积	平方米	9114	15306	25132	25932	27195
#库房	平方米	7155	6606	7307	7337	7537
综合面积	平方米	1959	8700	17825	18595	1965[illegible]

档案馆情况

2016 年	2017 年	2018 年	2019 年	2020 年	2021 年	2022 年	2023 年
1102	1117	1129	1136	1166	1188	1202	1212
619322	697153	1048805	1171473	1525790	1697269	1845823	1979881
8116	8608	10776	11511	13167	13726	15866	17295
940894	1138317	1241687	1321849	1584992	1772673	2129758	2476174
1877	2114	2294	2577	2952	3995	4140	4918
1183	1241	3446	3454	4256	9671	10027	11219
52804	66599	75901	99594	120158	129573	183565	205779
322	322	322	322	8182	8182	8182	8182
13	13	13	13	13	13	13	13
101	134	134	134	134	134	158	158
1439	1520	1612	1987	1987	1989	2034	2034
26714	75922	350965	121644	337446	171131	146201	134062
177486	180353	181283	76467	248543	191158	355030	346416
10100	11278	9302	23535	23327	5354	62570	28861
51			2339	3698	5127	30620	3864
59	95	18	338		2	45	0
15915	21250	453	115509		2	13	5485
5	7	6	7	20	26	6	6
112188	116035	117369	120581	130776	133820	135852	145793
							0
19482	19057	34908	14019	12165	24073	21315	15127
82759	71658	132373	158785	308517	181200	119000	98589
							0
42348	42348	42348	42348	42148	42148	42948	42948
12140	12140	12140	12240	12709	12944	13344	13344
30208	30208	30208	30108	29808	29573	30773	29973

11-16 分县区档

项　目	单位	全 市	吴兴区
档案馆个数	个	6	1
一、馆藏全部档案			
全宗	个	1212	73
案卷	卷	1979881	231305
案卷排架长度	米	17295	1063
以件为单位档案	件	2476174	176493
以件为单位档案排架长度	米	4918	287
录音.录像.影片档案	盘	11219	19
照片档案	张	205779	49
底图	张	8182	
微缩卷片	米	13	
磁带	盘	158	
光盘	盘	2034	96
二、本年进馆档案			
案卷	卷	134062	16323
以件为保管单位档案	件	346416	65817
照片档案	卷	28861	
征集档案	卷	3864	
光盘	盘		
接受寄存档案	卷	5485	
三、本年移出档案	卷	6	
四、馆藏资料册数	册	145793	2279
五、本年利用档案资料			
利用档案人次	人次	15127	1574
利用档案卷次	卷次	98589	1205
六、档案馆面积			
总建筑面积	平方米	42948	2048
#库房	平方米		
综合面积	平方米	29973	1158

案馆基本情况

南浔区	德清县	长兴县	安吉县	△市区
1	1	1	1	3
83	202	188	202	620
189620	410430	219474	224623	1125354
1423	4149	2288	1612	9246
356668	817818	474613	285603	898140
385	1766	589	954	1609
8249	1137	880	546	8656
137096	9585	33089	8421	154684
		8182		
				13
		13		145
232		919	96	1019
60991	16211	2125	377	115349
32686	104094	53817	55245	133260
15967	4478	3180	3012	18191
10410 件		96	3768	
5485				5485
	4	2		
3278	20421	36877	24066	64429
2534	4589	3822	1121	5595
3158	64534	5317	11801	16937
5600	6600	7000	5200	24148
4400	5350	5765	2800	16058

11-17 主要年份标准

项　目	单位	2005 年	2008 年	2010 年	2014 年	2015 年
一、机构与人员						
机构数	个	17	14	14	14	18
年末在职人员数	人	257	221	250	243	1093
二、经费收入	万元	3522	5143	7734	9749	14653
#财政拨款	万元	874	1787	2291	4617	25799
行政事业性收费	万元	449	1698	4731	4562	654
经营收入	万元	1069	1657	712	621	105
三、固定资产总额	万元	7242	8032	9721	7180	26067
#仪器设备	万元	1315	1700	2939	2471	1223
四、业务情况						
计量器具检定总数	台件	43433	88702	129459	148884	175197
#长度鉴定	台件	6692	8033	9436	13127	13065
温度鉴定	台件	2840	11120	2910	9709	10454
力学鉴定	台件	28883	53807	67368	75162	122194
#衡器	台件	3971	9600	9200	10633	10647
电磁	台件	41	2174	38165	44739	1543
化学	台件	1001	3919	4196	1892	4671

计量、质量监督情况

2016 年	2017 年	2018 年	2019 年	2020 年	2021 年	2022 年	2023 年
14	19	22	68	37	37	38	38
1091	1121	1123	1918	2087	2022	2069	1942
16378	42587	30050	52472	77491	73074	72752	87105
27500	38753	37892	51056	71941	67190	64336	80949
854	367		96	47	0	0	450
230	627	683	1320	1038	1082	3404	0
25409	39009	41467	58456	59247	61247	63945	66726
1268	7238	6870	4122	5016	10090	10511	11287
647725	202119	215743	216787	236528	290474	209669	219202
11941	11653	10511	10627	6958	12173	4522	5428
11722	11145	12826	10789	9173	18103	6246	7084
169500	164459	174745	188301	207128	217475	179439	188452
12087	11407	22907	12961	11793	14948	13001	15537
2411	2350	2179	2211	4901	2592	595	3279
2747	4360	3802	2547	2562	6343	970	2193

11-18 分县区标准计量、质量监督基本情况

项　目	单位	全 市	吴兴区	南浔区	德清县	长兴县	安吉县	△市区
一、机构与人员								
机构数	个	38			6	8	7	9
年末在职人员数	人	1942			309	387	302	526
二、经费收入	万元	87105			16324	14374	10034	46374
#财政拨款	万元	80949			15873	14374	10034	40668
行政事业性收费	万元	450			450			
经营收入	万元							
三、固定资产总额	万元	66726			8030	12764	6305	39627
#仪器设备	万元	11287			2360	2171	1717	5039
四、业务情况								
计量器具检定总数	台件	219202			43468	36978	68803	69953
#长度鉴定	台件	5428			2174	1673	1066	515
温度鉴定	台件	7084			5708	804	434	138
力学鉴定	台件	188452			30437	29197	66979	61839
#衡器	台件	15537			3649	4359	2771	4758
电磁	台件	3279			937	420	12	1910
化学	台件	2193			563	525	312	79[illegible]

十二、长三角城市主要经济指标

12-1 长三角各城市主要经济指标

指　标	单位	杭州市	宁波市	温州市	嘉兴市	湖州市
土地面积	平方公里	16850	9816	12103	4237	5820
年末总人口	万人	1252.20	969.70	976.10	558.40	343.90
生产总值(GDP)	亿元	20058.98	16452.83	8730.63	7062.45	4015.09
第一产业增加值	亿元	347.10	383.83	179.61	141.16	158.88
第二产业增加值	亿元	5666.88	7540.50	3606.68	3776.84	1978.68
第三产业增加值	亿元	14045.00	8528.50	4944.34	3144.45	1877.53
居民人均可支配收入	元	73797	71731	67380	66353	63972
城镇居民人均可支配收入	元	80587	80144	77973	75909	74400
农村居民人均可支配收入	元	48180	48350	41622	49643	47455
居民消费价格指数	%	100.20	100.40	100.50	100.20	100.50
固定资产投资额增幅	%	2.80	7.50	7.40	7.40	10.40
#工业投资	%	29.90	9.90	17.50	8.40	13.70
房地产开发增幅	%	11.60	3.80	1.00	-5.50	-14.00
规模以上工业利润总额	亿元	1426.05	1375.17	402.53	739.43	389.82
规模以上服务业企业营业收入	亿元	19138.14	5199.21	873.39	1382.71	429.25
金融机构本外币存款余额	亿元	77588.65	34071.55	21947.82	15440.49	9225.37
金融机构本外币贷款余额	亿元	68641.55	38132.99	20897.81	16584.57	10545.77
全社会用电量	亿千瓦时	987.13	1031.80	580.72	722.52	385.17
#工业用电量	亿千瓦时	435.69	723.86	315.16	557.44	265.03
进出口总额	亿元	8029.72	12779.33	2821.90	4409.94	1618.79
#出口额	亿元	5338.72	8287.82	2339.40	3337.53	1490.43
社会消费品零售总额	亿元	7670.57	5212.56	4257.08	2513.46	1707.92

12-1 长三角各城市主要经济指标（续表 1）

指　标	单位	绍兴市	金华市	舟山市	台州市	上海市
土地面积	平方公里	8279	10942	1459	10050	6341
年末总人口	万人	539.40	716.30	117.30	671.20	2487.45
生产总值(GDP)	亿元	7791.14	6011.27	2100.76	6240.68	47218.66
第一产业增加值	亿元	239.29	156.41	183.75	334.03	96.09
第二产业增加值	亿元	3729.06	2367.41	1004.34	2628.43	11612.97
第三产业增加值	亿元	3822.79	3487.45	912.67	3278.22	35509.60
居民人均可支配收入	元	69707	61710	68110	61067	84834
城镇居民人均可支配收入	元	80392	73639	76435	73879	89477
农村居民人均可支配收入	元	48825	38136	49379	40153	42988
居民消费价格指数	%	100.50	100.40	100.40	99.70	100.30
固定资产投资额增幅	%	10.00	18.50	8.10	-7.40	13.80
#工业投资	%	20.30	22.90	1.80	12.10	5.50
房地产开发增幅	%	-1.00	15.50	-26.00	-19.80	18.20
规模以上工业利润总额	亿元	508.35	282.74	66.19	443.97	2519.49
规模以上服务业企业营业收入	亿元	525.56	1033.23	450.65	527.12	50728.86
金融机构本外币存款余额	亿元	16407.36	16346.22	3600.14	15641.61	204429.29
金融机构本外币贷款余额	亿元	16496.96	15959.80	4225.19	15959.97	111766.7[illegible]
全社会用电量	亿千瓦时	559.78	553.61	192.02	439.45	1848.8[illegible]
#工业用电量	亿千瓦时	410.49	349.32	148.44	273.56	841.[illegible]2
进出口总额	亿元	4224.71	7697.52	3578.57	2744.48	42121.[illegible]1
#出口额	亿元	3810.21	6630.66	1149.01	2514.53	17377.94
社会消费品零售总额	亿元	2820.35	3141.76	617.84	2766.23	18515.50

12-1 长三角各城市主要经济指标（续表2）

指　标	单位	南京市	无锡市	常州市	苏州市	南通市
土地面积	平方公里	6587	4627	4372	8657	10549
年末总人口	万人	954.70	749.50	537.50	1295.80	774.90
生产总值(GDP)	亿元	17421.40	15456.19	10116.36	24653.37	11813.27
第一产业增加值	亿元	317.75	136.50	178.92	195.22	519.65
第二产业增加值	亿元	5929.00	7376.85	4857.43	11541.38	5728.15
第三产业增加值	亿元	11174.65	7942.84	5080.01	12916.77	5565.47
居民人均可支配收入	元	72112	69016	62592	74076	51853
城镇居民人均可支配收入	元	79858	76644	71744	82989	62512
农村居民人均可支配收入	元	36789	44617	40401	46385	32977
居民消费价格指数	%	100.60	100.60	100.40	100.20	100.50
固定资产投资额增幅	%	-1.90	8.30	2.50	5.00	2.60
#工业投资	%	1.50	9.60	2.50	10.10	0.90
房地产开发增幅	%	-0.20	-8.90	-2.90	-3.70	-4.50
规模以上工业利润总额	亿元	786.61	1666.22	1108.65	2285.95	769.67
规模以上服务业企业营业收入	亿元	8407.10	2094.20	1152.30	5430.50	1155.90
金融机构本外币存款余额	亿元	54279.92	27237.18	18062.73	53638.46	20952.94
金融机构本外币贷款余额	亿元	54337.89	22581.68	16332.26	52589.95	18353.99
全社会用电量	亿千瓦时	747.27	864.07	625.09	1719.31	658.53
#工业用电量	亿千瓦时	365.83	615.03	466.36	1235.38	450.39
进出口总额	亿元	5659.94	7065.32	3183.63	24514.10	3500.29
#出口额	亿元	3333.12	4658.10	2498.35	15081.59	2289.69
社会消费品零售总额	亿元	8201.07	3567.55	3050.13	9582.92	4215.14

12-1 长三角各城市主要经济指标（续表3）

指 标	单位	盐城市	扬州市	镇江市	泰州市	合肥市	芜湖市
土地面积	平方公里	17718	6591	3840	5788	11445	6009
年末总人口	万人	668.90	458.50	322.60	450.70	985.30	375.60
生产总值(GDP)	亿元	7403.87	7423.26	5264.07	6731.66	12673.80	4741.10
第一产业增加值	亿元	818.87	337.09	167.52	344.71	377.20	183.00
第二产业增加值	亿元	2981.18	3509.60	2507.36	3258.62	4642.20	2181.20
第三产业增加值	亿元	3603.82	3576.57	2589.19	3128.33	7654.40	2376.90
居民人均可支配收入	元	41252	47717	55565	49255	52594	46022
城镇居民人均可支配收入	元	48526	56781	64602	59604	59609	54189
农村居民人均可支配收入	元	29744	31488	35466	31810	31140	31517
居民消费价格指数	%	100.80	100.40	100.50	100.60	100.00	100.30
固定资产投资额增幅	%	9.20	10.50	3.00	9.40	3.00	-0.70
#工业投资	%	15.90	22.20	17.80	10.90	16.70	7.60
房地产开发增幅	%	0.00	-10.90	-7.00	3.30	4.60	-25.20
规模以上工业利润总额	亿元	382.35	287.15	282.92	442.59	473.46	448.9[illegible]
规模以上服务业企业营业收入	亿元	906.30	778.10	476.10	669.40	2840.01	1105.52
金融机构本外币存款余额	亿元	11448.89	10378.14	8551.67	11173.14	25452.75	6740.[illegible]7
金融机构本外币贷款余额	亿元	11531.29	9767.42	9034.74	10285.51	27748.03	6078.33
全社会用电量	亿千瓦时	482.59	331.67	306.80	377.52	539.54	268.34
#工业用电量	亿千瓦时	321.95	214.66	216.13	268.20	270.54	188.02
进出口总额	亿元	1452.35	1055.77	986.41	1344.39	3588.13	127[illegible].75
#出口额	亿元	1015.18	851.39	741.51	938.14	2327.07	1034.73
社会消费品零售总额	亿元	2872.53	1660.64	1481.74	1709.71	5270.83	2091.77

12-1 长三角各城市主要经济指标（续表 4）

指 标	单位	马鞍山市	铜陵市	安庆市	滁州市	池州市	宣城市
土地面积	平方公里	4044	2945	13538	13516	8399	12313
年末总人口	万人	219.10	130.10	411.70	405.50	132.30	248.70
生产总值(GDP)	亿元	2590.60	1229.80	2878.30	3782.00	1112.20	1951.90
第一产业增加值	亿元	109.10	63.60	256.50	295.10	97.30	179.90
第二产业增加值	亿元	1205.20	569.20	1224.20	1862.50	488.90	906.40
第三产业增加值	亿元	1276.30	597.10	1397.60	1624.40	525.90	865.60
居民人均可支配收入	元	52418	36590	30745	32224	33402	38952
城镇居民人均可支配收入	元	62510	48767	43609	43423	43440	51318
农村居民人均可支配收入	元	32670	21865	19526	20176	22415	23979
居民消费价格指数	%	100.00	100.60	100.20	100.10	100.10	100.30
固定资产投资额增幅	%	7.50	8.20	10.20	9.50	13.80	6.90
#工业投资	%	24.60	24.20	19.00	40.00	28.60	16.30
房地产开发增幅	%	-14.10	-24.80	-28.40	-20.00	-29.00	-32.30
规模以上工业利润总额	亿元	88.58	88.93	99.66	358.89	30.85	113.21
规模以上服务业企业营业收入	亿元	303.32	174.81	560.71	174.88	138.14	90.24
金融机构本外币存款余额	亿元	3540.37	2323.44	5252.84	4583.06	1780.19	3136.99
金融机构本外币贷款余额	亿元	3356.28	1837.20	3979.61	4754.94	1473.34	2822.88
全社会用电量	亿千瓦时	255.30	116.70	163.63	328.53	113.09	200.14
#工业用电量	亿千瓦时	207.58	92.11	98.27	248.07	89.16	143.83
进出口总额	亿元	435.52	793.36	358.45	409.39	137.69	212.67
#出口额	亿元	222.75	84.81	270.12	345.89	35.53	194.40
社会消费品零售总额	亿元	1047.66	433.03	1409.14	1694.35	486.25	851.72